权威·前沿·原创

皮书系列为
"十二五""十三五"国家重点图书出版规划项目

两岸创意经济蓝皮书
BLUE BOOK OF
CROSS-STRAIT CREATIVE ECONOMY

两岸创意经济研究报告（2017）

ANNUAL RESEARCH REPORT ON CROSS-STRAIT CREATIVE ECONOMY (2017)

主　编／罗昌智　董泽平

社会科学文献出版社
SOCIAL SCIENCES ACADEMIC PRESS (CHINA)

图书在版编目(CIP)数据

两岸创意经济研究报告.2017/罗昌智,董泽平主编.--北京:社会科学文献出版社,2017.10
（两岸创意经济蓝皮书）
ISBN 978－7－5201－1359－5

Ⅰ.①两… Ⅱ.①罗… ②董… Ⅲ.①海峡两岸－文化产业－研究报告－2017 Ⅳ.①G124

中国版本图书馆CIP数据核字（2017）第222065号

两岸创意经济蓝皮书
两岸创意经济研究报告（2017）

主　　编 / 罗昌智　董泽平

出 版 人 / 谢寿光
项目统筹 / 吴　敏
责任编辑 / 宋　静

出　　版 / 社会科学文献出版社·皮书出版分社（010）59367127
　　　　　地址：北京市北三环中路甲29号院华龙大厦　邮编：100029
　　　　　网址：www.ssap.com.cn
发　　行 / 市场营销中心（010）59367081　59367018
印　　装 / 三河市尚艺印装有限公司

规　　格 / 开　本：787mm×1092mm　1/16
　　　　　印　张：25.5　字　数：425千字
版　　次 / 2017年10月第1版　2017年10月第1次印刷
书　　号 / ISBN 978－7－5201－1359－5
定　　价 / 98.00元

皮书序列号 / PSN B－2014－437－1/1

本书如有印装质量问题，请与读者服务中心（010－59367028）联系

▲ 版权所有 翻印必究

指导单位
　　文化部文化产业司
　　福建省教育厅
　　中共厦门市委宣传部

编撰单位
　　厦门理工学院文化产业与旅游学院
　　台湾师范大学全球创新与创业研究中心
　　福建省社会科学研究基地文化产业研究中心
　　福建省高校新型特色智库两岸文创研究院
　　福建省教育厅人文社科研究基地两岸创意经济研究中心

顾问团队
　　黄红武　福建省教育厅厅长　博士生导师
　　孙若风　文化部文化科技司司长
　　陈文哲　厦门理工学院校长　博士生导师
　　张新仁　台北教育大学校长　博士生导师
　　张国恩　台湾师范大学校长　博士生导师
　　花　建　上海社会科学院文化产业研究中心主任　博士生导师
　　陈少峰　北京大学文化产业研究院副院长　博士生导师
　　顾　江　南京大学文化产业发展研究所所长　博士生导师
　　管　宁　《福建论坛》主编　福建师范大学博士生导师
　　戴志望　中共厦门市委宣传部副部长

《两岸创意经济研究报告（2017）》编委会

主　编　罗昌智　董泽平

副主编　林咏能　宋西顺

撰稿人　（按姓氏笔画为序）

丁　蓉　马培红　邢　峥　刘小旭　刘　枭
许淑华　花　建　苏晓芳　杨昌田　杨晓华
李世晖　李昱駓　吴　静　邱玉珠　邱世萍
邱佩瑄　何圣捷　佟雪娜　余　昂　宋西顺
张振鹏　张淑华　陈少峰　陈乐磊　陈秋英
陈蕙芬　林义斌　林咏能　林朝霞　罗昌智
金　星　郑荔鲤　胡　丹　侯杰耀　朗云迪
黄玉梅　黄金洪　梁桂嘉　董泽平　曾介宏
曾志伟　蔡清毅　廖志峰　颜莉虹　薛明贤

摘　要

《两岸创意经济研究报告（2017）》由"总报告""数字创意篇""文化旅游篇""热点聚焦篇"四大部分构成。"数字创意篇"在研究数字创意产业发展背景下企业转型升级、大数据技术对文化创意产业的颠覆和创新、数字公共文化服务现状及发展趋势等理论与技术问题的基础上，对两岸数字经济、新媒体产业、数字音乐产业、游戏产业、网络文学、智能制造产业等数字创意产业重点业态进行了深度分析。"文化旅游篇"以"一带一路"文化旅游发展基本路径、中国乡村旅游发展现状与趋势、文化园区链结地方特色文化旅游、地方意象旅游纪念商品的创意设计、两岸会展产业发展现状等为视角，对文化旅游发展的诸多核心问题进行了深入研究。"热点聚焦篇"关注供给侧改革与文化产业的商业模式创新、自贸区3.0版背景下对外文化贸易新优势培育、海峡两岸服务业民间合作机制、"互联网+"电影融资创新、两岸故宫博物院文化创意产业开发模式等热点，与此同时，对2016年中国艺术品拍卖市场、音乐演艺、电影、广告等创意经济业态进行了重点考察。

本报告指出，2016年，作为"国民经济支柱性产业"重点培育的文化创意产业，产业环境持续优化，产业前景继续向好，在结构性调整中稳定增长。"互联网+"战略实施两年来，不断催生了以互联网融合创新为核心的新技术和新业态。而"文化+"的融合发展已经渗透到各个垂直领域，推动数字创意产业、新媒体产业与IP跨界、网络直播、内容付费、文化旅游、特色小镇、人工智能等创意产业新业态成为创意经济年度热点。尤其是数字创意与信息技术、高端制造、生物、绿色低碳等一同作为支柱性产业被纳入《"十三五"国家战略性新兴产业发展规划》后，数字经济已成为国家经济稳定增长的新动力，成为推动产业创新、技术进步的重要力量。

2016年，我国文化产业实现增加值30254亿元，占GDP的比重为4.07%。全年文化产品进出口总额885.2亿美元，其中出口786.6亿美元，实现顺差

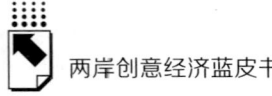

688亿美元。2016年,我国数字经济规模达到22.6万亿元,同比增长18.9%,占GDP比重达到30.3%。2017年,数字经济将成为创意经济新蓝海,新媒体产业将引发现代生活更大变革,文化旅游产业活力与魅力将持续呈现,第三产业将成为激活文化消费的新引擎。

《两岸创意经济研究报告(2017)》由厦门理工学院与台湾师范大学联合编撰。

Abstract

Annual Research Report on Cross – Strait Creative Economy (*2017*) consists of 4 main sections: General Report, Digital Creativity, Cultural Tourism and Trending Topics. In the development context of digital creative industries, "Digital Creativity" papers present the transformation and upgrading of enterprises and the subversion and innovation of big data technology on cultural and creative industries. Based on the theories and technical aspects of current situation and development trend of digital public cultural services, these papers analyze the current status of key digital creative industries such as digital economy, new media industry, digital music industry, game industry, network literature, smart manufacturing industry and digital manufacturing industry. "Cultural Tourism" papers introduce in – depth studies of many major issues of cultural tourism development based on the "One Belt One Road" as the basic path of cultural tourism, the present situation and future trend of rural tourism development in China, the linking of cultural parks with cultural tourism with local identities, the creative designs of local – image souvenir products, and the perspectives of the development of Cross – Strait Mice industry. "Trending Topics" papers focus on the supply – side reform and innovative business models of cultural industries, new advantages of foreign trade in culture under the context of free trade zone version 3.0, the Cross – Strait civil service cooperation mechanism, the "Internet Plus" film financing innovation and the cultural innovative development models of the Cross – Strait Palace Museums, among other topics. Moreover, several papers also investigate China's art auction market in 2016, and music, performing arts, film, advertising and other creative economic practices.

The Reportpoints out that 2016 is the opening year of the "13th Five – Year Plan". As the heavily invested "pillar industry of national economy", the cultural and creative industries will continue to optimize the industrial environment, and its industry outlook will continue to be better and achieve steady growth in structural adjustment. "Internet plus" strategies havealready been implemented for two years.

New technologies and new formats have been accelerating using Internet integration and innovation as the core. And, the integration of "Culture +" has permeated various vertical fields, promoting the new formats of creative industries includingdigital creative industry, new media industry and IP crossover, Webcast, pay for content, cultural tourism, distinctive towns and artificial intelligence, which in turn, becoming the trending topics of creative economy. As the pillar industries, digital creative and information technology, biotechnology, high – end manufacturing, green and low – carbon, in particular, have been included in the "*13th Five – Year*" *National Strategic Emerging Industry Development Plan*. As such, the digital economy has become a new driving force for the steady growth of the national economy, an important force to promote industrial innovation and technological progress.

In 2016, the added value of cultural industries in China wasRMB 3025.4 billion, accounting for 4.07% of the GDP. Total imports and exports of cultural products totaled USD 88.52 billion, of which exports constituted USD 78.66 billion, achieving a surplus of USD $68.8 billion. In 2016, China's digital economy reached RMB 22.6 trillion, an annual growth of 18.9%, accounting for 30.3% of the GDP. It is predicted that, the year of 2017, digital economy will become the new blue ocean of creative economy and new media industry will lead to greater changes of modern life. At the same time, cultural tourism industry will continue to show vitality and charm and the tertiary industry will become the new engine to stimulate cultural consumption.

Annual Research Report on Cross – Strait Creative Economy (2017) is jointly compiled by Xiamen University of Technology and National Taiwan Normal University.

目 录

Ⅰ 总报告

B.1 文化创意产业迎来黄金发展期　数字经济成为稳定增长新动力
　　…………………………………………………………… 罗昌智 / 001
　　一　文化创意产业环境持续优化，前景继续向好 ………… / 002
　　二　文化创意产业快速发展，数字经济稳定增长 ………… / 007
　　三　创意产业热点频现，创意经济大势凸显 ……………… / 012

Ⅱ 数字创意篇

B.2 数字创意产业发展背景下的企业转型升级
　　……………………………………………… 张振鹏　刘小旭 / 020
B.3 大数据技术对文化创意产业的颠覆和创新 …… 刘　枭　余　昂 / 032
B.4 台湾新媒体产业与创意经济发展报告 ………… 许淑华　林咏能 / 040
B.5 中国数字音乐产业发展报告 …………………… 佟雪娜　朗云迪 / 049
B.6 数字经济与台湾游戏产业发展研究 …………………… 李世晖 / 067
B.7 2016年中国网络文学产业发展报告 …………………… 苏晓芳 / 082

001

B.8 台湾动画产业发展现状及趋势 …………………… 邱世萍 / 094

B.9 中国智能制造行业技术及品牌发展报告 ……… 丁 蓉 金 星 / 107

B.10 数字公共文化服务现状及发展趋势探究 …………… 何圣捷 / 121

Ⅲ 文化旅游篇

B.11 "一带一路"文化旅游发展的基本路径 …………… 黄金洪 / 130

B.12 台湾会展产业发展报告（2015～2016）…… 林义斌 邱玉珠 / 140

B.13 2016年中国会展产业发展报告 …………………… 蔡清毅 / 156

B.14 台湾展演产业从业人员职业能力研究 ……………… 曾介宏 / 178

B.15 2016年中国乡村旅游发展报告 …………………… 马培红 / 188

B.16 以文化园区链结地方特色文化旅游
　　　——以台湾传统艺术中心为例 …………………… 李昱骐 / 199

B.17 产业博物馆的文化观光价值 ……………………… 张淑华 / 208

B.18 无障碍节庆通用设计的原则与应用 ……… 陈蕙芬 邱佩瑄 / 219

B.19 地方意象旅游纪念商品的创意设计
　　　…………………………… 梁桂嘉 曾志伟 黄玉梅 / 229

B.20 湄洲岛：当特色小镇遇上文化产业 ………………… 陈秋英 / 239

B.21 创意农业与农业节庆活动的台湾经验 ……………… 邢 峥 / 246

Ⅳ 热点聚焦篇

B.22 供给侧改革与文化产业的商业模式创新 ……… 陈少峰 侯杰耀 / 256

B.23 自贸区3.0版背景下对外文化贸易新优势培育
　　　——兼谈福建扩大对外文化贸易的重点举措 ……… 花 建 / 268

B.24 "互联网+"电影融资创新热点研究 ………… 董泽平 廖志峰 / 279

B.25 海峡两岸服务业民间合作机制的个案研究
——以厦门市海峡两岸龙山文化创意产业园为例 …… 颜莉虹 / 295

B.26 台湾文创资本市场发展与价值创造 …………… 薛明贤 杨昌田 / 306

B.27 两岸故宫博物院文化创意产业开发模式研究 …………… 吴 静 / 319

B.28 2016年中国艺术品拍卖市场行情 ………… 林朝霞 陈乐磊 / 331

B.29 2016中国广告传播新形态 …………………………… 胡 丹 / 347

B.30 2016音乐与演艺产业年度热点 …………………… 郑荔鲤 / 359

B.31 2016电影产业发展现状及未来走势 ………………… 宋西顺 / 372

B.32 迪士尼经验与文化创意产业的工匠精神 …………… 杨晓华 / 382

皮书数据库阅读**使用指南**

CONTENTS

I General Report

B.1 Cultural and Creative Industries Welcominga Golden Era of Development Digital Economy Becoming a New Driving Force for Steady Growth
                    Luo Changzhi / 001
  1. *Continually Optimizing Environment and Improving Prospects of Cultural and Creative Industries*   / 002
  2. *Rapid Development of Cultural and Creative Industries and Steady Growth of Digital Economy*   / 007
  3. *Frequently Emerging Hot Spots of Creative Industries and Prevalent Trend of Creative Economy*   / 012

II Digital Creativity Reports

B.2 The Transformation and Upgrading of Enterprises under the Development Background of Digital Creative Industry
                 Zhang Zhenpeng, Liu Xiaoxu / 020

B.3 The Subversion and Innovation of Big Data Technology on Cultural and Creative Industries   *Liu Xiao, Yu Ang* / 032

CONTENTS

B.4　Development Report of New Media Industry and Creative Economy
　　　in Taiwan　　　　　　　　　　　　　　*Xu Shuhua, Lin Yongneng* / 040

B.5　Development Report of Digital Music Industry in China
　　　　　　　　　　　　　　　　　　　　　Tong Xuena, Lang Yundi / 049

B.6　Research on Digital Economy and the Development of Game Industry
　　　in Taiwan　　　　　　　　　　　　　　　　　　　*Li Shihui* / 067

B.7　The 2016 China's Network Literature Development Report
　　　　　　　　　　　　　　　　　　　　　　　　　Su Xiaofang / 082

B.8　Current Development Status and Trend of Animation Industryin Taiwan
　　　　　　　　　　　　　　　　　　　　　　　　　Qiu Shiping / 094

B.9　Report on Smart Technology of Manufacturing Industry and
　　　Brand Development in China　　　　　　　　*Ding Rong, Jin Xing* / 107

B.10　Research on the Current Status and Development Trend of
　　　 Digital Public Cultural Services　　　　　　　　　*He Shengjie* / 121

Ⅲ　Cultural Tourism Reports

B.11　The Basic Path of 'One Belt One Road' Cultural Tourism Development
　　　　　　　　　　　　　　　　　　　　　　　　　Huang Jinhong / 130

B.12　The Convention and Exhibition Industry Development Report of
　　　 Taiwan (2015-2016)　　　　　　　　　*Lin Yibin, Qiu Yuzhu* / 140

B.13　The 2016 Convention and Exhibition Industry Development Report
　　　 of China　　　　　　　　　　　　　　　　　　　*Cai Qingyi* / 156

B.14　Research on the Professional Competence of Practitioners in Exhibition
　　　 and Performing Industry in Taiwan　　　　　　　*Zeng Jiehong* / 178

B.15　The 2016 Rural Tourism Development Report of China
　　　　　　　　　　　　　　　　　　　　　　　　　Ma Peihong / 188

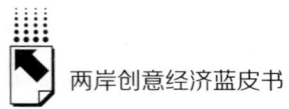

B.16　Linking Cultural Parks with Cultural Tourism with Local Identities

　　　　　　　　　　　　　　　　　　　　　　　　　　Li Yushen / 199

B.17　Values of Cultural Tourism on Cultural Industry Museums

　　　　　　　　　　　　　　　　　　　　　　　　　Zhang Shuhua / 208

B.18　Principles and Applications of Barrier-Free Universal Design

　　　for Festivals　　　　　　　　　　*Chen Huifen, Qiu Peixuan* / 219

B.19　Creative Designs of Commemorative Merchandises in

　　　Local-Image Tourism　　*Liang Guijia, Zeng Zhiwei, Huang Yumei* / 229

B.20　Meizhou Island: When a Distinctive Town Meets Cultural Industries

　　　　　　　　　　　　　　　　　　　　　　　　　Chen Qiuying / 239

B.21　Taiwan's Experience in Creative Agriculture and Agricultural Festivals

　　　　　　　　　　　　　　　　　　　　　　　　　　Xing Zheng / 246

Ⅳ　Trending Topics Reports

B.22　The Supply-side Reform and Innovative Business Model of

　　　Cultural Industries　　　　　　　　*Chen Shaofeng, Hou Jieyao* / 256

B.23　Fostering New Advantages for Foreign Cultural Trade Under the

　　　Background of Free Trade Zone Version 3.0　　　　*Hua Jian* / 268

B.24　New Hot Research Topics on "Internet Plus" Film Financing Innovation

　　　　　　　　　　　　　　　　　　　　Dong Zeping, Liao Zhifeng / 279

B.25　A Case Study on Cross-Strait Civil Service Cooperation Mechanism

　　　　　　　　　　　　　　　　　　　　　　　　　　Yan Lihong / 295

B.26　The Development and Value Creation of Creative Capital Markets

　　　in Taiwan　　　　　　　　　　　*Xue Mingxian, Yang Changtian* / 306

B.27　Research on Cultural and Creative Industries' Development Models

　　　of Cross-Strait Palace Museums　　　　　　　　　　*Wu Jing* / 319

CONTENTS

B.28 The 2016 Quotations on Chinese Art Auction Market

Lin Zhaoxia, Chen Lelei / 331

B.29 The New Meanings and Styles of China's Advertising Communication in 2016 *Hu Dan* / 347

B.30 The 2016 Highlights of the Music and Performing Arts Industry

Zheng Lili / 359

B.31 The 2016 Status and Future Trend of Film Industry

Song Xishun / 372

B.32 The Disney'sExperience and Spirit of Craftsmanship in Cultural and Creative Industries *Yang Xiaohua* / 382

总 报 告

General Report

B.1
文化创意产业迎来黄金发展期
数字经济成为稳定增长新动力

罗昌智*

摘　要： 2016年，我国文化创意产业发展环境持续向好，文化消费实现结构性释放。全年文化产业实现增加值30254亿元，占GDP的比重为4.07%。全国人均文化娱乐消费支出增加到800元。全年文化产品进出口总额为885.2亿美元，其中，出口786.6亿美元，实现顺差688亿美元。数字创意产业被纳入《"十三五"国家战略性新兴产业发展规划》，标志着数字经济将成为国家经济稳定增长新动力。2016年，我国数字经济规模达到22.6万亿元，同比增长18.9%，占GDP比重达到30.3%。随着"互联网+"进一步深入，文化创意产业新

---

* 罗昌智，文学博士，教授，厦门理工学院文化产业与旅游学院院长，福建省社会科学研究基地文化产业研究中心主任，福建省高校特色新型智库两岸文创研究院负责人，福建省高校人文社科研究基地两岸创意经济研究中心主任，主要研究方向为文化资源、创意经济。

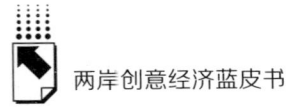

趋势、新业态、新技术层出不穷；而"文化+"的融合发展已经渗透到各个垂直领域，推动新媒体产业与 IP 跨界、网络直播、内容付费、文化旅游、特色小镇、人工智能等创意产业新业态成为创意经济年度热点。2017 年，数字经济将成为创意经济新蓝海；新媒体产业将引发现代生活更大变革；文化旅游产业活力与魅力将持续呈现；第三产业必将成为激活文化消费的新引擎。

关键词： 文化创意产业　文化消费　数字经济　文化旅游

2016 年，作为"国民经济支柱性产业"重点培育的文化创意产业，产业环境持续优化，产业前景继续向好，在结构性调整中稳定增长。"互联网+"战略实施两年来，不断催生了以互联网融合创新为核心的新技术和新业态。而"文化+"的融合发展已经渗透到各个垂直领域，推动数字创意产业、新媒体产业与 IP 跨界、网络直播、内容付费、文化旅游、特色小镇、人工智能等创意产业新业态成为创意经济年度热点。尤其是数字创意与信息技术、高端制造、生物、绿色低碳等一同作为支柱性产业被纳入《"十三五"国家战略性新兴产业发展规划》后，数字经济已成为国家经济稳定增长的新动力，成为推动产业创新、技术进步的重要力量。

一　文化创意产业环境持续优化，前景继续向好

2016 年以来，在推动文化创意产业结构优化升级，培育新型文化业态，扩大和引导文化消费政策的指导下，国家对文化创意产业的政策扶持力度不断加大，一系列具有重要意义的政策、法规性文件、发展规划相继出台，为文化创意产业政策体系框架的整体完善和产业协同发展打下了坚实基础。同时，扩大文化消费试点工作的推进，对促进文化消费、满足群众不断提高的消费新需求、增强文化创意产业发展的活力、加快培育新供给新动力起到了重要推动作用。

（一）调整、扶持、引导并重的文化创意产业政策环境

2016年是我国文化创意产业立法的突破之年。3月，国务院印发了《关于进一步加强文物工作的指导意见》；5月，文化部等四部委出台《关于推动文化文物单位文化创意产品开发的若干意见》；10月，国家文物局发布《关于促进文物合理利用的若干意见》；11月，国家文物局、国家发展和改革委员会等五部门共同发布《"互联网+中华文明"三年行动计划》。这些文件进一步将博物馆、图书馆、美术馆、文化馆、纪念馆、非物质文化遗产保护中心等各种文化资源单位的文化创意产品开发纳入文化事业发展体系，对推进文物信息资源开放共享，调动文物博物馆单位用活文物资源积极性，激发企业创新主体活力，完善业态发展支撑体系将产生重要影响。对推动"互联网+文物教育"、"互联网+文物文创产品"、"互联网+文物素材创新"、"互联网+文物动漫游戏"、"互联网+文物旅游"、渠道拓展与聚合等产品开发，建立起新技术新装备应用支撑体系、授权经营体系、双创空间体系将起到积极作用。

12月7日，为贯彻落实《中华人民共和国国民经济和社会发展第十三个五年规划纲要》、《中国制造2025》和《国务院关于深化制造业与互联网融合发展的指导意见》，工业和信息化部、财政部联合颁布《智能制造发展规划（2016~2020年）》，明确提出"十三五"期间我国智能制造"两步走"战略以及十大重点任务。

2017年1月6日，工业和信息化部、财政部联合发布的《关于推进工业文化发展的指导意见》明确提出，发展工业文化产业，让工业文化产业成为经济增长新亮点。具体来说，该指导意见将推动工业设计创新发展，促进工艺美术特色化和品牌化发展，推动工业遗产保护和利用，大力发展工业旅游，支持工业文化新生态发展。

文化"走出去"也是2016年的一个重要命题。《文化部"一带一路"文化发展行动计划（2016~2020年）》于2017年1月正式公布。在发展文化创意产业方面，该行动计划提出，建立和完善文化产业国际合作机制，加快国内"丝绸之路文化产业带"建设。以文化旅游、演艺娱乐、工艺美术、创意设计、数字文化为重点领域，支持"一带一路"沿线地区根据地域特色和民族特点实施特色文化产业项目，加强与"一带一路"国家在文化资源数字化保

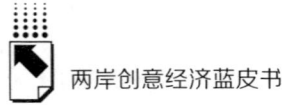

护与开发中的合作，积极利用"一带一路"文化交流合作平台推介文化创意产品，推动动漫游戏产业面向"一带一路"国家发展，鼓励和引导社会资本投入"丝绸之路文化产业带"建设。

要推动文化创意产业尽快成为国民经济支柱性产业，必须加快文化体制机制改革创新，从供给端和需求端共同着力，进一步提升公共文化消费产品供给水平和层次。为此，2016年4月8日，文化部、财政部发布《关于开展引导城乡居民扩大文化消费试点工作的通知》予以积极引导，并且逐步推进扩大文化消费试点工作，第一批第一次26个试点城市因地施策，有效地拓展了居民文化消费空间。

2016年11月20日，国务院办公厅下发《关于进一步扩大旅游文化体育健康养老教育培训等领域消费的意见》，指出：围绕旅游、文化、体育、健康、养老、教育培训等重点领域，引导社会资本加大投入力度，通过提升服务品质、增加服务供给，不断释放潜在消费需求。2016年，国家各部门还发布若干促进文化消费的政策。国家体育总局下发《水上运动产业发展规划》、《航空运动产业发展规划》和《山地户外运动产业发展规划》；文化部印发《关于推动文化娱乐行业转型升级的意见》，并公布《第一批国家文化消费试点城市名单》；国务院办公厅发布《关于发挥品牌引领作用推动供需结构升级的意见》；国务院办公厅转发《文化部等部门关于推动文化文物单位文化创意产品开发若干意见的通知》等。这些文件的发布为培育经济发展新动力，稳增长、促改革、调结构、惠民生和推进供给侧结构性改革打下坚实的政策基础。

2016年，财政部对文化产业发展专项资金管理实行"由补变投"，加快由无偿向有偿、由直接分配向间接分配转变。安排10亿元参股全国14只优秀文化产业基金，直接撬动其他各类资本120亿元，投资文化创意产业主要核心门类，充分发挥财政杠杆作用和乘数效应，提高了资源配置效率；同时，聚焦"双创"融资难题，探索开展债权投资扶持计划，形成财政出资引导、文投集团配套跟进的全新投入机制。全年下达文化产业发展专项资金44.2亿元，共支持944个项目，较2015年增长11.06%，有力地支持了文化体制改革和文化产业发展，对推动全国文化领域结构调整、合理配置文化资源、优化产业发展整体布局发挥了重要作用。①

---

① 《文化产业月刊》，2017年4月7日。

（二）战略性新兴产业地位有利于数字创意产业发展

2016年12月,《"十三五"国家战略性新兴产业发展规划》印发,提出信息技术、高端制造、生物、绿色低碳、数字创意五个新兴产业的发展目标和发展要求,以"战略性新兴产业增加值占国内生产总值比重达到15%,形成新一代信息技术、高端制造、生物、绿色低碳、数字创意5个产值规模10万亿元级的新支柱,并在更广领域形成大批跨界融合的新增长点,平均每年带动新增就业100万人以上"为发展目标;并要求"以数字技术和先进理念推动文化创意与创新设计等产业加快发展,促进文化科技深度融合、相关产业相互渗透。到2020年,形成文化引领、技术先进、链条完整的数字创意产业发展格局,相关行业产值规模达到8万亿元"。① 数字创意产业国家战略性新兴产业地位的确立,必将促进数字创意产业的突飞猛进。

2017年1月27日,由中国主导的手机(移动终端)动漫标准在瑞士日内瓦召开的国际电信联盟第16研究组全体会议上顺利通过审议(标准号T.621),经过全球公示,于2017年3月16日正式发布,成为国际标准,由此该标准成为我国文化领域的首个国际技术标准。这是文化领域中国科技、中国标准走向世界的重要标志,在国际电信联盟和国际"互联网+文化"领域中发出了中国声音,为全球手机动漫产业提供了中国标准。

与此同时,国家《战略性新兴产业重点产品和服务指导目录(2016版)》于2017年1月正式公布。目录涵盖了包括数字创意产业在内的战略性新兴产业5大领域、8个产业、近4000项细分产品和服务。具体是数字文化创意、设计服务、数字创意与相关产业融合应用服务,其中数字文化创意涵盖了5个重点子方向,分别为数字文化创意技术装备、数字文化创意软件、数字文化创意内容制作、新型媒体服务、数字文化创意内容应用服务。2017年4月,文化部发布《关于推动数字文化产业创新发展的指导意见》,即"以文化创意内容为核心,依托数字技术进行创作、生产、传播和服务,呈现技术更迭快、生产数字化、传播网络化、消费个性化等特点,有利于培育新供给,促进新

---

① 《"十三五"国家战略性新兴产业发展规划》,中华人民共和国中央人民政府网,http://www.gov.cn/zhengce/content/2016-12/19/content_5150090.htm。

消费"。①

从 2016 年数字创意产业被纳入《"十三五"国家战略性新兴产业发展规划》到文化部《关于推动数字文化产业创新发展的指导意见》出台,科技革命带来的产业变革从未止步。科技驱动进步,创新引领未来,可以预见的是,数字创意产业将是创意经济发展新的蓝海。

(三)体育旅游和休闲旅游消费需求持续高涨

随着国民经济水平的不断提升,人民群众消费水平的不断提高,大众体育旅游和休闲旅游消费需求也持续高涨。据统计,全国户外运动爱好者已达 1.3 亿人,户外用品市场规模已达 180 亿元,我国山地户外运动产业总体实力、社会参与度、市场认可度均得到较大的提升,产业覆盖面得到扩大。2016 年 10 月 21 日,国家体育总局等八部门在《山地户外运动产业发展规划》中提出:到 2020 年,山地户外运动产业总规模达到 4000 亿元,成为推动经济社会持续发展的重要力量。②

近年来,自驾车房车旅游蓬勃发展,成为经济新亮点。2015 年国内旅游近 40 亿旅游人次中,自驾游游客占 58.5% 以上,达到 23.4 亿人次。近两年房车旅游发展进入快车道,每年以 85% 左右的速度增长。2016 年 11 月 9 日,国家旅游局等 11 个部门联合印发的《关于促进自驾车旅居车旅游发展的若干意见》明确提出:到 2020 年,将重点建成一批公共服务完善的自驾车旅居车(房车)旅游目的地,推出一批精品自驾车旅居车旅游线路,建成各类自驾车旅居车营地 2000 个,初步构建自驾车旅居车旅游产业体系。该意见还提出了一系列解决自驾车旅居车(房车)发展的政策措施。③

2016 年 12 月,国家旅游局和国家体育总局《关于大力发展体育旅游的指导意见》,明确提出发展体育旅游的指导性目标:"体育旅游基础设施和配套服务设施不断完善,发展环境进一步优化,基本形成结构合理、门类齐全、功

---

① 文化部:《关于推动数字文化产业创新发展的指导意见》, http://zwgk.mcprc.gov.cn/auto255/201704/t20170424_493319.html。
② 《八大部门联合发文, "互联网+"山地户外运动将成大趋势》, 中国经济网, http://money.163.com/16/1109/17/C5ERHHA2002580S6.html。
③ 《2015 年自驾游游客占国内旅游人数 58.5% 以上》,《经济日报》2016 年 8 月 12 日。

能完善的体育旅游产业体系和产品体系。"该指导意见还提出，到2020年，在全国建成100个具有重要影响力的体育旅游目的地；建成100家国家级体育旅游示范基地；推出100项体育旅游精品赛事；打造100条体育旅游精品线路；培育100家具有较高知名度和市场竞争力的体育旅游企业与知名品牌；体育旅游总人数达到10亿人次，占旅游总人数的15%；体育旅游总消费规模突破1万亿元。①

为推动休闲旅游消费，2016年12月，国家发改委和旅游局发布了《实施旅游休闲重大工程的通知》，强调实施旅游休闲重大工程的重要意义，对乡村旅游、绿色旅游以及旅游扶贫项目将给予大力支持。12月，国家旅游局、农业部又联合印发了《关于组织开展国家现代农业庄园创建工作的通知》，决定在全国国有农场范围内组织开展国家现代农业庄园创建工作，计划到2020年建成100个国家现代农业庄园，"农业+旅游"新业态迎来"加速跑"，这必将推进现代农业和旅游业的深度融合，进一步培育和发展新型农业旅游。

二 文化创意产业快速发展，数字经济稳定增长

2016年，面向以创新为内涵的发展新方位，我国文化创意产业经历着深度结构性调整，带动文化消费实现结构性释放。作为"国民经济支柱性产业"重点培育的文化创意产业，在结构性调整中继续增长。

据国家统计局数据，2016年，我国文化产业增加值为30254亿元，首次突破3万亿元，占GDP的比重为4.07%，首次突破4%。文化产业及相关产业的10个行业门类中，文化服务业增长速度最快。其中，文化信息传输服务业营业收入5752亿元，增长30.3%；文化艺术服务业收入312亿元，增长22.8%；文化休闲娱乐服务业收入1242亿元，增长19.3%。② 数据显示，社会资本对文化创意产业充满热情，固定资产投资活跃，2015年为2.8万亿元，2016年达到3.2万亿元；文化消费也持续增加，全国人均文化娱乐消费支出

---

① 国家旅游局：《关于大力发展体育旅游的指导意见》，《中国旅游报》2016年12月22日。
② 张玉玲：《中国文化产业增加值：站上3万亿元新台阶》，《光明日报》2017年5月19日。

2015年为760元,2016年增加到800元。①

2016年,我国全年文化产品进出口总额885.2亿美元,其中出口额786.6亿美元,实现顺差688亿美元;文化娱乐和广告服务出口额54.3亿美元,同比增长31.8%;文化体育和娱乐业对外直接投资39.2亿美元,同比增长188.3%。②

(一)文化创意产业核心业态在结构性调整中稳中向好

2016年,我国电影、新闻出版、广告、演艺等文化创意产业核心业态在结构调整中继续稳定发展。数据显示,2016年,我国生产电影故事片772部,动画电影49部,科教电影67部,纪录电影32部,特种电影24部,总量为944部;故事影片数量比上年增长12.54%,生产总量比上年增长6.31%。2016年,全国新增影院1612家,新增银幕9552块。截至目前,中国银幕总数已达41179块,中国已成为全球电影银幕数最多的国家。2016年,全国电影总票房为457.12亿元,同比增长3.73%;城市院线观影人次为13.72亿,同比增长8.89%;国产电影票房为266.63亿元,占票房总额的58.33%。国产电影海外票房和销售收入38.25亿元,同比增长38.09%。影视产品和服务出口超过6亿美元。③

2016年,全国共出版图书、期刊、报纸、音像制品和电子出版物512.5亿册(份、盒、张)。其中,出版图书90.4亿册(张),期刊27.0亿册,报纸390.1亿份,音像制品2.2亿盒(张),电子出版物2.9亿张。全年新闻出版产业营业收入超过2.3万亿元。全国出版、印刷和发行服务实现营业收入23595.8亿元,较2015年增加1939.9亿元,增长9.0%。其中,数字出版实现营业收入5720.9亿元,较上年增长29.9%,占全行业营业收入的24.2%;对全行业营业收入增长贡献率为67.9%。网络动漫营业收入增长250.7%,在线教育营业收入增长39.4%,势头迅猛,增长速度在数字出版所属各类别中名列前茅。④

---

① 《中华人民共和国文化部2016年文化发展统计公报》,《中国文化报》2017年5月15日。
② 《中华人民共和国文化部2016年文化发展统计公报》,《中国文化报》2017年5月15日。
③ 《2016年中国电影票房457亿元,观影人次超过13亿》,新华网,http://news.163.com/17/0101/09/C9MEKGAS0001875N.html。
④ 国家新闻出版广电总局:《2016年新闻出版产业分析报告》,中国新闻出版广电网,http://www.chinaxwcb.com/2017-07/25/content_358660.htm。

2016年，我国广告业总营业额达6489亿元，同比增长8.63%。① 艺术品拍卖市场呈现复苏迹象，国内艺术品拍卖市场总成交额为509亿元。其中，文物艺术品拍卖成交额有明显增长。全年全国共举行文物艺术品拍卖1857场，成交额317.33亿元，较2015年增长13.33%。②

截至2016年末，全国文化系统共有艺术表演团体2046个，文化馆3338个；③ 中国演出市场总体经济规模近470亿元；全国商业演出市场票房收入达121亿元，演出场次达18.2万场次，观众人数达10761万人次；网络音乐用户规模达到5.03亿，其中手机网络音乐用户规模达到4.68亿；音乐节演出票房达4.83亿元，演出场次达202场，总观众数约为327万人次；全国话剧演出票房收入8.19亿元，演出场次达11744场，演出观众达580万人次；全国音乐会演出票房收入达6.56亿元，演出场次达7203场，观众达480万人次；全国传统戏曲演出票房收入达1.49亿元，全年演出场次达5594场，演出观众达245万人次。

（二）"互联网+"深度融合促进数字经济快速增长

"互联网+"战略实施两年来，不断催生以互联网融合创新为核心的新技术和新业态。在此背景下，既包括以云计算、大数据等新技术为基础的增量经济，也包括帮助传统产业转型升级盘活的存量经济的数字经济快速进入新发展阶段。当前，数字经济已然成为国家经济稳定增长的新动力，推动产业创新、技术进步的重要力量。统计数据显示，2016年，全国数字经济规模达到22.6万亿元，同比增长18.9%，占GDP的比重达到30.3%。其中，服务业中数字经济占行业比重平均值为29.6%，工业中数字经济占行业比重平均值为17.0%，农业中数字经济占行业比重平均值为6.2%。而数字经济对国民经济的基础贡献越来越大，信息产业的增加值为5.2万亿元，占同期GDP的6.9%；数字经济融合部分规模为17.4万亿元，占GDP的比重为23.4%。融

---

① 《6489亿：2016年中国广告经营额增长8.63%》，《现代广告》2017年第7期。
② 《2016年拍卖业蓝皮书及十大事件发布》，http://www.rmzxb.com.cn/c/2017-03-31/1454116.shtml。
③ 《2016文化事业发展》，《光明日报》2017年3月4日。

合部分占数字经济比重高达77.2%。①

随着网络基础设施的逐步完善和网络强国建设步伐加快，网络游戏、网络影视、网络文学、网络动漫、网络音乐、周边产品等"互联网+文化娱乐"业态广泛互联并深度融合，逐步形成"泛娱乐"产业，并逐渐成为社会和资本关注的热点。2016年，泛娱乐产业总产值约为4155亿元。在三网融合背景下，P2P等网络技术的更新迭代使网络信息复制、传播更加简单便捷，由此推动网络版权产业的规模也不断壮大。《2016年中国网络版权保护年度报告》数据显示，2016年，我国网络核心版权产业规模达到5086.9亿元，比2015年增长31.3%。②

2016年，我国数字出版产业累积用户规模达到16.73亿人（家/个），数字出版产业总收入5720.85亿元，比2015年增长29.9%。其中，网络游戏、网络文学、网络动漫、网络视听等表现不俗。

网络游戏是数字出版产业的核心产业，是IP的关键变现渠道，在整个产业链中发挥龙头带动作用。《2016年中国游戏产业报告》数据显示，2016年，中国游戏用户规模达到5.66亿人，同比增长15.9%。上市游戏企业158家，其中A股上市游戏企业占81.6%，港股上市游戏企业占10.8%，美股上市游戏企业占7.6%。游戏市场实际销售收入达1655.7亿元，同比增长17.7%。其中，移动游戏收入819.2亿元，占比达到49.5%；电子竞技游戏市场销售收入达504.6亿元，占30.5%，电子竞技游戏已成为游戏产业重要组成部分。同时，"影游融合"，游戏借影视播放热度、明星、剧情，降低游戏运营成本，打破IP困局。用户边际收益不断增加，游戏精品迭出。2016年，我国自主研发的网络游戏达到1182.5亿元，同比增长19.9%；全年海外市场销售达到72.35亿元。③

据国家新闻出版广电总局数字出版司对国内主要网络文学网站调研得出的数据，2016年，我国网络文学产值已达到90亿元，国内40家重点网络文学网站新增的驻站作者数超过1760万，新签约的作者数达到6.2万，作品总量已

---

① 《2017年中国数字经济发展白皮书》，http：//pan.baidu.com/s/1cm1AEU。
② 中国信息通信研究院：《2016年中国网络版权保护年度报告》，2017。
③ 《〈2016年中国游戏产业报告〉：游戏市场达1655.7亿》，中国信息产业网，http：//tech.hexun.com/2016-12-16/187368550.html。

经达到1454.8万件。截至2016年12月,这40家重点网络文学网站共出版图书6443册,改编电影900多部,改编电视剧1056部,改编游戏511部,改编动漫440部。国内网络文学用户数达到3.33亿,比上一年增加了3600万。其中,手机用户数达到3.04亿,比上一年增加了4000多万。①《2016年数字阅读白皮书》显示,2016年数字阅读内容总量增长率达到88.2%。其中原创占比从69%上升到79.7%。而有声读物成为数字阅读新增长点。数据显示,2016年,全国有声阅读市场增长48.3%,达到29.1亿元。值得关注的是,人工智能技术正加速进入新闻出版业,在出版发行、印刷物流、数据加工、数字阅读、数字教育等领域得以应用,将为新闻出版业的转型融合带来更多可能性。语音录入稿件、机器协助校稿、机器写作、用户交互体验等人工智能技术将让出版流程实现智能化。②

2016年,我国动漫产业总产值已突破1100亿元,动画电影仍保持30%以上增长。全年国内上映动画电影总票房已达60.1亿元,比2015年上涨15.1亿元,整体电影市场占比达15.03%。③

《2016年中国网络视听发展研究报告》数据显示,2016年,我国网络视频用户规模为5.14亿,用户使用率为72.4%;视频网站备案网络剧4430部,共计16938集,微电影、网络电影总计4672部;手机、电脑、电视多点发力,网络视频收看呈现多样化趋势;视频网站自制节目数量大幅增加,质量大幅提升,版权购买依然是网络视频节目内容的主要来源;网络视频付费用户快速增长,付费商业模式基本确立;互联网电视激活终端1.10亿台,行业迎来规范发展期。④

2016年被业界称为"直播元年"。随着移动通信技术的进步以及智能化生活的普及,网络直播已渗透到生活的方方面面,如在线直播课程、体育直播、游戏直播等,直播内容与形式越来越趋向精细化与专业化。数据显示,截至2016年底,我国网络直播平台超过200家,用户规模达3.44亿,市场规模超

---

① 窦新颖:《2016年我国网络文学产值达90亿元》,http://www.shzgh.org/zscq/mtjj/n2513/u1ai17440.html。
② 《2016年数字阅读白皮书》,http://www.chinanews.com/cul/2017/04-14/8199863.shtml。
③ 罗梦雪:《我国动漫产业交出了一张怎样的答卷?》,《言之有范》2017年1月26日。
④ 《〈2016年中国网络视听发展研究报告〉发布》,《光明日报》2016年12月8日。

过150亿元。据预测，到2020年，中国的网络直播将成千亿级大产业，成长空间巨大。①

与此同时，围绕网络红人及其产品和服务所形成的网红产业发展迅速。据Analysys易观发布的《中国网红产业专题研究报告2016》，中国网红产业规模将达到528亿元，2018年将超过1000亿元，2015~2018年年复合增长率为59.4%。而在网红变现方式中，电商和直播为主要变现来源。②

2016年，人工智能亦成为创意经济领域年度热词。人工智能情景喜剧、人工智能电影预告片、人工智能恐怖片、人工智能微电影、人工智能流行歌曲、人工智能圣诞节颂歌、人工智能小说、人工智能艺术拍卖、人工智能诗篇、人工智能杂志编辑等创意产品层出不穷，大有蔚然勃发之势。

（三）台湾创意经济在产业变局中有望企好

统计资料显示，2015年，台湾创意经济出口额为8671百万美元。新媒体产业出口额达4999百万美元，占台湾创意经济出口额的57.65%。据《2016台湾游戏市场白皮书》统计，2015年，台湾游戏市场规模为420.39亿元新台币。2016年，台湾会展产业就业人数29512人，总产值约为426亿元新台币，增加值为8.9%，占GDP比重为0.25%。台湾动画产业2016年总产值为55亿元新台币，较2015年的70亿元新台币减少21.4%③。

台湾文化创意产业资本市场近年较为活跃。截至2016年底，全台湾文创上市公司增加到25家，总市值为1471亿元新台币，总资产为503亿元新台币，无形资产总额为2.2亿元新台币，占总资产比例大约为8.02%。25家文创上市公司营业收入达11亿元新台币。

三 创意产业热点频现，创意经济大势凸显

2016年，"互联网+文化"进一步深入，文化创意产业新趋势、新业态、

---

① 《〈2016直播营销价值报告〉发布》，《文化产业评论》2016年11月9日。
② 《中国网红产业专题研究报告2016》，http://www.sohu.com/a/113202285_115326_2016/09/03。
③ 《台湾数位内容年鉴》，2016。

新技术层出不穷。而"文化+"的融合发展已经渗透到各个垂直领域，推动数字创意产业、新媒体产业与IP跨界、网络直播、内容付费、文化旅游、特色小镇、人工智能等创意产业新业态成为创意经济年度热点。

（一）数字经济成为创意经济新蓝海

数据显示，截至2016年底，中国网民规模达7.31亿，手机网民占比达95.1%，线下手机支付习惯已经形成；我国手机网民规模达6.95亿，增长率连续三年超过10%；① 这标志着中国已经成为全球最大的单一互联网市场。近年来，互联网的迅猛发展催生了数字化生产与传播、数字化消费与管理，让数字创意产业发展壮大。截至目前，与数字化技术相关的新媒体文化市场价值已经占到整个文化创意产业的70%，并且还在继续发展壮大。在互联网应用中，网络购物用户4.48亿，网络音乐、网络视频用户超过5亿。动漫游戏、网络文学、网络音乐、网络视频、数字新闻、数字电视、数字广播、数字电影等数字创意产品已经成为大众文化消费的主打产品。②

国务院总理李克强在2017年政府工作报告中强调，要"推动'互联网+'深入发展、促进数字经济加快成长，让企业广泛受益、群众普遍受惠"。③ 当下，数字经济作为一种新的经济形态，正成为转型升级的重要驱动力，也是全球新一轮产业竞争的制高点。2016年，数字创意产业被纳入《"十三五"国家战略性新兴产业发展规划》，2017年必然在"创新数字文化创意技术和装备""丰富数字文化创意内容和形式""提升创新设计水平""推进相关产业融合发展"四个方面整体布局，加快发展。未来几年，数字经济在推动我国经济社会发展、构建全球竞争新优势中发挥的重要作用将快速凸显。

全球数字经济正处于全面普及、深度融合、加速创新、引领转型的全新发展阶段，成为重构国际经济格局的重要力量。深化信息技术与制造业融合发展将成为世界各国战略布局的重心，围绕智能制造产业生态主导权的竞争将愈演愈烈，物联网将成为制造业转型升级新的基础设施，新技术、新标准将成为竞

---

① 中国互联网络信息中心（CNNIC）：第39次《中国互联网络发展状况统计报告》，2017。
② 《8万亿元！这个天文数字的背后》，《济南日报》2016年12月27日。
③ http://www.gov.cn/zhuanti/2017lhzfgzbg/index.htm。

争制高点。开放化、平台化将成为产业演进升级新趋势,产业协同创新体系将加速构建。信息技术与产业融合发展将引发产业管理模式变革,安全、包容、协作的网络治理新体系将加速形成。中国只有深刻把握数字经济发展新趋势,才能在未来竞争中占据主动。

(二)新媒体产业引发现代生活巨大变革

2016年,新媒体产业体量不断增大,功能不断优化,新应用不断涌现。例如,数字电视/智能电视、微博、微信等功能的不断完善与进化;网络直播与短视频、付费问答、共享单车等开始发力;智能家居、智能可穿戴设备(智能手环/腕带、智能眼镜、智能服装、智能鞋帽)不断普及并优化;户外、楼宇与车载新媒体亦不断更新。尤其是虚拟现实及人工智能扩大了新媒体的想象空间。2016年,VR技术火热劲爆,获得社会广泛关注。百度、阿里巴巴、腾讯等互联网公司相继进入VR行业,网民也争相体验。同时,2016年人类在与人工智能的围棋对弈中,发现了人工智能的巨大威力。

2016年,移动支付已成为新媒体时代基础性的应用工具,并越来越多地变成流量的入口,与线下支付打通。2月18日,Apple Pay正式登陆中国市场,不仅为iPhone中国市场用户带来支付服务,而且与中国银联携手,通过银联"云闪付"进行移动支付。与常见的二维码支付不同,使用Apple Pay无须手机接入互联网,用时一两秒就可以完成Apple Pay支付。根据苹果官网的信息,截至2016年底,Apple Pay支持中国57家银行发行的借记卡和信用卡。支付宝2016全民账单显示,4.5亿实名用户使用了支付宝,移动支付笔数占整体比例高达71%,成为生活中如同"水电煤"一样的基础设施。① 而微信支付毫不示弱。单单看微信支付的衍生品——红包,《2016年微信年度生活报告》的数据显示,典型用户人均每月发送红包达到28次。通过移动支付工具,大众不仅可网购消费,还可在线下的衣、食、住、行等各种场景"扫一扫",财富管理、停车等公共服务付费也可一"扫"搞定。②

---

① 民意与传播研究所:《2016新媒体大盘点》,中国社科网,http://bbs.cssn.cn/forum.php?mod=viewthread&tid=。

② 《2016年微信年度生活报告》,搜狐网,http://www.sohu.com/a/123000590_515969。

文化创意产业迎来黄金发展期　数字经济成为稳定增长新动力

2016年,人类第一次真正被人工智能(AI)深深地震撼了。3月,世界围棋大师在韩国首尔以1:4的成绩不敌GoogleDeepMind开发的人工智能程序AlphaGo,比分远远超出了赛前多数人的预料,引起广泛关注和热议。12月,AlphaGo又以"Master"为名在网上一路击败数十位围棋高手,连续取胜,再次让网民惊叹不已。搜狗、百度等搜索引擎公司最为活跃,纷纷宣称已变身人工智能公司,且推出产品。百度推出了无人车,搜狗推出了知音交互引擎。从社交、电商到物流、无人驾驶,人工智能正在渗入越来越多的行业和领域。1月底,世界首款无人驾驶公交车在荷兰小镇Wageningen正式上路。特斯拉、谷歌、百度、乐视及部分传统汽车制造商都在积极实验无人驾驶汽车。人工智能在机器翻译方面,结合神经网络,也连续取得突破。9月,谷歌发文介绍其神经机器翻译系统(GNMT):"该系统使用了当前最先进的训练技术,能够实现到目前为止机器翻译质量的最大提升。"并宣布已将其投入汉语－英语机器翻译应用中。11月,谷歌再次宣布实现了多种语言之间的神经机器翻译。

咨询公司麦肯锡在《2017中国数字消费者研究》中指出,未来几年中国数字消费者行为演变为五大趋势:线上线下相融合的全渠道购物成为主流消费方式;消费者期待随时随地随性进行"场景触发式购物";嵌入B2C电商、以社交媒体为中心的消费者互动;超出标准产品和常规服务的需求不断增加;数据驱动的深度个性化。① 数字消费者行为的演变,必将促进以生活信息服务为内容的数字创意产业增长势头更为突出,其营收规模和产值必然加速增长。在今天,新媒体与百姓的生活密切关联,没有哪一个年份比2016年更让人感叹!这一点突出体现在共享经济的火爆:付费型知识共享问答、网络专车/网约车、共享单车及共享房屋(短租)等,层出不穷。8月1日,滴滴出行宣布与Uber全球总部达成战略协议,收购优步中国的品牌、业务、数据等全部资产在中国大陆运营,宣告中国网约车服务进入一家独大的"寡头"时代。2016年,共享单车在北上广深等大城市普遍开花,并向二线城市蔓延。年初是摩拜单车和ofo单车的迅速"抢滩"。接着,又有诸如小鸣单车及小强单车等跟随者加入共享单车大战,有力地促进了大众绿色及健康出行。

---

① 麦肯锡:《2017中国数字消费者研究》,http://www.sohu.com/a/152435977_421442。

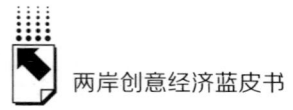

（三）文化资本市场热潮助推产业巨头形成

2016年，资本市场"文化热"潮起潮涌，文化企业"上市潮"此起彼伏。全年A股和H股上市文化企业近60家，其中8家为国有文化企业。中国电影股份有限公司、广西广播电视信息网络股份有限公司、上海电影股份有限公司、幸福蓝海影视文化集团股份有限公司、新华网、贵州广电网络6家国有文化企业以IPO方式在主板或创业板成功上市；已在香港上市的新华文轩出版传媒股份有限公司又在上海证券交易所A股挂牌上市。8家公司共募集资金超过100亿元，对进一步推动国有文化企业建立健全有文化特色的现代企业制度、借助资本市场打造骨干文化企业和战略投资者，具有重要借鉴意义。

12月，全国新三板挂牌企业突破10000家，总市值超过3.8万亿元。文化企业共有1192家挂牌，成为新三板的"主力军"，超过10%。全国挂牌新三板文化企业共发生645起融资事件，涉及资金314.65亿元；投资事件1438起，涉及资金243.30亿元。[①]

与此同时，新一波的并购大潮亦让资本市场风起云涌。2016年1月，完美环球以19.53元每股发行6.14亿股，作价120亿元，收购上海完美世界网络科技有限公司100%股权。完美世界游戏资产与完美环球影视资产融为一体，两相携手打造"影游双擎"超级娱乐航母。6月，腾讯宣布接手软银在Supercell全部股权，总金额约86亿美元。腾讯从中获得超过1亿元的手游用户和顶级手游研发拼图。而阿里则正式成立"阿里大文娱板块"，囊括阿里巴巴集团旗下阿里影业、合一集团（优酷土豆）、阿里音乐、阿里体育、UC、阿里游戏、阿里文学、数字娱乐事业部。9月，合一与新浪微博、UC宣布成立"视频文娱大联盟"，通过底层数据、算法对接，依托于三大平台的优质内容、社会化传播、算法推荐及移动阅读等能力提升用户体验。10月，世纪游轮公告重组草案，将以总价305亿元从财团手中收购以色列公司Alpha全部A类普通股，并间接收购世界棋牌游戏巨头Playtika。天神娱乐以34.16亿元收购幻想悦游93.54%股权。11月，携程宣布将以14亿英镑（约合人民币120亿元）的现金、股票和贷款形式收购天巡控股有限公司，并在12月完成收购天巡控

---

① 《2016年中国文化产业的十个"关键词"》，《光明日报》2016年12月30日。

股有限公司交易。12月，万达旗下AMC娱乐控股公司宣布已完成以11亿美元收购Carmike Cinemas的交易。至此，AMC在全美经营661家影院，拥有约8200个屏幕，成为全美最大的影院运营商。东方网络则支付现金13.42亿元，并以不低于16.12元/股发行1.36亿股，合计作价35.36亿元，购买嘉博文化、华桦文化、元纯传媒各100%股权。这一波文化资本市场的上市、并购热潮，促使游戏、在线旅游、影视、酒店、互联网文娱等行业巨头渐然形成。①

（四）文化旅游产业活力与魅力持续呈现

2016年，"文化旅游"依然是文化创意产业的热词之一。"十三五"期间，我国经济步入新常态，产业结构调整已然起步。结构调整使作为改善民生、拉动内需的文化旅游纳入国家发展战略，"全域旅游"成为热门话题。2月，国家旅游局公布首批262个"国家全域旅游示范区"名单；11月，第二批238个"国家全域旅游示范区"名单公布。2017年3月，国务院总理李克强在政府工作报告中明确提出，要"完善旅游设施和服务，大力发展乡村、休闲、全域旅游"。"大力发展全域旅游"首次被写入政府工作报告，中国政府网将"全域旅游"列为2017年政府工作报告的12个新词之一。②

利好的产业背景，促使文化旅游业坚定地成为国民经济战略性支柱产业，成为拉动经济增长的新引擎。《2016年全年旅游统计数据报告及2017年旅游经济形势预测》显示，2016年，我国国内旅游44.4亿人次，比上年同期增长11.0%；国内旅游收入3.94万亿元，比上年同期增长15.19%；入境旅游人数1.38亿人次，比上年同期增长3.8%；国际旅游收入1200亿美元，比上年同期增长5.6%；中国公民出境旅游人数1.22亿人次，比上年同期增长4.3%。全年实现旅游总收入4.69万亿元，增长13.6%。③

值得关注的是，在大众旅游时代，乡村旅游正在成为新的生活方式而受到越来越多人的青睐。"美丽乡村""主题小镇""旅居养生""体育旅游"等新

---

① 《2016年文化产业十大资本市场事件》，《中经文化产业》2017年1月5日，搜狐网，http://www.sohu.com/a/123638951_466937。
② http://www.gov.cn/zhuanti/2017lhzfgzbg/index.htm。
③ 国家旅游局数据中心：《2016年全年旅游统计数据报告及2017年旅游经济形势预测》，2017年3月5日，国家旅游局网站，http://www.cnta.gov.cn。

的旅游业态不断走向成熟。

体现成都人典型生活方式的成都院子——幸福公社，是一个全民创业的平台电商，微餐饮，手工艺，民宿，微设计，中式生活研究所，幼教，美食……这个由创意者、设计师、践行者、生活者共创的情怀文艺村落，让设计价值植入生活方式，把生活创意植入创业社区，是"美丽乡村"的典范。

地处郑州的功夫小镇，拥有以少林寺为代表的传统功夫文化，具有深厚的功夫文化氛围，具有较大的品牌号召力。在功夫小镇，产品涉及功夫、禅修、表演、传统文化、购物、赛事、培训（训练）等。比武擂台表演秀、功夫大学堂、武林江湖影视城、武术大师纪念馆、电子竞技场、禅宗会馆住宿、品尝正宗少林素食……在地道的武林场景中，体验丰富的武侠元素。功夫小镇很快成为"主题小镇"的典范。

2017年是实施"十三五"规划的重要一年，也是推进供给侧结构性改革的深化之年。我国文化旅游市场规模将稳步扩大，文化旅游产业在创新发展中将继续领跑经济增长。尤其是在国内旅游市场环境不断改善的背景下，入境旅游市场将继续保持稳步复苏的势头，进入全面恢复的发展通道。在国内休闲旅游替代加速、人民币贬值、跨境电商全面发展等因素的共同作用下，出境旅游市场也将进入相对稳定的发展阶段。

（五）第三产业成为激活文化消费的新引擎

据统计数据，2016年，按可比价格计算，我国国内生产总值同比增长6.7%。国民消费在经济增长中发挥主要拉动作用，2016年消费对经济增长的贡献率达到64.6%，消费动力持续增强。第三产业延续以往的高增长态势，同比增长7.8%，占GDP的比重为51.6%。[①] 经济发展呈现消费升级、服务驱动的新特征。

十多年来，我国文化创意产业增长迅猛，积极带动文化消费市场多元化、个性化发展，促使文化消费不断增加。但是，大众旺盛的文化消费需求，并未带来文化消费规模的爆发式增长。据中国人民大学《中国文化消费指数》报

---

① 《2016年中国经济增长6.7%，GDP首破70万亿元》，新华社，http://news.xinhuanet.com/2017-01/20/c_1120351814.htm。

告调研数据测算,我国潜在文化消费规模为47026亿元,实际文化消费规模为10388亿元,文化消费缺口36638亿元。① 在人均GDP同等水平下,我国文化消费规模仅为发达国家的30%左右。这既说明我国居民潜在的文化消费需求并未得到有效满足,也说明我国文化消费拥有巨大发展空间。

文化部、财政部等部委下发《关于开展引导城乡居民扩大文化消费试点工作的通知》以后,文化部先后分两次确定了45个国家文化消费试点城市,旨在通过多点尝试以探索行之有效、能复制推广、可持续的经验做法,发挥典型示范和辐射作用,进而全面促进文化消费优化与增长。文化部《"十三五"时期文化发展改革规划》提出,"扎实推进文化领域供给侧结构性改革,以创新供给带动需求扩展,创新文化产品和服务供给方式,优化文化产品和服务供给结构,提升文化产品和服务供给质量,扩大文化产品和服务的有效供给"。2017年,国家继续提出"适度扩大总需求并提高有效性",强调"扩消费"。既稳增长、保就业、惠民生,又引导和稳定预期,调整结构,同时也提高城乡居民生活品质,与全面建成小康社会要求相衔接。② 国家文化消费试点工作的全面铺开,将进一步引导城乡居民转变消费观念,推动文化消费总体规模持续增长。旅游、文化、体育、健康、养老等五大"幸福产业"将在2017年被赋予"双重责任",既能拉动消费增长,促进消费升级,是拉动内需的新力量;也直指人心,提升中国公民的"幸福指数",是提高群众生活品质的着力点。

---

① 《中国文化消费指数发布,文化消费缺口超3.6万亿》,中国新闻网,http://www.chinanews.com/cul/2013/11-09/5482702.shtml。
② 国家统计局:《2016年我国GDP增长6.7%》,人民网,http://politics.people.com.cn/GB/n1/2017/0120/c1001-29038624.html。

数字创意篇

Digital Creativity Reports

B.2 数字创意产业发展背景下的企业转型升级

张振鹏 刘小旭*

摘 要： 传统生产经营方式的转换，传统文化消费理念的更新，传统文化企业优势地位的丧失，使传统文化产业向数字创意产业转变。"互联网+"生产经营方式，文化产品内容多样化，商业模式创新，使文化企业转型升级更需要关注发展质量，开发特色产品和品牌，升级领导力，创造客户价值，建立企业联盟，融入商业生态系统。

关键词： 数字创意产业 创意企业 客户价值 商业生态

---

* 张振鹏，济南大学商学院教授，博士，硕士生导师，山东省文化资产评估研究中心主任，主要研究方向为文化创意产业；刘小旭，济南大学商学院硕士研究生。

数字创意产业是高新技术与人类创意融合发展的成果,既是文化产业发展的新动能,也是国民经济发展的新动能。数字创意产业发展的过程既是新动能成长壮大的过程,也是新旧动能接续转换的过程。推动数字创意产业发展,是文化领域供给侧结构性改革的重要举措,是文化产业转型升级的主要标志,是培育新供给、新动能的核心路径。数字技术与创意产业的融合,推动了动漫、游戏和玩具等产业的交互发展。电影、电视、广播的快速成长,旅游智能化,建筑与工业设计特色化,创意社群的兴起,VR、AR、AI相关领域的高速发展,使数字创意产业备受瞩目。

一 我国数字创意产业发展的缘由

数字创意产业不是横空出世的,是随着时代发展和人类生活方式变化应运而生的。在我国,数字创意产业的发展是科技进步、人们消费需求与相关政策形成呼应进而产生叠加效应的结果。

(一)科技进步与产业变革

互联网技术的出现,改变了人类价值创造的基本方式,尤其是近年来移动互联网技术的广泛应用,更是推动了新技术、新模式和新业态的不断涌现。互联网、移动互联网技术最大的特质是实现了人与物、人与信息、人与人之间的多维度连接,在连接中凸显了交互的作用,新的科技工具与数据思维改变了价值创造的方式,进而改变了价值创造者的战略。在此影响与带动下,互联网与内容产业深度融合。可以预见,未来的一个时期将是科技革命推动产业变革的巨变阶段,以计算机、互联网、信息通信等为代表的数字技术在各个领域广泛应用以及渗透融合,文化创意将成为产业变革和新经济发展的重要引擎。数字化技术和文化创意的深度融合催生出新业态——数字创意产业。数字创意产业的新经济、新动能特征明显,行业内优秀企业不断涌现,吸引了大量社会资本进入,催生了其他领域龙头企业跨界布局。传统文化产业的数字化转型升级加快,当代数字创意内容精品层出不穷,数字创意与相关产业深度融合,正不断衍生出新产品、新业态、新模式,为文化产业乃至国民经济的发展不断提供新供给和新动力。

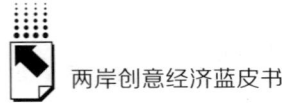

（二）消费群体需求演变

根据中国互联网络信息中心（CNNIC）发布的第39次《中国互联网络发展状况统计报告》，截至2016年12月，我国互联网普及率达到51.7%，网民规模达7.31亿，手机上网用户数达到6.95亿，其中超过70%的是10～39岁的用户，广泛的用户群为数字创意产业发展奠定了基础。在互联网应用中，网络视频、网络音乐的用户规模达到5亿多，超过网络购物4.48亿的用户规模。在文化产业统计分类中，与数字技术和互联网密切相关的文化信息传输服务，近两年平均增速超过26%，超过文化产业整体增速的两倍以上，2016年前三季度规模以上企业收入继续以30.8%的增速领跑文化产业①。数字出版业盛会发布的《世界电子书大会白皮书》指出，2016年成年人小说销售的70%都来自数字出版，白皮书还预测电子书阅读器将在2017年继续增长。皮尤研究中心报告显示，2016年有声书听众有所增加，14%的受访者表示他们曾经选择听书这种方式。全球的有声书产业估价约35亿美元，2016年美国的有声书销售额达18亿美元，大多数零售公司有声书业务的增长达到3位数，预计2017年这种趋势仍将持续②。另外，网络文学、动漫游戏、网络音乐、网络视频等数字创意产品与人们的日常生活结合得愈加紧密，拥有广泛的受众群体和市场响应能力。近年来，知识产权保护环境持续改善，网络消费者的付费习惯进一步养成，这些都为数字创意产品不断挖掘消费潜力和市场价值奠定了更加坚实的基础。

（三）相关政策递进

回顾我国近年来的文化产业相关政策，数字创意产业列入"十三五"国家战略经历了政策递进的过程。2009年9月发布的《文化产业振兴规划》就明确提出数字内容产业是新兴文化业态发展的重点；2010年10月发布的《国务院关于加快培育和发展战略性新兴产业的决定》提出"大力发展数字虚拟技术，促进文化创意产业发展"；2011年3月发布的《"十二五"规划纲要》

---

① 曲晓燕：《文化产业发展的重大利好》，《中国文化报》2016年12月21日。
② 袁舒婕：《2017数字出版往何处去》，《中国新闻出版广电报》2017年3月6日。

提出"发展数字内容服务,大力发展文化创意、影视制作、出版发行、印刷复制、演艺娱乐、数字内容和动漫等重点文化产业";2014年2月发布的《推进文化创意和设计服务与相关产业融合发展的若干意见》提出促进文化产业与科技的融合,包括移动互联网在内的数字文化产业、动漫、手游等文创企业都将获得政府支持。从这些文件可以发现,"数字创意产业"的概念呼之欲出。2016年3月初发布的政府工作报告中首次出现"数字创意产业"——"启动新一轮国家服务业综合改革试点,实施高技术服务业创新工程,大力发展数字创意产业"。报告指出,数字创意产业是以文化创意、设计服务为核心,依托数字技术进行创作、生产、传播和服务,满足健康、美好、现代生活方式需求,引领新供给、新消费、高速成长的战略性新兴产业①。在2016年3月下旬发布的"十三五"规划纲要中,"数字创意产业"再次出现。2016年底,《"十三五"国家战略性新兴产业发展规划》发布,数字创意产业正式列入国家新兴战略支柱性产业。

二 数字创意产业发展趋势与特征

技术革命对经济社会发展方式的变革可以分为两个阶段:第一个阶段是爆发性增长期,新技术推动社会生产力由量变到生产方式出现质变;第二个阶段是协调期,慢慢形成适应新技术的新的经济社会形态。目前,"互联网+"这一轮技术推动经济社会发展方式的变革仍然处于爆发性增长期。这个时期传统文化产业的转变,不仅体现了产业结构的转型升级,而且也包括了产业自身的适应性调整,"互联网+"生产经营方式、文化产品内容多样化、文化企业商业模式创新,是数字创意产业发展的主要趋势与特征。

(一)"互联网+"生产经营方式

随着互联网技术的高速迭代,数字创意产业发展和相关企业决策关注的重心转向非物质生产效率和经营绩效的提升,客户价值、私人订制、粉丝经济、共享经济等概念得到学界和业界的广泛关注,这既是新兴商业生态系统的真实

---

① 程丽仙:《数字创意成经济增长新动力》,《中国文化报》2016年9月30日。

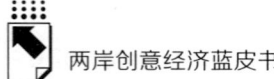

写照，也描摹了现代生产经营方式变革的图景。从发展趋势来看，互联网已经成为数字创意产业的核心资源要素，产业领域最具成长性的企业大都跻身互联网和移动互联网行业。① 2004 年，我国与互联网相关的文化信息服务的增加值是 51.05 亿元，2008 年增加到 192.66 亿元，截至 2013 年末，已经达到 1941.12 亿元，② 增长超过 9 倍。互联网技术对数字创意产业的影响日益明显，贡献也逐渐增加，同时也揭示了数字创意产业所具有的鲜明的互联网特征。

"互联网+"对数字创意产业的意义不仅限于将传统产业的内容搬到互联网平台上，更多的作用在于将从业者的思维引入互联网世界，以进行相关的生产经营管理决策。创意产品是精神生产和物质生产高度融合的结果，互联网技术作为一种生产载体和工具，可以在不改变文化资源原貌的基础上，对其进行完整甚至更优化的呈现，将资源转化为更加多样的产品形态。比如，2010 年上海举办的世界博览会展出了经过高新技术动态化处理的《清明上河图》，将原本静态的古画生动并完整地呈现在观者眼前。另外，需要重点保护的非物质文化遗产也可以借助互联网技术转化为具有高附加值的创意产品，使文化遗产获得一种现代发展方式，能够巧妙地融入现代人的意识，进入现代社会生活。比如，北京故宫博物院在文化创意产品开发的过程中引入了科技手段，将原本只有文化遗产展示和旅游观光功能的古建筑群转化成一个现代化的文化创意体验中心。互联网与文化的融合，在文化产业转化过程中所发挥的作用，能够引领社会资本的渗透与创意产业意识的觉醒，③ 有助于提升文化创造力和文化产品的内容创意，推进相关产业的跨界融合，释放产业价值，实现文化产业转型升级。

传统文化产业向数字创意产业转型升级是通过互联网技术和创意的结合，对企业研发、生产、经营、管理等环节进行全方位的改造，推动相关产业形态融合，从而创造出新产品、新服务、新业态。

（二）创意产品内容多样化

文化的本质特征是多样性，文化创意在很大程度上来源于不同文化的碰

---

① 祁述裕、孙博：《我国文化产业发展亟需完成七个转变》，《探索与争鸣》2014 年第 4 期。
② 高书生：《我国文化产业发展的总体状况和主要特征》，《经济与管理》2015 年第 3 期。
③ 张曾芳、张龙平：《论文化产业及其运作规律》，《中国社会科学》2002 年第 2 期。

撞、交流与融合。创意产品需要满足消费者多样化的文化需求，高品质、创新性的创意产品与服务是创意企业的生命源泉，创意企业因此才能把握发展的主动权。

创意产品的开发过程具有创意密集性、设计密集性特征，生产过程和劳动关系富有弹性，产品内容的创意、设计及生产人员应该具有较高的自主控制权，这对那些特色化、专业化的产品开发尤为重要。创意产品并非人们日常生活中的基本必需品，文化消费需求不是刚性需求，充满了不确定性，并且具有外部性。任何一家创意企业都不可能生产出满足所有消费需求的创意产品，即使那些在特定时段内能够迎合大众消费需求的生产者，也很难自始至终跟上文化消费需求变化的节奏和趋势。这就要求创意企业应该依据自身的资源和能力，重点关注能够把握的细分市场甚至是小众市场。大企业往往会忽略小众市场，但小众市场里同样蕴藏着巨大的商业机会，尤其是对于那些以创意和技术能力见长的小微企业和创业者，把握这些商业机会以开发相应的市场空间，既可以获得商业回报，也能够获取社会认知度进而创造社会价值。完整的消费市场的培育，需要政府、大中型企业、民间社团以及众多小微企业和创业者的共同创造。① 能够满足文化消费需求的不是产品外显的形式，而是产品的内涵和质量。把握文化消费需求特征，遵循市场规律，提升产品的文化价值、艺术品位、科技含量，致力于满足多样化消费需求的产品开发与生产，是创意企业生产经营决策的重点。

互联网平台为创意产品的价值创造提供了新的可能性，而"粉丝效应"则成为企业创造品牌价值的推动力。比如，商品营销可以借助视频媒介，使企业在视频、电影等内容产品中植入广告元素，并将内容产品与电商平台结合，在消费者观看视频和电影的同时无意中摄入商品的相关信息，由此形成了"视频+电商"的一种新兴文化产业形态。视频作为创意内容与企业经营策略相结合的一种文化产品形式，未必直接产生经济收益，但其传递的信息及依附在内容中的相关产品和衍生品是企业真正的赢利点。比如，"开心麻花"根据观众的回馈随时调整剧本，既降低了投资风险，又使演出可以形成品牌号召

---

① Prahalad C. K., *The Fortune at the Bottom of the Pyramid*, Philadelphia: Wharton School Publishing, 2014, pp. 6–7.

力,在获得广泛的公众认知和接受之后再通过广告增值和相关衍生品开发获得经济回报。当某部剧目受到市场追捧后,制作方会追加投资,维护已形成的口碑,并形成客户价值累积效应和品牌价值,品牌价值增长的结果是企业投资回报率的显著增长。这种长期品牌经营还会为企业带来社会效益,产品所培养出的是文化消费的特定群体,他们对某个特定对象具有超常的兴趣、爱好和热情,虽然在其他群体眼中,他们的行为是非常规的,但并不与普遍认同的社会伦理规范相抵触。他们是在流行文化和新兴媒体技术主导的时代出现的一种忠诚于特定对象的消费群体——粉丝①。粉丝消费行为改变了"边际效用递减"的经济规律,具有"边际效用递增"的特征。许多文化供给者惯用的市场推广策略就是将众多消费者培养成粉丝,利用粉丝的交互影响效应达到营销目的。比如,范冰冰是一个有争议的艺人,但经纪公司凭借粉丝效应让其作品在文化消费市场上获得了巨大的经济收益。在影视剧、音像制品、图书等产品的细分市场,借助粉丝效应来拓展市场空间的事例不胜枚举。在创意产品开发上,另辟蹊径的创意企业能够改变相对于需求者的被动地位,并在新的文化消费市场领域里扮演主导者的角色。

(三)企业商业模式创新

互联网既是人们生活方式不可或缺的工具,也是企业组织管理与生产经营的核心要素,商业模式作为刻画企业价值网络和整合资源以实现价值创造及价值获取的因果逻辑的构想,成为企业价值创造和价值获取的核心逻辑,并且有利于企业应对复杂多变的外部动态环境所带来的威胁,有助于企业发挥运营的整体性和系统性,以提升企业经营绩效。

互联网与生产经营的融合代表了数字创意产业未来的发展方向,只要创意企业拥有一套成熟有效的互联网商业模式,企业价值就会被高估。② 创意产品绝大多数属于准公共产品,创意企业的价值创造并不局限于产品本身,而是取决于可持续、可增值的商业模式。创意企业所从事的行业不同,所采取的商业

---

① 张振鹏、张鲁秀、孙丽丽:《文化企业无形资产评估与文化产业发展》,《东岳论丛》2016年第7期。
② 陈少峰:《"互联网+文化产业"的价值链思考》,《北京联合大学学报》(人文社会科学版)2015年第4期。

模式以及发展路径有很大差异，简单复制或模仿不能保证企业商业模式的成功，商业模式创新是企业无法回避的课题。比如，在经营理念和成长路径的选择上，民营企业就不可能照搬文化体制改革推动的由原文化事业单位转制而来的国有企业。企业竞争优势的获取，需要通过内生动力的激活应对外部环境的威胁，并把握发展机遇。在我国当前数字创意产业发展阶段，大型企业的通常做法是借助资本的力量来实现规模扩张和市场控制，而中型企业则试图通过合并的方式跻身大型企业行列。虽然缺乏大中型文化企业的资本和竞争优势，但小微文化企业组织惯性低，更容易通过自身的适应性调整以获得细分市场的认同。创意企业商业模式虽然不能复制，但可以相互借鉴，并结合自身的特性来选择、设计和创新。这既是传统企业转型升级的战略方向，也奠定了数字创意产业未来发展的主基调。

三　创意企业转型升级的方向

我国许多创意企业由原文化事业单位转制而来，对市场机制的认知和把握还处于探索期，现代企业管理理念也没有完全确立，制度变革与技术变革使创意企业面临不连续变化的外部环境，企业发展能力也亟待提高。创意企业转型升级的根本目的与核心任务是尽快完成由事业向企业的蜕变，发挥快速响应市场的能力，建立稳定的企业与上下游合作者及其他利益相关者的关系结构，明确企业定位，保持敏锐的洞察力，善于发现和利用新创意、新技术、新的生产经营方式、新的合作者等可以诱发企业创新的因子，融入有利于企业创新的社会网络，实现企业与利益相关者的协同创新，最大限度地激活企业发展潜能。

（一）关注企业发展质量

数字创意产业追求社会效益和经济效益的统一性，创意企业的经营内容决定其规模，这使创意企业在发展过程中不宜只关注财务、规模等数量指标，而需要在明确企业战略目标、形成品牌效应、实现社会和经济双重效益、拥有核心资源及能力这四个企业发展质量评价指标方面予以重点关注。创意企业在初创阶段，往往是以商业机会为中心来组织生产经营活动的，表现出较强的应变能力和一定的战略随机性，但随着企业稳步发展，企业战略目标和定位将会逐渐明晰，专注度会大幅提升，组织管理和经营活动也会趋于稳定，社会认知和忠实客户群体的形成会推动企业品牌价值逐渐形成，使企业获取社会和经济双重效益，也因此拥有了核心资源或核心能力。在实践领域，只有部分小微企业能够成长为大中型企业，那些追求特色化品牌发展的小微企业反而需要企业规模限定在相对范围内才更加有效，但规模的限制并不影响企业获取市场认同度和竞争力以及企业价值的实现。因此，创意企业除了关注经济指标外，更应该关注企业发展质量。

（二）开发特色产品和品牌

创意企业生产经营的产品主要是为了满足人们的精神需求，这就要求那些资源优势不足但机制相对灵活的创意企业，需要在特色化产品开发与企业品牌价值培育方面进行筹划。创意企业转型升级的重要目标就是开发特色化的创意产品，在产品内容、形式、功能及附加值等方面与同行业的企业实行差异化战略，寻求从"红海"跨入"蓝海"的特色化发展路径。另外，提供特色化服务也是创意企业转型升级的重要目标。文化企业应根据不同产品类型所对应的细分市场和消费群体特征，量身定制具有明确目标指向性的服务营销策略，将互联网平台、品牌授权、销售代理、个性化定制、特许经营等市场开发方式与创意产品生产结合，开发专业化的产品营销和销售渠道，通过社会网络的建构，扩大产品和服务的市场覆盖范围，巩固企业的市场地位，逐步形成特色化的企业品牌。

（三）升级领导力

领导力是企业发展重要的资源能力，直接影响企业的经营业绩、对外项目合作及资源整合的成功率。升级领导力的主要目的是改善企业与客户及战略合作伙伴关系建构的环境，由此形成企业发展的内部驱动力，继而推动企业健康发展。在创意企业初创阶段，发现和把握商业机会，相关的组织设计、管理制度和人力资源配置，都是在企业领导者的意识和行为影响下完成的，领导者的经验、态度、社会关系、认知能力和学习能力等个体因素，决定了企业在发展初期的市场定位和目标客户的选择、企业内部资源的配置、社会网络及战略合作伙伴关系的建构与维护、客户价值的开发。创意企业的组织规模和经营业务相对简单，领导者的高度集权有利于提高决策速度以及快速达成企业内部共识，实现企业资源的集约化，进而提高企业运行效率。但是，领导者的集权与个体决策也存在一定的风险，只有不断升级领导力，才有利于企业绩效的不断提升。① 在实践领域，如果成长性弱的创意企业的领导者不能伴随企业发展而升级领导力，就会对企业发展产生抑制作用。创意企业的领导者对企业战略选择和社会网络关系建构具有主导作用，是企业发展不可或缺的构成要素，并且对企业发展的其他要素具有统御作用。

（四）创造客户价值

商业模式是企业发现、满足、创造客户价值，以此来配置企业的内外部资源以实现商业化进程及确立相应规则的方式。客户通常是将产品或服务所提供的核心利益以及个人从中所获取的满足感来作为价值评判标准的，② 企业能够比其他竞争者创造更高的客户价值，才会造就忠诚的客户，从而赢得竞争优势。创意企业商业模式的建构需要以发现和满足目标客户群体的需求为基础，以提供相对于竞争对手更高性价比的产品、更便捷的服务为目标。创意企业通过把握商业机会来谋取生存和成长机会，但企业发展得以顺利推进的基础是获得忠实客户的响应，因此，设法接近客户并与之形成交互关系，依据客户需求进行产品服务开发与设计，通过满足并创造客户价值来获取企业收益，是创意企业提升经营绩效的关键点。市场和客户发现是企业发展的基础，由此来挖掘和实现客户价值；渠道是产品服务从企业流向消费者的一整套相互依存的组织，是企业获得经济收益必不可少的途径。忠诚的客户通常有强烈的主动意愿成为其心仪产品和服务口碑营销的渠道。在互联网时代，企业更需要客户对生产和价值创造过程的参与，让企业与客户共创和分享价值。③ 创意企业更需要注重与"粉丝"关系的建构与维护，借助"粉丝"拓展口碑营销渠道，是实现客户价值和企业价值共同开发的方式。客户价值是创建企业品牌的关键因

---

① 董保宝：《风险需要平衡吗：新企业风险承担与绩效倒 U 型关系及创业能力的中介作用》，《管理世界》2014 年第 1 期。
② Kotler P.，*Marketing Management*，London：Pearson Education Limited，2011，p. 99.
③ 罗珉、李亮宇：《互联网时代的商业模式创新：价值创造视角》，《中国工业经济》2015 年第 1 期。

素，创意企业通过客户价值创建并累积企业品牌，品牌通过文化属性和创意理念等向客户传递来创造企业价值。因此，创意企业价值创造和价值获取的各个环节都需要与客户价值相适配。

（五）建立企业联盟

企业本质上是组合与平衡不同利益相关群体的权利诉求，并因此缔结各种契约的结果。① 在新兴文化产业领域，企业之间的关系并不仅限于竞争，更加关注资源和能力的互补与共享。比如，阿里巴巴投资了光线传媒和华谊兄弟，而华谊兄弟又与腾讯建立了合作关系，企业之间的关系网络纵横交织，结成了多种形式的企业联盟。创意企业与外部利益相关者的联结能够使商业模式更加完善和稳固，尤其是与战略合作伙伴建构并维护高质量的关系直接影响企业发展的速度和成效。资源和能力的互补及价值共享是创意企业与战略合作者建构关系的前提，有助于企业弥补资源和能力的短板，通过资源内容和质量的拓展及提升帮助企业发现和把握新趋势、新市场、新机遇，进而提高企业综合业务量和经营水平能力。与战略合作伙伴关系的质量决定企业发展和价值创造的成果。② 创意企业能够与战略伙伴建立合作关系，逐渐积累市场认知度、客户资源、品牌效应，既有利于战略合作伙伴对企业信任度的提升，也是维持各方长期合作关系的重要保障。

（六）融入商业生态系统

德鲁克和圣吉在对话中有过共识：企业不是自动化的"机器"，而是一个不同目的、信念、性格、习惯的人聚合形成的组织和生态圈；而企业外部存在一个更广大和丰富的生态系统。③ 在生态世界里，各群落之间相互博弈又相互依存，各种已知或未知的非线性因素交织在一起共同发挥作用，这使单一群

---

① 魏炜、朱武祥、林桂平：《基于利益相关者交易结构的商业模式理论》，《管理世界》2012年第12期。
② 刘刚：《基于利益相关者关系质量改进的商业模式价值创造分析》，《商业经济与管理》2015年第3期。
③ Drucker P. F., Senge P. M., *Leading in a Time of Change: What It Will Take to Lead Tomorrow*, New York: Jossey-Bass, 2001, pp. 78-79.

落、组织或个体的意愿和努力几乎不可能脱离生态系统而达成目标。生态系统内在的秩序和规律,推动着群落、组织或个体的不断进化。商业生态系统是企业与利益相关者以共同的价值创造与分享为纽带,以共同进化为目标,所组成的一种彼此关联、交互影响、动态协同的复杂的适应性系统。① 创意企业只有融入相应的商业生态系统,并能在相对稳固的生态位立足,才有可能避免那些占有市场主导地位的大中型企业挤压生存空间,从而获得企业持续发展壮大的机会。Christensen 认为,颠覆现有产业格局的一定是来自产业边界甚至是未知领域的产品。② 创意企业本身就是市场分工边缘地带的产物,更需要为市场提供差异化的产品服务,形成特色化的品牌效应,由此来拓展市场空间,提高企业发展效率。数字创意产业内涵丰富、门类众多、价值链多元交织、产业系统构成要素复杂,更加契合商业生态系统的特征,因此,创意企业转型升级的关键绩效目标是融入商业生态系统。

---

① 张振鹏:《小微文化企业商业模式与成长关系研究》,山东大学博士学位论文,2016。
② Christensen C M., *The Innovator's Dilemma*: *When New Technologies Cause Great Firms to Fail* (Management of Innovation and Change), Boston: Harvard Business Review Press, 2013, p. 201.

B.3
大数据技术对文化创意产业的颠覆和创新

刘枭* 余昂

摘　要： 我国文化创意产业现已呈现初步依据大数据的迹象，产业结构与行业发展的生态环境处于不断调整和完善的过程中。本文主要探讨大数据时代背景以及大数据技术内涵，阐述大数据在文化创意产业中的广告传媒、影视业以及艺术品经营内的具体应用，从影视产品设计、精准营销传播、延伸产业链条三方面剖析大数据技术对文化创意产业的影响。

关键词： 大数据　文化创意产业　技术应用

作为基础性资源，数据能够产生强大的能量和效果，有力地推动资本积累和社会资本再生产的发展。随着互联网、物联网、云计算、人工智能等新兴信息技术的发展，个体和组织的活动痕迹能够实现实时捕捉，转化为海量数据，及对这些数据进行记录、存储、加工、分析、传播、分享和利用，提供高附加值的增值服务。[1] 自 2013 年（即大数据元年）起，大数据技术已广泛应用于金融、通信、军事、医疗、交通、文化创意等行业和领域，潜移默化地改变着产业形态及其商业模式，渗透到人们日常生活的方方面面。许多国家已将大数据列为国家级发展战略。文化创意产业是具有高回报、高附加值、高产业关联度特征的新兴产业。大数据时代对文化创意产业的发展来说，既是机遇，也是挑战。准确把握大数据时代的发展脉搏，有效运用大数据技术，有助于促进我

---

* 刘枭，厦门理工学院文化产业与旅游学院副教授，博士，现从事大数据管理研究。
[1] 刘光宇、张京成：《论大数据及其技术对北京文化创意产业的促进作用》，《北京联合大学学报》2015 年第 4 期。

国文化创意产业转型升级,对产业技术创新和核心竞争力提升发挥着至关重要的作用。

一 大数据时代与大数据技术

作为最早洞见大数据时代发展趋势的数据科学家之一,享有"大数据商业应用第一人"之美誉的维克托·迈尔·舍恩伯格(Viktor Mayer Schönberger)在其著作《大数据:一场改变我们生活、工作和思考的革命》里,通过多家国际知名公司的应用案例阐述了大数据时代引发的思维变革、商业变革和管理变革。国际数据公司(IDC)[①] 的《数据宇宙》研究报告指出:2008年,全球数量为0.5ZB(Zettabyte,泽字节,即十万亿亿字节)。而到了2010年,该数据增长超过1倍,达到1.2ZB,人类正式进入ZB时代,并预测2020年以前全球数据量仍将保持每年约40%的高速增长。这一内容被称为"大数据爆炸定律",也意味着大数据时代的正式到来。[②]

最早提出"大数据"概念的是麦肯锡(McKinsey)咨询公司。[③] 大数据(Big Data 或 Mega Data),也叫巨量数据,是指需要运用新处理模式才能具有更强决策力、洞察力、流程优化能力的海量、高增长率和多样化信息资产。根据美国IT研究领域 Meta Group 的观点,大数据呈现"3V"的显著特征,分别是 Volume(大容量)、Velocity(高速度)和 Variety(多样性)。基于此,国际数据公司提出了 Value(价值),IBM公司则提出了 Veracity(精确性),目前普遍以 IDC 的 4V 特征为业界标准。[④] 与大数据相关联的概念之一是大数据技术,大数据技术是指从各类海量数据中快速获取有价值信息的技术,具体包括大数据采集、大数据预处理、大数据存储及管理、大数据分析及挖掘、大数据展现和应用(大数据的检索、可视化、应用及

---

① 国际数据公司(International Data Corporation,简称IDC)是全球著名的信息技术、电信行业以及消费科技市场咨询、顾问和活动服务专业提供商,其在IT领域的市场分析已成为行业标准。
② 赵国栋等:《大数据时代的历史机遇——产业变革与数据科学》,清华大学出版社,2013。
③ 丁俊发:《大数据时代的机遇与挑战》,《中国储运》2013年第7期。
④ 《大数据概念:史上最全大数据解析》,http://www.cbdio.com/BigData/2015-04/02/content_2766137.htm。

安全等）。① 适用于大数据的技术包括大规模并行处理数据库（Massively Parallel Processing Database）、数据挖掘电网（Data Mining Grid）、分布式文件系统（Distributed File System）、分布式数据库（Distributed Database）、云计算平台（Cloud Computing Platform）、互联网（Internet），以及可扩展的存储系统（Extensible Storage System）等。

从目前来看，大数据技术的应用范围正在持续扩大，已逐渐深入拓展到更多领域，使大数据技术的商业核心价值日益凸显。各行业逐渐开始重视产业与技术的跨界融合，关注如何从庞杂的、海量的数据背后挖掘出用户的偏好变化和潜在需求，为用户提供特色产品和个性化服务，以实现资源优化配置。

二 大数据技术在文化创意产业中的应用

根据英国创意产业特别工作组的观点，文化创意产业包括广告创意、建筑设计、时尚设计、艺术品和工艺品、电影、音乐、表演艺术、互动休闲软件、电视、广播、出版等门类，其本质是为消费者提供多元化、差异化、高层次的精神体验。② 文化创意产业不仅是传播区域意识形态、衡量地区综合实力的文化形态，也是具有低边际成本、高收入弹性、高规模效益特征的新经济业态。③ 自2014年起，互联网公司大举进军文化产业，已上市的影视、游戏等文化企业也凭借其优势资源及创新技术，通过多元布局激发整个产业链价值，将大数据技术引入文化创意产业，有助于刺激和拉动文化创意产品的消费需求，改变传统文创产业的运营模式，拓宽文创企业的融资渠道以及创新文创企业的营销模式。④ 从目前发展来看，大数据技术在文化创意产业中的广告传媒、影视业以及艺术品经营方面运用相对成熟。

---

① 刘光宇、张京成：《论大数据及其技术对北京文化创意产业的促进作用》，《北京联合大学学报》2015年第4期。
② 刘枭、曾丽霞：《文化创意产业发展现状与完善对策》，《人民论坛》2014年第11期。
③ 梁毅：《文化产业的经济特征》，《辽宁日报》2013年6月4日。
④ 赵莉：《大数据时代下互联网对文化创意产业的影响》，《东方企业文化》2015年第7期。

（一）大数据与广告传媒高度契合

广告传媒业是以信息服务为主体的行业。一方面，大数据通过丰富海量的信息、灵活多样的信息组合方式以及全方位实时更新监控的特点，进一步拓宽了广告传媒业的信息来源和信息渠道。[①] 另一方面，大数据通过广泛收集互联网用户浏览、分享、购买等触媒行为及其特征的相关信息和数据，精准分析其消费心理、消费行为和消费习惯，进而洞悉其消费预期和潜在消费需求，为广告商提供更多准确、更有价值的资料来源参考，使自媒体精准营销价值最大化。因此，大数据时代下企业通常会依托传统媒体（如电视、广播、报纸、杂志）、社交媒体（如微信、微博、互动社区和贴吧论坛等）和互联网媒体（如各大门户网站、网络视频、电子商务等）"三管齐下"，通过"监测营销行为－评估营销效果－预测最终传播效果"的方式实现预期的宣传推广效果。

（二）大数据助推影视业转型升级

影视行业以制作、经营、传输及销售电影和电视节目或信息为主要内容。[②] 作为遭受互联网冲击最强的行业之一，影视行业已逐渐演化出互联网特性的结构和规则，其背后的最直接原动力即为大数据。影视行业传统商业模式是单向传播的形式，具体表现为：从内容提供商（B）到渠道（B）再到受众（C）的传播模式（即B2B2C）。内容提供商、渠道、受众各自处于影视产业链的上中下游，通过前期（投资方、艺人经纪公司和影视制作周边公司）、制作（影视制作公司）、宣发（发行商）、播映（视频网站、电视台以及电影院）和衍生品（主题公园、玩具和游戏）五大环节将作品单向传输给受众。[③] 大数据将使影视行业商业模式从"B2B2C"模式转向"C2B2B2C"（受众－内容提供商－渠道－受众）模式，改变以往在内容提供商、渠道和观众之间的单向流动过程，呈现粉丝互动对大数据的反向影响，形成内容提供商、渠道平台、受众群体、广告投放及消费环节之间深度融合和战略协作，实现以受众消费心理

[①] 袁文丽、贡嘉：《传媒业大数据应用误区与应用策略分析》，《山西大学学报》（哲学社会科学版）2015年第4期。
[②] 李靖宇、冯晓毅、张茜等：《电视传媒行业商业模式研究》，《管理评论》2016年第4期。
[③] 陈波、张雷：《基于大数据的影视剧制播模式创新》，《电视研究》2014年第4期。

和需求为指引、以市场为导向循环联动的商业新模式，促进产业链整体转型升级。

（三）大数据为艺术品经营添活力

从传统意义上看，艺术品经营处于相对较为保守的市场，艺术品投资者多关注藏品的艺术价值和市场价值的涨跌幅度。艺术品经营常被评价"水太深太黑"，具体表现为：市场的知识门槛太高，信息不对称，缺乏专业指导工具，以及买卖法规制度不健全。大数据技术的出现，使艺术品经营的用户、内容及渠道三方面信息更为公开透明。作为一种统计方法和研究手段，大数据涉及营销、运营、传播、管理、研究等领域，以图库、音乐库、影视库、艺术品拍卖、多媒体艺术、展览等形式呈现更多信息资料。① 以"胡润艺术榜"为例，2016年3月，胡润研究院连续第九次在国内发布在世中国艺术家排行榜——胡润艺术榜，根据这100位艺术家过去一年在公开拍卖市场上的作品总成交额进行排名，以数据形式呈现国内艺术品和艺术家的成长轨迹。② 正如国际著名艺术品网站ARTNET③执行经理所言，中国需要艺术品数据作为观察市场的工具。国际艺术品网站一方面提供给中国当代艺术家无限的成长空间，另一方面提供给中国画廊参与国际艺术市场无限的运作空间。④

三　大数据技术对文化创意产业的颠覆与创新

伴随着"互联网＋"、云计算与物联网技术的不断成熟和发展，我国大数据产业正处于高速发展期，我国数据中心开始进入整理合并、提升级别及云化新阶段，大数据产业正在积极从"资源消耗型"向"应用服务型"转型升级。⑤ 2016年中国大数据市场规模为168亿元，增速达到45%，预计2017～

---

① 郭万超、李丽：《大数据技术将如何影响艺术？》，《中国文化报》2015年12月19日。
② 曲家辉：《艺术大数据有多"靠谱"？》，《收藏投资导刊》2015年第109期。
③ ARTNET诞生于1989年，是当今艺术品市场首屈一指的互联网平台和价格数据库。
④ 陆虹：《谁在操纵网上艺术博览会——访ARTNET德国区执行经理托马斯》，《中国文化报》2008年3月24日。
⑤ 《中国大数据产业发展现状报告》，http：//mt.sohu.com/20161010/n469844224.shtml。

2020 年年增速将保持在 30% 以上。① 在这样的趋势下，文化产业的生产方式及传播方式将面临科技环境下的重组和重塑。2016 年第二届中国大数据产业峰会上，李克强总理表示："中国应把握住世界科技革命重要而难得的历史机遇，用大数据等技术重塑产业链、工业链和价值链……将大数据新业态代表的创新理念与传统行业长期孕育的工匠精神相结合，推动虚拟世界与现实世界融合发展。"在大数据引领的信息经济时代背景下，文化创意产业基于差异性的数据维度，收集海量有效数据，通过数据挖掘、数据分析和数据预测实现了影视产品设计、精准营销传播、延伸产业链条等的颠覆和创新，以推动产业结构优化升级。

（一）大数据打造特色影视产品

大数据技术能够对用户的偏好习惯进行分析，从而挖掘受众群体个性化需求，创作出消费者喜闻乐见的文化精品，改变原有影视产业的游戏规则。中国首个电影大数据分析平台"数太奇"于 2014 年 8 月正式上线，通过互联网数据挖掘与在线精准调研相结合打造出的"数道奇指数"（电影数据分享平台），实现对电影票房号召力、电影口碑、电影观众背景结构、消费习惯、观影心理和行为等连续性监测及预测，媒介接触习惯的调查与研究以及电影观众跨屏流动监测等。② 以国内 3D 动漫《秦时明月》为调查对象，"数太奇"基于对《秦时明月》常规场和弹幕场观众观影行为的对比调查后发现：常规场以男性为主，男性观众占 61.3%，而弹幕场则以女性和 30 岁以下观众为主，没有超过 50 岁的观众人群。原本只是在二次元世界流行的"弹幕"文化未来将靠新颖有趣的形式和吐槽社交需求的满足开启影视行业创作的新纪元。

（二）大数据实现精准传播营销

传统文化创意类企业缺乏用户思维，过多关注产品本身而忽视用户需求和市场发展趋势。大数据时代下文化创意类企业则应建立起"以用户为中心"

---

① 中国信通院：《中国大数据发展调查报告（2017 年）》，http：//www.catr.cn/kxyj/qwfb/ztbg/201703/t20170327_2190526.htm。
② 《中国首个电影大数据分析平台数太奇正式上线》，http：//news.sina.com.cn/m/2014-09-01/112730775856.shtml。

的思维模式,以代表消费者的消费行为习惯和潜在内心需求的全方位信息数据为基础,借助大数据的技术手段和分析工具,形成对消费者全面完整、详细精准的认知,事先使用户画像清晰①,以进一步深度洞察消费者需求,引导需求,实现个性化推荐和精准式营销,为企业提供具有高度可靠性和有效性的市场预测与决策支持。2016年,网易推出一款自主研发的3D日式和风回合制RPG手游——《阴阳师》。一经推出,该游戏便创造了超过两亿的下载量以及每日活跃用户多达1000万的纪录。《阴阳师》取得成功的原因之一是对目标用户的精准定位。制作商在游戏开发之前,已进行了大量调查和数据收集,发现国内二次元用户对游戏的热衷度最高,属于中重度游戏玩家。如果能够在游戏上增加动漫元素,使用户对二次元的情感在游戏中释放,将会有很大的市场空间。②《阴阳师》针对目标用户定位精准,按照目标用户特点和喜好完成了一系列有针对性的用户运营与推广活动,促成了游戏周边亚文化生态圈的形成。

(三)大数据延伸文化创意产业链条

基于一定的技术经济关联、特定的逻辑关系以及时空布局关系,各产业之间形成的链条式关联关系形态即为产业链。文化创意产业以文化内容和创意成果为核心价值,其产业链的延伸体现在纵向延伸(规模数量)和横向延伸(空间)。从上下游关系来看,文化创意产业链包括创意、制作、传播、服务和延伸五大主体,涵盖核心创意产业、外围创意产业和边缘产业三个层次,呈现"原创研发-生产制造制作-传播营销-展演服务体验-体验反馈与延伸"的基本形态。③ 在大数据时代,文化创意产业价值链的供求关系发生了本质变化,由需求方驱动转化为供需方相互关联的"动态多极化开放网络"。④ 文化创意企业通过广泛收集大量潜在用户的行为和情感体验数据信息,展开科学化

---

① 用户画像是指将用户的年龄、性别、性格、职业、收入、消费水平、消费习惯等数据信息逐一标签化,并将这些标签串联起来而形成基本描述。

② 《中国二次元用户报告2015》,http://www.ce.cn/culture/whcyk/cysj/201512/30/t20151230_7960161.shtml。

③ 王彤玲、吴强:《审美经济时代文化创意产业链的延伸与发展》,《光明日报》2014年12月17日。

④ 《大数据背景下文化创意产业发展的趋势与建议》,http://www.qunzh.com/jdfc/qzgzyjjd/jdcg/201612/t20161220_26925.html。

系统分析，提炼出消费者的审美及品位等需求变化，植入产品设计中，或进行产品二次开发，从而拓展和延伸文化创意产业链条，延长产品生命周期。[1] 例如，雅昌文化集团致力于传承、提升、传播艺术家的核心价值，现已为5000多位海内外艺术家建设了个人官方网站及数字资产数据库，与多家文化机构深度合作，以艺术数据为核心，综合应用大数据、云计算等IT技术手段和领先的数字科技、工艺材料，开发雅昌云图、雅昌VR、博物馆导览、博物馆展览等多款数字化产品，通过分析用户浏览数据（如展馆人流量、停留时间等）来确定受欢迎的艺术展品的内容和形态，有针对性地开发艺术产品，为艺术机构及艺术家提供全方位、一体化的数据采集、处理、管理和应用服务。[2]

---

[1] 牛禄青：《大数据如何撬动文创产业发展》，《新经济导刊》2017年第3期。
[2] 雅昌简介，http：//www.artron.com.cn/about/introduction/profile。

B.4
台湾新媒体产业与创意经济发展报告

许淑华　林咏能*

摘　要： 2015年，台湾创意经济出口额为8671百万美元，排全球第13位，2006~2015年的年平均增长率为15.21%。2015年台湾新媒体产业出口额高达4999百万美元，占台湾创意经济出口额的57.65%。而2006~2015年年平均增长率更高达167.48%，显示台湾新媒体产业的蓬勃发展。数据显示，新媒体产业是台湾创意经济出口中最具发展潜力与出口竞争力的产业。

关键词： 台湾　新媒体产业　创意经济

自21世纪以来，全球创意经济日趋活跃，产业发展迅速，方兴未艾，掀起了这波创意经济的热潮。文化跳脱了本质的核心功能，大幅朝工具性角色转变，成为具有高度经济价值的新兴产业，引起世界各国的重视与投入。创意经济涵盖了不同领域，近年蓬勃发展；其中部分产业因科技进步带来显著的效益，如新媒体产业就是一例。虽然新媒体产业并非全球创意经济市场中份额最高的产业，但在台湾创意经济的出口发展方面，新媒体产业则占有举足轻重的一席之地，是台湾创意经济出口的火车头。以2015年台湾新媒体产业出口值为例，新媒体约占所有创意经济出口的六成，是创意经济中最具发展潜力的产业；台湾新媒体产业朝向软硬件整合与云端的形式发展，创造出许多服务创新典范。联合国贸易发展会议的统计资料显示，2015年台湾创意经济出口额为8671百万美元，2006~

---

* 许淑华，台北艺术大学文化资产与艺术创新博士班博士生；林咏能，台北教育大学文化创意产业经营学系教授。

2015年的年平均增长率为15.21%。而2015年台湾新媒体出口额则达4999百万美元，占台湾创意经济出口额的57.65%，2006~2015年年平均增长率高达167.48%；显示台湾新媒体产业出口竞争力极佳，产业蓬勃发展。

一 台湾新媒体产业发展概况

依联合国贸易发展会议对新媒体的定义，新媒体（CER005）包含CER023的录音媒体与CER004的视频游戏。其中音乐与影像录制媒体包含HS2002代码852460、852499、854381三项；而视频游戏包含HS2002代码950410、950430两项。新媒体是数位技术在信息传播媒体应用产生的新传播模式，新媒体产业类型在台湾文化创意产业中，系指数位内容与游戏产业等，主要是将字符、图像、影音等资料加以数字化并整合运用的产品。新媒体产业本身是创意经济的商品，同时亦是其他创意产业的营销工具，因此，产业的成长与扩张都相当迅速。

新媒体产业随着近年数位科技的快速发展而有了更大的成长空间。观众可透过各种不同载体收看高质量的数位影视节目内容，带动了OTT（Over The Top）等产业的蓬勃发展。观众早已不再局限于收看电视。这些新媒体，提供了产业与观众更多元的接触机会，让观众在任何地点、任何时间，都可收到各种视讯内容；随着移动媒介的日益普及，观众收看习惯有了极大的变化，为产业带来了新的机会。消费者不但可利用不同装置收看视频网站，当他们所处位置改变时，仍可在另一个装置上继续收看，此种行为越来越常见，使收看视频更为简便。而随着新媒体发展一日千里，观众也因为可以随时随地收看，更提高付费的意愿，如全球影音OTT的产值至2020年预估将达511亿美元。

在台湾的新媒体发展方面，表1显示台湾于2006~2015年的新媒体产业的出口情形。台湾2006年的新媒体产品出口额不高，仅达147.34百万美元；其中录制媒体出口额为21.08百万美元，视频游戏为126.27百万美元，视频游戏产业的出口额为录制媒体的6倍之多，显示2006年的视频游戏是新媒体产业的主流。时至2015年，新媒体产业出口额大幅增长，达4998.72百万美元，2006~2015年年平均增长率高达167%，增长迅速。不过，值得注意的是，2015年视频游戏的出口金额仅达139百万美元，占2015年新媒体的份额仅为2.78%，占比极低；其年平均增长率亦仅为2.25%，显示视频游戏产业出口在过去十年间并未有成长，为何视频游戏未能持续发展，其背后原因值得关注。不过，相对于视频游戏出口增长的停滞现象，2015年录制媒体的出口额则达到4859.57百万美元，其年平均增长率高达981.56%，成长速度惊人；同时期占新媒体产业份额的97.22%，录制媒体的动能性极大，已成为新媒体产业出口的支柱性产业，政府应持续关注与投资，以确保成长趋势。

表1　2006~2015年台湾新媒体产品出口

单位：百万美元，%

项目	2006年	2007年	2008年	2009年	2010年	2011年	2012年
新媒体	147.34	197.14	169.79	2551.57	4050.83	4771.24	4371.17
录制媒体	21.08	32.14	27.35	2408.90	3899.34	4596.29	4198.72
视频游戏	126.27	165.00	142.44	142.67	151.50	174.95	172.45

项目	2013年	2014年	2015年	2006~2015年年平均成长率	2015年各项目份额
新媒体	4805.01	5743.72	4998.72	167.48	100.00
录制媒体	4673.85	5596.33	4859.57	981.56	97.22
视频游戏	131.16	147.39	139.15	2.25	2.78

为了进一步分析台湾新媒体产业的未来发展潜力，本研究同时关注新媒体的进口表现，表2呈现了台湾2006~2015年新媒体产品进口情形。2015年台湾新媒体的进口总额为767.84百万美元，远低于其出口的4998.72百万美元，显示台湾新媒体产业为贸易顺差，具有很高的国际市场竞争力。其中视频游戏

表2　2006~2015年台湾新媒体产品进口

单位：百万美元，%

项目	2006年	2007年	2008年	2009年	2010年	2011年	2012年
新媒体	131.79	188.11	229.41	1058.37	1825.76	2049.32	1432.17
录制媒体	71.50	96.08	133.72	990.19	1723.16	1945.68	1366.09
视频游戏	60.30	92.03	95.70	68.18	102.60	103.64	66.08

项目	2013年	2014年	2015年	2006~2015年年平均成长率	2015年各项目份额
新媒体	1406.36	1040.74	767.84	47.40	100.00
录制媒体	1384.93	962.45	699.75	79.42	91.13
视频游戏	21.43	78.29	68.09	25.31	8.87

在2006~2015年的进口额基本上为60百万~100百万美元，相当于同年度台湾视频游戏出口的五成左右。在录制媒体方面，2006年的进口金额为71.50百万美元，2015年则为699.75百万美元，十年间年平均增长率为79.42%。而同时期的出口成长率则高达981.56%，2015年的出口为进口额的7.3倍，录制媒体贸易顺差约为4160百万美元，显示台湾音乐与影像录制媒体有相当大的市场机会，当局应强化相关的政策工具，以提升产业发展。

二 台湾创意经济发展概况

台湾自2002年推动文化创意产业以来，当局在政策上投入许多资源。同时，数位科技发展所带来的变革，如成本结构与营销策略的改变等，使台湾创意经济的发展在过去十年有很好的表现。台湾创意经济产品出口额在2015年为8671.01百万美元，2006~2015年的年平均增长率达到两位数增长（15.21%）。而台湾创意经济产品出口与全球发展有相当大的差异性，全球创意经济子产业类别中以设计产业为出口大宗，但台湾则以新媒体产业的出口额最高，2015年达4998.72百万美元，市场份额达57.65%；2006~2015年的年平均增长率亦高达167.48%，显示新媒体产业的重要性与影响力。设计产业在台湾创意经济中仅排名第二，2015年出口额为1988.58百万美元，市场份额为22.93%，不及新媒体产业的一半，而2006~2015年的年平均增长率仅达2.6%，增长率偏低。依台湾设计产业的统计数据观之，设计产业的商品多样性虽然高于发展中经济体的平均水平，但市场多样性却有很大的限制，远低于发展中经济体的平均水平，市场开发仍有待加强，显示台湾设计产业在发展上有其局限性。而台湾创意经济中市场份额最低的产业为表演艺术产业，2015年出口额仅有89.44百万美元，出口份额只占1.03%，而2006~2015年的年平均增长率为-3.49%；显示台湾的表演艺术产业出口相当低迷，并不具备在国际市场上的竞争优势（见表3）。

若观察台湾创意经济产品进口的情形，可进一步理解创意经济的国际竞争力强弱。表4为2006~2015年台湾创意经济产品进口情形。2015年台湾创意经济以设计产业商品的输入为大宗，达2039.53百万美元，市场份额为51.67%；设计商品进口在2006~2015年的年平均增长率为8.33%。2015年

表3　2006～2015年台湾创意经济产品出口

单位：百万美元，%

项目	2006年	2007年	2008年	2009年	2010年	2011年	2012年
所有创意产品	3246.20	3261.59	3228.88	6555.74	8548.25	9569.95	9380.43
美术工艺	815.82	817.25	780.06	653.53	807.26	927.64	926.10
视听	231.84	203.52	154.83	1589.96	1629.49	1514.17	1536.55
设计	1656.98	1666.36	1708.65	1400.65	1652.67	1935.95	2094.37
新媒体	147.34	197.14	169.79	2551.57	4050.83	4771.24	4371.17
表演艺术	131.62	103.13	111.63	90.08	88.58	99.91	98.38
出版	87.52	93.76	99.61	97.40	116.97	127.04	146.48
视觉艺术	175.09	180.41	204.31	172.56	202.44	194.00	207.38

项目	2013年	2014年	2015年	2006～2015年年平均增长率	2015年各项目份额
所有创意产品	8493.51	9656.15	8671.01	15.21	100.00
美术工艺	1008.40	1034.02	1063.27	3.55	12.26
视听	233.25	390.00	196.62	91.16	2.27
设计	1991.93	2050.77	1988.58	2.60	22.93
新媒体	4805.01	5743.72	4998.72	167.48	57.65
表演艺术	89.70	81.72	89.44	-3.49	1.03
出版	140.69	153.26	158.30	7.05	1.83
视觉艺术	224.53	202.66	176.08	0.69	2.03

表4　2006～2015年台湾创意经济产品进口

单位：百万美元，%

项目	2006年	2007年	2008年	2009年	2010年	2011年	2012年
所有创意产品	2064.75	2232.93	2386.32	3169.46	4375.08	4920.13	4473.45
美术工艺	61.85	57.86	60.89	48.66	60.59	72.63	72.82
视听	92.15	112.32	93.30	344.69	397.95	420.13	437.30
设计	1041.08	1118.60	1153.10	1084.71	1419.82	1705.01	1839.40
新媒体	131.79	188.11	229.41	1058.37	1825.76	2049.32	1432.17
表演艺术	33.47	36.12	37.43	32.79	37.25	43.47	45.63
出版	417.57	387.96	424.77	312.92	339.58	366.25	348.25
视觉艺术	286.84	331.96	387.43	287.31	294.13	263.32	297.88

项目	2013年	2014年	2015年	2006～2015年年平均增长率	2015年各项目份额
所有创意产品	4053.99	4298.90	3947.51	8.64	100.00
美术工艺	87.23	94.48	99.96	6.36	2.53
视听	83.37	442.92	375.51	70.51	9.51
设计	1755.05	2022.60	2039.53	8.33	51.67
新媒体	1406.36	1040.74	767.84	47.40	19.45
表演艺术	43.54	45.84	43.52	3.34	1.10
出版	306.65	283.12	242.98	-5.14	6.16
视觉艺术	371.77	369.21	378.17	4.24	9.58

台湾进口排名第二的产业为新媒体产业，2015年的进口金额为767.84百万美元，市场份额为19.45%；而新媒体于2006~2015年的进口增长相当显著，十年间平均年增长率达到47.4%，显示台湾民众对于新媒体的消费力强。比较同时期的新媒体进出口情形，其出口额超过4999百万美元，贸易顺差为4231百万美元，印证了台湾新媒体产业的国际竞争力佳。

三 台湾新媒体产业与创意经济的发展对策

联合国贸易发展会议指出创意经济的核心是创意产业，其具有促进经济发展的巨大潜能，可以增加进出口效益，创造就业机会，并促进社会包容与文化多样性的发展。创意经济包含文化、艺术、产业、科技等多重面向，而其中部分产业因自身科技的进步带来了可观的效益，如新媒体等。联合国贸易发展会议统计显示，近十年来全球创意经济产品出口增长率约为6%，而其中新媒体子产业类别年平均增长率更高达两位数，市场扩张迅速；相较于其他产业，新媒体产业是创意经济中最新、最年轻的产业形态，其发展迅速的主要原因是近十年来通信技术的成熟与科技的进步所带来的巨大变革。新媒体本身是创意经济的商品（如动画与视频游戏），同时亦作为其他创意产业如电影、电视、音乐、出版的营销工具，因此，产业的扩张相当迅速。

台湾在经济发展上一向以出口导向为主，虽然创意经济仍未成为台湾出口的主要产业部门，但创意经济的成长速度相当快，过去十年的平均增长率为15.21%，已成为最有活力的产业部门之一。而其中又以新媒体产业表现最为出色，过去十年的年平均增长率为167.48%，产业蓬勃发展。为强化台湾的创意经济与新媒体产业的竞争力，研究者提出以下建议。

（一）健全产业统计

完善的产业统计有助于发展健全的产业，而创意经济的相关统计系统如表5所示。目前台湾文化创意产业发展年报的统计是依据政府的财税资料进行的，此项统计系以国际标准行业统计（ISIC）为主，进行内外销之营业额统计。文化创意产业发展年报的统计资料虽然提供了有效内需的产业数据与就业人数统计，但无法提供出口的比较基准，因此，对于国际创意经济出口的竞争力优劣与机会均无法掌握。目前国际商品贸易的统计系以国际商品统一分类代码（HS）为主，通过 HS 代码间的统计资料比对，可进行各国相同商品间的比较，进而做出正确的策略判断。而本研究就是以 HS 统计资料为分析依据，研究结果不但提供了台湾创意经济与新媒体产业的出口概况，亦可作为各国竞争力的比较基准；建议未来将文化创意产业发展年报纳入本项分析。

表 5 创意经济的相关统计系统

分类	国际	中国大陆	中国台湾
行业	ISIC 4	GB/T 4754-2011	SIC
职业	ISCO-08	GB/T 6565-2009	SCO
产品	CPC 2	统计用产品分类目录	CPC
国际产品贸易	HS 2012/SITC 4	HS	CCC
国际服务贸易	EBOPS	EBOPS	EBOPS

资料来源：研究者整理。

（二）大数据的整合与分析

新媒体产业应具备社群、多屏、分析、实时与定向营销的 SMART 原则，导入消费者的大数据资料，以数据为新媒体产业的决策参考。近年来消费者行为模式改变，让内容产业有极大的转型发展压力，因此，如何建构合适的获利模式，以因应挑战，将是重要的课题。近年数位科技的进步大幅改变了人们的消费行为，众多消费活动从实体转向虚拟，而消费者在互联网上的所有消费行为都将被一一记录下来，这些大数据资料分析，将有助于了解消费者的众多消费行为。因此，系统地搜集消费者行为数据，将可提供市场整体发展趋势之讯息，除以利掌握消费者的人口统计变项与生活形态外，亦能了解消费者使用之通路与消费模式。而随着物联网（IoT）的快速发展，联网装置亦成倍数成长，全球正走向大数据整合的趋势。产业必须将所有的相关大数据做整合，以提升效率，创造价值。同时，除了产业自身的数据，亦需要考量外部与开放的大数据整合，以提升营运效率。

（三）数位经济提供产业升级机会

台湾科技产业发展相当早，并拥有良好的 ICT 制造与研发能力，这些基础将为台湾发展创意经济与新媒体产业带来极大的助益。不过，台湾的高科技产业虽然具有很强的竞争力，但是以往多为硬件思维，忽略了软件重要性。而随着全球许多国家急起直追的局面，台湾高科技产业的竞争优势则是逐渐消逝。此外，台湾许多科技研发成果亦很少考虑到生活应用层面，缺乏应用端的思维，造成产业发展上的障碍。随着数位时代的来临，数位科技如能满足一般民众生活的需求，除可提供台湾产业发展的契机外，亦可拉大与其他国家与地区的差距。数位时代各项软件均需要有良好的硬设备为基础，若能将台湾科技产业的产业链整合能力应用于数位创意经济与新媒体产业上，将提供台湾产业升级的机会。

（四）借由虚拟与扩增实境带动产业发展

近年来，虚拟实境（VR）、扩增实境（AR）与混合实境（MR）成为产业的焦点议题，而这些技术都与新媒体息息相关。VR与AR技术早已存在，但在以往网际网络不够发达、频宽不足的情形下，应用非常有限；但随着数位时代的来临与5G环境的到来，将引爆新的商机；而VR、AR与MR等媒介，也将带动互动装置的兴起。VR、AR与MR等的全球市场2016年的产值约为30亿美元，预估至2020年将高达320亿美元。目前全球VR、AR与MR的应用市场以视频游戏与影视等新媒体产业的应用为主，占比超过七成。台湾新媒体产业出口是创意经济中市场份额最大者，在2015年约占台湾总体创意经济出口额的58%，而台湾宏达电所生产的Vive装置，亦具有极高的竞争力，因此，应更积极考量VR、AR与MR技术的成熟与应用，以带动新一波的新媒体产业发展，产生加乘效果。

（五）出口扩张应为新媒体产业的主要策略

相对于台湾新媒体产业出口的强大竞争力，台湾新媒体的内需市场方面，除了市场较小外，获利情况亦远低于预期。因此，发展上有隐忧之处。近年来，台湾各年龄层观众收看收听在线影音比例大幅增长，而因应民众的需求，新媒体的发展亦相当迅速；许多数位内容业者也推出了各式各样的新媒体服务平台；不过，虽然以往通过电视或有线电视的单向讯息传递的服务模式，逐渐改为双向互动的发展模式，但值得忧虑的是台湾民众的付费意愿并未大幅增加,如台湾4G使用者中有九成的民众尚未使用付费机制收看影音节目;因此,新媒体的获利模式仍待摸索。相对于台湾新媒体产业内需市场的局限,在出口方面新媒体却有极大的发展潜力。有别于其他创意经济类型产业多为内需型产业,新媒体是具有强大竞争力的外需型产业。以2015年为例,台湾新媒体的出口金额为4999百万美元,市场份额占所有创意经济出口额的57.65%。因此,台湾当局在政策作为上,应以出口扩张为新媒体的主要策略,应更积极尝试开拓市场与扩大产品的多样性。

（六）整合政府资源,减少"多头马车"情形

台湾目前与新媒体产业相关的主管机关包含内容产制的文化主管部门、商业模式的经济主管部门、金融监管的"金管会"等部门,形成"多头马车"的情形。但产业发展需要不同机构间的整合、推动及跨部门合作。作为台湾创意经济的出口领导产业,更需要政府的大力支持,才能有效加速产业发展。数位时代,新媒体产业形态多元,政府应考虑设置新媒体产业办公室,规划台湾整体的新媒体产业政策以加速产业推动。

B.5
中国数字音乐产业发展报告

佟雪娜 朗云迪*

摘　要： 2015~2016年，中国数字音乐市场规模整体呈稳步上升的趋势。数字音乐专辑破亿元，成为主流发片市场。数字音乐生态圈更加完善，更加侧重内容IP打造。2015年，中国数字音乐市场规模达498.18亿元，比上年增长1.5%。其中PC端音乐市场规模为58.1亿元，同比增长13.4%；移动端音乐市场规模为41.5亿元，同比增长22.8%；电信音乐增值业务为398.62亿元，同比降低1.8%。未来几年，我国数字音乐产业收入模式越来越多样，产值也不断攀升，未来的消费需求必将朝着音乐产业创新化、社交化、融合化等多元化方向发展。

关键词： 中国　数字音乐　内容IP

　　数字音乐，一般指音乐的制作、传播及存储过程中涉及数字化技术及表现的音乐，既包括乐曲的MP3和WMA等各种音频格式（根据压缩编码格式作分类，另有如WAV、APE、FLAC、AIFF……），也包括MV、flash等音画结合的音视频形态。本报告中，其尤指通过数字技术进行制作、存储、复制，并通过互联网、移动网络以及电信增值业务等方式进行传播、消费的非依赖物质载体的音乐业态。随着无线和有线网络的接入方式不断互通融合，网页、客户

---

* 佟雪娜，中国传媒大学教授，博士生导师，主要研究领域为国际文化贸易、音乐产业管理、音乐版权；朗云迪，中国传媒大学研究生。

端、增值业务,这三方面成为对数字音乐产业市场份额区分与比较的新维度:PC(含笔记本电脑)端音乐服务(包含音乐网站的桌面音乐客户端);移动端音乐服务(包含移动音乐网页和移动音乐 APP,本报告主要指手机音乐 APP);电信运营商音乐增值业务(铃声、彩铃和 IVR)。

本报告数据主要来源于政府公开信息、互联网行业数据发布平台、文化产业研究机构、行业公开信息、企业年报和企业访谈等。主要采访企业包括中国移动无线音乐基地、咪咕音乐、阿里虾米音乐、腾讯音乐、多米音乐、酷我音乐、酷狗音乐、网易云音乐等,并参考国家新闻出版广电总局、国家版权局版权保护中心等政府机关和 IFPI(国际唱片业协会)、中国音像与数字出版协会音乐产业促进工作委员会、唱片工作委员会等国内外行业协会部门的涉及数字音乐的相关数据。

一 数字音乐产业市场规模及分析

(一)全球数字音乐产业市场概况

1. 全球数字音乐产业市场规模概述

2015 年全球音乐产业收入总额达到 150 亿美元,较 2014 年增长了 3.2%。其中,数字音乐规模达到 67 亿美元(见图 1),数字音乐营收包括流媒体音乐服务、下载和其他形式的数字音乐服务占据总音乐产业收入的 45%,首次超越实体音乐(39%)(见图 2),数字音乐创造了 10.2% 的收入增幅,主要得益于流媒体收入 45.2% 的增长率。[①]

2. 国际数字流媒体收入

由于智能手机用户的增长、音乐订阅服务的增加等,流媒体的收入呈持续上涨趋势,2015 年达到 45.2% 的增长率,总额 29 亿美元(见图 3),占据数字音乐营收的近半壁江山,较 2010 年增长约 4 倍,流媒体收入占全球音乐行业收入的比例从 2014 年的 14% 增长至 19%,占据数字音乐行业收入的 43%,

---

① 《IFPI2016 数字音乐报告》。

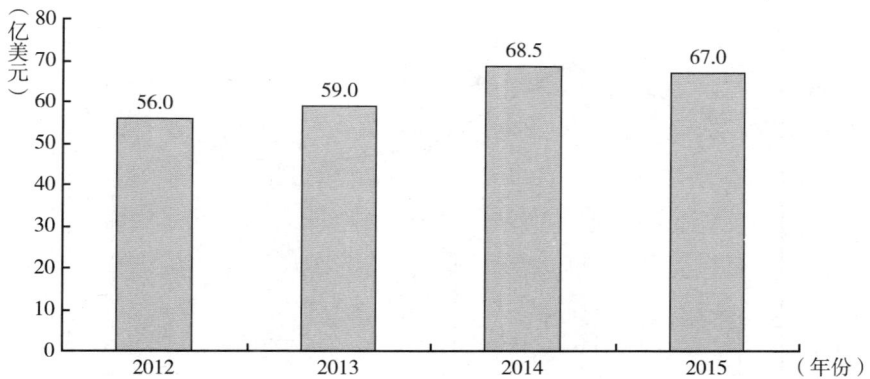

图1　2012~2015年全球数字音乐产业收入

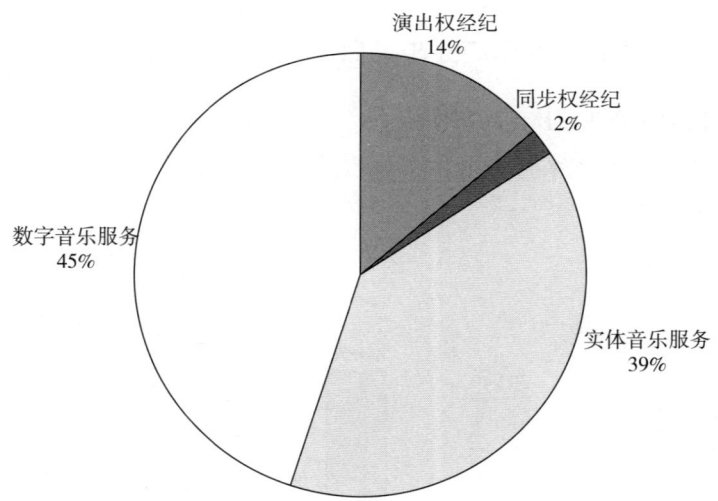

图2　2015年全球音乐产业收入构成

即将超过下载服务收入（45%），成为数字音乐最主要的收入来源。下载服务占据行业收入的20%，[①] 订阅服务业务量呈现明显上涨趋势，如2014年订阅服务用户为4100万人，2015年增至6800万人。

---

① 《IFPI2016数字音乐报告》。

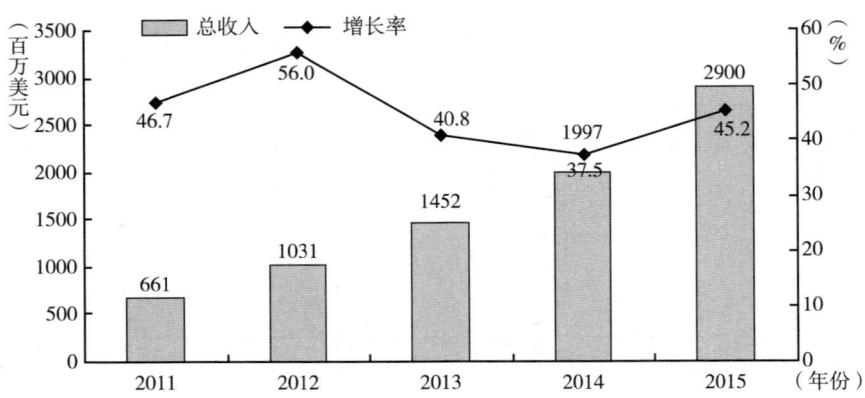

图3 2011～2015年全球流媒体订阅服务总收入和增长率

（二）中国数字音乐产业市场概况

1. 中国数字音乐总体市场规模

2015年，中国数字音乐的市场规模达498.18亿元，① 比上年增长1.4%（见图4）。

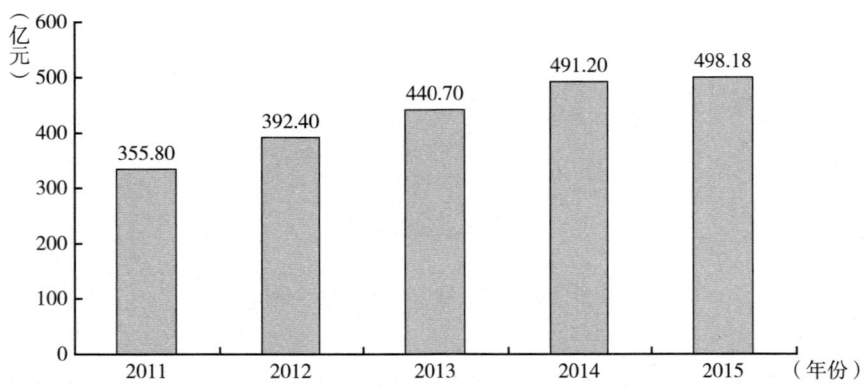

图4 2011～2015年中国数字音乐市场规模

---

① 2015年数字音乐市场规模由PC（含笔记本电脑）音乐市场规模、移动端音乐市场规模以及电信音乐增值业务三部分构成，三部分的具体数据在后文有详细说明。

其中 PC 端音乐市场规模为 58.1 亿元，同比增长 13.4%；移动端音乐市场规模为 41.59 亿元，同比增长 22.8%；电信音乐增值业务为 398.62 亿元，同比降低 1.8%（见图 5）。

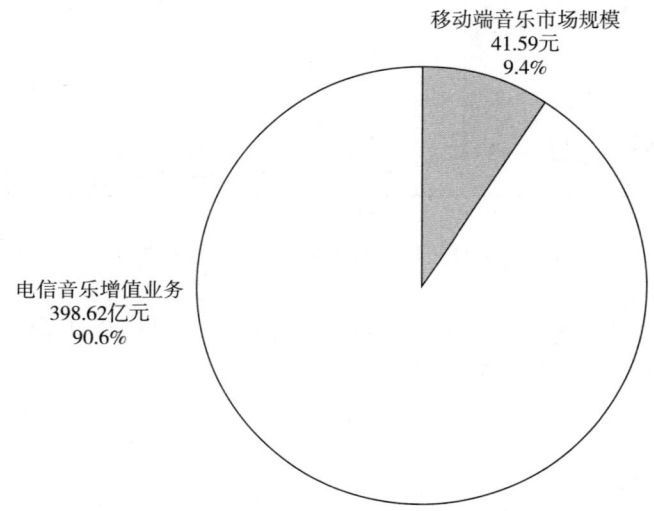

图 5　2015 年中国数字音乐产业市场规模构成

网络音乐用户数规模达 5.01 亿人，同比增长 4.8%。由于音乐版权运营的正规化、音乐服务的完善化，未来移动端音乐市场规模有望继续快速增长，而彩铃等传统增值业务收入的下降，导致电信运营商音乐增值业务的整体规模下降。数字音乐市场规模整体呈稳步上升的趋势。

2. 中国数字音乐总体用户规模

截至 2015 年 12 月，中国网民整体规模达 6.9 亿人，互联网普及率过半，较 2014 年增加了 6303 万人；其中数字音乐用户总规模约 5.01 亿人，数字音乐渗透率为 72.8%，较 2014 年增长 2330 万人[①]（见图 6）。

其中，中国数字音乐付费用户比例超过 40%，付费用户主要购买的音乐服务涉及会员服务、付费音乐包、数字专辑、线下演唱会门票、线上演唱会直

---

① DCCI：《2016 中国数字音乐研究发展报告》。

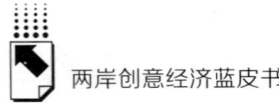

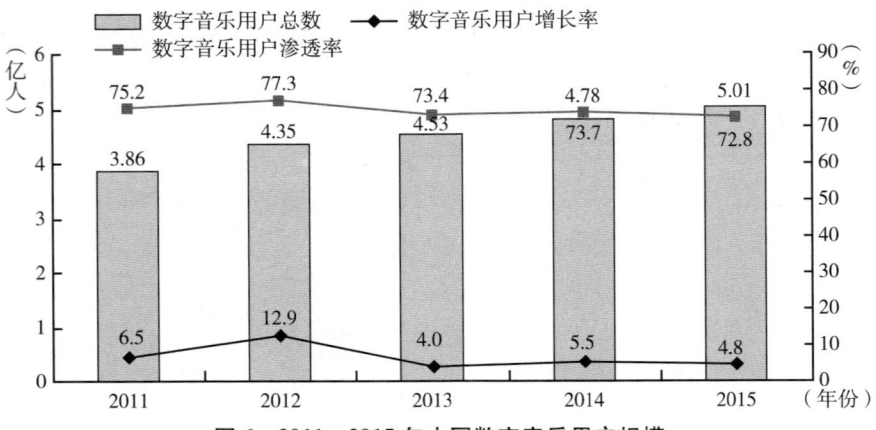

图6 2011～2015年中国数字音乐用户规模

播等,然而这其中超过七成的用户会购买会员服务,其次超过五成的用户会购买付费音乐包服务(见图7)。①

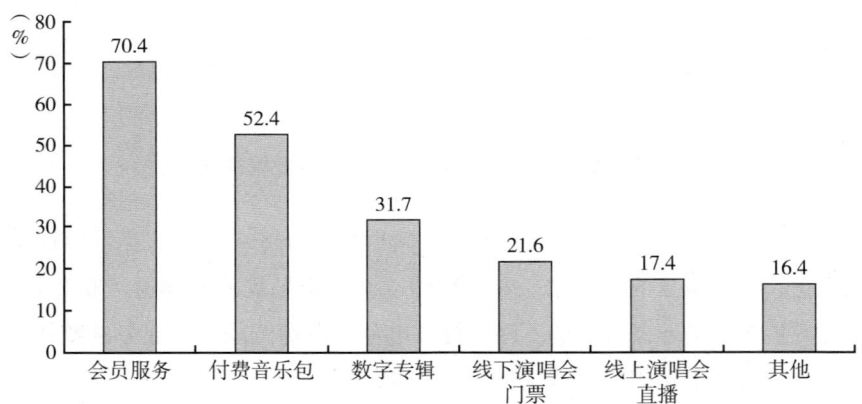

图7 2015年中国数字音乐付费用户购买过的音乐服务构成

(三)中国数字音乐市场营收及用户规模分析

1. 移动端音乐市场

(1)市场规模

移动端音乐市场规模主要是指音乐APP的市场规模(移动音乐网页收益

---

① DCCI《2016中国数字音乐研究发展报告》。

忽略不计），网民中的手机移动互联网用户占比由 2014 年的 85.8% 提升到 90.1%，智能手机的普及促进了手机音乐 APP 的快速发展，智能手机已成为移动端音乐产业的主体。加之网络音乐版权保护问题在 2015 年受到政府相关部门的高度重视，其专项整治行动使此问题在国内得到明显改善，各大厂商开始通过签署音乐版权授权协议的方式进行合作，并开始推出更多的音乐收费服务，使音乐付费业务发展迅速，中国数字音乐市场规模也迎来了真正意义上的成长期，并连带促进了线上直播、线下演出等邻接环节的发展。截至 2015 年 12 月，中国手机音乐市场规模达到 41.5 亿元，相比 2014 年的 38.4 亿元，上涨了 8.1%（见图 8）。①

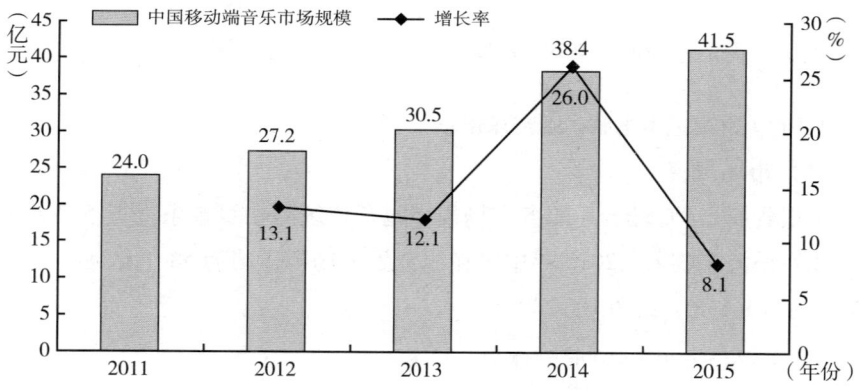

图 8　2011～2015 年中国移动端音乐市场规模

（2）用户规模

截至 2015 年 12 月，中国手机网民规模达 6.2 亿人，较 2014 年底增加了 6303 万人。其中手机数字音乐用户规模达到 4.16 亿人，较 2014 年底增加了 4997 万人，占手机网民的 67.2%②（见图 9）。与此同时，2015 年中国手机用户对移动端音乐的使用在各类 APP 应用中使用率排名第四。可见，音乐已成为大部分手机网民生活中不可缺少的部分。

---

① 比达数据《2016 年上半年度中国手机音乐市场研究报告》。
② CNNIC：第 37 次《中国互联网络发展状况统计报告》。

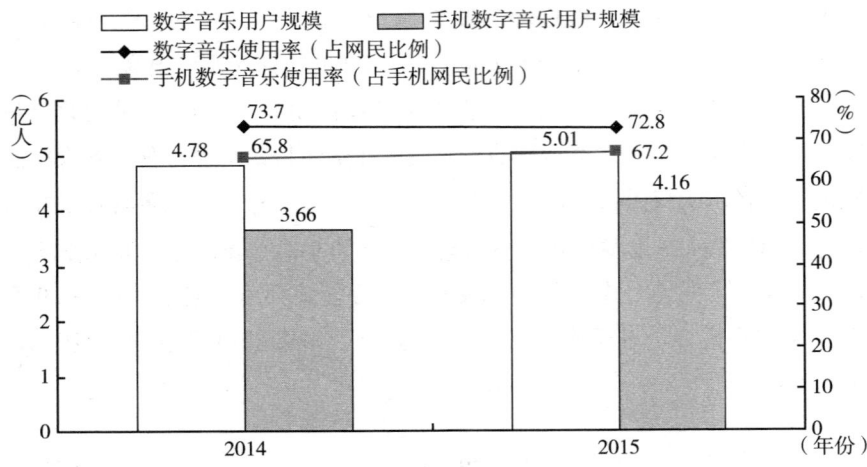

图 9 2014~2015 年中国数字音乐用户规模

2. PC（含笔记本电脑）端音乐市场

（1）市场规模

本报告所指 PC 端音乐服务市场规模包括传统的在线音乐视听下载收入以及在线音乐演艺收入，2015 年中国在线音乐市场规模约为 58.1 亿元，较 2014 年增长了 13.5%（见图 10）。①

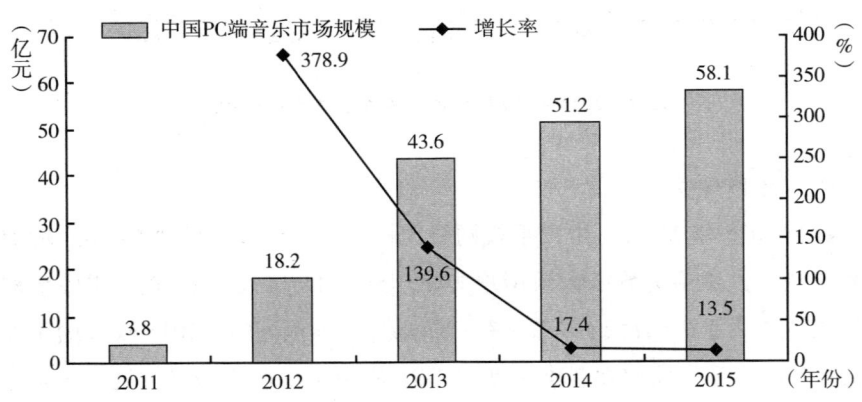

图 10 2011~2015 年中国 PC 端音乐市场规模

---

① 根据 2011~2014 年在线音乐市场规模及增长率、2011~2015 年用户规模及增长率，通过加权推算出 2015 年中国在线音乐市场规模。

（2）用户规模

截至 2015 年 12 月，PC（台式电脑）端音乐用户数为 3.39 亿，笔记本端音乐用户数为 2.06 亿。

参考《2014 年中国音乐产业报告》的计算方法，因 PC 端音乐用户与笔记本端音乐用户存在一定交叉，所以，本报告根据相关性预测，80% 的数字音乐用户有过 PC 端（含笔记本电脑端）听歌下载等行为（见图 11），计算得出，在线音乐用户规模约为 4.01 亿人，与 2014 年相比，上涨 5%（见图 12）。

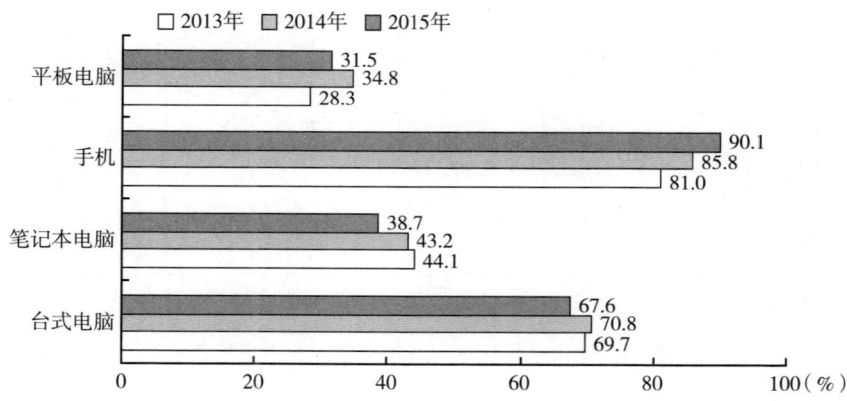

图 11　2013～2015 年中国互联网接入设备使用率情况

资料来源：CNNIC 第 37 次《中国互联网络发展状况统计报告》。

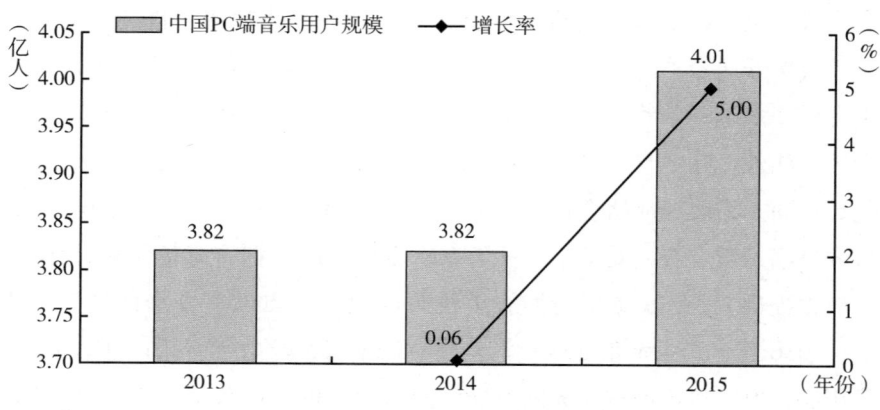

图 12　2013～2015 年中国 PC 端音乐用户规模

3.电信音乐增值业务市场

（1）市场规模

电信音乐增值服务的市场营收主要来自回铃音（中国移动称其为彩铃，中国联通称为炫铃）、振铃下载和音乐流量包等。2015年三大电信运营商增值业务收入约为398.6亿元，同比降低1.8个百分点（见图13）。

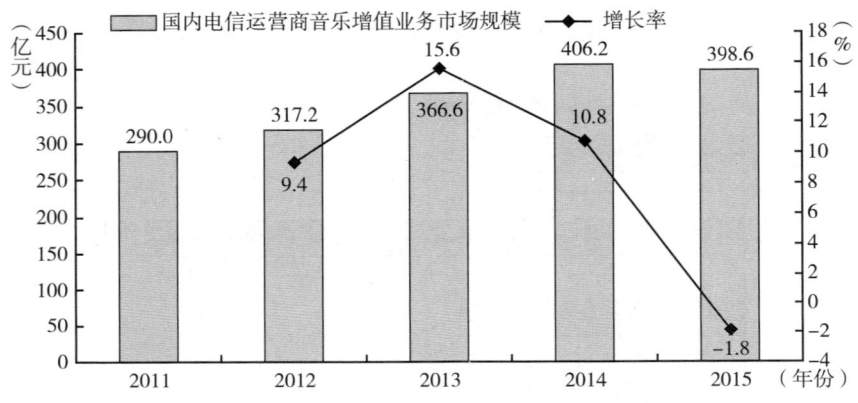

图13 国内电信运营商音乐增值业务市场规模

随着移动端数字媒体应用的普及化和便利化，越来越多的人选择用手机APP听音乐，导致传统增值业务中彩铃等音乐业务的渗透率下降，音乐增值业务收入增长趋缓甚至下降。对此，电信企业也开始进行改革并开发更好的赢利模式。例如，中国移动旗下的音乐子公司——咪咕文化科技有限公司，同唱片公司开展合作推出一系列广告彩铃；同时，与腾讯音乐、乐视音乐、阿里音乐、多米音乐等大型音乐网站展开合作，例如，虾米音乐有专属的彩铃专区；此外，咪咕自主研发彩铃APP，利用中国移动自身拥有庞大用户量的优势，同天猫展开战略合作，打造"咪咕爱唱"——一款为家庭电视用户打造的集唱、听、看、互动于一体的家庭专属KTV，拥有海量伴奏（伴奏均由版权方提供），此款应用还拥有手机与电视互动点歌、分享社交等功能。虽然，2016年，音乐增值业务利润同比有所下滑，与数字音乐产业收入整体趋势相反，但彩铃依旧有较大的发展空间与独特的竞争优势，中国移动咪咕文化科技有限公司将紧跟大网Volte网络发展，不断创新彩铃产品形态，让彩铃运营手段多样化，为大网持续创造不断增长的数据业务收入的同时，实现彩铃的蝶变新生。

（2）用户规模

根据三大电信运营商的财报，截至 2015 年 12 月，中国移动用户总数达 8.26 亿，同比增长 2.4%，中国联通移动用户数近 2 亿，中国电信移动用户数 1.98 亿。[①] 2015 年，中国移动的音乐增值业务用户数约为 3.5 亿[②]，彩铃用户占据其 50% 以上。依照中国移动的音乐增值业务用户占比以及运营商原有的增值业务基础情况，估算出中国电信运营商的音乐增值业务总用户数约为 5.1 亿。

（四）中国各移动端数字音乐产品及服务分析

2015 年，中国数字音乐用户总规模超过 5.01 亿人，占网民总体的 72.8%，其中手机网络音乐用户规模达到 4.16 亿人，占手机网民的 67.2%。

据统计，目前中国用户最常用的数字音乐平台有 QQ 音乐、酷狗音乐、酷我音乐、网易云音乐、虾米音乐。其中，QQ 音乐和酷狗音乐是用户使用最多的两大数字音乐平台。对于这二者，习惯在 PC 端听音乐的用户数大于在移动端听音乐的用户数，而就酷我音乐、网易云音乐、虾米音乐，在移动端听音乐的用户数则大于 PC 端。此外，晚 8~10 点是用户听音乐的高峰时段。移动端近六成用户喜欢在交通出行时听音乐，近四成用户倾向于在居家就寝前听音乐。

自 2015 年国家版权局下达"最严版权令"后，各大数字音乐平台都对其音乐库进行了正规化梳理，所有无版权的音乐全部下架，数字音乐平台向着更加正规化的道路发展。在版权正规化的基础上，各大数字音乐平台也开始着重发展自己产品的其他相关业务，比如，会员包、音乐包、数字音乐专辑、演唱会直播、演唱会门票售卖、音乐综艺节目视频等。据统计，中国数字音乐付费用户占总用户的比例超过 40%，付费用户主要购买的音乐服务涉及会员服务、付费音乐包、数字专辑、线下演唱会门票、线上演唱会直播等，其中超过七成

---

① 中国电信：《中国三大电信运营商 2015 年财报》。
② 内部采访得知。

的用户会购买会员服务，其次超过五成的用户会购买付费音乐包服务。用户的付费动机主要围绕"高品音质"和"独家音乐内容授权"两点。[1] 据统计，近六成数字音乐付费用户曾在QQ音乐付费，其次是酷狗音乐、网易云音乐、酷我音乐、虾米音乐。

·移动端中国数字音乐平台APP用户覆盖率排名如下。

第一，QQ音乐：45.1%。

第二，酷狗音乐：34.6%。

第三，网易云音乐：30.3%。

·移动端中国数字音乐平台下载份额排名如下。

第一，QQ音乐：56%。

第二，网易云音乐：15%。

第三，海洋音乐：8%。

第四，阿里音乐：5%。

第五，其他：3%。

截至2015年底，QQ音乐歌曲量约至1500万首，上游授权公司包括索尼、华纳、YG、JVR、英皇、美妙、华谊、乐华、少城时代等，还拥有《我是歌手3》《中国好歌曲2》《中国好声音4》等音乐综艺节目的版权授权。用户体验方面，首先，QQ音乐在用户视听体验上，不仅有SQ无损高品质音乐，而且与全球顶尖音效处理公司DTS合作，专门打造为用户量身定制的独特完美音效。其次，由于微信、QQ等社交软件的支持，QQ音乐加强了其社交属性的建设，通过分享朋友圈等有效渠道进行音乐传播；同时与豆瓣合作增强音乐评论功能。最后，由于QQ音乐在付费领域具有多年运营经验，其用户付费制度渐趋完善，音乐绿钻、付费音乐包、数字音乐专辑、音乐演出在线直播等付费模式成熟而先进。

酷狗音乐因与酷我音乐、海洋音乐的重组合并，音乐版权资源充足，但版权的使用权期限等问题而导致音乐曲库规模下降，授权歌曲量约400万首。酷狗音乐仍以音乐榜单形式为主。酷狗音乐的免费服务较多，甚至包括无损音乐下载。

---

[1] DCCI：《2016中国数字音乐研究发展报告》。

阿里音乐于 2015 年正式重组，由阿里巴巴集团旗下两款音乐服务应用——虾米音乐、天天动听合并而成，授权歌曲量约 400 万首，上游授权公司有滚石、相信音乐、华研、BGM、寰亚等，拥有《中国好声音 3》独家版权。其中，天天动听于 2015 年改组为以粉丝经济为基础、全方位覆盖音乐制作到消费的泛娱乐交易平台。

二 2015~2016 年数字音乐产业热点分析

（一）数字音乐平台"三分天下"格局已破

2015 年，国家版权局下令重整在线音乐，所有无版权音乐均下架。随着版权管理的正规化，中国的数字音乐平台形成了 QQ 音乐、海洋音乐（酷我、酷狗音乐）、阿里音乐（虾米音乐、天天动听）"三分天下"的格局，也造成用户要通过多个音乐平台或 APP 才能索引到特定音乐的现象。

2016 年，QQ 音乐与海洋音乐（酷我、酷狗音乐）的联手动摇了"三分天下"的均势格局，反转成为版权音乐的最大占有者，并成立了腾讯音乐娱乐集团，三个音乐平台同属同一集团但又保持独立发展；阿里音乐则将天天动听转型为专注粉丝经济发展的新产品"阿里星球"，虾米音乐仍独立运营并注重音乐人板块的发展；一直以开发音乐社交和个性化推荐的网易云音乐异军突起，尤其是微信分享功能的解锁、与 QQ 音乐签了转售版权后，也使网易云音乐在 2015 年版权之战中占有一席之位；而与此同时，传统音乐公司也开始认清局势，开始转型投向互联网平台，比如 2015 年 12 月百度音乐被太和音乐合并，内容方合并平台方，打通音乐产业上下游资源。可见 2016 年数字音乐平台的大动荡已让曾经的"三分天下"的局势消除。

（二）转授权新形式改变音乐版权"独霸"格局

音乐版权正规化后，腾讯音乐娱乐集团（QQ 音乐）的音乐版权独占大头，造成很多小众音乐平台因为没有音乐版权，短期内丧失了部分用户，但是 QQ 音乐并没有选择"一独到底"的道路，而是大方地与其他音乐平台签署协议，以"转授权"方式分享自家曲库给其他音乐平台。2015 年 10 月，

QQ音乐与网易云音乐达成版权共识，QQ音乐授权网易云音乐使用覆盖20余家唱片公司音乐版权的曲库内容，由网易云音乐除了支付合作协议期间相关版权使用费外，还需要补交双方签署合作协议之前使用腾讯QQ音乐版权内容的相关费用，可谓冰释前嫌，握手言和；2016年1月，转授酷我、酷狗音乐100万首。使用权转授或将成为数字音乐平台音乐版权未来发展新态势，从"独霸"走向"共享"。但由于各大数字音乐平台从唱片公司手中以独家版权（专有使用权）的形式购买其音乐，够买价格极高，因而转授权的价格也居高不下。

（三）数字音乐专辑破亿，或成主流发片市场

网络音乐正版化、平台正规化后，越来越多的明星选择线上首发新曲新专辑，数字音乐专辑已成为当今艺人发片主流。腾讯QQ音乐是中国数字音乐平台发行数字音乐专辑的第一家，2015年QQ音乐数字专辑总销量突破1500万张，2016年更是突破1亿张销量。数字音乐专辑未来或将成为替代实体专辑发片的主流模式。数字专辑是粉丝经济变现的一种方式，随着版权制度的逐渐完善，越来越多的音乐人选择以数字音乐专辑的形式发售新歌，而传统实体CD、黑胶唱片等将从音乐载体变为限量收藏品。音乐服务商在数字音乐专辑的制作营销上，不仅卖音乐内容，同时还开发更多的粉丝服务，比如，分享便赠送好友数字音乐专辑、获得明星亲笔签名专辑机会、抽取演唱会门票等附加服务。

同时，其他音乐服务商酷狗音乐、虾米音乐、网易云音乐、酷我音乐等也均推出数字音乐专辑线上销售服务，可见数字音乐专辑将成为近几年音乐主流发片市场。

（四）音乐类综艺节目音频版权之争堪比视频版权之战

国内音乐综艺节目，从《超级女声》到如今的《中国好声音》《我是歌手》等优质节目影响广泛，好评如潮，其视频独家版权的争夺如火如荼，音频版权大战也不亚于此，2015~2016年部分音乐栏目与版权系属关系如表1所示。[1]

---

[1] 部分参考艺恩网《偶像至上　版权为王——2016年在线音乐趋势洞察》。

表1 部分音乐栏目与版权系属情况

年份	音乐综艺节目	合作音乐平台
2015	《我是歌手3》	QQ音乐
	《中国好歌曲2》	QQ音乐
	《中国好声音4》	QQ音乐
	《蒙面歌王》	海洋音乐
	《最美和声3》	阿里音乐
	《中国之星》	QQ音乐
	《唱游天下》	QQ音乐
	《隐藏的歌手》	QQ音乐/海洋音乐
2016	《我是歌手4》	网易云音乐/阿里音乐/海洋音乐
	《中国好歌曲3》	QQ音乐
	《跨界歌王》	网易云音乐
	《中国新歌声》	海洋音乐/QQ音乐
	《我想和你唱》	海洋音乐/网易云音乐
	《谁是大歌神》	QQ音乐/网易云音乐
	《蒙面唱将》	海洋音乐

热门音乐综艺节目与音乐平台的合作不仅为其带来了海量的用户，还为平台本身做了间接良好的宣传，赢得了一定的试听流量。而比较火爆的音乐综艺节目也不完全选择独家音频合作，例如，《我是歌手4》在网易云音乐、阿里音乐、海洋音乐均有版权合作，网易云音乐上关于热门单曲的评论均达上千条。

（五）中国数字音乐生态圈更加完善，更加侧重内容IP打造

数字音乐生态链逐渐发展成熟，随着正版化环境的发展，数字音乐平台重心也从渠道转向内容，更加注重明星IP和音乐内容IP的发展。2016年初QQ音乐启动了致力于构建数字音乐生态圈的"Music+"计划，"听、看、玩、唱"作为用户对数字音乐需求的四大维度，将"提升用户体验"作为未来音乐生态发展的基础，打造明星IP"Music+"计划，连接各音乐产业环节，提供更多智能化及个性化服务，拉近粉丝与偶像间的距离。2016年5月，阿里星球正式上线，作为一个泛娱乐交易平台，涵盖了明星大咖入驻、音乐视听、粉丝圈子、娱乐消费、音乐幕后交易、娱乐营销等诸多领域。可见，中国数字

音乐平台在内容正版化的同时，更加注重用户体验，营构更好的数字音乐生态圈。

三 我国数字音乐产业的发展趋势

音乐产业中的收入模式越来越多样，产值也不断攀升，未来的消费需求必将朝着多元化发展。而我国的音乐产业在将近十年的发展过程中，基本与国际保持了同步的发展速度，也同样经历了世界数字音乐发展史上的几个重要阶段。可以说，现如今的音乐产业看起来似乎正处于一个动荡多变的局面，变量可能比过去任何时候都要大，但这也说明，音乐行业正在迎接巨大的机遇，有着广阔的前景。

（一）音乐产业创新化

创新化是音乐产业发展的最显著趋势。不论是音乐内容、表现方式还是宣传策略，音乐产业的每个环节无不在随着时代发展的步伐革新、变化。音乐产业创新的意义，是音乐艺术本体发展规律下的一种创新性活动。这既是对传统音乐模式的继承与扬弃，又是通过科技和网络对音乐行为的一种时代升华。

理查德·E. 凯夫斯曾说过，"创意产业是商业与艺术的契约"，其通过艺术和商业相关要素的整合实现文化产业的产业功能，这种特殊的产业功能离不开创新。[1] 音乐产业的发展动力在于创新。从音乐艺术的内部来看，音乐的生产与消费是同步的，因而音乐产业中的创新行为是蕴含于音乐活动的生产、消费过程中的。音乐产业的生产，就是音乐产业的创新过程，二者不可分离。因此，音乐产业的消费不能脱离音乐作品的生产独立进行，消费更是对创新的传播与放大。音乐产业中的创新不仅仅局限于音乐本体中，也流动在技术和硬件中，音乐产品的生产也是技术创新的过程。依据熊彼得的创新理论，创新并不等同于发明，而是需要将发明成功地应用于经济活动，是对生产要素的重新组合。[2]

另外，音乐产品的价值实现过程也贯穿在商业模式的创新过程中。文化产

---

[1] 〔美〕理查德·E. 凯夫斯：《创意产业经济学：艺术的商业之道》，新华出版社，2004。
[2] 余佳、游达明：《文化产业创新性发展的驱动力研究》，《求索》2013 年第 5 期。

品作为"注意力产品",越具有创新价值的音乐产品越能在音乐市场中争夺消费者的眼球,也因此衍生出具有特殊商业竞争模式的音乐创意产业链。这包括从产业链上游开始,从传统的由唱片公司垄断音乐产品的模式转变为独立音乐人、原创音乐人、音乐工作室、音乐网站等都可以成为音乐内容提供者的新模式。由唱片一统天下的时代也逐渐被流媒体、单曲和专辑下载等数字音乐瓜分。而中游部分,由版权服务商、增值服务提供商和服务提供商组成,其中的分裂、合作、整合和跨界也是数不胜数。位于下游的即终端用户,终端用户接受设备的不断革新以及 APP 的快速发展也正改变着音乐产业的整个市场。

(二)音乐产业社交化

近年来,随着互联网行业的高速发展,传统的单曲下载、在线听歌等已经远远不能满足用户的需求。社交化成为很多音乐公司正在走的一条新道路,这既是新的商机,也是新的体验。

自 Napster 大行其道之时,它就向音乐产业证明了通过互联网,音乐确实具有社交化的巨大潜力。后来 iTunes 让人们看到了数字音乐赢利的可能性,而且 MySpace 在音乐社交领域的意外成功,让人们开始对音乐社交越来越重视,因此,之后 iLike、Turntable、Ping、Last.FM、Spotify、Rdio 等服务也开辟了一条社交化音乐的大道,其后 Rdio、Spotify 也在音乐社交分享领域取得了巨大的成功。

音乐社交化包括 O2O 模式、众筹与众包模式、云音乐服务、家庭音乐服务等。音乐产业的社交性使受众不再像传统音乐产业中那样与音乐作品和创作者距离遥远。他们有时直接成为音乐产品的下个环节,有时甚至在消费者与创作者的角色间来回游走。因此,想做出受欢迎的音乐产品,创作者需要投入比以往更多的代价来迎合受众。有益的方面在于,当今音乐产业可以用更短的周期就让消费者欣赏、购买到想要的音乐产品和服务,也可以更少的钱在互联网上推广一个作品。这种生产时间和流通成本的缩减彻底改变了受众的消费行为,也使未来的音乐产业必须紧紧贴合消费者的需求,其最终价值要由受众的消费体验来决定,而非票房或是销量。消费者不单单是一个单向度的接受者,他们可以定制自己的专属音乐服务,拥有更大的话语权。所以,消费者的选择将最终赋予音乐产业真正的商业价值。

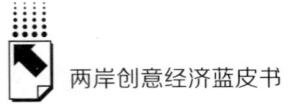

（三）音乐产业融合化

众所周知，音乐文化产业是以音乐文化为底蕴的，依靠人的灵感和想象力，并借助现代科技手段，在一定音乐文化背景下的创新性的产业活动。从改革开放时期音乐产业体系的兴起到现如今对产业体系变革发展的探索，音乐产业几十年的发展显示出其所具有的创新性和高知识性的产业特点。在市场经济体制的背景下，在互联网和信息技术飞速发展的今天，音乐产业与之俱进的发展之路彰显出它在时代背景下的高附加值和强融合性的全新产业特点。音乐产业辐射范围十分广泛，不同产业融合发展、产业边界的消失是 21 世纪音乐产业的发展趋势。音乐产业与技术的融合，与互联网、设备、企业等方面的融合已表现得十分突出，产业之间的渗透、交叉与重组拓宽了音乐产业的未来发展之路。

当今数字音乐与互联网的发展将传统的音乐产业价值链模式彻底颠覆，音乐产业内的种种竞争非常激烈，这就使音乐行业内的融合成为发展主流。密切的合作让各个音乐公司、组织降低了商业风险和交易成本，更多的音乐资源得以共享，这都有利于音乐产业的扩张和发展。未来的音乐产业趋向于融合发展，不仅行业内横向融合和纵向融合，还包括音乐与科技的融合、音乐与传媒产业的融合、音乐与文化旅游产业的融合、音乐与动漫产业的融合等，这种音乐艺术本体同创意产业以及科技、市场、其他艺术样式的强势融合，赋予了音乐产业高度的渗透性和广阔的辐射性。将创意渗透到音乐活动的各个环节中，不但发展出多种多样的音乐延伸品，同时也带动了相关领域的发展，形成了更大规模的音乐消费市场与群体。

B.6
数字经济与台湾游戏产业发展研究

李世晖*

摘　要： 与全球市场相比，台湾游戏市场各游戏类型所占比例中，行动游戏的规模比例特别高。台湾游戏市场规模每年复合增长率为6%，但台湾的游戏厂商较少进行自主研发，市场多被外国游戏所瓜分。本文先探讨游戏市场中的消费者偏好及消费类型；再说明台湾行动游戏、在线游戏与单机游戏市场与产业状况，探讨拥有竞争力的企业是如何推动经营方针；最后以IP游戏与AR/VR游戏为例，探讨台湾游戏产业的未来发展。

关键词： 台湾　数字经济　游戏产业

　　数字经济是指以通过人工智能（AI）、大数据、云端运算（Cloud Computing）、虚拟现实（VR）、扩增实境（AR）及区块链（Blockchain）各种创新数字化科技为商品与服务加值，结合跨领域整合类型，创造新的市场与创新的服务模式。① 数字经济除了信息与通信科技（Information and Communication Technology，ICT）产业外，也对媒体、零售、教育、出版、游戏等各行各业产生影响。根据全球最大管理咨询公司埃森哲（Accenture）研究，到2020年，数字经济产值将达到24.6兆美元，占全球

---

* 李世晖，台湾政治大学日本研究学位学程教授，主要研究方向为日本经济。
① 工业技术研究院：《数位经济趋势下，产业如何智能化掌握商机》，https://www.itri.org.tw/chi/Content/NewsLetter/Contents.aspx?&SiteID=1&MmmID=5000&MSID=712145322014546527&PageID=1。

GDP 的 25%。① 值得注意的是，在许多国家与经济体中，数字经济的发展都还未臻成熟，存在很大的市场空间。

依据台湾"数字国家·创新经济发展方案（2017~2025年）"数据，数字经济产值占台湾 GDP 的比重从 2008 年的 17.3%，增长到 2014 年的 20.5%。该方案同时设定成长目标，计划推动台湾的数字经济在 2025 年增长至 GDP 的 29.9%。在数字经济的发展过程中，整备网络建设与创新与高速网络的发展，网络环境的改善，也会连带使在线游戏与行动游戏（智能型手机/平板行动游戏）的玩家增加。创新体感科技也是数字经济发展的重要环节，虚拟现实（VR）与扩充实境（AR）在近年来也开始应用在游戏产业，为游戏产业带来重大变革。

依据台湾经济管理部门发行的《2015 数字内容产业年鉴》，数字游戏属于数字内容产业的一环，定义系指"将游戏内容运用信息科技加以开发或整合之产品或服务"，依其终端装置又可区分为 5 个次领域，包括个人计算机游戏（PC Game）、在线游戏（On-line Game）、家用游戏机软件（Console Game）、商用游戏机（Arcade Game）及行动游戏软件（Mobile Game）。而随着智能型手机效能与功能的提升，以及高速行动网络的普及，手机用户数量逐渐增长，2015 年行动游戏已迎来与在线游戏并行发展的黄金时代。

一 全球与台湾游戏市场的概况

依据全球性游戏市场研究公司 NEWZOO 出版的《2016 全球游戏市场报告》（*2016 Global Games Market Report*），2016 年的全球游戏市场有 996 亿美元的收益，年增长率为 8.5%，预期在 2015~2019 年，每年平均会有 6.6% 的增长率，整体游戏产业呈现稳定增长态势。在全球游戏市场的收益中，亚太地区占了全球的 47%，年增长率为 10.7%。换言之，2016 年全球游戏市场的收益增长，有 58.8% 来自亚太地区的贡献。拉丁美洲的游戏市场虽然发展迅速，年增长率高达 20.1%，但是市场规模只占全球的 4%（见图 1）。

---

① Accenture：Digital Disruption：The Growth Multipie，2016，https：//www.accenture.com/us-en/insight-digital-disruption-growth-multiplier.

数字经济与台湾游戏产业发展研究

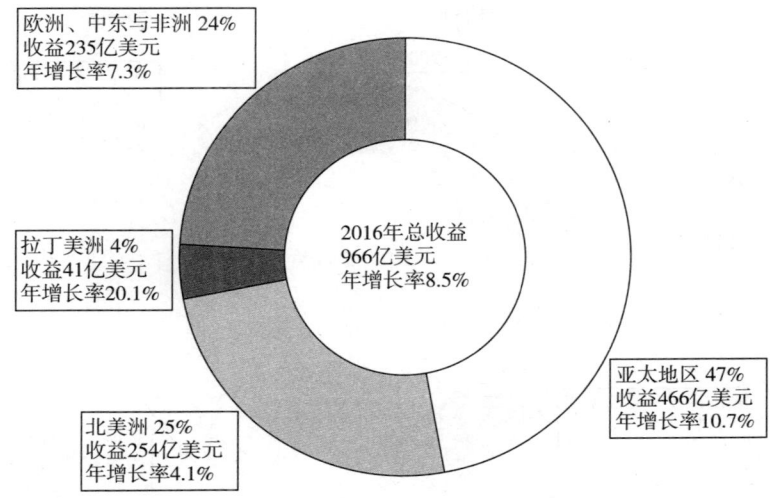

图1　2016年全球游戏市场各区域收益与年增长率

资料来源：NEWZOO《2016全球游戏市场报告》，2016。

同一份报告将游戏类型分为单机/在线电脑游戏、智能型手机游戏、平板电脑游戏、掌上型家用电玩主机游戏、电视型家用电玩主机游戏与休闲网页游戏六种游戏类型，消费者可能同时游玩多项的游戏类型。在各游戏类型占游戏市场收益的比例中，电视型家用电玩主机游戏（29%）稍微高于单机/在线电脑游戏与智能型手机游戏（27%）。若将智能型手机游戏与平板电脑游戏合并计算为行动游戏，则占了全球游戏市场收益的37%。

另外，随着智能型手机与行动网络逐渐普及，许多行动游戏也多为免费下载，游玩门槛较低。因此，智能型手机游戏玩家的数量是所有类型中最多的，且收益的年增长率高达23.7%。可预期在近年内，智能型手机游戏的市场收益将会超越电视型家庭计算机主机游戏。相较之下，休闲网页游戏虽然通过计算机与智能型手机皆可游玩，玩家数也是于各类型中仅次于智能型手机，但其收益仍渐渐减少。此外，手持式家用电玩主机的市场也是大幅萎缩（见图2）。

该报告另列出全球20大游戏市场收益排名。有关台湾的游戏市场规模，信息会产业情报研究所（Market Intelligence & Consulting Institute，MIC）出版

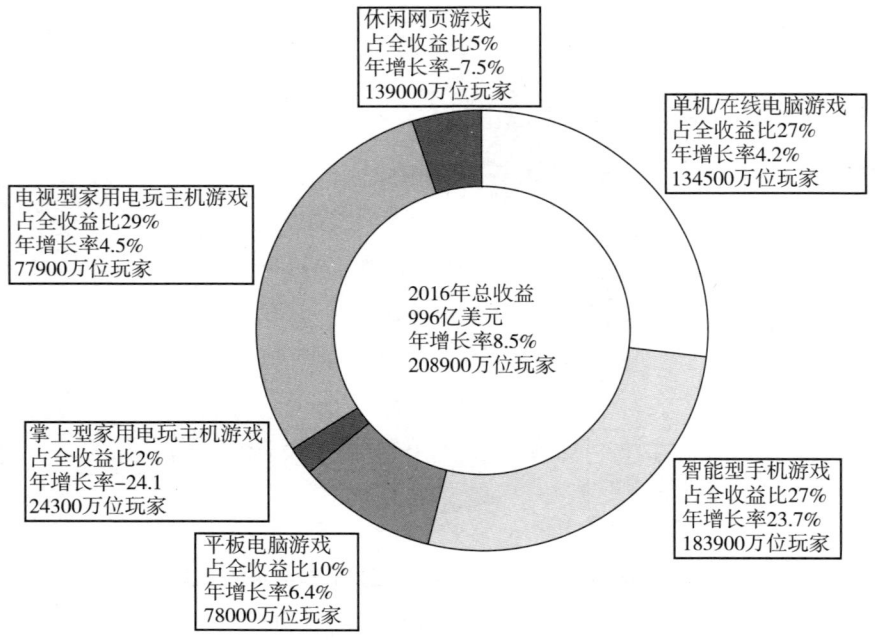

图 2　2016 年全球各游戏类型收益比例与年增长率

资料来源：NEWZOO《2016 全球游戏市场报告》，2016。

的《2016 台湾游戏市场白皮书》，对台湾游戏四大主要类型与市场（智能手机游戏市场、计算机在线游戏市场、计算机网页游戏市场、电玩主机游戏市场）进行研究与市场调查，推估 2015 年台湾游戏市场规模为 420.39 亿元新台币，且 2015～2019 年的年复合增长率为 6%。

各主要类型所占的市场规模，以智能手机游戏占比最高（57.8%），与前文所述的全球游戏市场相比，台湾的智能手机市场规模占台湾整体游戏市场规模的比例十分高；计算机在线游戏（28.4%）居次，大致与世界游戏市场的单机/在线计算机游戏市场规模比例相同；计算机网页游戏（11.8%）占比居第三，高于世界游戏市场的休闲网页游戏市场规模比例；电玩主机市场规模最小（2.0%），对应全球游戏市场中，则是电视型家用电玩主机游戏（29%）与掌上型家用电玩主机游戏（2%）的占比 31%（见图 3）。[1] 与全球游戏市场

---

[1] MIC：《2016 台湾游戏市场白皮书》，2016，第 27 页。

相较之下，占台湾游戏市场规模比例最大的智能手机游戏，除了远高于占比第二的计算机在线游戏外，也大于全球游戏市场中的行动游戏占比。另外，电视型与掌上型家用电玩主机游戏在全球游戏市场规模占比最大，但在台湾电玩主机游戏所占市场规模却屈居末席。总的来说，台湾的游戏市场以智能手机游戏为首，呈现与世界不同的市场形态。

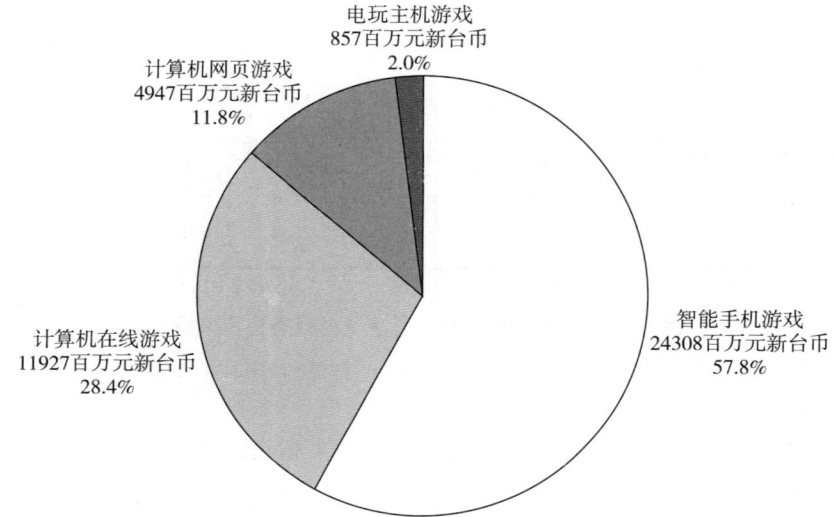

图3 2015年台湾各游戏市场规模与占整体市场比例

资料来源：MIC《2016台湾游戏市场白皮书》，2016。

二 台湾主要游戏类型的消费特征

（一）台湾游戏玩家的组成结构

依据由知名入口网站Yahoo奇摩与资策会产业情报研究所暨国内多家游戏媒体共同举办的2016台湾游戏市场调查，推估台湾的整体游戏市场人口规模约有813万人。由于游戏玩家可能同时玩不同类型的游戏，因此各类型人数加总，会大于总人数。台湾各主要游戏类型中，以行动游戏（类型包含智能手机、平板）的玩家人数最多，达526.0万人；其次是计算机网页游戏玩家的421.5万人，和电脑线上游戏玩家的278.5万人；电玩主机玩家居于最末，仅有131.7万人（见图4）。① 每位玩家同时玩多种类型游戏。与图2世界各游戏类型的玩家人数相较，虽然整体的比例并不相同，但是玩家人数的多寡顺位相同。

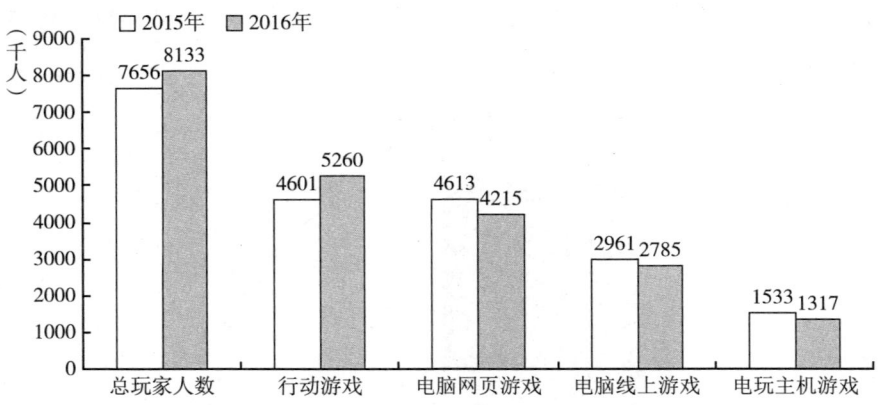

图4 2015年与2016年台湾主要游戏类型玩家数

资料来源：Yahoo、MIC等《2016上半年资策会台湾游戏市场调查》，2016。

2016年整体玩家人数较2015年的765.6万人相比，增长了47.7万人，然而电脑网页游戏玩家减少了约40万人，电脑线上游戏玩家减少约18万人，电玩主机游戏玩家人数减少约22万人，只有行动游戏的玩家逆势增长，增加约66万人，推动了整体玩家人数的增长。

依据《2016台湾游戏市场白皮书》，若再将游玩类型的项目细分，玩家最多的游玩类型，以智能手机游戏（75.7%）居首，也就是说，台湾的玩家有七成五皆使用智能手机玩游戏，远远超过第二名的电脑线上游戏（27.4%）48个百分点，除去智能手机游戏外，其他游戏类型的玩家比例大致相当，最多只差12个百分点（见图5）。

（二）台湾游戏玩家的消费倾向

有关各类型的玩家消费状况，依据《2016上半年资策会台湾游戏市场调查》的调查资料，其中每个游戏类型的付费玩家比例皆超过五成，电玩主机

---

① Yahoo、MIC等：《2016上半年资策会台湾游戏市场调查》，2016。

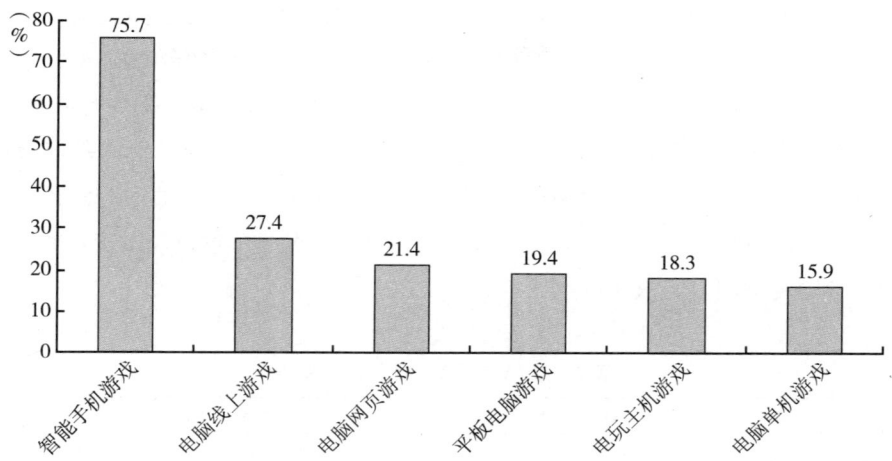

图 5　2016 年台湾游戏市场各类型玩家比例

资料来源：MIC《2016 台湾游戏市场白皮书》，2016。

游戏的付费比例（88.0%）与月平均消费金额（1347 元新台币）最高，网页游戏玩家的付费比例（69.1%）与月平均消费金额（405 元新台币）都居于末位（见图 6）。值得注意的是，行动游戏虽然月平均消费金额居于第三位，但玩家人数占台湾游戏市场人口的第一位。

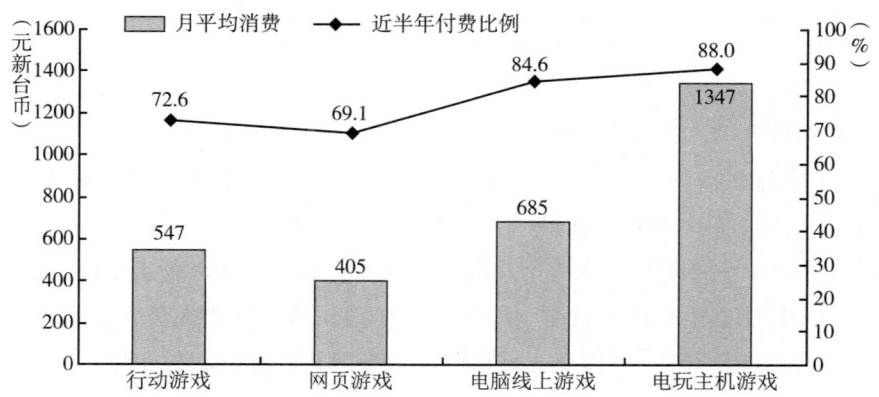

图 6　2016 年上半年各类型游戏玩家付费比例与月平均消费金额

资料来源：Yahoo、MIC 等《2016 上半年资策会台湾游戏市场调查》，2016。

台湾游戏消费市场中，表现最突出的是行动游戏。行动软件数据分析商 App Annie 发布的《全球移动应用市场 2016 年回顾》指出，台湾的 APP 下载量虽然受总人口太少的限制，在两大 APP 类型（iOS App Store 及 Google Play）上，都没有排进前十名，但在 iOS App Store 的市场收入方面，台湾却能够排名全球第 7，比 2015 年的第 10 名前进了 3 名，挤下了韩国、德国与法国。而 Google Play 更是排名第 5，虽然较 2015 年后退了 1 名，不过也仅次于日本、美国、韩国与德国（见表 1）。①

表 1　2016 年全球 APP 市场概况

排名	iOS App Store		Google Play	
	下载量	市场收入	下载量	市场收入
1	中　　国	中　　国	印　　度	日　　本
2	美　　国	美　　国	美　　国	美　　国
3	日　　本	日　　本	巴　　西	韩　　国
4	英　　国	英　　国	印度尼西亚	德　　国
5	俄 罗 斯	澳大利亚	俄 罗 斯	中国台湾
6	法　　国	加 拿 大	墨 西 哥	英　　国
7	德　　国	中国台湾	土 耳 其	法　　国
8	加 拿 大	韩　　国	韩　　国	澳大利亚
9	巴　　西	德　　国	泰　　国	中国香港
10	澳大利亚	法　　国	越　　南	加 拿 大

资料来源：App Annie《全球移动应用市场 2016 年回顾》，2017。

台湾能在两大类型的市场收入上皆排名全球前 10，显示台湾的 APP 市场消费力十分出色。此外，与全球市场的趋势相符，台湾 APP 的市场收入有 90% 以上来自游戏 APP。Google 于 2016 年 8 月发布的《台湾数字消费者研究报告》指出，台湾网友每天上网比例高达 96%，在亚太地区仅次于中国香港，中国台湾智能型手机的渗透率（82%）也达到新高，行动装置的使用率在过去两年之内增长 15%。② 因此，可预期台湾的 APP 市场仍会逐渐成长，吸引厂商投入更多资源进入 APP 市场。

---

① App Annie：《全球移动应用市场 2016 年回顾》，2017。
② Google：《台湾数位消费者研究报告》，2016。

（三）台湾玩家消费类型分析

台湾在各类型游戏玩家的消费类型，除了电玩主机游戏外，皆是以"在免费游戏当中花钱购买游戏角色、道具等内容"为主（见表2）。目前的市场与游戏产业，也与过去一次付费买断游戏的销售方式不同。多数的计算机与智能型手机游戏，是以免费下载游戏的方式降低玩家进入游戏的门槛，以吸引更多游戏玩家。之后再以付费可享有更多功能（VIP），或能购买角色、道具等营运方式，来吸引玩家付费，让玩家增加游戏体验；或是借由付费才可得到的角色、道具，让玩家得到与众（免费玩家）不同的成就感。

表2　2015年台湾各类型游戏玩家的付费类型

类型	最多付费类型	次多付费类型	第三多付费类型
电脑线上游戏	在免费游戏当中花钱购买游戏角色、道具等内容(51.4%)	购买一款付费游戏(40.6%)	付月费(38.6%)
电脑网页游戏	在免费游戏当中花钱购买游戏角色、道具等内容(31.1%)	花钱买VIP(17.4%)	付月费(7.6%)
智能手机游戏	在免费游戏当中花钱购买游戏角色、道具等内容(40.9%)	购买一款付费游戏(15.5%)	花钱将游戏从试用版升级成正式版(8%)
电玩主机游戏	购买一款游戏(76.5%)	花钱买游戏后续追加的下载内容(39.6%)	花钱购买月费服务(33.7%)

资料来源：MIC《2016台湾游戏市场白皮书》，2016。

电脑线上游戏中，购买付费游戏的买断制仍然占相当的比例（40.6%）。目前相当热门的在线游戏"黑色沙漠"（BLACK DESERT），即为买断制的在线游戏。电玩主机游戏原本就以购买实体游戏为主流，随着厂商在线类型服务与网络的普及，厂商能借由在线类型来更新游戏内容。此外，电玩主机游戏的第四大付费类型就是"在免费游戏当中花钱购买游戏角色、道具等内容"（24%），可见，基本免费商城制游戏是目前台湾市场与游戏产业的主要趋势。

三　台湾游戏的商品与产业特征

台湾流量最大的游戏信息网站"巴哈姆特"（https：//www.gamer.com.tw/），

从2008年开始举办的"巴哈姆特游戏大赏"（现加入动漫排名，称为"巴哈姆特游戏动漫大赏"），依据游戏玩家的投票结果，依照不同游戏类型，选出年度十大游戏。选拔机制是以投票来选出喜爱的游戏，每个游戏类型的类别最多可以投三票，按台湾游戏玩家的得票数来排名。因此，巴哈姆特所进行的票选，可大致反映每年台湾游戏玩家对游戏的喜好变动。本文选取台湾游戏产业主要游戏开发的项目，即行动游戏（手机/平板）、电脑线上游戏（MMORPG）、计算机单机游戏三个游戏类别，分析台湾游戏玩家喜爱的游戏类型、消费者喜好与热门台湾自制游戏的特色。

（一）行动游戏的玩家偏好与台湾产业状况

表3为2013～2016年巴哈姆特游戏动漫大赏行动游戏排名中，年度最受欢迎的10款行动游戏。排除重复上榜的游戏，一共有24款游戏在榜上。四年间曾被选为最喜爱的第一名的"神魔之塔"与"龙族拼图"，两款皆是"宝石、方块"类游戏。另外，依据《2016台湾游戏市场白皮书》的统计资料，2015年台湾玩家偏好的行动游戏类型中，第一名是"宝石、方块"，与巴哈姆特的排名相同；第二名与第三名则依序是"角色模拟"与"策略模拟类"。①

表3 巴哈姆特游戏动漫大赏中的行动游戏排名前十（2013～2016年）

名次＼年份	2013	2014	2015	2016
第一名	神魔之塔	龙族拼图	神魔之塔	神魔之塔
第二名	百万阿瑟王	DEEMO*	龙族拼图	DEEMO*
第三名	Cytus*	LINE跑跑姜饼人	DEEMO*	Cytus*
第四名	龙族拼图	CHAIN CHRONICLE	怪物弹珠	白猫Project
第五名	9局职业棒球2013	远的要命的王国	Cytus*	龙族拼图
第六名	CLANNAD	落樱散华抄*	LoveLive! 学园偶像祭	炉石战记：魔兽英雄传
第七名	我叫MT繁体版	百万阿瑟王	问答RPG魔法使与黑猫维兹	七骑士

---

① MIC：《2016台湾游戏市场白皮书》，2016。

续表

名次\年份	2013	2014	2015	2016
第八名	灵异阴阳录	炉石战记：魔兽英雄传	炉石战记：魔兽英雄传	Fate/Grand Order
第九名	AIR	怪物弹珠	白猫Project	怪物弹珠
第十名	BLACK★ROCK SHOOTER：性感温泉星之谜	召唤图版	Implosion*	LoveLive！学园偶像祭

注：* 为台湾的自制游戏。
资料来源：参见MIC《2016台湾游戏市场白皮书》，2016。作者自行整理。

表3可显示出台湾游戏玩家对日系行动游戏的偏爱。在2013~2016年的前十名中，皆有5款左右的日系游戏上榜。这显示日系游戏在台湾游戏玩家中有着稳定的客群与接受度，主要原因是日本游戏业界自2010年，就开始重视行动游戏市场，不断投入新游戏的研发；而台湾也有许多喜欢日本动漫的玩家，日式游戏的剧情与美术风格较易被市场接受。然而，在日系游戏进入台湾行动游戏市场时，台湾厂商对于自主研发行动游戏相对消极。

过去四年，台湾行动游戏最受玩家喜爱的24款游戏，只有Cytus、DEEMO、落樱散华抄、Implosion这四款游戏是由台湾的厂商研发制作的。除了落樱散华抄由"神岚游戏"研发以外，另外三款游戏皆由同一家游戏公司"雷亚游戏"所研发。过去台湾知名的游戏厂商，如宇峻奥汀、智冠科技、游戏橘子等，虽然进行了行动游戏的研发，然而推出的游戏未能成功获得多数台湾游戏玩家的青睐。

在竞争日趋激烈的行动游戏市场中，台湾的行动游戏研发厂商起步较晚，势必要推出更具创意与质量的游戏，才能在世界行动游戏中保有竞争力。此外，由于自主研发行动游戏需要投入时间与大量的成本，厂商会倾向选择以代理海外游戏方式来确保利润。然而，目前仍有许多新创厂商与独立开发者投入行动游戏市场。举例来说，台湾在线游戏产业领航企业"传奇网络"，也开始投入研发行动游戏。该公司目前的策略是将自家热门在线游戏，移植到行动平台；并在原有的游戏基础上，调整成适合行动平台游玩的方式，同时也能吸引原先在线游戏玩家的客群。这不同于独立开发游戏的营运模式，属于另一种台湾行动游戏的产业发展模式。

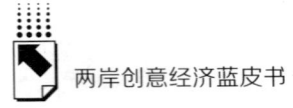

（二）台湾在线游戏市场：领航企业"传奇网络"

表4为2013～2016年巴哈姆特游戏动漫大赏中，每年度最受欢迎的10款游戏。排除重复上榜的部分，一共有20款游戏，每年的榜单并没有太大的变动。尤其2015年与2016年的前10名中，更是有9款游戏重复。由此可见新的在线游戏虽然可能会有一时的热潮，然而玩家整体仍然对原先游玩的在线游戏具有相当高的忠诚度。其中，有些游戏更是已经营运十年以上。例如，"新仙境传说Online"与"魔兽世界"，这些经营已久的游戏除了很早进入台湾市场抢得先机外，后续仍然不断地更新，每年进行游戏改版，除了能带给老玩家新的游戏体验，让老玩家持续对游戏保持新鲜感外，也能吸引新玩家加入。

表4 巴哈姆特游戏动漫大赏中在线游戏（MMORPG）排名前十（2013～2016年）

名次＼年份	2013	2014	2015	2016
第一名	暗黑破坏神3	暗黑破坏神3	暗黑破坏神3	暗黑破坏神3
第二名	魔兽世界	幻想神域*	剑灵Blade & Soul	魔兽世界
第三名	新玛奇Mabinogi	梦幻之星Online 2	魔兽世界	新枫之谷
第四名	新枫之谷	新玛奇Mabinogi	幻想神域*	剑灵Blade & Soul
第五名	新仙境传说Online	艾尔之光	流亡黯道PoE	Laplace*
第六名	名将列传*	Final Fantasy XIV	新玛奇	幻想神域*
第七名	女皇之刃	新枫之谷	新枫之谷	流亡黯道
第八名	晴空物语*	Blade & Soul	救世主之树	救世者之树
第九名	魔力宝贝	新仙境传说Online	H1Z1 尸流感	Final Fantasy XIV
第十名	天堂	激战2	Final Fantasy XIV	新玛奇

注：*为台湾的自制游戏。
资料来源：MIC《2016台湾游戏市场白皮书》，2016。作者自行整理。

纵观4年来的排名，几乎所有在线游戏皆是由韩国与美国研发的。台湾虽然也有许多厂商研发并推出线上游戏，但真正成功打入台湾市场并能进军海外的，只有"传奇网络"。排名中所有台湾自制游戏，包括"晴空物语""名将列传""幻想神域""Laplace"等，皆是由"传奇网络"自行研发的。"传奇网络"可以说是目前台湾在线游戏产业中，最具代表性的厂商。

总的来说，台湾的在线游戏产业面临愿意自主研发的厂商越来越少的困境。当代理游戏就能赚钱时，厂商就会倾向将资源投入代理，而不注重自主研发。而且，在线游戏的研发成本一般高于行动游戏，进入在线游戏产业的门槛比行动游戏更高；因此，在市场并无快速成长的空间之际，很难期待未来台湾会有更多新厂商愿意投入在线游戏的自主研发。

四 台湾游戏产业的发展趋势

（一）IP游戏的兴起

知识产权（IP）可分成三种——原创IP、授权IP与续作IP。原创IP是指尚未加入游戏，也未出现在其他产品中的IP；若游戏开发商本身即为IP持有人，则不必付出授权费用。授权IP是将IP授权于发行厂商或研发团队，让其在游戏中使用。续作IP则是原IP已经被使用，再开发后续游戏。[1] 一般来说，一个好的游戏IP要有4个条件。[2]

第一，非公共财。例如，三国、水浒、封神等题材，已经成为公共财，无法排他使用。以三国演义的题材为例，三国的人物、世界观具有高知名度，拥有广大的玩家族群，且不用支付授权费用；因此在IP游戏市场中，占有很大的版图。然而，正因为属于公共财的IP，也让三国的游戏具有高度的同构性，很难在市场上脱颖而出。

第二，高知名度。漫画《海贼王》《火影忍者》等重要的IP，拥有忠实粉丝与大量的消费族群，不仅具有高度的国际知名度，也蕴藏着庞大的市场价值。

第三，具周边效益。这是指IP具有衍生商品的广度与深度，并能跨领域或跨媒体合作。

第四，时效性长。迪士尼的米奇（Mickey Mouse），自1928年问世以来，至今仍有极高的知名度与市场效益。好的IP必须经得起时间考验，而不只是

---

[1] 台湾经济主管部门：《2015数位内容产业年鉴》，2016，第139页。
[2] 台湾经济主管部门：《2015数位内容产业年鉴》，2016，第140页。

昙花一现，必须能让消费者长期关注。

"大宇信息"是台湾最具代表性的IP游戏厂商，旗下拥有"轩辕剑""仙剑奇侠传""大富翁""明星志愿"等经典原创IP。除了自行推出续作外，也将IP授权给中国的游戏开发商或影视类型，将作品翻拍为电视剧、网络剧，或授权给大陆地区游戏厂商。这些知名原创IP除了持续推出单机游戏续作与旧作重制版以外，大宇也积极将其研发为在线游戏与行动游戏。

然而，大宇信息目前原创IP在线游戏，多已中止营运。大宇信息主要是选择移植较旧的作品至行动游戏市场，以免费下载（如轩辕剑参外传天之痕）或一次性买断制（如轩辕剑贰DOS怀旧版）的方式供玩家游玩。除了唤起老玩家的回忆，也能吸引更多年轻的玩家族群，让玩家更加关注这些IP在其他类型的新作品。

（二）AR、VR游戏产业

从2016年开始，虚拟现实（Virtual Reality，VR）即成为台湾数字游戏市场的热门搜寻字。在硬件方面，目前全球五大VR装置厂牌，包括HTC Vive、Sony-PlayStation（PS VR）、Facebook-Oculus、Samsung-Gear VR（Gear VR）与Google Daydream View，在台湾都有销售管道。以2017年第一季度（1月至3月）的全球销售数字来看，Gear VR有78.2万台的销售量，高居市场龙头；第二名是PS VR的37.5万台销售量，HTC Vive则只有9.5万台的销售量。就价格因素来分析，Gear VR的价格约3500元新台币，只要搭配三星手机就能使用；PS VR的全配包约17000元新台币，需要搭配计算机设备；HTC Vive的价格最高，约33000元新台币，且需要搭配规格较好的计算机设备，整体需要花费金额远超于其他厂商的VR装置。因此，虽然HTC Vive在游戏体验上获得相当高的评价，且HTC为台湾的厂商，但游玩的价格门槛太高，无法在台湾市场普及。目前，HTC Vive一方面推出短期租赁方案，另一方面则与大学合作开设体验课程。

在软件方面，台湾的"接力棒游戏工作室"（GellyBomb）是最具代表性的厂商之一。该工作室成立于2014年，是台湾最早进行混合实境游戏（VR、AR、另类实境游戏）开发的团队。知名作品包括VR射击游戏"Special Force G"，以及结合AR与实境解谜的"昨日的艾莉若Eleanor of Aye"。后者曾在

VISION SUMMIT 2016 中，获得了"最佳 AR 体验游戏"的奖项。然而，混合实境游戏虽然有创意，且能增加体感体验，却需要场地与解说的工作人员，具有无法规模化与成本回收慢的问题。①

目前，台湾 VR 市场仍在初期发展阶段，有不少行动游戏团队转往研发 VR 游戏，也有许多台湾团队与独立开发商进行 VR 游戏的研发。例如，"Qoobit Productions" 开发 VR 消除类游戏 "WA BOWABO"；"Oh！WHATif" 开发以模拟飞行为特色的 "BattleSky VR"；"HyperBot Studio" 开发的音乐虚拟现实软件 "LyraVR"。台湾的 VR 游戏产业因投入门槛较低，市场还未成熟，充满开发的空间，搭配 VR/AR 玩法也可让创作者发挥更多的创意与可能性。因此，在可预见的未来，台湾的 VR 游戏产业将随着市场一同成长。

---

① 冯天云：《"Meet 创业之星"实境游戏结合 AR/VR 应用科技，"GellyBomob 接力棒"创造独特游戏体验》，https：//www.bnext.com.tw/article/39466/BN-2016-05-05-170556-194。

B.7
2016年中国网络文学产业发展报告

苏晓芳*

摘　要： 2016年中国网络文学产业在平稳发展中颇有亮点。网络文学平台竞争中形成"一超多强"格局，各网文集团均以充分开发、运作IP为首要战略；将全产业链运作的核心放在影视、游戏、动漫等IP衍生产业的发展上，并尝试进行产业链各环节IP的相互转化；作为内容产业，网络文学评价体系和评价标准的建构仍是本年度讨论的热点；中国网络小说的海外传播成为中国文化"走出去"战略的必要组成部分，网络文学在中国的全球文化战略中担当了重要角色；此外，加强版权保护、打击盗版侵权的问题也得到相关管理部门和全行业的高度重视。

关键词： IP产业　泛娱乐产业　全产业链　"走出去"战略　版权保护

经过多年发展，原本作为科技与文学结合的结晶的网络文学，因为融入更多产业化因素而演变为文化产业的一个组成部分——网络文学产业，当下的网络文学已是文学、技术与资本共同作用的结果。

统计数据显示：截至2016年12月，中国网民规模达7.31亿人，互联网普及率达到53.2%，超过全球平均水平3.1个百分点。全年共计新增网民

---

* 苏晓芳，博士，厦门理工学院文化发展研究院教授，主要研究方向为网络文学。

4299万人,增长率为6.2%。①而据国家新闻出版广电总局数字出版司对国内主要网络文学网站调研得出的数据:2016年,我国网络文学产值已达到90亿元,国内40家重点网络文学网站新增的驻站作者数超过1760万,新签约的作者数达到6.2万,作品总量已经达到1454.8万件。截至2016年12月,这40家重点网络文学网站共出版图书6443部,改编电影900多部,改编电视剧1056部,改编游戏511部,改编动漫440部。国内网络文学用户数达到3.33亿,比上一年增加了3600万。其中,手机用户数达到3.04亿,比上一年增加了4000多万。②

一 "一超多强":泛娱乐产业战略下的平台竞争

网络文学作品的传播与运营主体仍以文学网站为主,移动阅读APP、微信公众号等新的平台的发展也值得关注。

经过资本干预与数次洗牌调整,文学网站已经逐渐形成"一超多强"的发展格局,"一超"是指由腾讯文学与盛大文学两大网络文学巨头强强联合,于2015年3月16日组建的阅文集团,而"多强"则是指中文在线、阿里文学、掌阅文学、百度文学等几大网络文学产业集团。2016年,网络文学集团都主动将自身定位于泛娱乐产业,并力争在提升网文创作、写手培育的基础上,最大限度地开发IP价值,向产业下游做深度延伸。

作为网络文学产业的巨无霸,阅文集团旗下囊括了原盛大文学与腾讯文学所属网文品牌、音频听书品牌和移动APP,是最早实现全产业链运作的网络文学运营主体。

阅文集团发布的《2016网络文学发展报告》显示:2016年,阅文集团网络文学用户规模首次超过3亿,内容分发渠道扩展至50余家,覆盖PC端、移动端、音频及电子书等。其中,QQ阅读作为最大的阅读类应用,年增幅超过100%。在作家收入方面,2016年总计稿酬发放近10亿元,平均每天发放270

---

① 中国互联网络信息中心(CNNIC):第39次《中国互联网络发展状况统计报告》,2017。
② 窦新颖:《2016年我国网络文学产值达90亿元》,http://www.shzgh.org/zscq/mtjj/n2513/u1ai17440.html。

多万元。"唐家三少""天蚕土豆""辰东"等"大神级"网络作家,稿酬都突破千万元。①

2016年的网络文学产业最重要的关键词是IP。所谓IP,即知识产权(Intellectual Property)的缩写,网络文学作为IP产业重要的内容源头,其价值得到重视与挖掘。2016年是一个IP全面爆发的年份,各大网络文学平台都将开发与运作IP当作首要战略。阅文集团提出"IP共营合伙人"模式,即以IP为核心,让产业链上所有人能够共享IP的收益,确保在不同层次的IP开发中,粉丝都能流转,对品牌产生增益。2016年,阅文的IP开发与运作规模提升超100%。

近年来,虽然数字阅读用户量在逐年增加,但PC端的发展潜力已挖掘殆尽,随着"全民阅读"的推动,移动端成了主战场,这意味着谁在移动阅读领域占据更大市场份额,谁就取得数字阅读行业的胜利。掌阅文学就是一家侧重于发展移动端阅读的网络原创文学集团,非常重视IP的开发与运作,它签约多位知名作者,培养优质内容,还通过发布网文同名手游等一系列方式探索IP的多元化发展。

阿里文学,是阿里巴巴文学的简称,是一个集内容生产、合作引入及版权产业链双向衍生于一体的综合性平台,用户数已达亿人。在IP培育与开发上,阿里文学一方面依托阿里集团,通过大数据精准定位用户喜好,在内容上定向扶持,让作品找到读者,让读者找到作品,让优质作品享受更大的成长空间。另一方面,阿里文学提倡版权共享,企图开辟网文阅读免费、通过IP衍生获取利润的网络文学盈利新模式。阿里集团已经与阿里影业、优酷等多家影视、动漫公司达成战略合作共识,利用其自身拥有的优势电商资源,发展相关衍生品,将优质网文IP影视化、动漫化,最大限度地发挥其潜力。

依托百度全平台资源,百度文学重点发展"粉丝经济"和"泛娱乐化",立体挖掘网文IP价值,建立起包括动漫、游戏、影视等下游在内的产业链。此外,百度文学注重其分发平台的对外合作,与小说阅读网等40多家第三方平台合作,百度文学分发平台内容日分发量已过百万,日均收入在30万元以上。

---

① 《2016网络文学发展报告》,阅文集团,2017年2月13日。

中文在线是数字出版行业的第一股，2017年初公布的财报显示，2016年公司实现营业收入60053.44万元，较上年同期增长53.89%；利润总额5695.25万元，较上年同期增长60.84%。2016年，中文在线提出"IP一体化"战略，与多家出版、影视、游戏、动漫下游企业合作，旨在通过"IP一体化"运营紧紧围绕"文学+""教育+"发展战略，推动业务稳定发展，实现基于IP的泛娱乐和在线教育产业双翼飞翔。

除了这些强势的网文原创平台，从网文IP的源头出发，向下游拓展产业链，力争在全产业链上开发和运营IP，打造出超级IP外，也有个别原本处于下游产业的平台反向扩张，如2016年5月6日正式启动的爱奇艺文学，试图打通IP从文学创作到后续改编的产业链，将爱奇艺从IP开发的下游改编平台，转型为兼具上游源头功能、能够自主创造IP的"一体机"。爱奇艺文学上线不足百天，就已成功推出《欢乐颂》《最好的我们》等影视热剧原著网文作品的阅读业务。

二 影视、游戏、动漫：全产业链发展核心方向

在整个全产业链中，跟影视、动漫、游戏等相关的下游产业相比，网文收费阅读带来的收益可谓微不足道。因此，有些平台提出开放网文版权，向读者提供免费阅读，将盈利模式定位于动漫、影视剧、游戏等下游产业，在此模式中，IP开发效率和转化率得到大幅提升。

（一）影视剧改编

前几年，《甄嬛传》《何以笙箫默》《琅琊榜》《花千骨》《芈月传》等电视连续剧的热播，已让业界看到了网文IP巨大的产业衍生潜能。2016年，大批网文IP价值被深度挖掘，其中一些被改编成的电影、电视剧、网络剧引起收视热潮，有些甚至再次带热了网文原作的阅读。如阿耐的《欢乐颂》最初于2010年9月28日开始连载于晋江文学城和阿耐的新浪博客，曾引起读者的关注和讨论，该作于2012年由四川文艺出版社出版实体书，但并未成为现象级的大作。2016年4月18日，根据小说改编的同名电视剧在浙江卫视、东方卫视首播，引起热评，小说原作也被再度炒热。

同类的案例还有很多,由张嘉佳的小说《从你的全世界路过》改编的同名电影于 2016 年上映,票房迅速突破 8 亿元,刷新了国产爱情片的票房纪录。根据南派三叔的同名作品改编的电视剧《老九门》在东方卫视和爱奇艺同步上映,成为全网史上首部播放量破百亿的自制剧。改编成网络剧的网络小说则更多,2016 年流量在 20 亿以上的 5 部网络剧全部由网文 IP 改编。

（二）游戏改编

游戏产业体量巨大,且呈持续上升态势,2016 年,全球游戏产业总收入为 996 亿美元,同比增长 8.5%。将热门网文 IP 改编成游戏,是当下游戏行业一大主流,大神级的作者所拥有的市场号召力,对于游戏的推广起着至关重要的作用。

天蚕土豆创作的玄幻小说《大主宰》是一部超人气小说 IP,该作被改编成网络游戏反响热烈,又由作者正版授权,改编成新的 3D 卡牌对战手游《新大主宰》,于 2015 年底正式上线,再一次推高作品热度。萧鼎的《诛仙》可谓网络小说史上仙侠小说经典之作,首款改编游戏是完美世界于 2007 年发行的,2016 年由完美世界推出的同名手游上线后空前火爆。完美世界将《诛仙》视为其旗下的旗舰仙侠 IP,从端游、页游、手游各种游戏类别进行全面开发,力争将《诛仙》打造成仙侠第一品牌。近年来,像《诛仙》这样,先由网络小说热门之作改编成端游,再在网游领域继续衍生改编成手游,似乎已经成为 IP 产业链在游戏领域延伸深耕的一种常见策略。

（三）动漫改编

艾瑞咨询分析认为,"网络文学改编为动漫作品具备一些先天的优势:①网络文学与动漫用户都集中在年轻一代人群,重合度高;②优秀网络作品的情节内容富于想象力,具备较高的内容价值和改编潜力;③优秀网络文学作品本身已经汇聚了大量粉丝,这些粉丝是网文改编动漫最忠诚的观众和传播者"①。2016 年,不少网文 IP 被转化为动漫作品,如《斗破苍穹》《全职法师》《国民

---

① 艾瑞咨询:《2017 年最具改编动画潜力的网络小说榜》,http://www.jiemian.com/article/1011815.html。

老公带回家》等。《择天记》是阅文旗下大神级作家猫腻的玄幻小说,由阅文将其改编成动画,第一季于2015年7月15日开播,第二季于2016年7月20日开播,播出后反响不俗,创下两季总点击量近3亿的好成绩。

网文IP的漫画改编也值得关注,如根据唐七公子的《三生三世十里桃花》改编的同名漫画由漫画家小雨编绘、漫工厂出品,于2015年11月《依漫》杂志刊载之后,又由ASOUL漫画工作室推出了新的漫画版,第一册与第二册分别于2016年9月、12月上市。此外,阅文、掌阅、爱奇艺等网文平台纷纷开办了漫画频道,各类漫画阅读APP的用户也大幅增长,在网络平台上传播的漫画,不少都是改编自网络小说。

各衍生产业之间也能相互转化,游戏能改编成影视或动漫,影视能改编成游戏或动漫,甚至也可以尝试IP反向开发运作,将高人气游戏或动漫改编成网络小说,让产业链的各环节紧密融合,探索IP泛娱乐化发展的新路径。

三 建构评价体系:网络文学内容提升的核心问题

作为内容产业,也作为IP产业的源头,决定网络文学价值与成败的是文学本身。关于建构一套区别于传统文学的网络文学评价体系和评价标准的讨论已经持续了好几年,但仍未形成一种取得共识的、可操作的体系与标准。研究机构、管理部门、媒体、网络平台及研究者通过各自的网络文学排行榜来推广它们的评价体系与评价标准。我们不妨盘点一下2016年出现的不同类型的榜单。

(一)学院榜:北大网络文学研究论坛年度网络文学排行榜

按照邵燕君的说法,这个榜单"立足于专业性和民间性,以文学性为旨归,以此与更注重价值观引导功能的各种'官方榜'、更注重商业价值的各种'商业榜'区分。具体操作原则是在参照各主要文学网站榜单和粉丝圈口碑的基础上,筛选具有较强文学性乃至经典性指向的作品"[①]。该榜单分为"女频"和"男频"(见表1、表2)。

[①] 王玉玊、李强、吉云飞、薛静、肖映萱、高寒凝:《网络文学2016年度推荐榜》,《中国文学批评》2017年第1期。

表1　北大网络文学研究论坛年度网络文学排行榜女频

序号	作品名称	作者	发表网站
1	《慕南枝》	吱吱	起点女生网
2	《千秋》	梦溪石	晋江文学城
3	《袁先生总是不开心》	徐徐图之	晋江文学城
4	《我们微笑着说》	霜华月明	云起书院
5	《打火机与公主裙》	Twentine	晋江文学城
6	《末日乐园》	须尾俱全	起点女生网
7	《我有四个巨星前任》	琅嬛	晋江文学城
8	《重生之国民男神》	水千澈	潇湘书院
9	《天庭出版集团》	拉棉花糖的兔子	晋江文学城
10	《有匪》	priest	晋江文学城

表2　北大网络文学研究论坛年度网络文学排行榜男频

序号	作品名称	作者	发表网站
1	《赘婿》	愤怒的香蕉	起点中文网
2	《十州风云志》	知秋	起点中文网
3	《惊悚乐园》	三天两觉	起点中文网
4	《文艺时代》	睡觉会变白	起点中文网
5	《花与剑与法兰西》	匂宫出夢	起点中文网
6	《永不解密》	风卷红旗	铁血网
7	《修真四万年》	卧牛真人	起点中文网
8	《无限道武者路》	饥饿2006	起点中文网
9	《太上章》	徐公子胜治	起点中文网
10	《雪中悍刀行》	烽火戏诸侯	纵横中文网

（二）官方榜：中国作协网络文学委员会榜单

由中国作家协会网络文学委员会发布的"2016年中国网络小说排行榜"是官方榜的代表。该榜单的推出采用了文学网站和专家共同推荐的方式，历经两个多月的初评、终评，最后从征集到的224部作品中确定了20部上榜作品。按照中国作家协会网络文学委员会主任陈崎嵘的说法，这个榜单"注重网络作品的正能量，力图反映网络文学发展的全貌，建立具有网络文学特质的评价体系。大多数上榜作品表现出过硬的文质和较高的品位，有的甚至表现出经典作品的潜质"。榜单分为已完结作品榜和未完结作品榜（见表3、表4）。

表3　2016年中国网络小说排行榜（完结作品）

序号	作品名称	作者	首发日期	推荐网站
1	《男儿行》	酒徒	2014年6月17日	中文在线
2	《云胡不喜》	尼卡	2012年10月22日	红袖添香
3	《雪中悍刀行》	烽火戏诸侯	2012年6月29日	百度文学
3	《不朽剑神》	雪满弓刀	2013年12月17日	创世中文网
5	《青帝》	荆柯守	2013年8月1日	创世中文网
5	《君九龄》	希行	2015年12月30日	起点女生网
5	《打火机与公主裙》	Twentine	2016年4月16日	晋江文学城
8	《大宝鉴》	罗晓	2014年11月11日	中文在线
9	《十州风云志》	知秋	2012年11月16日	起点中文网
10	《你好消防员》	舞清影521	2015年9月25日	小说阅读网

表4　2016年中国网络小说排行榜（未完结作品）

序号	作品名称	作者	首发日期	推荐网站
1	《乱世宏图》	酒徒	2016年1月1日	中文在线
1	《血歌行》	管平潮	2015年9月14日	咪咕阅读
3	《一寸山河》	作家李珂	2015年9月30日	铁血网
3	《银狐》	孑与2	2015年11月19日	起点中文网
5	《龙符》	梦入神机	2015年12月31日	百度文学
6	《相声大师》	唐四方	2016年6月6日	起点中文网
7	《山海经·瀛图纪》	半鱼磐	2016年7月15日	咪咕阅读
8	《生物骇客》	巷晨虞	2016年3月10日	百度文学
9	《时光与你共眠》	临渊鱼儿	2016年9月8日	晋江文学城
10	《斗战狂潮》	骷髅精灵	2016年8月1日	起点中文网

（三）商业榜：2016中国泛娱乐指数盛典榜单

在众多的商业榜中，中国泛娱乐指数盛典的榜单应该是涵盖范围比较大的，包括"企业榜""明星榜""内容榜"三大主体榜单，共计9大榜单及一项产业大奖。其中中国IP价值榜–网络文学榜是直接通过艺恩智库以及相关平台的公开数据计算排名获得。这个榜单中的作品都不是2016年的新作，其中最早的是2003年开始发表的作品，因此这个榜单评选出的是一个多年人气累积的结果（见表5）。

表5　2016中国IP价值榜－网络文学榜

序号	作品名称	作者	首发时间	首发网站
1	《完美世界》	辰东	2013年8月16日	起点中文网
2	《微微一笑很倾城》	顾漫	2008年8月	晋江文学城
3	《最好的我们》（原名《流水混账》）	八月长安	2013年7月	晋江文学城
4	《盗墓笔记》	南派三叔	2006年7月6日	起点中文网
5	《诛仙》	萧鼎	2003年8月6日	幻剑书盟
6	《择天记》	猫腻	2014年5月28日	创世中文网
7	《三生三世十里桃花》	唐七公子	2008年	晋江文学城
8	《斗破苍穹》	天蚕土豆	2009年4月14日	起点中文网
9	《大主宰》	天蚕土豆	2013年7月1日	起点中文网
10	《太子妃升职记》	鲜橙	2010年8月31日	晋江文学城

（四）传媒榜：大星（上海）文化传媒打造的中国网络作家富豪榜

这是一个延续了多年的榜单，是评选作家的，虽然其数据一直被质疑，但影响力不容小觑。这个榜单注重的是网络文学作家的商业价值，由于《华西都市报》的参与，不妨被称作传媒榜（见表6）。

表6　第11届中国网络作家富豪榜

排名	作家	籍贯	版税	年龄	经典代表作
1	唐家三少	北京	12200万元	36岁	《斗罗大陆》
2	天蚕土豆	四川德阳	6000万元	28岁	《武动乾坤》
3	我吃西红柿	江苏扬州	5000万元	30岁	《星辰变》
4	月关	辽宁沈阳	4800万元	45岁	《锦衣夜行》
5	骷髅精灵	山东烟台	4600万元	36岁	《圣堂》
6	天使奥斯卡	江苏南京	4500万元	41岁	《盛唐风华》
7	梦入神机	湖南常德	2700万元	33岁	《龙符》
8	辰东	北京	2600万元	36岁	《完美世界》
9	柳下挥	河南信阳	2500万元	29岁	《逆鳞》
10	高楼大厦	山东淄博	2100万元	37岁	《绝世天君》

比较四个榜单，我们会发现只有以商业价值为评价标准的商业榜和传媒榜略有重合，而学院榜、官方榜与其他榜单鲜有重合之处。榜单的不同显现的是评价标准的差异。也许，中国网络文学的评价标准与评价体系将是一个复数形态的，而非单一的、排他性的。

我们还发现上榜作品的题材仍集中于玄幻、仙侠、历史、重生等想象类作品，而表现现实题材的作品则比较匮乏，这也是目前网络小说类型中的一个短板，也是未来在内容创新上的增长空间。

四 "走出去"战略与版权保护

中国网络小说的海外传播是2016年的又一个热门话题，作为中国文化"走出去"战略的必要组成部分，网络文学当仁不让地在中国的全球文化战略中担当了重要的角色。

2015年初，中国网络小说开始在北美翻译和传播，主要阵地是美国华裔RWX（网名）创建的网站Wuxiaworld（武侠世界），这家创建于2014年12月22日的美国网站将许多热门的中国网络小说翻译成英文，在北美流行，并以北美为中心辐射全球，受到海外读者的追捧。在不到两年的时间里，Wuxiaworld就成了全球Alexa排名前1500的大型网站，每日来访人数在30万以上。2016年12月1日，阅文集团与Wuxiaworld宣布合作，签署了十年翻译和电子出版合作协议，初步达成20部作品的合作协议，开启了中国网络小说对外输出的新模式。

正如庄庸、安迪斯晨风在《中国网络文学海外传播榜全球圈粉亦可成文化战略（开篇词）》中所说的，"所谓武侠世界在北美市场上的'轰动效应'，其实只是中国网络小说在世界范围内攻城略地的一个缩影"。几年前中国的网络小说就已经悄悄地"走出去"了，以近邻越南为例，早在2009年就有越南翻译者把中国网络小说引进越南，按照他们的说法，"翻开该国最著名的网络小说网站就会惊讶地发现，排在前100位的小说无一例外全都是翻译自中国的网络小说"。① 而根据《参考消息》2015年3月的报道，2009～2013年的5年间，越南翻译

---

① 庄庸、安迪斯晨风：《中国网络文学海外传播榜全球圈粉亦可成文化战略（开篇词）》，http://www.baiduyunpan.com/article/3107.html。

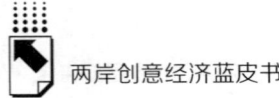

出版中国图书的品种为841种，其中翻译自中国网络文学的有617种。

伴随由阅文带动的网文海外翻译热潮，其他网文平台也纷纷开始布局海外市场，相较阅文和国外强势文化机构的战略合作，掌阅的"出海"之路带有"本土化"色彩，它主要通过依靠在国外增加本地化内容及参加各种国际展览，将优质华语内容，根据当地用户喜好，翻译成多国语言进行推广。

一些有影响力的网络作家也主动地加入"走出去"的行列。唐家三少是在2013~2017年连续5年登顶"网络作家榜"榜首，创下1.22亿元年版税收入纪录的作家，他说："现在经常看到关于外国读者对翻译后的网络文学作品感兴趣的报道，这说明了中国网络文学开始进军世界市场。我们作家也有责任写出展现中国人文关怀的作品，向世界展现中国的超级IP、世界级IP，让世界感受中国文化的魅力。"① 他表示下一阶段他的目标是"做有世界影响力的中国IP"。

网络文学行业内部加强版权保护、打击盗版侵权刻不容缓。网络文学是我国版权侵权的重灾区。为了根治网络版权侵权行为，促进网络文学的健康发展，2016年4月26日，国家版权局在京主办了中国网络版权保护大会，会上，工信部、公安部、国家网信办等相关部门负责人及来自版权产业界的代表探讨了网络转载版权保护、网络文学版权保护等议题。6月12日，国家版权局、国家网信办、工信部和公安部四部门联合开展的"剑网2016"专项行动启动，重点打击网络侵权盗版，并将网络文学纳入2016年网络版权重点监管工作。9月19日，由国家版权局指导、中国版权协会主办的"网络文学版权保护研讨会"在京举行，会议宣布由掌阅文化、阅文集团等33家联盟成员单位共同发起的中国网络文学版权联盟成立，掌阅科技创始人张凌云代表联盟发布《自律公约》。11月4日，国家版权局又发布了《关于加强网络文学作品版权管理的通知》。这一系列举措为反网络文学侵权盗版进一步壮大了力量和声势，为网络文学生态环境清洁化做出了努力。

业界对此反应积极，2016年3月，阅文集团发起成立"阅文集团正版联盟"，试图从源头上为行业肃清障碍，阅文集团CEO吴文辉表示要"打造2016年网络正版元年"；5月19日，阅文集团CEO吴文辉在新浪微博上转发

---

① 《唐家三少一年吸金1.22亿元》，《淮海晚报》2017年4月14日。

了自己就网文被盗版情况接受北京电视台采访的视频,该条微博得到了唐家三少、丁墨等众多网络作家的转发声援。5月23日,吴文辉在微博上发布长文《把这场不该发生的战争打到底》,公开讨伐网络文学盗版,并发起了"对盗版SAYNO"话题,很快得到包括网络作家在内的无数网友回应。

  从网络文学问世到今天已近20年,很难想象,当初一群年轻人的游戏写作,竟能成就一个如此体量巨大的产业,可以预见的是,网络文学产业仍将成为文化产业中的一个增长点,在网文平台、写手和研究者的共同努力下,不断创新产业模式,实现新的飞跃。但该产业仍有几个需要改进的方面:一是要防止网文IP泛化,IP的深度开发与全方位转化终究是要依附于网文内容,如果网文本身不是精品,IP运营的手段再高也徒劳无功;二是网文题材的拓展问题,目前高居各类网络文学排行榜的网文基本上都是玄幻、仙侠、架空历史等想象性的文类,网文中现实题材作品相对缺乏;三是关于盗版侵权问题的讨论还须深入,还可能遭遇一些新问题,这需要文学界、法律界及相关部门进行充分而深入的研讨,制定出合理合法的、可操作的法律法规,严厉打击侵权、盗版行为,保护网络作家的正当权益,促进网络文学健康、繁荣发展。

B.8
台湾动画产业发展现状及趋势

邱世萍*

摘　要： 台湾动画产业于原创动画开发上，受制于产业市场过小、缺乏人才和资金两大关键要素，仍在摸索成长。动画制作与影视特效业务领域，则占有产业关键位置，获利稳健。台湾频道数字化普及率已达98%，驱动对高画质节目制作需求，OTT与IPTV平台崛起与AR/VR新媒体领域应用，为动画产业带来新形态的创意。

关键词： 台湾　动画产业　群众募资

台湾动画萌芽于20世纪50年代，最早的一部为黑白手绘动画作品，出自桂氏兄弟的《武松打虎》一片。至1978年，宏广卡通（Cuckoo's Nest Studio）成立，核心业务是为美国卡通公司进行2D手绘动画制作，至80年代由台湾制作的动画片已占全球动画产量之最，代表性公司宏广卡通全盛时期员工人数达上千人。其后，随着计算机软硬件技术成熟与普及，动画也开始采取以计算机制作取代以人工手绘纸本制作，自此进入计算机动画时代。1988年西基动画成立，初期业务为影视后制，于2006年转型以计算机动画后制为主要业务，其间制作出数部高质量电视动画影集，西基动画经与国际性动画公司合作经验累积，已建立出高质量制作口碑，强大的项目管理与计算机动画制作实力深具国际市场竞争实力。不论是20世纪80年代的2D动画代工还是近代的3D动画代工，台湾都有国际级数一数二的代表性公司，相较动画代工在国际市场发

---

* 邱世萍，西基计算机动画创意学院总监，实践大学高雄校区计算机动画学士学位学程兼任讲师。

展的亮丽表现，台湾原创动画市场表现则相对失色。虽然在台湾也不乏以原创为主的动画公司或工作室，持续性地推出作品上映，但市场票房反应仍以美日动画为市场主流，也更被大众接受。

一 台湾动画产业的发展环境

（一）台湾动画产业规模

2016年，台湾动画产业总产值为55亿元新台币，较2015年70亿元新台币减少21.4%，[①] 为近五年来成长力最弱的一年（见图1）。整体营收以动画代工制作与电影后制业务占比最高，代表企业如西基动画承接欧美3D动画制作，有《星际大战》系列电视影集、梦工厂《驯龙高手》电视动画影集等，其他如魔力动画承接瑞典案源，冉色斯与梦想动画承接日本案源，绘圣、砌禾、兔将等公司则承接美国、日本、中国台湾、中国大陆等区域电影视觉特效后制。原创动画部分，2016年有一部由佛教财团法人发行的《阿雄与悉达多》上映，该片可于Youtube频道全片免费观赏。预计于2017年之后上映的有：肯特动画《猫影特工：太极星猫崛起》、原金国际"LAQI"、幸福路映画社《幸福路上》、贰号工作室（Studio2）《小猫巴克里》、乾坤一击创意工作室《重甲机神Baryon》等片。《重甲机神Baryon》于2016年1~3月进行群众募资（Crowd Funding）达标率为211%，雷亚游戏公司《聚爆：第零日》（Implosion：Zero Day）改编自热门手游延伸发展动画电影，该片亦透过群众募资获得42.8万美元开发资金，该片预计于2018年上映。另外，体感设备如iMAX影音体感娱乐带动新的娱乐消费体验，发展出新媒体对动画内容产制需求，随着台湾体感设备大厂智崴信息硬件技术升级，海内外顾客群逐步扩大，顾客不单只买硬件，也希望智崴可以提供多样性内容，以满足消费者更高的娱乐体验需求，这类需求日益加大，加上市场AR/VR新应用媒体崛起带来的新鲜感，带动新一波对数字内容与动画产业的成长。

---

① 《台湾数位内容年鉴》，2016。

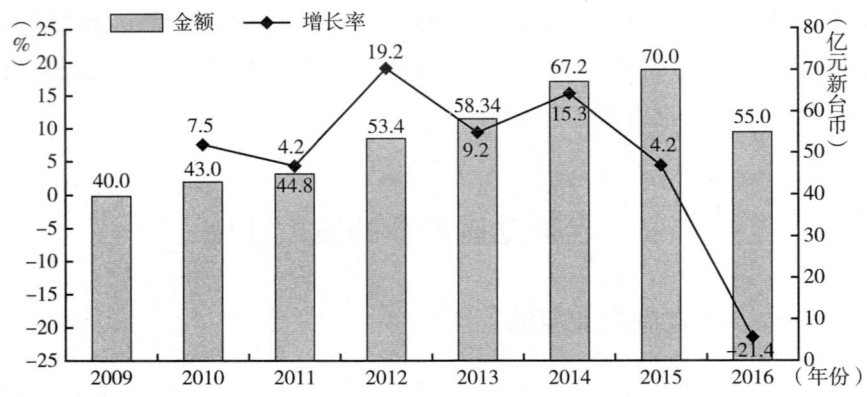

图1　2009~2016年台湾动画产业规模

资料来源：《台湾数位内容年鉴》，2016，本研究整理。

（二）台湾电影与电视动画市场分析

台湾动画电影市场与电视市场，观众偏好美、日风格动漫节目，不管是电视台还是电影皆以美国、日本动画为市场主流。以台湾当地电视频道统计分析，周一至周五24小时儿童电视动画节目共有86个节目播出，这86个节目依发行国家统计，日本动漫节目占54%，其次为英美占23%，台湾制播节目仅占8%（见图2）。电影市场方面，2016年台湾地区动画电影共有14部上映，其中日本动画5部，美国动画9部，① 台湾电影与电视动画市场，很明显地由美日动漫片主导。对于频道商来说，观众的喜好才是购买的基本条件，厂商倾向采购美、日动画片有收视保证，原本有限的播出时间已被美日动漫片占掉大部分，排挤本地原创动画的播出量，对于台湾动画公司来说，本地创作在极度有限的电视频道播送，无法累积观众群对于动画角色的品牌印象，进而产生对支持动漫角色商品购买经济效应，台湾相关单位也缺乏积极的保障政策，如此自然挤压到台湾动画公司原创产出量的投资。一部成功的动画长片，关键在于符合目标客群的企划、制作，更在于有创意、有深度的故事与讲述故事的手法，但市场本身充满了偶然性，总要到作品完成推出后才能真正知道观众是否

---

① 触电网 – True Movie 电影情报入口网，本研究整理。

喜欢。动画产制对于投资方具有高风险，若动画公司缺乏成功案例会让投资方更加退却，形成恶性循环，资金取得一直都是台湾动画在开发过程最欠缺的一环。

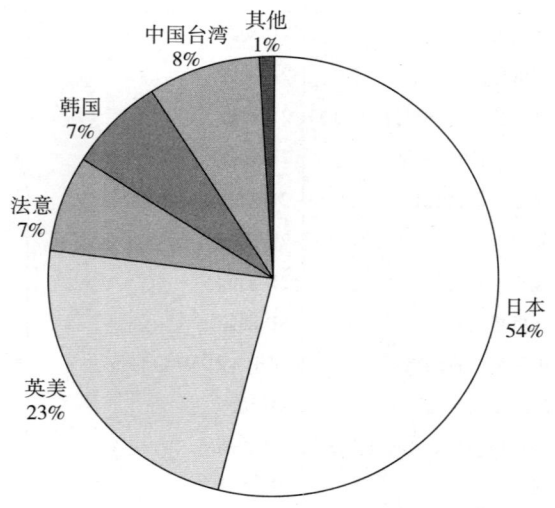

图 2　台湾区域电视频道动漫节目发行地区占比情况

资料来源：nio 电视网节目表，http://vigortv.net/schedultw.htm，本研究整理。

统计 1998~2017 年台湾原创上映的动画电影长片，自 1988 年上映的《魔法阿妈》，随之《阿贵槌你喔》（2D 动画）、《蝴蝶梦：梁山伯与祝英台》（2D 动画）、《红孩儿：决战火焰山》（2D 动画）、《海之传说：妈祖》（2D 动画）、《靠岸》（2D 动画）、《鉴真大和尚》（2D 动画）、《忆世界大冒险》（3D 动画）、《梦见》（2D 动画）、《桃蛙源记》（3D 动画）、《奇人密码》（3D 动画+实拍偶动画）、《阿雄与悉达多》（2D 动画）、《幸福路上》、《小猫巴克里》（3D 动画），每隔两到三年就有一部原创自制动画电影上映。从 1998~2016 年预算与票房收入统计（见表1）来看，仅有一部由慈济志业制播的《鉴真大和尚》以新台币 1000 万元制作成本获得全台票房新台币 3360 万元收入，该片借由庞大的信徒支持，票房收入超过预算，其余各片几乎都以赔钱收场，各片投资成本从新台币 1000 万元到 3.5 亿元不等，由此可看出，台湾动画为何没有创投敢投资了。

表1 1998～2016年台湾动画电影预算与票房

单位：万元新台币

发行时间	片名	类别	预算	票房
1998/4	《魔法阿妈》	2D动画	4000	355
2003/2	《阿贵槌你喔》	2D动画	1000	15
2003/12	《蝴蝶梦:梁山伯与祝英台》	2D动画	1000	177
2005/8	《红孩儿:决战火焰山》	2D动画	15000	538
2007/7	《海之传说:妈祖》	2D动画	6600	106
2010/3	《靠岸》	2D动画	12000	67
2010/5	《鉴真大和尚》	2D动画	1000	1073
2011/5	《忆世界大冒险》	3D动画	8000	147
2012/4	《不倒翁的奇幻旅程》	实拍+2D3D综合技法	3500	131
2012/6	《脚趾上的星光》	2D动画	12000	10
2012/10	《封神榜传奇之驱魔英雄》	3D动画	不详	83
2013/10	《我是只小小鸟》	3D动画	12000	41
2013/11	《梦见》	2D动画	不详	53
2014/10	《桃蛙源记》	3D动画	不详	163
2015/2	《奇人密码》	3D动画+实拍偶动画	35000	589
2016/10	《阿雄与悉达多》	2D动画	6－700	免费①

注：①《阿雄与悉达多》一片可于youtube频道免费观赏，故无票房收入可计算。
资料来源：喀报、台湾电影网、开眼电影网、动画笔记本－动画电影票房、维基百科。

（三）台湾动画公司发展现状

台湾动画公司以中小企业居多，主要业务又以影视特效后制为主，可接案规模在百万元新台币内。几家原创动画开发公司于近十年在历经市场的挑战与考验后，有部分公司在资金压力下已解散或缩编，现已解散或停业的有远东卡通、宏广、会宇、艺动网、甲马创意、电视豆、酷分仔、动劲、中华动漫等公司。也有部分公司通过跟国外动画公司合作积累出更好的技术实力，在国际动画制作市场具有良好知名度与强大的经营实力，是动画公司中经营比较好的（见表2）。

表2 台湾动画公司一览

公司名	公司状况	成立年份	备注
中华卡通制作有限公司	营业中	1971	《梁山伯与祝英台》《妈祖》《少林传奇》（与新信息科同一代表人）
远东卡通	解散	1977	《老夫子》《老夫子续集》
新信息科技事业股份有限公司	营业中	1980	与中华卡通同一代表人
宏广	解散	1984	《红孩儿：决战火焰山》《马可波罗》《林旺》
西基计算机动画	营业中	1988	3D计算机动画制作，代表作：《星际大战：复制人之战》电视影集、《驯龙高手》电视影集、《巨怪猎人》电视影集等
鸿鹰世界	营业中（缩编）	1988	
利达数位	营业中	1988	影视后制
太极影音	营业中（缩编）	1990	影视后制
青禾动画	营业中（缩编）	1991	2D网络动画
跃狮影像科技	营业中	1992	
华奥博岩品牌创研有限公司	营业中	1994	
霹雳国际多媒体	营业中	1996	
观心影像创意	营业中	1997	
会宇多媒体股份有限公司	解散	1997	
明日工作室	营业中	1998	
顽石创意	营业中	1999	《卡兹帮》
赏霖创艺股份有限公司	营业中	1999	影视后制
传翼数字影像	营业中	1999	影视后制
新资料侠	营业中	1999	影视后制
文澜信息	营业中	2000	《梦见》，与肯特动画合作发行
春水堂科技娱乐	营业中（缩编）	2000	《阿贵槌你喔》
海天科技	营业中	2000	
数字领域科技	营业中（缩编）	2000	
飞普数字动画	营业中	2000	影视后制
肯特动画数字	营业中（2016.4变更）	2000	《梦见》，与文澜合作发行
艺动网科技	2015.10至2016.10停业	2000	
亚玛影像	营业中	2001	

续表

公司名	公司状况	成立年份	备注
数字猴科技	停业中	2001	
三佑科技	营业中	2001	
甲马创意	2014 停业	2001	
慧元数字媒体	营业中	2002	
电视豆	2015.7~2016.7 停业	2002	《魔豆传奇》
远东动画科技	营业中	2003	
和利得多媒体	营业中	2003	《阿三哥与大婶婆》
大腕影像股份有限公司	营业中	2003	影像后制
班门股份有限公司	解散	2003	
飞映数位	营业中	2003	影像后制
冉色斯动画	营业中	2004	《阎小妹》《魔踪传奇》
幻想曲数位内容	营业中(缩编)	2004	《忆世界大冒险》
首映创意	营业中(缩编)	2004	原创作品：《姆姆抱抱》，"Coin Monster"等
创意核	营业中	2004	
酷分仔	解散	2004	
杰德创意影音	营业中	2005	
易丹数位	解散	2005	
贰号信息设计工作室(Studio 2)	营业中	2005	《小太阳》《小猫巴克里》《观测站少年》
新唐人亚太电视	营业中	2006	
推守文化	营业中	2006	
红色外星人	营业中	2006	
小不点动画	营业中	2006	
舞墨映画有限公司	公司	2006	经营重心移至上海
香港商壹同乐动画工作室	营业中	2007	
乐群动画	营业中	2008	2D 动画制作《酷客历险记》
原金国际有限公司	营业中	2008	《吉娃斯爱科学，2016 电视影集》《LAQI、预计 2017》
兔子创意	营业中	2008	
晨禾文创	营业中	2008	
砌禾数字动画	营业中	2009	电视电影动画后制案
绮泰动画	营业中	2009	2D 动画制作

续表

公司名	公司状况	成立年份	备注
浒珀动画	营业中	2009	《我是只小小鸟》
零距离创意	营业中	2009	
动劲国际股份有限公司	解散	2009	
后制创意	营业中	2009	影像后制
中华动漫	废止	2010	《三国演艺》《孙子》《海之传说－妈祖》
星木映像股份有限公司	营业中	2010	《BBS 乡民的正义,2010》《极乐宿舍,2016》
动动浒多媒体股份有限公司	营业中	2010	《桃蛙源记》(2014)
兔将创意影业	营业中	2011	电视电影动画后制
梦想动画	营业中	2011	电视电影动画后制
集拓圣域	营业中	2011	日商(Digital Frontier)在台公司
九藏喵窝有限公司	营业中	2012	《九藏喵王国》
大画电影文化股份有限公司	营业中(缩编)	2012	《奇人密码－古罗布之谜》霹雳国际多媒体旗下投资公司
金奇映有限公司	营业中	2012	电视电影动画创作与后制 VR 原创动画:鼠际大战
大猫工作室	营业中	2012	《七点半航天员》
采亿动画影业股份有限公司	营业中	2013	
米德媒体有限公司	营业中	2013	电视电影动画后制
豆油瓶影像动画有限公司	2015~2016年停业	2013	电视电影动画后制
索尔视觉效果	营业中	2013	电视电影动画后制
绘圣有限公司	营业中	2014	电视电影动画后制
仙草影像制作有限公司	营业中	2014	电视电影动画后制
无厘头动画股份有限公司	营业中	2014	电视电影动画后制
幸福路映画社有限公司	营业中	2015	《幸福路上》预计 2017 年上映
丰饶之海文化设计股份有限公司	营业中	2015	CF/2D 动画/Motion Graphic
一点有限公司	营业中	2015	电视电影动画后制
小猫巴克里	营业中	2015	Studio2、龙马文创、飞越资本合资成立,发展以小猫巴克里为主之 IP 经营
奎德创意	营业中	2016	影视特效后制
芒果工作室(纪伯舟工作室)	未登记		2016 年金马影展片头

续表

公司名	公司状况	成立年份	备注
乾坤一击创意工作室	未登记		《重甲机神 Baryon》群众募资于 2016/7 试映，预计于 2017 年推出电影
东森电视	营业中	1991	电视动画 IP：yoyoman

资料来源：台湾数字内容厂商名录 2012~2013 年，经济主管部门商业司公司登记，本研究整理。

台湾动画公司以中小型企业居多，主要业务偏重于影视后制，大部分的公司资本额、营业额都不大，在人才培育能力、资金募集能力、技术与制作能力及市场营销能力方面都很有限。台湾观影市场规模小，开发一部动画电影制作投资从千万至亿美元，小市场将无法满足大型动画开发所需人才与资金需求，必须以 IP 为核心价值扩散各应用管道授权经营。动漫产业以 IP 为核心经营模式，尤其注重市场开发企划人才，这也是台湾动漫产业人才极度欠缺的，台湾需要从其他地区和国家学习相关市场操作实际经验。

（四）台湾动画产业政策

台湾于 2009 年提出"创意台湾（Creative Taiwan）——文化创意产业行动方案"，适用于动画产业的政策方案包括"数字内容产业旗舰计划"与"数字内容产业发展行动计划"，2016 年应经济发展方向改成"数字文创内容多元产制与汇集计划"，其计划目的为有效建构台湾数字文创内容产业生态，并整合服务平台，协助台湾业者打造整体解决方案。辅导内容涵盖推广新兴跨域内容产业，通过新媒体经营，提供产业概况与最新讯息。在此计划基础上补助内容包括如下方面。

鼓励数字内容业者投入创新产品开发及应用研究，或发展相关应用与服务，创新营运模式。

申请类别包含创意构想/可行性研究、原创开发、商品开发及衍生商品/应用服务开发等。

动画除了是台湾经济主管部门所定义的数字内容产业之一外，亦被列入文化主管部门电影与广播电视相关业务中，① 有关政策包括"影视音数字内容特

---

① 文化主管部门，文化创意产业内容及范围。

效技术及创新应用计划之子计划——数字视觉特效应用加值计划",加强推动高画质内容发展制作带动产业升级。为了提升台湾影视原创作品的质量与制作规模,2017年4月文化主管部门与国发基金、金控、银行、保险及创投者共同合作成立"影视投融资专业协力办公室",希望借此协助影视业者多渠道取得资金投入,持续为台湾产制内容不断注入活水与动力,鼓励更多优秀人才及资金投入产业发展。同年,台湾再提出前瞻计划DIGI+,方案中列出数字建设下发展数字文创,普及高画质服务,有关计划如表3所示,总经费预算达64.7亿元新台币。

表3　台湾行政主管部门"前瞻基础建设计划"

计划细节	期程	主管部会	特别预算（亿元新台币）
文化记忆库及数字加值应用	2017~2021年	文化主管部门、台北"故宫博物院"、台湾"国史馆"	22.7
推动超高画质电视内容升级前瞻计划	2017~2020年	文化主管部门	24
新媒体跨平台内容产制计划	2018~2021年	文化主管部门	18

资料来源:台湾行政主管部门网站,本研究整理。

二　两岸动画产业合作与协同发展

PwC 2017年预测,① 未来五年全球娱乐消费市场平均增长率为4.2%,成熟市场国家如美国、英国、德国、日本等都将小于全球增长率平均值,中国娱乐消费市场不论是总体量还是增长率都将是全球最高的。

从动画产业所需四项关键条件——创意、资金、人才、市场分析大陆与台湾动画产业现况,大陆现阶段由于内需市场庞大,在资金与市场上具有相当的优势,是全球厂商都意欲涉入的重要市场,包括美国、日本、中国台湾等都有厂商采取与中国大陆公司合资,到中国大陆设立公司或进行项目合作开发,两岸合作的代表案例有2010年中国大陆、中国台湾、日本合作《孙中山》动画

---

① PwC：*Global Entertainment and Media Outlook 2017-2021*,2017。

电影，参与的大陆动画公司有南京朱雀影视动画、北京电影学院、魔力饺子，台湾方面则是新成立制作公司——"中华中山传媒公司"，日本参与的公司有日活、东京电视台、白组，三方以"日本经验、台湾创意、大陆市场"的整合模式，合组"孙中山动画联盟"，发展拍摄国父孙中山3D动画电影、2D动画电视影集、游戏、周边商品，制作预算约3.3亿元新台币，该案原预计于2011年推出80分钟长片动画电影，另外，有西基动画与广东奥飞动漫合作完成3D动画电视影集《超限猎兵－凯能》，此案合作模式由西基动画完成动画企划与3D制作，奥飞动漫推动大陆市场电视频道播出与周边商品授权销售，2014年于嘉佳卡通频道与爱奇艺平台正式推出。2015年则有台湾公司Studio 2与大陆太合传媒、顺网科技看中《小猫巴克里》IP市场商机，合资成立"小猫巴克里公司"，主要营运以《小猫巴克里》IP为核心的角色动画商业发展。《小猫巴克里》源自Studio 2公司于2011年在台湾频道上映的电视动画影集，通过合资成立小猫巴克里公司扩大资金来源后，预计于2018年再推出相关动画电影长片。以小猫巴克里IP开发中的尚有兔子创意、飞越资本与智崴科技合作预计于北京隆福寺文创园区设立小猫飞行剧院。

两岸人才方面，近几年由于台湾在影视娱乐动画相关产业市场发展疲弱，而中国大陆市场崛起成为全球资金投资重点市场，连带刺激不少台湾从业人员不论是影视还是动画创意人都转往大陆发展。而大陆动漫产业近几年发展目标放在高质量内容研发制作，有越来越多的大陆企业为扩大市场IP开发范围，到台湾寻找不同于大陆既有思维的创意与人才。人才流动性只须考虑个人适合与否，不像企业合作有较复杂问题须考虑，朝气蓬勃的市场对于台湾人才有很强的吸引力，普遍看来，双方在人才流动的交流量更胜于商业活动投资。

三 台湾动画产业发展趋势

（一）群众募资为原创动画开拓新资金来源

当创投迟迟无法对动画电影产生具体行动时，群众募资的崛起为动画创作人带来一个新的可行方式。台湾近年有几个个案通过群众募资方式，达成资金募集目标。最早的一个案例是2013年《七点半航天员》于"渍渍Zec Zec"

募资平台,进行为期三个月(自2013年12月至2014年1月30日)的募资,最终达成目标571238元新台币,有377人赞助该案。第二个案例是原金动画"LAQI",2015年3月启动募资活动,达成目标为579960元新台币,达标率为115%。另有,预计于2017年上映的《重甲机神Baryon》一片,于2016年1~3月于FlyingV募资平台,进行为期3个月、目标60万元新台币的募资,最后结果获得超越原定目标,实现211%达标率。募资最成功的个案是由游戏厂商雷亚发起,为把ARPG游戏《Implosion 聚爆》改编成动画电影——《聚爆:第零日 Implosion:Zero Day》,该案采用Kickstarter在全球募资,最后募得428853美元(新台币约1200万元),获得1670人资金支持。从这几个案例可以看出,只要是能吸引观众的故事,消费者都愿意掏钱支持,借由群众募资方式可以让小型动画公司或者工作室,有充裕资金支持,更加专心从事动画创作完成作品。群众募资还有一个好处,就是在尚未投入前,可以借由募资活动了解观众的喜好,掌握观众属性,在募资过程中发挥宣传效益,为未来作品完成上映时提供营销操作参考。

(二)收视生态改变,OTT与IPTV崛起

台湾有线电视数字普及化率于2016年达到95.84%,激活高画质节目的收视需求。越来越多的收视户不再依赖传统的有线电视或电视机,智能手机与网络便利性,让年轻一辈更习惯于随时看电视,连带把观众从传统电视发展带至OTT与IPTV平台,随时随地("Anytime、Anyplaces")皆可看。

OTT与IPTV的普及化让节目上架不再需要通过电视台也可达成,观众对于节目的内容需求也更加多元化,OTT与IPTV厂商如Netflix、Hulu、爱奇艺、Choco、Line TV等也通过自制节目的特殊性增加观众黏性,对于动画厂商来说亦是一个新契机,除了传统有线与无线电视播出管道外,年轻一代收视用户多数倾向于OTT与IPTV平台。播出管道扩充迅速,也引发多样性、多变性内容产制竞争激烈,做出观众喜爱的内容并快速地传播给观影者,内容产出者能否掌握观众喜好,并快速产出将是新媒体成功与否关键。

(三)AR/VR内容产制应用

2016年宝可梦"Pokemon GO"热潮让大家看到AR扩增实境应用的有趣

性，唤起大众对于AR/VR未来发展可能性的无限想象，台湾于数字经济政策中也有部分推动计划，除了硬件厂商外AR/VR内容应用与动画产业息息相关，可应用领域涵盖游戏、影音娱乐、教育、数字学习、建筑、室内设计，甚至医疗、军事等，不论哪一个领域都需要通过动画企划与制作完成内容物产出，这个新应用媒体已为动画产业带来新的创作思维，未来随着技术愈加成熟，越来越多的厂商愿意投资VR内容产制，这是一个值得被大家期待的发展方向。

B.9
中国智能制造行业技术及品牌发展报告

丁蓉 金星*

摘 要： 在第四次工业革命的浪潮下，智能制造产业正在全球兴起，包括美国、德国、日本等在内的各主要工业化国家都将发展智能制造作为重要战略。随着《中国制造2025》战略规划的正式发布，中国也将全面实施制造强国战略。本文梳理了国内外智能制造产业的发展状况和趋势，分析了我国智能制造产业的发展现状、面临的机遇和挑战，试图探究我国智能制造行业技术及品牌的发展路径。

关键词： 智能制造 行业技术发展 品牌发展

智能制造（Intelligent Manufacturing，IM）是一种由智能机器和人类专家共同组成的人机一体化智能系统，它在制造过程中能进行诸如分析、推理、判断、构思和决策等智能活动。人与智能机器的合作共事，可以扩大、延伸和部分地取代人类专家在制造过程中的脑力劳动。它更新了制造自动化的概念，将其扩展到柔性化、智能化和高度集成化。[①]

而智能制造技术主要是以新兴科技为依托，配合新工艺、新能源以及新材料等综合生产、管理以及服务等各个要素进行智慧化集成，精确控制各个模块，将功能实现智能化的技术总称。[②] 其智能化体现在整合生产环节、提高产品质量和生产效率、实现节能减排的目的等方面。

---

* 丁蓉，云南民族大学新闻传媒系讲师；金星，云南民族大学新闻传媒系教授。
① 刘检华：《智能制造与工业4.0、数字化制造的异同》，《国防制造技术》2016年第3期。
② 宋红晓、王利刚：《智能制造技术与系统的发展与研究》，《中国新技术新产品》2017年第6期。

智能制造源于人工智能（Artificial Intelligence，AI）的研究。人工智能就是用人工方法在计算机上实现的智能。① 专家认为，伴随产品性能和结构功能的完善化、精细化和多样化，设计、工艺、生产等各个环节的信息量倍增，制造系统正在从原先的能量驱动型转变为信息驱动型。这就要求制造系统实现智能化，用以处理庞杂的信息工作量，同时能够应对瞬息万变的市场需求和激烈复杂的竞争环境。② 本文在分析我国智能制造发展现状的基础上，对其面临的机遇和挑战、行业技术及品牌的发展路径进行探究。

一　中国智能制造技术的发展现状

（一）国家战略发展计划

从国家战略发展计划上看，由于智能制造技术的重要性，自20世纪八九十年代以来，各国政府均将智能制造列入国家发展计划，大力推动实施。如欧盟的ESPRIT项目（欧洲信息技术研究与发展战略计划）和R&D项目，1992年美国执行新技术政策，1994年日本启动与先进制造国进行国际合作项目研究，1994~1998年加拿大制定的发展战略计划等。

20世纪80年代末，中国也把"智能模拟"列入国家科技发展规划的主要课题，此后在机器人、模式识别、专家系统、汉语语音识别与理解等方面取得了一批成果。③ 2015年5月国务院印发《中国制造2025》，明确提出智能制造是我国建设制造强国的主攻方向。④ 如图1所示，《中国制造2025》明确了以国家制造业创新中心建设、智能制造、工业强基、绿色制造、高端装备创新为五项重大工程，明确了要在新一代信息技术产业、高档数控机床和机器人、航

---

① 邬雁忠：《智能制造——提升企业新的竞争力》，载《第九届中国通信学会学术年会论文集》，2012年8月。
② 荣烈润：《面向21世纪的智能制造》，《机电一体化》2006年第4期。
③ 伏琳：《智能制造新模式下"中国制造"面临的机遇和挑战》，《机床与液压》2016年第9期。
④ 国务院：《中国制造2025》，国发〔2015〕28号文件，中华人民共和国中央人民政府网，http：//www.gov.cn，2015年5月。

空航天装备、海洋工程装备及高技术船舶、先进轨道交通设备等十大领域进行智能制造的重点建设。

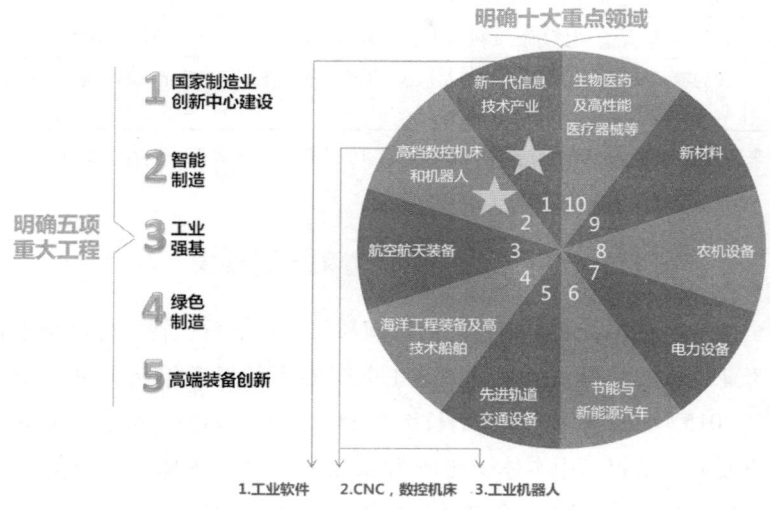

图 1　《中国制造 2025》

资料来源：《工业 4.0/智能制造市场》，2015 年 10 月睿工业 智发展——睿工业研讨会报告。

此外，规划在上海、昆山、常州、芜湖、重庆、徐州、唐山、青岛、抚顺、哈尔滨建设工业机器人的十大规划产业园区，其分布和产值如表 1 所示。

表 1　工业机器人十大规划产业园分布

城 市	产业规划
上 海	2015 年产值达到 200 亿元,2020 年达到 600 亿~800 亿元,占全国 50%以上份额
昆 山	2015 年形成工业机器人和智能机器人两大类产品完整产业链,年产值 200 亿元
常 州	2015 年形成"两化融合"示范基地,产业规模达到 238 亿元以上
芜 湖	2017 年,实现年产机器人 1 万~3 万台,上下游产值 100 亿~300 亿元
重 庆	2015 年,集聚 30 家以上企业,形成 4 万台工业机器人整机及关键零部件,年产值 200 亿元的生产能力
徐 州	通过 3~5 年,机器人产业规模达 50 亿元左右,10 年内增至 200 亿~300 亿元
唐 山	2015 年,形成年产值 100 亿元以上企业 1 家、年产值 10 亿元以上企业 2 家、年产值 1 亿元以上企业 5 家、年产值 1000 万元以上企业 20 家

续表

城　市	产业规划
青　岛	2016年,引进企业达50家,产值40亿元
抚　顺	2017年末,培育产值超亿元机器人企业50家,年实现机器人产业产值500亿元
哈尔滨	成为我国北方最大的产业机器人基地、机器人核心技术研发中心、高端制造中心、服务中心和应用中心

资料来源:《工业4.0/智能制造市场》,2015年10月睿工业 智发展——睿工业研讨会报告。

（二）工业机器人销售量、保有量和市场规模

从全球工业机器人的年销量、销售额和保有量上看,智能化已越来越多地运用于工业领域。如图2所示,全球工业机器人的年销量从1998年的69000台增长至2015年的240000台,增长率为247.83%。如图3所示,2008年,全球工业机器人的销售额中本体销售额为62亿美元,"本体+系统集成"的销售额为190亿美元。2014年本体销售额增长至107亿美元,增长率为72.58%;"本体+系统集成"的销售额增长至320亿美元,增长率为68.42%。全球工业机器人的保有量从2008年的1035700台增长至2014年的1480800台,增长率为42.98%,如图4所示。

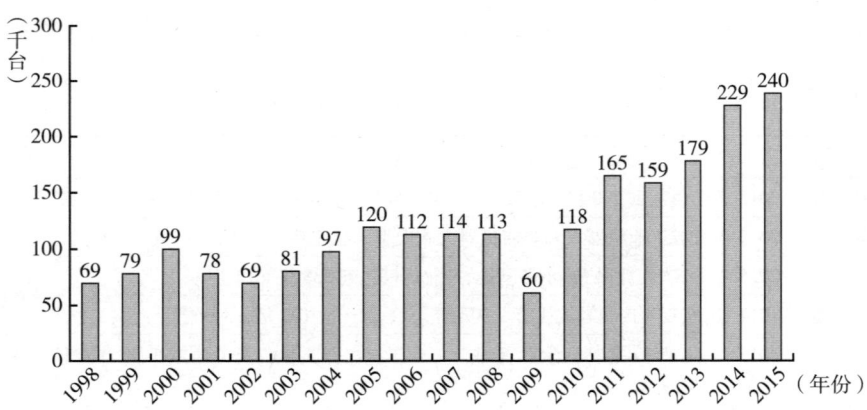

图2　1998~2015年全球工业机器人年销量

资料来源:国际机器人联合会(IFR),http://ifr.org/。

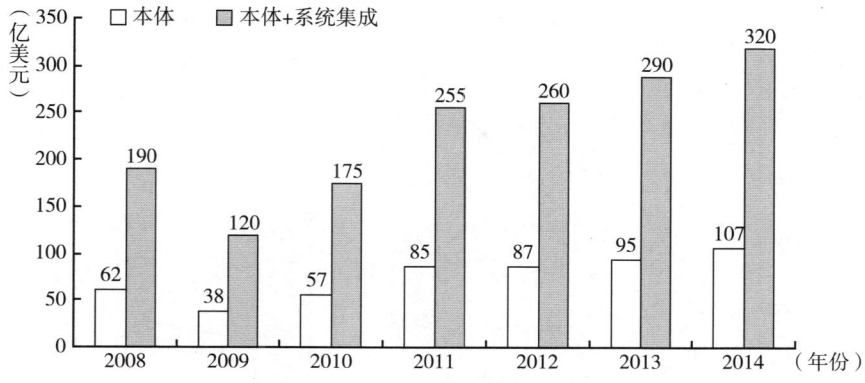

图3　2008~2014年全球工业机器人销售额

资料来源：国联证券研究所，引自Wind资讯，http://www.wind.com.cn/。

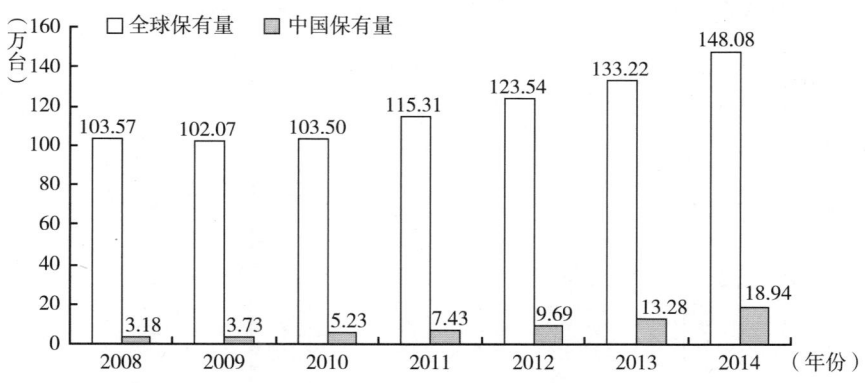

图4　2008~2014年全球、中国工业机器人保有量

资料来源：国联证券研究所，引自Wind资讯，http://www.wind.com.cn/。

近年来，我国国内国产工业机器人的销售量也呈逐年上升趋势，如图5所示，从2011年的800万台、2012年的2252万台、2013年的9500万台、2014年的12600万台增长至2015年的20000万台，2012~2015年同比增长率分别为181.5%、321.85%、32.63%和58.73%。如图4所示，我国工业机器人的保有量从2008年的3.18万台增长至2014年的18.94万台，增长率为495.6%。

从工业自动控制系统装置的行业市场规模上看，2011~2015年我国的市场规模已从1951.67亿元增长至3874.68亿元，增长率为98.53%，如图6所示。短短5年时间，市场规模增长近1倍。

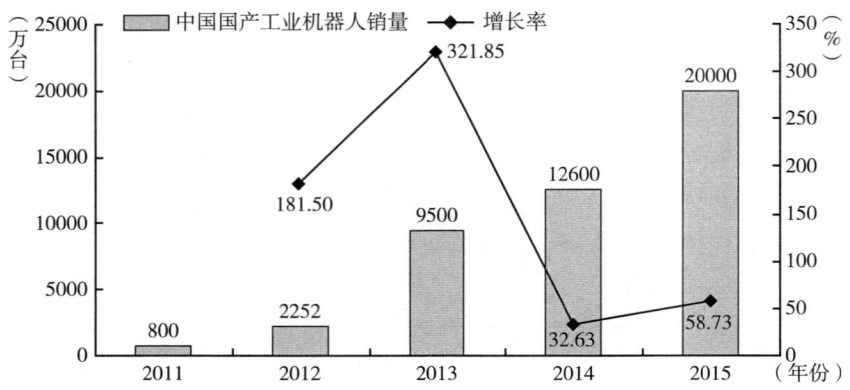

图5 2011~2015年来国内国产工业机器人销量与增长率

资料来源：国联证券研究所，引自 Wind 资讯，http：//www.wind.com.cn。

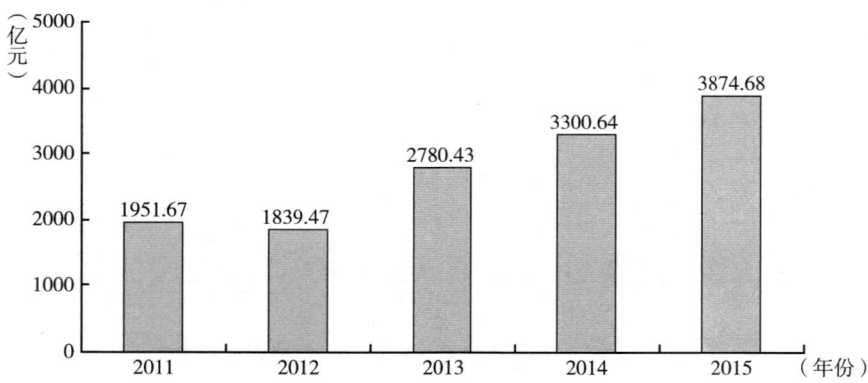

图6 2011~2015年来我国工业自动控制系统装置行业市场规模

资料来源：《2016~2022年中国工业自动控制系统装置制造市场监测及市场前景预测报告》，引自中国信息产业网，http：//www.cnii.com.cn/。

（三）龙头企业在 AI 领域布局

日益增长的市场规模从一个侧面反映出旺盛的市场需求，以科技企业为例，从全球到我国国内，一些重点科技企业意识到了智能制造的重要性，已在人工智能多领域布局（见表2、表3）。

表2 全球科技品牌 AI 产品、战略、重点领域一览

公司	AI 产品品牌代表	战略特点	AI 重点领域
IBM	Watson、Deep Blue、类脑芯片	围绕 Watson 和类脑芯片展开,开启认知商业时代,重塑产业格局	医疗诊断、认知计算的各行业解决方案、类脑芯片及量子计算
Google	AlphaGo、无人驾驶汽车、Google 智能助理	积累底层 AI 技术(AI 算法及芯片)覆盖更多用户使用场景	无人驾驶、医疗诊断、智能家居、智能搜索、语音图像识别、量子计算
NVIDIA	Tesla P100 芯片、DGX-1 计算机	重心由从传统 PC GPU 芯片业务转向深度学习专用芯片	GPU 芯片、超级计算机、无人驾驶
英特尔	Xeon E5-2600v	重心由 PC 及移动 CPU 芯片拓展至数据中心(云服务)、物联网、人工智能	计算机视觉、融合 Altera FPGAs 及 Intel Xeon 的一体化芯片
Facebook	Facebook″M	人工智能、虚拟现实和增强现实、互联互通为未来三大发展方向,AI 布局围绕其用户社交关系和社交信息	图像识别、自然语言处理、Facebook″M 智能助理
微软	微软小冰、微软小娜	重点攻克语言识别、图像识别、计算机视觉等技术,将 AI 技术融入每一款产品	语言识别、图像识别、计算机视觉、云计算
苹果公司	Siri 助理、Apple Watch	在保护用户隐私情况下,利用 AI 提升苹果产品用户体验	语音识别、图像识别、自然语言理解
亚马逊	Alexa 智能语音助手、Echo 智能音箱	重点布局 Echo 智能音箱、亚马逊云服务,寻求 Echo 与电商业务结合点	智能家居、云计算
Saleforce	Einstein 系统	大数据+云计算+AI,通过营销云智能预测和云服务智能引擎来优化其软件产品,打造 AI 优先公司	CRM 系统
Mobileye	EyeQ3 等系列芯片	通过 ADAS 系统先期掘金、积累技术,逐步进阶完全自动驾驶	ADAS 芯片和自动驾驶解决方案

资料来源:长城证券研究所,引自 Wind 资讯,http://www.wind.com.cn/。

表3 国内科技企业在 AI 领域布局

公司名称	主营业务	AI 领域布局
百度	全球最大的中文搜索引擎、最大的中文网站	(1)国内人工智能龙头。人工智能为百度核心中的核心,"谷歌大脑之父"吴恩达重磅加盟 (2)建立世界一流研究机构(百度研究院),下设人工智能实验室、深度学习实验室以及大数据实验室,搜索、人工智能、云计算、大数据等领域全球领先 (3)打造"百度大脑",可实现语音、图像、自然语言理解、用户画像等四种能力

续表

公司名称	主营业务	AI领域布局
阿里	全球最大互联网零售交易平台	(1)2016年,阿里云超越谷歌成为全球第三大"云计算"厂商,"云计算"为阿里"电商、物联网"的核心驱动力 (2)电商业务:阿里人工智能应用于电商决策,以实现最合理最优化的派单,及帮助商家解决复杂的服务场景,智能客服解决用户问题 (3)B端:阿里人工智能和"大数据及云计算"结合,通过阿里云的技术、数据作为基准展开业务支撑
腾讯	中国最大社交服务提供商	(1)基于腾讯社交产品和技术优势,形成不同的业务体系在人工智能领域突破 (2)组建专注于底层基础的研究团队与实验室(如微信模式识别中心、智能计算与搜索实验室、腾讯人工智能研究院),做长线技术积累 (3)收购和投资一批优秀公司的国内外人工智能领域公司(投资Diffbot、iCarbonX、CloudMedx、Skymind及ScaledInference)
华为	全球领先的信息与通信技术(ICT)解决方案供应商	(1)成立"诺亚方舟实验室、高斯实验室、香农实验室"等,诺亚方舟实验室主要从事人工智能学习——数据挖掘研究 (2)研究出业界最先进的神经应答机(Neural Responding Machine),发布业界第一个基于深度学习的单轮对话生成模型 (3)华为与美的宣布双方将在智能家居领域建立密切的战略合作伙伴关系,共同构建智能家居整体解决方案

资料来源:长城证券研究所,引自Wind资讯,http://www.wind.com.cn/。

从表2可以看出,IBM公司的AI产品品牌有Watson、Deep Blue和类脑芯片;其战略特点是围绕Watson和类脑芯片展开,开启认知商业时代,重塑产业格局;AI将在医疗诊断、认知计算的各行业解决方案、类脑芯片及量子计算等领域重点布局。

而Google公司的AlphaGo、无人驾驶汽车、Google智能助理等已成为其固有的AI产品品牌;积累底层AI技术(AI算法及芯片),使之覆盖更多用户使用场景是Google公司的AI发展战略;无人驾驶、医疗诊断、智能家居、智能搜索、语音图像识别、量子计算等领域成为Google公司AI发展的重点布局领域。

再看我国国内的情况,表3总结了我国最大的科技企业百度、阿里、腾讯、华为在AI领域的布局情况。如国内人工智能的龙头企业百度,确立人工智能为百度发展的核心,邀请人工智能的权威学者吴恩达加盟百度,建立百度研究院，下设大数据实验室、深度学习实验室以及人工智能实验室，以打造全球领先的搜索引擎、人工智能、云计算、大数据等；打造"百度大脑"，实现语音、图像、自然语言理解、用户画像四种能力。

而华为公司在 AI 领域则打造高斯实验室、香农实验室、诺亚方舟实验室等，其中诺亚方舟实验室主要研究方向为人工智能学习——数据挖掘；目前业界最先进的神经应答机就诞生于此，并发布业界第一个基于深度学习的单轮对话生成模型；华为还在智能家居领域与美国的相关企业建立密切的战略合作关系，共同构建智能家居整体解决方案。

二 中国智能制造技术面临的挑战与机遇

智能制造与传统生产模式相比的独特性表现在：时间上，产品的设计、制造、使用和维护等环节运用智能制造，使降低生产成本和资源消耗、增加产品价值等目的得以实现；空间上，企业内部、企业与相关行业的协同工作贯穿智能制造，从而打破了生产活动的封闭和孤立，使与产品相关的企业和行业之间形成了一个立体系统；生产过程中，智能制造通过互联网连接各个生产环节，清除传统生产过程中各环节离散的弊端，减少不确定因素，提升生产过程中的自我适应力和修复力，使工业生产过程更加稳定、灵活和高效。[1]

从表4所列举的人类视觉与机器视觉的对比中，我们可以看出，在精确性、速度性、适应性、客观性、重复性、可靠性、效率性和信息集成等方面，机器视觉都拥有绝对的优势，这也正是智能制造技术运用在工业等相关领域的价值所在。我国国内的一些企业在机器视觉业务方面已取得了一定优势。如超音速在锂电池新能源行业、智能终端行业和线路板领域，天准科技在视觉测量领域，大树智能在烟草检测领域分别有领先优势。

国内外旺盛的智能制造技术需求、市场需求和研发需求，对中国智能制造技术和相关行业而言，是一次绝佳的发展机遇，同时也面临重重的困难与挑战。

---

[1] 宋红晓、王利刚：《智能制造技术与系统的发展与研究》，《中国新技术新产品》2017 年第 6 期。

表4 人类视觉与机器视觉对比

特性	人类视觉	机器视觉
精确性	差,64灰度级,不能分辨微小的目标	强,256灰度级,可观测微米级的目标
速度性	慢,无法看清较快运动的目标	快,快门时间可达到10微秒
适应性	弱,很多环境对人体有损害	强,对环境适应性强
客观性	低,数据无法量化	高,数据可量化
重复性	弱,易疲劳	强,可持续工作
可靠性	易疲劳,受情绪波动	检测效果稳定可靠
效率性	效率低	效率高
信息集成	不易信息集成	方便信息集成

资料来源:安信证券研究所,引自Wind资讯,http://www.wind.com.cn/。

1. 传统制造业面临困境

我国改革开放后的经济发展,使中国的智能制造在品牌和技术上已有所积累,国内的不少企业已经实现了品牌和技术上的突破,希冀在"微笑曲线"利润空间较大的业务工序中得到提升。如图7所示,在制造业中,利润空间较大的部分是位于制造业上游的试制品开发、零部件生产、模块零部件生产等和位于下游的销售和售后服务等行业。而利润空间较小的是业务工序中的零部件组装行业。

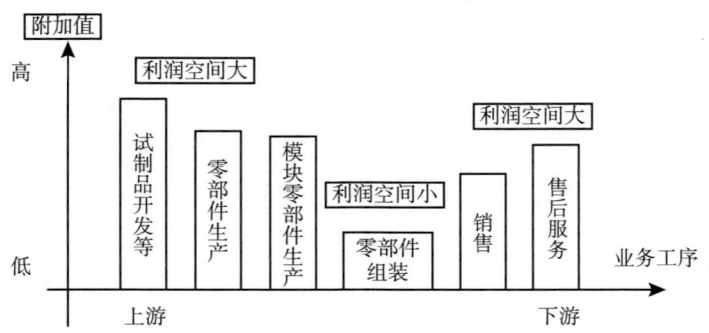

图7 制造业微笑曲线

资料来源:华泰证券研究所,引自Wind资讯,http://www.wind.com.cn/。

而中国的传统制造业恰恰集中于零部件组装等利润空间较小的行业。中国传统制造业必须突破如图8所示的困境——能源价格上升、赋税增加、劳动力和土地成本提高、贸易保护主义、出口减少等。

中国智能制造行业技术及品牌发展报告

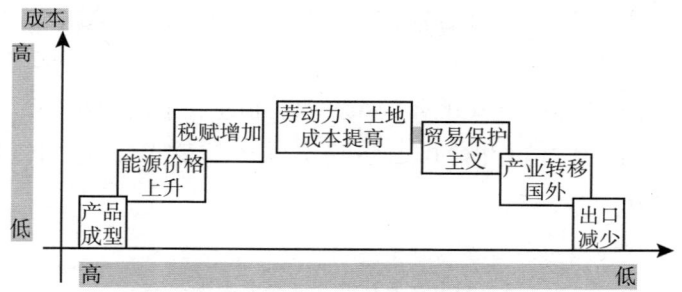

图8 中国传统制造业困境

资料来源：华泰证券研究所，引自Wind资讯，http://www.wind.com.cn/。

2. 国际竞争日益激烈

同欧美等发达国家和地区相比，我国对实体经济的重视和发展相对不足，对智能制造的核心技术研发不足，使产品的核心竞争力相对缺乏。而发达国家利用和巩固其在制造业已有的优势，进一步拉大了与我国的差距。由于人口红利的丧失，国内劳动力成本激增，与越南、印度、印尼等发展中国家相比，我国在制造业的传统优势正在逐步丧失。

三 中国智能制造技术的品牌发展路径

想要突破中国传统制造业的困境就必须加强对智能制造技术的国内、国际市场需求调查，加大智能制造技术的研发创新力度和资金投入，切实把智能制造作为突破中国传统制造业困境的重点来抓，把人工智能作为中国制造业转型升级的动力来抓，真正使中国实现"中国制造"向"中国智造"的根本转变。下文将从品牌发展的角度，探寻中国智能制造的品牌发展路径。

（一）保持已有品牌优势

国内知名企业瞄准智能制造的产业优势，在"云"（大数据）、"网"（物联网、工业互联网）、"端"（智能制造、智能物流）方面，已树立了一些知名的企业品牌和上市公司。

如表5所示，在产业链属"云"（大数据）方面的企业，如用友网络，主

117

营业务为软件解决方案,市值563亿元,EPS(Earning Per Share,每股盈余)从2014年的0.47元增至2016年的0.78元,PE(Price to Earning Ratio,市盈率)从2014年的102降至2016年的62。汉得信息,主营业务为系统集成,市值185亿元,EPS从2014年的0.32元增至2016年的0.62元,PE从2014年的104降至2016年的55。

表5　国内主要智能制造企业品牌一览

产业链	上市公司	主营业务	市值（亿元）	EPS(元)			PE		
				2014年	2015年	2016年	2014年	2015年	2016年
云(大数据)	用友网络	软件解决方案	563	0.47	0.62	0.78	102	77	62
	鼎捷软解	软件解决方案	133	0.41	0.65	0.86	211	134	101
	汉得信息	系统集成	185	0.32	0.46	0.62	104	74	55
网(物联网/工业互联网)	海得控制	自动化系统集成	73	0.25	0.5	0.82	132	67	40
	汇川技术	变频器	315	0.85	1.09	1.38	47	37	29
	宝信软件	系统化集成	173	0.88	1.04	1.34	65	55	43
	软控股份	整体解决方案	141	0.26	0.38	0.57	73	50	34
	新时达	电梯控制系统	111	0.52	0.71	0.89	55	40	32
端(智能制造/智能物流)	机器人	机器人生产	359	0.5	0.72	0.97	110	76	57
	沈阳机床	数控机床	157	0.03	—	—	615	—	—
	日发精机	数控机床	79	0.24	0.57	0.88	154	65	42
	佳士科技	焊割设备	44	0.24	0.37	0.41	85	55	49
	京山轻机	包装设备	62	0.03	0.23	0.37	585	77	49
	巨星科技	机器手工具	190	0.5	0.65	0.79	38	29	24
	华昌达	汽车自动化系统集成	127	0.18	0.34	0.47	130	70	49
	金运激光	激光加工	46	0.09	0.14	0.22	433	258	166
	埃斯顿	数控系统、伺服系统	71	—	0.54	0.66	—	110	91
	劲拓股份	焊接设备	41	0.4	0.71	1.1	130	73	48
	科大讯飞	智能语音识别	549	0.47	0.46	0.67	96	98	68
	万讯自控	工业自动化仪器仪表	37	0.09	0.22	0.3	72	68	50
	华工科技	激光加工	141	0.19	0.36	0.49	84	44	33
	长盈精密	金属制造设备	175	0.56	0.87	1.22	56	36	26
	中瑞思拓	电子商品防盗系统	35	0.47	0.68	0.9	46	31	24
	士兰微	半导体IDM	106	0.13	0.18	0.22	65	47	38

资料来源：华泰证券研究所，引自Wind资讯，http://www.wind.com.cn/。

在产业链属"网"（物联网、工业互联网）的企业，如汇川技术，主营业务为变频器，市值315亿元，EPS从2014年的0.85元增至2016年的1.38元，PE从2014年的47降至2016年的29。再如宝信软件，主营业务为系统化集成，市值173亿元，EPS从2014年的0.88元增至2016年的1.34元，PE从2014年的65降至2016年的43。

在"端"（智能制造、智能物流）方面，国内知名的上市企业品牌较多。如科大讯飞，主营业务为智能语音识别，市值549亿元，EPS从2014年的0.47元增至2016年的0.67元，PE从2014年的96降至2016年的68。再如机器人，主营业务为机器人生产，市值359亿元，EPS从2014年的0.5元增至2016年的0.97元，PE从2014年的110降至2016年的57。再如巨星科技，主营业务为机器手工具的生产，市值190亿元，EPS从2014年的0.5元增至2016年的0.79元，PE从2014年的38降至2016年的24。此外，还有长盈精密、沈阳机床等知名品牌和上市公司都有较好的企业品牌发展空间，需要保持国内上述智能制造企业的品牌优势。

（二）加快"荷塘效应"，发展品牌数量

"荷塘效应"是经济学术语，即呈几何增长式的数量叠加会出现质的变化。这一原理可以借鉴到我国智能制造技术的品牌发展上来，在保持已有品牌优势的基础上，加大品牌打造力度，促进自由品牌快速形成，加快发展品牌数量，适时地扩大品牌规模，优化品牌结构，彻底改变我国制造业长期位于产业链中低端的不良态势。例如，深圳大疆创新科技有限公司研发的"大疆无人机"，其品牌发展历程就是一个通过人工智能技术的不断提升，产品数量不断增加和新一代产品的迭代发展，实行"荷塘效应"进行品牌发展，不断进行技术创新，升级优化产品品牌的过程，值得同行借鉴。

（三）加大自主研发，提升品牌质量

提升品牌知名度和含金量的关键路径，在于对品牌质量的提升。我国的智能制造行业必须加快自主创新能力的步伐，提升产品质量和附加值，优化产业结构，提高生产效率，同时，实现能源的有效利用，利用智能制造技术达到保护环境、降低企业成本、实现节能减排的目的。智能制造技术不能仅停留在理

论阶段，而应当较好地应用到实际生产中。我国应当适时地借鉴国内外先进的智能制造经验和技术，同时兼顾品牌价值的打造、推广和价值提升，切实加强智能制造技术的现实操作性，真正意识到智能制造技术是促进我国制造业转型升级的助推器，只有重视智能制造技术的研发升级、促进自主研发品牌质量的提升，才能让我国的制造业在全球第四次工业革命的浪潮中，激流勇进，奋勇向前！

B.10 数字公共文化服务现状及发展趋势探究[*]

何圣捷[**]

摘　要： 近年来，我国公共文化服务进入数字化转型的发展时期，各省市通过不断加大公共文化建设经费投入，大力实施公共文化基础建设，积极投入创新公共文化服务方式的探索中。但数字公共文化服务提供与文化需求的错位，数字公共文化服务方式墨守成规等问题亟须改善。数字公共文化服务是我国提出的公共文化服务体系建设的新思路，未来将在实现"互联网+益民""一对一"精准化服务模式、数字化公共文化服务推动打造智慧城市文化名片、整合文化资源三个方面进行统筹与协调。

关键词： 公共文化服务　数字化　服务体系建设

数字化浪潮正卷席全球各类产业，公共文化服务进入加快数字化建设的进程中，各类公共文化服务紧跟脚步，结合数字化技术进行转型。数字公共文化服务及其衍生产品在未来不仅有广阔的文化消费市场，而且与原产业有很强的互补性，若将原有的纸质图书、博物馆静态展示与数字化优势结合，通过互联网平台可以向全球范围扩展、传播中国优秀文化，发挥其更大的文化影响力。本文以数字化公共文化服务内涵、政策及现状为切入点，在分析当前数字公共

---

[*] 本文为厦门市社会科学调研课题"厦门智慧城市建设中的数字公共文化服务现状及策略研究"（厦社科研〔2017〕D08）阶段性成果。
[**] 何圣捷，厦门理工学院文化产业与旅游学院博士，研究方向为文化经济研究、新媒体经营管理。

文化服务困境的基础上，提出未来发展趋势建议，思考未来数字公共文化服务的发展方向。

一 数字公共文化服务的概念与内涵

公共文化服务主要是以政府为主要实施主体，为公众提供文化服务，满足公共文化需求，保障公众文化权利的文化产品或服务。关于公共文化服务的概念中的定义、目的、范围，学者们有着不同见解。

陈威（2006）[①]认为，公共文化服务提供的主体是公共部门或准公共部门，该服务为了满足基本文化需要、提高公众的文化素质和文化生活水平。认为公共文化服务提供主体为政府的学者有曹爱军、杨平（2011）[②]，陈希琳（2011）[③]，柯平（2011）[④]等，以上几位学者都认为，公共文化服务是以满足公众的基本文化需求、提高公民文化素质、保障公民基本文化权益为基本目的，但在概念的范围上有所不同。陈威、曹爱军、杨平均认为公共产品和服务行为都属于公共文化服务的范围。曹爱军、杨平对公共文化服务涵盖哪些文化领域进行了描述，并提出公共文化服务具有非竞争性和非排他性的特性。关于数字公共文化服务这一概念，柯平下了这样的定义：公共文化服务与数字文化的结合。齐勇峰、李平凡（2012）[⑤]认为，公共文化服务的主体是社会公众文化机构和场所、社会组织，公共文化服务是一种以文化馆（站）、公共图书馆和博物馆等面向社会公众的文化机构和场所为中心，以非政府、非营利性的相关社会组织为外围的文化服务点和网络体系。

综上所述，公共文化服务可以总结出三种特性。一是政府为主导；二是非营利性；三是以保障公民基本文化权益、提升公众文化素质、满足公民基本文化需求为目的的文化产品或服务。但是随着公共文化发展，公共文化服务的概

---

① 陈威：《公共文化服务体系研究》，深圳报业集团出版社，2006，第57页。
② 曹爱军、杨平：《公共文化服务的理论与实践》，科学出版社，2011，第80~90页。
③ 陈希琳：《公共文化服务体系需满足群众基本需求》，《经济》2011年第7期。
④ 柯平：《社会公共服务体系中图书馆的发展趋势、定位与服务研究》，国家图书馆出版社，2011，第120~130页。
⑤ 齐勇锋、李平凡：《完善公共文化服务体系提高国家文化软实力》，《中国特色社会主义研究》2012年第1期。

念日益发生变化。由原来的纯非营利性转向营利性,由非竞争性转为竞争性。许多文化事业单位也逐渐可以开始赢利产生经济效益,例如,故宫博物院的纪念品商城,除了实体商店售卖文化创意商品,同时借助网联网平台采用 B2C (Business to Customer) 模式实现企业对消费者的在线销售。

近五年来,文化部在关于进一步加强公共数字文化建设指导意见中提出对数字文化资源进行整合。这里的数字文化有两个含义:一是文化以数字形态存在和发展,以网络为载体传播;二是新兴文化形态的表现形式。胡唐明、郑建明(2012)认为:"数字文化就是数字的文化(特性)与文化的数字(形态)。"① 公共文化服务通过网络载体,提高了文化资源的供给能力,有效整合文化资源的同时鼓励开发特色数字文化产品,将是未来数字公共文化服务的发展方向。

二 数字公共文化服务的政策环境

2002~2016 年中国数字公共文化服务领域的相关政策如表 1 所示。

表 1 2002~2016 年中国数字公共文化服务领域相关政策

时间	政策出台	政策内容
2002	中国共产党第十六次全国代表大会	发展公益性文化事业,切实尊重和保障人民基本文化权益
2005	中国共产党十六届五中全会	要逐步形成覆盖全社会研究者的公共文化服务体系
2007.6	中共中央政治局召开专题研究会	对我国公共文化服务体系建设的方针原则、目标任务及发展方向进行商讨
2007.8	中国共产党中央委员会办公厅、中华人民共和国国务院办公厅	发布《关于加强公共文化服务体系建设的若干意见》
2007	中国共产党第十七次全国代表大会	把加快建立覆盖全社会的公共文化服务体系列入建设小康社会的奋斗目标
2010	《国家"十二五"时期文化改革发展规划纲要》	建立完善的公共文化服务体系:"覆盖城乡、功能健全、结构合理、高效实用"

---

① 胡唐明、郑建明:《公益性数字文化建设内涵、现状与体系研究》,《图书情报知识》2012 年第 6 期。

续表

时间	政策出台	政策内容
2011	中国共产党的第十七届六中全会	通过了《关于深化文化体制改革、推动社会主义文化大发展大繁荣若干重大问题的决定》,对公共文化服务体系建设的未来做出部署,提出到2020年基本建成覆盖全社会的公共文化服务体系,实现基本公共文化服务均等化
2011.11	文化部、财政部	《关于进一步加强公共数字文化建设的指导意见》(文社文发〔2011〕54号)提出对数字文化资源进行整合
2015	中共中央办公厅、国务院办公厅	《关于加快构建现代公共文化服务体系的意见》:加快推进公共文化服务数字化建设,鼓励企业整合中华优秀文化资源,开发特色数字文化产品
2016	国家信息化发展纲要	完善一体化公共服务体系,整合公共文化资源,构建公共文化服务体系,提升信息服务水平

三 公共文化服务及数字公共文化服务现状

从近几年的统计数据来看我国公共文化服务现状,包括如下几点。

首先,2000年以来全国各地在大力实施公共文化基础建设,并取得显著效果。

中华人民共和国文化部《中国文化文物统计年鉴(2015)》①的数据显示:从2000年起,全国图书馆机构数从2675家一路上升至2014年的3117家(见图1)。

同样从2000年起一路保持机构数上升趋势的文化机构还有博物馆。据统计,中国博物馆数量从2000年的1392家增长至2014年的3658家(见图2),增长超过2.5倍。

文化部公开发布的《2015年文化发展统计公报》数据显示,截至2015年末,全国文化系统所属及管理的文化单位共有29.91万个,比上年末增加1.18万个。

---

① 中华人民共和国文化部:《中国文化文物统计年鉴(2015)》,国家图书馆出版社,2015,第13页。

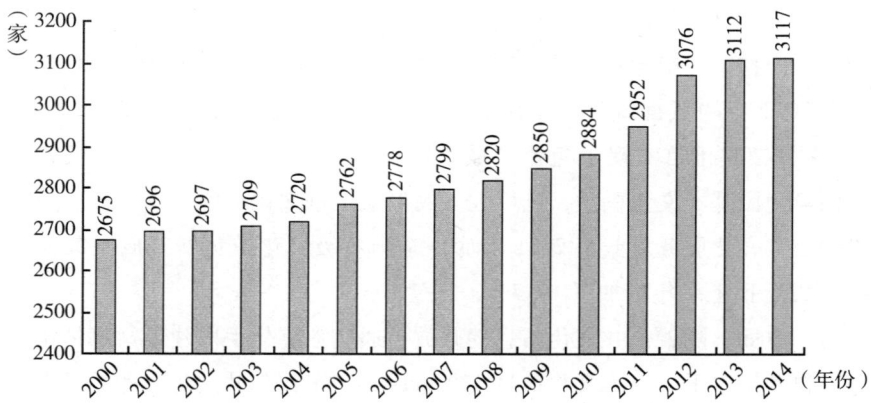

图 1 2000 年以来中国图书馆数量统计

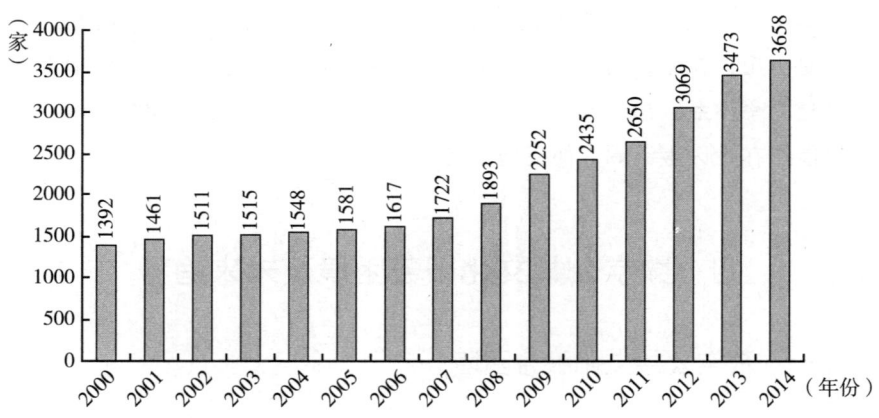

图 2 2000 年以来中国博物馆数量统计

其次,从中国共产党第十六次全国代表大会召开以来,国家对公共文化建设十分重视,对公共文化建设经费投入不断加大。对比"十五"期间与"十二五"期间的中央财政投入,"十五"期间中央财政投入了 4.8 亿元用于扶持西部地区的图书馆及文化站建设。据 2007~2010 年数据统计,中央财政投入 39.48 亿元用于补助全国各地 2.67 万个乡镇文化站建设工作。在乡镇文化站建设投入得到一定保障后,到了"十二五"期间,中央加大了财政投入,补助 70 亿元用于地市级图书馆、博物馆、文化站等公共文化服务设施建设,并取得了一定效果。

最后,公共文化服务建设不断推进,要完善一体化公共服务体系,必须创新服务方式，整合公共文化资源，提升信息服务水平。一方面，从 2008 年起全国许多博物馆、纪念馆、美术馆、爱国教育基地等启用免费开放的服务方式。据 2011 年的数据统计，全国共有 2952 个公共图书馆、3285 个文化馆、34139 个乡镇文化馆实现了免费开放。这项政策促进基本公共文化服务均等化，保障公民基本文化权益，让广大人民群众走进文化设施，享受政府为公民提供的公共文化服务。截至 2011 年底，全国各级文化馆免费开放服务人次达 514.45 万，比上一年增加了 19.7%。

另一方面，随着公共文化信息的开放，通过数字化手段建设共享体系提高信息资料利用水平、保障文化信息安全也成了数字化公共文化服务的重点。例如，2015 年，杭州图书馆开通了 OCLC 的 Worldshare ILL（全球共享馆际互借）平台，通过这个平台成功实现了与全球 49 个国家 1 万家图书馆间互借的服务；2010 年，厦门市图书馆建成数字图书馆，与国家数字图书馆相连，市民可以足不出户在家看书；苏州市也形成了多模式跨系统、跨行业的地方性图书馆共建共享体系；福建省、广东省等多省份积极建设社区流动图书馆，让更多市民能够在社区生活圈内便捷地享受公共文化服务。

四　数字公共文化服务困境及未来趋势

（一）数字公共文化服务困境

首先，数字公共文化服务提供与文化需求的错位。国家、各省市政府投入大量资金建设公共文化服务，例如，建设农家书屋、移动图书馆、数字图书馆，建设数字书店，放映公益电影，但效果堪忧。习近平主席在浙江的时候就提过这个问题，事业单位在满足公共文化需求的时候也要运用市场机制。只有通过市场机制，才能真正了解百姓的文化需求，才能避免现在数字公共文化服务尴尬的境地：建了数字图书馆没有人点击，放公益电影没有人看。

其次，数字公共文化服务受到管理体制制约，导致服务资源整合仍存在诸多障碍，也是当前数字公共文化服务困境的问题之一。数字化技术虽然在文化资源整合上提供了可行性，但是数字公共文化服务资源整合在实际操作中因涉及许多公共文化服务机构，而各文化服务机构的政策法规又不尽相同，所以当前跨机构文化资源整合仍存在障碍。

最后，数字公共文化服务方式墨守成规。在数字公共文化服务发展的进程中，许多公共文化服务单位依然拘泥于足不出户的传统服务方式，等着文化消费者主动上门。有了数字传播媒介后虽然在传播方式上有所改进，把部分公共文化服务内容进行数字化传播，但服务方式依然没有改变。

随着智能移动终端的兴起及快速普及，以微博、微信、APP为代表的新技术、新应用产品蜂拥而至，信息传播方式发生了巨大变革，人们的生活形态也发生了显著变化。在这样的数字化信息传播背景下，公共文化服务单位不应该坐等文化消费者上门，而应该主动"走出去"提供服务，例如，与各领域展开相互合作，与学校、工厂、社区、养老院、企事业单位合作了解它们的文化需求，然后有针对性地提供文化服务。

除了定点服务，在互联网时代要充分利用科学技术，如数字化技术、互联网技术等，让人们不受空间、时间限制随时随地享受公共文化服务。在数字化传播方面，通过绑定、活动预告、文化产品促销优惠等方式，提升文化消费者的使用黏着度。可以通过微信公众号、微博等诸多数字平台定期更新文化服务内容（新书、新电影、新讲座、新展览）等的精彩预告。一方面，扩大宣传使更多百姓享受公共文化服务，方便公民随时随地了解数字公共文化服务的最新资讯。另一方面，保证数字公共文化服务的可持续发展，为下一期活动策划做好充分准备。

钟晶晶、韩超（2014）对我国公益性数字文化服务体系的政策保障、建设实施情况及数字文化服务体系建设现状三个方面进行了调研，提出我国公益性数字文化服务体系建设存在四个问题："一是长效性、针对性的政策保障不足。二是缺乏科学系统的顶层设计规划。三是信息化人才短缺。四是基层特别是农村的数字文化服务建设薄弱。尽管基层特别是农村地区一直是文化共享工程等重大文化工程的重点建设对象，但目前数字文化服务在农村地区的建设依然薄弱。"[①]

（二）数字公共文化服务未来发展趋势

1. "一对一""互联网+益民精准化"服务模式

随着我国数字化建设的发展，信息传播环境发生变化，数字技术重构了人

[①] 钟晶晶、韩超：《我国公益数字文化服务体系建设现状与分析》，《图书馆理论与实践》2014年第5期。

与各类信息的接触方式。如何把公共文化服务与数字文化建设紧密结合起来，发展"互联网＋益民服务"的服务模式值得思考。值得注意的是，在数字化与公共文化服务相结合的今天，数字网络对公共文化服务的影响程度随之增强。如何才能实现"一对一"精准化服务，对现有的文化资源进行有效整合是发展数字公共文化服务下一步需要思考的问题。"网络媒体凭借其巨大的信息容纳功能，在短时间内将碎片文化资源进行有效整合，形成庞大的网络文化平台。在后分众时代，网络媒体的出现将原有的公共文化以数字压缩的形式呈现在人人都享有接近权的虚拟空间。新媒体技术还创造出特有的文化形态，互联网文化成为公共文化的重要组成部分，满足了受众对新型文化的需求。全媒体环境下，受众结构发生巨大变化，受众群体呈现分化、散化趋势，这就需要与之相适应的个性化服务模式。新媒体能实现对受众的精确定位，在发挥其文化传承功能时根据受众的媒介接触习惯和文化接触习惯实现'一对一'的精准化服务。"①

2. 数字公共文化服务推动打造智慧城市文化名片

博物馆、图书馆、展览馆等公共文化服务机构是城市文化传播的重要载体，在全球范围内，大多以旅游为重点产业的城市已经形成众多闻名遐迩的博物馆、图书馆等公共文化服务品牌。如何顺应产业发展，升级一批具备良好公共服务功能的数字公共文化服务平台，使之成为新的城市名片和城市文化推广力量，有待深究。

2016年国务院印发了国家信息化发展纲要，强调了智慧城市建设的重要性。构建数字公共文化服务体系是实现产业和城市转型升级、建设智慧城市的重要切入点，对于提升城市公共服务水平具有重要意义。

3. 整合数字文化资源推动公共文化服务建设迈上新台阶

虽然拥有好的文化资源，但利用好现有的文化资源，推动文化创新与产业转型升级才是机遇所在。政府通过完善法规提供政策保障，依法明确数字化统一标准、统一管理原则，制定各项促进政策，建立并完善激励机制等方式加强对文化数字化的扶持。对数字公共文化资源整合，可以使社会公众更便捷地获取文化资源，更好地满足公共文化需求。通过数字化标准规范体系建设及关键

---

① 赵娟娟：《新媒体发展对公共文化服务的影响》，《新媒体》2014年第11期。

技术研究与实现、信息化云平台建设、虚拟传输网络及应用平台建设、文化信息资源数据库群建设、数字文化服务驿站建设、研究成果出版和交互体验传播等方式，将碎片文化资源进行有效整合，从而形成庞大的网络文化平台。该平台可以通过个性化精准服务、互动反馈，实现公共利益最大化，推动公共数字文化服务建设迈上新台阶。

2016年国务院印发了《国家信息化发展纲要》，强调提高网络文化传播能力，构建现代文化传播体系。而公共文化服务的数字化是我国提出公共文化服务建设的新思路，公共文化服务数字化可以打破原来地理空间、时间的限制，让更多市民能够更便捷地享受公共文化服务，实现文化惠民的均等化发展，提升服务能力和服务效益。

文化旅游篇

Cultural Tourism Reports

B.11 "一带一路"文化旅游发展的基本路径

黄金洪*

摘　要： "一带一路"建设是国家的重大战略构想，为中国与"一带一路"沿线各国发展文化旅游提供了难得的机遇。以文化旅游为先导，能够实现"人心相通"，进而带动道路联通、贸易畅通、货币流通、政策沟通等互联互通建设。做大做强"一带一路"文化旅游，要从以下五个方面入手：协调国际关系，真正做到互利互惠；切中行业实际，制定产业扶持政策；响应国家战略，全面评估投资风险；寻找合作伙伴，打造精品旅游线路；创新营销模式，完善宣传推广体系。

关键词： "一带一路"　文化旅游　营销模式

---

* 黄金洪，厦门理工学院文化产业与旅游学院副教授，主要研究方向为民俗学与文化产业学。

中国"一带一路"建设构想提出以来，正从战略构想变成现实。2015年，相关企业"承包工程项目突破3000个……共对'一带一路'相关的49个国家进行了直接投资，投资额同比增长18.2%……承接'一带一路'相关国家服务外包合同金额178.3亿美元，执行金额121.5亿美元，同比分别增长42.6%和23.45%……上海对'一带一路'沿线国家和地区的投资呈井喷式增长，达到92亿美元，同比增长24.8倍。'一带一路'沿线国家和地区对上海的投资额达28亿美元，同比增长45.2%"。① "2016年6月底，中欧班列累计开行1881列，其中回程502列，实现进出口贸易总额170亿美元。"② 截至2017年3月，已经"有100多个国家和国际组织共同参与，有40多个国家和国际组织与中国签署了合作协议……在沿线20个国家已经建设了56个经贸合作区……目前累计投资超过了180亿美元，为东道国创造了超过10亿美元的税收，还有超过16万个就业岗位"。③ 而"一带一路"倡议，更为中国与沿线各国发展文化旅游提供了难得的机遇。以文化旅游为先导，能够实现"人心相通"，进而带动道路联通、贸易畅通、货币流通、政策沟通等互联互通建设。

一 "一带一路"文化旅游发展现状

"一带一路"沿线国家的文化旅游资源非常丰富，主要集中在东段（古代东方文化区）、中段（古印度文化区、古巴比伦文化区和古埃及文化区）和西段（古罗马文化区和古希腊文化区），其中集聚了古中国、古印度、古巴比伦和古埃及四大文明古国的文化精髓。这些不同特色的历史文化区域，至今保留着为数众多的文化遗迹，也保留着不同民族的生活习俗、服饰、宗教及居住建筑等丰富的人文旅游景观，可提供给游客们民俗风情的多样体验和再现历史风貌的旅游环境。

---

① 《文化旅游》，http：//baike. so. com/doc/5342406 – 5577849. html。
② 《文化旅游》，http：//baike. so. com/doc/5342406 – 5577849. html。
③ 《"一带一路"沿线已建56个经贸合作区 投资超180亿美元》，中国网，2017年3月3日，http：//news. china. com. cn/2017 – 03/03/content_ 40399423. htm。

（一）"一带一路"文化旅游的产业状况

由于现阶段文化旅游在统计上还很难作为一个独立的旅游门类从旅游产业中分离出来，看文化旅游产值的大小主要还是以旅游市场的大小为标度。从当前的情况看，"一带一路"除了东段和西段旅游市场发展较好外，中段相关国家在整体上还处于劣势境地。东段特别是中国，自2012年成为世界第一大旅游客源国后，已连续五年高居全球客源国榜首。2017年4月6日，由世界经济论坛发布的《2017年旅游业竞争力报告》[1] 显示，2016年到访中国的国际游客近5700万人次，占亚洲地区总人次的20%以上；中国旅游业的国际竞争力上升，在报告所涉及的136个国家和地区中，排名升至第15位；从具体指标来看，中国的文化资源排名第1。在同一榜单上，排名在前50名以内，东段还有中国香港（11）、新加坡（13）、马来西亚（26）、中国台湾（30）、泰国（34）、印度（40）和印度尼西亚（42）七个国家和地区；西段有希腊（24）、克罗地亚（32）、爱沙尼亚（37）、捷克（39）、斯洛文尼亚（41）、俄罗斯（43）、波兰（45）和匈牙利（49）八个国家；中段则只有阿联酋（29）、土耳其（44）和卡塔尔（47）三个国家，且排名比较偏后，伊拉克、叙利亚、巴勒斯坦等甚至无缘于本年度竞争力排名。总体而言，中段的旅游产业呈现以下两个特点。

1. 体量不大，占比不高

2016年9月30日，由中国旅游研究院与VISA公司联合主办，中国网、腾讯旅游提供媒体支持的在北京发布的《中国入境旅游发展年度报告2016》（以下简称《报告2016》）的相关数据表明，无论从全球旅游市场着眼，还是作为中国入境游的客源地，"一带一路"中段节点上国家的体量和占比都不太理想。首先，"在国际旅游人数的地区结构中，欧洲所占比例最大，高达52%，其次是亚太（23%）和美洲（16%），而中东和非洲所占比例最小，仅分别为4%和5%……从全球旅游客流分布来看，2015年各个地区总体呈增长态势……其中以中东地区涨势最弱，为3.10%"；[2] 其次，"2015年，我国接

---

[1]《2017年旅游业竞争力报告》，中国投资咨询网，2017年4月30日，http://www.ocn.com.cn/hongguan/201704/hanmn06215756.shtml。

[2] 陆必得：《中国入境旅游发展年度报告2016》，2016年10月9日，https://sanwen8.cn/p/4baqciE.html。

待入境游客约 13382.04 万人次……其中，接待旅华外国游客 2598.54 万人次……接待港澳台入境游客回升至 10783.49 万人次……港澳台赴华客源市场依旧是大陆入境旅游市场的主力军，占全部市场份额的 80.58%"。① 而从入境外国游客的客源构成来看，排名前五的"韩国、日本、越南、美国、俄罗斯合计向中国大陆输送游客 1277.10 万人次，占中国大陆接待入境外国游客总量的 49.15%，接近五成的入境客源市场主要集中在这五大客源国"，② 加上排在之后的马来西亚、蒙古国、菲律宾、新加坡和印度，这前十名客源地"合计向中国大陆输送游客 1750.04 万人次，占中国大陆接待入境外国游客总量的 67.35%"。③ 虽然《报告 2016》没有对中东、西亚等地的客源进行详细统计，但从前十名无一是上述区域的国家不难得出其体量和占比都较低的结论，至多只会比 2014 年提高一些，但不会太多："2014 年，中国共接待来自中东国家的游客 34 万人次，只占了当年中国入境游客总人数的 0.3%，中国面向阿拉伯国家的旅游客源市场仍处于培育阶段。"④

另外，从 2017 年 1 月携程旅游和中国旅游研究院联合发布的《向中国游客致敬——2016 年中国出境旅游者大数据》可以得知，作为中国出境游的目的地，"一带一路"中段节点上的国家整体表现也欠佳。2016 年，我国已经成为泰国、日本、韩国、越南、俄罗斯、马尔代夫、英国等多个国家的第一大入境旅游客源地……我国游客花费总额最多的十大出境目的地国家，依次是泰国、日本、韩国、美国、马尔代夫、印度尼西亚、新加坡、澳大利亚、意大利、马来西亚……我国游客花费总额最多的 11 个城市依次是首尔、曼谷、东京、大阪、新加坡、清迈、伦敦、莫斯科、纽约、罗马、悉尼⑤，无论是十大出境目的地国家还是花费总额十大城市，中段国家和城市无一上榜，足以窥见

---

① 陆必得：《中国入境旅游发展年度报告 2016》，2016 年 10 月 9 日，https：//sanwen8.cn/p/4baqciE.html。
② 陆必得：《中国入境旅游发展年度报告 2016》，2016 年 10 月 9 日，https：//sanwen8.cn/p/4baqciE.html。
③ 陆必得：《中国入境旅游发展年度报告 2016》，2016 年 10 月 9 日，https：//sanwen8.cn/p/4baqciE.html。
④ 曹笑笑：《"一带一路"视角下中阿旅游合作研究》，《阿拉伯世界研究》2016 年第 2 期。
⑤ 《2016 中国出境游大数据：1.22 亿人次花了 1098 亿美元》，人民网 - 旅游频道，2017 年 1 月 24 日，http：//travel.people.com.cn/n1/2017/0124/c41570 - 29045977.html。

其体量和占比重状况。

2. 分布不均，苦乐不一

虽然"一带一路"中段节点上相关国家的旅游市场体量和占比总体上不令人满意，但其内部也不是都表现不佳，而是呈现分布不均、苦乐不一的状态。在中东盛产石油的富裕的"海湾阿拉伯国家合作委员会"成员国（阿联酋、阿曼、巴林、卡塔尔、科威特和沙特阿拉伯）旅游市场就比较活跃。作为客源地，"2014年海湾阿拉伯国家出境游消费额达400亿美元，占全球穆斯林旅游消费额的31%。海湾阿拉伯国家的游客因逗留时间长、人均消费水平高、旅游服务要求高等特点，成为各国争夺的优质旅游客源"；①作为目的地，据胡润百富与亚洲国际豪华旅游博览会（ILTM Asia）合作发布的《2016中国奢华旅游白皮书》，"未来三年日韩、东南亚、南亚及港澳台的选择比例明显下降，而更远的如美洲、大洋洲和岛屿、非洲、中东和南北极的选择比例则提升明显，分别提升27%、49%、179%、129%和73%"，②中东被中国年轻一代的高端旅游者列为第八大旅游目的地。尤其是阿联酋的迪拜，早在2014年就"已成为吸引中国富人的第三大境外旅游目的地"。③而同样在中东的海湾大国伊朗和伊拉克，旅游市场就比较沉闷，个中缘由下文另述。

（二）"一带一路"文化旅游的投资概况

严格地说，这里的文化旅游投资也是以旅游投资为标度的，也只能从整体的旅游投资角度去管窥文化旅游投资的量度。早在习近平提出"一带一路"构想之后，一些企业就在与"一带一路"相关联国家的旅游投资上抢占先机。如2014年11月26日，锦江国际集团在韩国首尔明洞的"锦江之星"酒店正式对外开张营业；同年12月30日，中国国旅集团在柬埔寨暹粒市的免税店正式开业；2015年1月，中国复星集团成功收购法国地中海俱乐部，并于同年4月入股世界上最大的旅行社集团——托马斯库克旅行集团；等等。2015年3

---

① 曹笑笑：《"一带一路"视角下中阿旅游合作研究》，《阿拉伯世界研究》2016年第2期。
② 读道创意：《2016中国奢华旅游白皮书》，2016年6月3日，https://sanwen8.cn/p/153V9pk.html。
③ 曹笑笑：《"一带一路"视角下中阿旅游合作研究》，《阿拉伯世界研究》2016年第2期。

月《愿景与行动》发布后，除国内18个对接"陆上丝绸之路"和"海上丝绸之路"的省、自治区、直辖市加大境内旅游投资力度外，许多企业积极"走出去"，于当年就掀起了一股对外投资的热潮：开元旅业集团收购了法兰克福的原郁金香饭店，海航集团收购了澳大利亚allco航空租赁公司、凯撒旅游、西班牙NH酒店等股权，万达集团先后在英国、西班牙、美国、澳大利亚等完成一系列并购，港中旅用4亿英镑收购英国布莱顿酒店集团等。此外，携程、途牛等在线旅游企业也加快在全球目的地的布局。截至2017年初，"一带一路"的旅游投资格局具有以下特点。

1. 重食宿，轻玩娱

众所周知，旅游是一个涉及食、住、行、玩、购、娱等各行业的产业。从上述2014年和2015年中国各企业对外投资的对象可以看出，食宿类的基础设施（酒店）投资占了主导地位，玩娱类投资基本上没有，遑论对某个自然或历史文化遗迹进行整体开发建设。这诚然与各企业的投资战略和各行业的投入产出特点密切相关。酒店类投资风险较低，见效较快，利于成本的迅速回收；玩娱类投资必须随着审美和欣赏潮流的变化而不断变化，风险较高。如美国迪士尼，经常要变换游玩主题以吸引游客们不断进园尝新。这对于没有成熟运营此类产业经验的企业来说，是难以涉足的畏途。但是，如果多数投资只是集中在食宿上，会造成投资地的旅游产业链不完善，进而影响旅游品牌的树立和对游客的吸引力，最终反过来也会使食宿类投资收益大大缩水。

2. 重外围，轻沿线

上述2014年和2015年中国企业的对外投资中，除中国国旅集团在柬埔寨暹粒市的免税店是真正投资在"一带一路"沿线国家外，其他的无一不是投资在"一带一路"外围的经济发达国家里，而且基本上都是全球旅游的热点区域。中亚、西亚等"一带一路"沿线经济较落后国家的旅游产业基本上没有中方的资本进入。

3. 重地产，轻实业

由于地缘靠近和华人文化圈的优势，"我国对外旅游投资与对外开放大格局表现出一致性，即东快西慢、海强陆弱，'海上丝绸之路'地区的旅游投资企业数量明显多于'陆上丝绸之路经济带'旅游投资企业数量。从全球范围

看，西欧、北美、亚太地区是全球旅游经济规模最大的三个地区，其中亚太地区特别是东亚、东南亚是旅游业发展最为活跃的地区。正因为如此，东南亚地区成为我国'一带一路'战略下旅游投资的热点地区之一"。① 但这种投资多数只是偏重于旅游地产上，很少有资本进入旅游实业。单马来西亚一国就有多处地产由碧桂园、新华联和重庆对外经贸集团等中国著名地产商进行开发，"马来西亚俨然成了国内开发商眼中的'金矿'"，② 媒体上《东南亚旅游带动国人地产投资热　当地房价被推高》《旅游地产抢收马六甲　开发商海外投资锁定东南亚》之类的报道也屡见不鲜。

上述三种投资格局严格来说与文化旅游的相关度不高，达不到与沿线国家旅游先导的"心相通"的效果。

（三）"一带一路"文化旅游的发展障碍

"一带一路"沿线中段相关国家的旅游市场整体表现不佳，我国对外旅游投资很少涉足"陆上丝绸之路经济带"，主要原因在于文化差异过大和社会政治等因素。文化差异是一把双刃剑，适当的差异可以给人以神秘感，引起人们探求的欲望。文化旅游本身的一个动机就是体验不同的异域文化，从异域文化中感受世界的奇妙，进而达到愉悦身心的目的。但是过大的文化差异往往会引起人的不适，进而使人裹足不前。

二　做大做强"一带一路"文化旅游的思考

如前所述，"一带一路"上至今保留着丰富的历史遗迹、建筑、民族艺术和民俗、宗教等旅游资源，它们是发展文化旅游的重要前提和物质保证。如何使富含历史文化资源的东段、中段和西段的文化旅游齐头并进、共同发展，是做大做强"一带一路"文化旅游的关键所在。

---

① 《"一带一路"旅游投资格局初步显现》，《珠江晚报》2016年4月27日，http://money.163.com/16/0427/11/BLLF32NC00253B0H.html。
② 《东南亚成为国内开发商的新乐园》，智房网，2014年10月27日，http://www.zhifang.com/news14/15640.html。

（一）协调国际关系，真正做到互利互惠

当前，"一带一路"沿线国家之间的相互信任度还有待进一步提高。虽然中国同周边国家的关系已处在历史上的最好时期，但仍然存在一些不和谐的因素。如近年来，中国和菲律宾、越南等国在南海领土上产生不少争端，给国与国之间的正常关系造成许多伤害。随着中国经济的发展与国力的强大，这些问题如果没有得到妥善处理，会使中国在世界上给人留下争夺霸权和以大欺小的不良形象，进而影响双边或多边国家之间开展经济与文化的合作和交流。因此，协调好中国与"一带一路"沿线国家的关系尤为重要。国际关系协调的前提是互利互惠，任何以牺牲单方利益的协调都不可能是真正、长久的协调。在领土争端上，中国要在尊重历史与现状的基础上有理有节地做适当让步，使问题得到圆满解决；在对外投资与贸易上，中国在输出过剩产能、输进能源与原材料的同时，要注意它们之间的平衡关系，不要让人误以为中国是资源的掠夺者。特别是在文化旅游投资上，中国要有担当，要兼顾长期与短期收益，要扎实做好旅游交通等基础设施建设，使沿线国家看到中国的诚意，从而与中国建立起真正互利互惠的旅游合作关系。

（二）切中行业实际，制定产业扶持政策

旅游行业涉及人员的往来，具有其自身发展的规律和特点。要针对"一带一路"沿线国家的实际状况，出台一系列切中行业实际的产业支持政策，共同做大做强文化旅游经济。首先，在投资上，要在努力协调各方关系、营造安全投资环境的同时，制定鼓励前往中亚、西亚等中段相关国家投资的扶持政策。特别是对道路交通和人文景区建设等资本回收期较长的项目，国家应予以一定比例的资金扶持和银行贷款的利率等优惠；其次，在旅游签证上，无论中国公民前往"一带一路"国家，还是"一带一路"国家公民来到中国，都要简化手续。在条件许可的情况下，可实行免签证或72小时、144小时过境免签证政策，以便于双方游客的快捷往来。再次，在旅游购物税率与出入境携带物品数量和质检上，应适当调低关税，放宽物品限制，让游客们切实享受到"一带一路"旅游带来的实惠。最后，在机场、港口建设和航班起降、停靠等方面，要向主营"一带一路"的旅游

业务倾斜。这将在给游客出行带来便利的同时，拉近国与国人民之间的心理距离，达到"暖心"的效果。

（三）响应国家战略，全面评估投资风险

"一带一路"倡议给中国各企业提供了前所未有的投资机遇。其一，有国家政策为"走出去"背书。"一带一路"的"五通"之一就有"政策沟通"，即中国国内政策与"一带一路"沿线国家政策相衔接。自2015年3月《愿景与行动》发布后，国家也在进一步研究出台推进建设的具体政策措施，实施细则的制定已进入实质性阶段，力争使我国的各项政策接"一带一路"的地气，为企业投资保驾护航。其二，有国家指导为"走出去"提供方向。《愿景和行动》本身就是宏观指导投资的纲领性文件，以之为行动指南，可以避免产生盲目和无效投资等问题。此外，各地政府也经常发布"一带一路"投资指南，如成都市于2016年12月颁发首部"一带一路"重点国家《国别投资指南》等，为企业投资指明方向。其三，有国家威望为"走出去"树立形象。"一带一路"是国家行动，是以近几年来中国良好的国际声望为基础的。企业对"一带一路"沿线国家的投资行为，笼罩着中国国家形象的光环，是一个不需要花钱就可以为自己树形象创品牌的良机，等等。因此，有条件的企业一定要积极响应国家这一重大战略，努力把握文化旅游的投资良机。与此同时，要正视不同区域的文化差异，对投资安全、政府（族群）信用等进行全面评估，坚持在风险可控的前提下积极有为、顺势而为，争取在"一带一路"建设热潮中成就事业的辉煌。

（四）寻找合作伙伴，打造精品旅游线路

在各相关国家政策许可和旅行人身财产安全得到保证的前提下，国内各旅行社要积极在"一带一路"沿线国家寻找合作伙伴，架起中外游客出行的坚固桥梁。同时，要打造多条精品文化旅游线路，串起"一带一路"沿线上的所有文化旅游景区，分类别、分地段地提供给消费者，以产品的极大丰富性满足游客们的各种旅游需求。在国内，内地要充分挖掘新疆、甘肃、宁夏等省份的文化旅游资源，发挥文化相亲优势，推出中国境内丝绸之路精品路线，吸引中亚、西亚等伊斯兰文化区域的人们前往观光旅游；沿海要充分挖掘"海丝"

商品产地文化旅游资源，开辟"海丝"茶叶与瓷器产地游精品线路，吸引"一带一路"，特别是"一路"沿岸国家的人们前来游览观光。在国外，要重点推出南亚古印度、西亚古巴比伦和古埃及文化精品旅游线路，吸引国内游客前往旅游体验，尤其要让西亚因教派纷争而国家动荡的人们真切感受到旅游带来的经济发展好处，进而为旅游产业的良性发展奠定基础；要海路和陆路兼顾，海上要进一步挖掘东南亚的旅游潜力，并辐射到印度洋沿岸，可发展邮轮等高端游，把"海丝"沿线的文化旅游做到极致。陆路在现阶段由于受交通等制约，可先开展中亚、西亚和中东欧的包机游，待地上交通完善之后，可发展体验丝绸之路沿途民族民俗风情和古文化遗迹游，切实帮助"一带"沿线国家做大做强文化旅游经济。

（五）创新营销模式，完善宣传推广体系

在打造多条精品文化旅游线路的同时，营销推广工作要同时铺开。第一，随着"互联网+"时代的到来，要充分利用互联网及其衍生品手机 APP、微信、微博、推特等进行宣传营销，要与百度、360 和谷歌等境内外搜索引擎合作，将所推出的旅游产品放在显眼的位置进行推广；第二，要在各新闻网站制作广告软文，以新闻报道的形式介绍旅游目的地，激发读者的体验欲望；第三，可结合精品游线路，将国内和国外"一带一路"沿线的文化旅游景点开发成免费电子游戏，让人们在游戏中接受宣传和营销；第四，要依托各旅游门户网站统计出来的大数据，充分利用多媒体传播策略，制作精良的广告宣传片或图片，结合互联网，在电视、报纸等传统媒体上进行精准营销；第五，要与国内外各著名电影公司或导演合作，为各文化旅游景点量身定做电影拍摄取景地，以植入电影情节的方式唤起观众前往旅游的欲望；第六，在宣传营销过程中，要注意对不同文化区域区别对待，要采用各国受众能够理解和接受的形式进行推介，如在语言上要与所针对国家的官方语言相一致，对阿拉伯国家宣传我国景点时，不宜在画面中突出美女形象和以猪肉为食材做成的美食等。只有随着时代的发展不断创新营销模式，完善宣传推广体系，才能取得"一带一路"文化旅游的良好成效。

B.12
台湾会展产业发展报告（2015~2016）

林义斌　邱玉珠*

摘　要： 近年来，台湾积极推动发展会展产业，扩建国际级会展场馆，引入会展国际认证和专业人才培训课程，积极协助厂商搭建海外交易平台，通过赴海外办展、参展或代理海外展等方式，促进台湾整体产业与经济的发展，以期带动台湾观光产业发展与产业竞争力，塑造台湾正面形象，提升国际竞争力。本文通过比较亚洲地区各国会展产业的概况，分析台湾会展产业的相对地位。探讨台湾在亚洲地区会展产业的竞争力，提出台湾未来会展产业的发展重点。

关键词： 台湾　会议产业　展览产业　会展产业政策

会展产业是国家产业发展的展示橱窗和营销利器；同时也是衡量一个城市国际化程度和经济实力的重要指标。近年来，台湾投入许多资源推动发展会展产业，扩建国际级会展场馆，引入会展国际认证和专业人才培训课程，积极协助厂商搭建海外交易平台，通过海外办展、参展或代理海外展等方式，促进台湾整体产业与经济的发展。

一　亚洲地区会展产业概况

亚洲地区由40多个国家和地区组成，全世界有超过40亿人、占60%以上

---

* 林义斌，台北教育大学文化创意产业经营学系副教授，主要研究方向为文创商品开发、空间展示设计规划、园区与商圈规划辅导、产业观光与休闲体验及会展产业管理等；邱玉珠，台北教育大学文化创意产业经营学系兼任助理教授，台湾贸易中心展览业务处高级专员。

的人口居住在这个区域。经济合作与发展组织（Organization for Economic Co-operation and Development，以下简称"OECD"）估计，到 2020 年，亚洲区域内中产阶级人数将超过 17 亿人，占全球的 54%，不仅将加速区域内及国际商务旅客的移动和交流，更能促进产业创新和智慧资本交换。①

近年来，亚洲城市对基础建设的大量投资与强力的经济成长，使亚洲地区成为会议与展览快速成长的区域。在整体经济推动与会展产业高价值的特性下，亚洲主要国家和城市纷纷以会展产业为发展核心，期望能提升国家及城市的竞争力。在这种激烈的"会展目的地"竞争下，结合在地优势产业、自然生态、文化资产与休闲观光等利基条件，推动发展会展活动，达到与其他城市区隔目的，吸引会展商务旅客入境与旅游，已经成为当今亚洲各大城市努力的方向。②

根据国际展览业协会（The Global Association of the Exhibition Industry，法语 Union des Foires Internationales，以下简称 UFI）委托香港 BSG（Business Strategies Group Ltd.）公司调查、出版的《亚洲会展产业年度报告》（*The Trade Fair Industry in Asia*，12th edition），③ 2015 年亚洲地区会展总销售面积超过 1969 万平方米，相较于 2014 年的 1864 万平方米，增加约 5.6%，显见亚洲地区的会展产业正在持续发展中。其中，总销售面积排名第一的是中国大陆，占比超过 56%（11186000 平方米）；排名第二的是日本，占比也有 10%（2051000 平方米）。在展览数量方面，2015 年亚洲地区总展览数有 2202 场。其中，有 650 场在中国大陆，排名第一；日本有 339 场，排名第二。整体来说，2015 年亚洲地区会展产业的收入将近 49 亿美元（4865982500 美元），比 2014 年增长约 3.4%；其中，排名第一的中国大陆总收入为 1811612000 美元，增长最多，达 7.1%；排名第二的日本，总收入从 2014 年的 961527500 美元，增加到 2015 年的 971145250 美元，增长约 1.0%（见表 1）。

---

① 台湾"贸易局"，《亚洲会展城市营销策略暨个案研究》，2017 年，会展产业研究及文献数据库，https://www.meettaiwan.com/mtfiles/mt//doc/201702/1487216533497 - 0. pdf。

② 台湾"贸易局"，《2013 年全球会展竞争力研究》，2013 年，会展产业研究及文献数据库，https：//www.meettaiwan.com/zh_ TW/mtdoc/info/2014080003/2013% E5% B9% B4% E5% 85% A8% E7% 90% 83% E6% 9C% 83% E5% B1% 95% E7% AB% B6% E7% 88% AD% E5% 8A% 9B% E7% A0% 94% E7% A9% B6% 20Part% 202.html? function = 96E6652ED49E36B3D0636733C6861689。

③ BSG，*The Trade Fair Industry in Asia*（12th ed.），2016，Business Strategies Group Ltd.

表1 2015年亚洲地区会展产业概况

国家或地区	展馆数（个）	室内总面积（平方米）	展览数量（个）	总销售面积（平方米）	售价（每平方米）	全年收入（美元）
中国大陆	108（1）	5600039（1）	650（1）	11186000（1）	161.95	1811612000（1）
日 本	14（3）	358649（2）	339（2）	2051000（2）	473.50	971145250（2）
韩 国	12（4）	308368（4）	160（5）	959000（5）	299.19	286919000（4）
印 度	16（2）	319892（3）	172（4）	991750（3）	218.51	216709250（6）
泰 国	9（7）	244323（5）	99（7）	572750（8）	342.19	195987500（7）
新加坡	4（9）	219970（6）	72（10）	343750（9）	452.25	155460750（9）
中国香港	2（13）	149820（10）	95（8）	964250（4）	441.96	426163750（3）
澳大利亚	12（4）	172092（7）	184（3）	593500（7）	466.06	276608000（5）
中国台湾	5（8）	154818（9）	117（6）	796500（6）	238.27	189783000（8）
印 尼	10（6）	170135（8）	68（11）	238250（11）	270.52	64451250（11）
中国澳门	2（13）	76715（11）	26（15）	209250（12）	248.13	51920500（13）
马来西亚	4（9）	71342（12）	81（9）	339250（10）	338.93	114981250（10）
巴基斯坦	2（13）	37191（13）	31（14）	86500（15）	259.04	22407000（15）
越 南	4（9）	33793（14）	60（12）	182500（13）	291.28	53159250（12）
菲律宾	3（12）	26257（15）	48（13）	177250（14）	161.78	28674750（14）
总 计	207	7943405	2202	19691500	（国均）310.90	4865982500

资料来源：整理自BSG（2016），括号内数字为该项排名。

2015年亚洲地区的会展产业增长率平均为5.6%，低于2014年的6.8%；同样的，大部分东南亚国家的表现都不错，总销售面积菲律宾成长7.75%，印度尼西亚7.4%，越南7.2%；马来西亚则保有整个区域的平均水平，增长5.7%。2015年成长最快速的市场是印度，高达7.8%；只有印度和中国（7.1%）两个国家超过这个地区的平均成长率。就总销售面积来看，相较于2014年，韩国成长3.7%，澳大利亚和新加坡增长3.4%，中国香港则是3.2%；日本则是亚洲地区成长最低的国家，仅有1.2%（BSG，2016）。

由于世界各国越来越重视会展产业的经济效益以及城市营销的效果；加上全球经济重心东移，亚洲地区会展活动日益活跃，各国纷纷投入资源，积极发展会展产业。比较近年亚洲地区国家会展产业的发展概况可知，过去十年来亚洲地区会展产业的成长，主要来自在会展产业基础建设的大量投资，特别是中国大陆。

AMR International 发布的"Globex 2016"报告摘要指出：中国大陆已经取代德国，成为世界第二大展览市场，仅次于美国（AMR，2016）；① 此外，新兴市场以及海湾地区也持续推动全球的经济成长，同时在总体经济全面提升下，推动成熟市场复苏。以 2016 年为例，有超过 70% 的会展空间位于中国，几乎是排名第二的日本的 15 倍之多；日本现有展览空间 358649 平方米，而中国大陆则有 5600039 平方米。预计到 2017 年底，亚洲地区有 7 个地区还会有新的展览空间加入，包括马来西亚、中国台湾、澳大利亚、印度尼西亚、泰国、印度和中国大陆。

二 台湾会展产业分析

台湾具备丰富的自然、人文及观光资源，信息、通信等多项产业具有竞争力，医学、工程等具有丰沛的企业与学术能量，民间积极参与国际组织及活动，人民友善，治安良好，台湾极具发展会展产业的优势。② 因此，近年台湾积极推动发展会展服务产业，期能将台湾打造成为亚洲的会展中心。不过，有别于亚洲其他国家和地区以设立法定机构来负责的方式，台湾采用计划方式推动发展会展产业，以弹性因应外部环境竞争以及国内产业发展的需求。

以下说明台湾会展产业的发展脉络、相关政策，分析会议产业、展览产业，介绍会展产业的规模与效益，探讨分析台湾会展的营销策略。

（一）台湾会展产业发展脉络与政策

会展产业不仅是产业发展的展示橱窗和营销利器，同时也是一个国家或地

---

① AMR, *The Global Exhibition Organizing Market: Assessment and Forecast to 2020*, https://www.amrinternational.com/myglobex/products/globex - 2016 - the-global-exhibitions-organising-market-assessment-and-forecast-to - 2020/，最后访问日期：2017 年 6 月 8 日。
② 2011 年《台湾产业发展的规划蓝图》，http://www.president.gov.tw/Portals/0/images/IntroductionROC/constitution/%E7%B8%BD%E7%B5%B1%E5%BA%9C%E8%A8%88%E7%95%AB_%E5%8F%B0%E7%81%A3%E7%94%A2%E6%A5%AD%E7%99%BC%E5%B1%95%E7%9A%84%E8%A6%8F%E5%8A%83%E8%97%8D%E5%9C%96.pdf，最后访问日期：2017 年 6 月 8 日。

区国际化程度和经济实力的重要指标。台湾的出口依存度高,经济发展仰赖对外贸易,会展产业成为台湾产业拓展国际市场的主要管道。台湾会展产业发展的变迁,可概分为创始、成长与茁壮三个时期①,详述如下。

创始期(1970~1985年):1970年,对外贸易发展协会成立,租用台北圆山大饭店大厅办理各类外销产品展览交易会,邀请国外买主前来参观并采购;后因出口成长与展览规模扩大,1976年改租用台北松山机场航厦设立台湾产品展示中心及展览场地,同时筹建台北世界贸易中心等四大建筑。

成长期(1986~2001年):1986年台北世界贸易中心展览1馆启用,1989年台北国际会议中心启用,随后台湾陆续启用其他建筑物,以提供优质的会展场地、专业的会展设施及多元的会展服务等,促成许多大型国际会议、研讨会和产品发表会等活动的举办与发展,间接带动民间消费和内需成长,其中就有超过半数属于民间消费展览。

茁壮期(2002年迄今):2002年,台湾行政主管部门将"会展服务产业"列为《挑战2008:国家发展重点计划(2002~2007)》②的重点工作之一;其后,为了提升国民的生活质量,台湾发展委员会提出"服务业发展纲领及行动方案"③建议,台湾行政主管部门复于2004年底核定"全国服务业发展纲领",并将"会展服务业"列为重要的新兴服务业,成立"观光发展推动委员会MICE项目小组",结合相关部会资源与力量共同推动会展产业。

自2005年起,台湾经济主管部门陆续推出"会议展览服务业发展计划(2005~2008年)"、"台湾会展跃升计划(2009~2012年)"以及"台湾会展领航计划(2013~2016年)"等,持续提高台湾会展服务的质量和效率,强化台湾会展品牌国际形象及国际竞争力,促使台湾成为全球会展重要目的地,进而带动我国整体产业与经济的发展。此外,经济主管部门"2020产

---

① 台湾"贸易局",《我国会展产业发展政策研究案——从政策检讨会展设施需求》,https://www.meettaiwan.com/mtfiles/mt/doc/201512/1449203983766-0.pdf,最后访问日期:2017年6月8日。
② 《挑战2008:国家发展重点计划(2002~2007)》,https://www.teg.org.tw/files/events/2002.05.31.pdf,最后访问日期:2017年6月8日。
③ 《服务业发展纲领及行动方案(2004.11~2008.03)》,http://www.ndc.gov.tw/News_Content.aspx?n=2FE923B6D5878FBA&sms=72B16E02BCB79287&s=D517C1DFEE1A92EB,最后访问日期:2017年6月8日。

业发展策略"①，也将会展产业列为未来六项服务业之一，预计2013～2020年对会展业投入82.3亿元，以提升台湾会展服务业国际地位，将台湾建设成为亚洲会展中心，并促使会展产业于2020年产值达到新台币512.5亿元，举办协会型国际会议310个，来台参加会议国外人士达23.5万人。

近年来，台湾会展产业发展政策以"打造台湾成为全球会展重要目的地"为愿景，以"发展会展产业、促进经济成长动能"为主要目标，包括"以会展活动支持产业发展""扩大会展产业软硬体能量""提高会展产业国际能见度""强化会展产业国际竞争力"四项次目标，与"完善会展设施""扩大会展能量""培训会展人才""推动绿色会展""强化国际营销"五大政策。② 其实施策略，如图1所示。

（二）会议产业概况

会议可概分为国际会议与国内会议两种。国际会议产业竞争日趋激烈。欧美先进国家早已率先成立国家会议局推动国际会议产业的发展；亚洲邻近国家也意识到举办国际会议对国内产业，乃至于国家经济皆有显著的振兴作用。

国际会议协会（ICCA）则将国际会议分为"协会型会议"（Association Meetings）、"企业型会议"（Corporate Meetings）、"政府型会议"（Government Meetings）及"其他国际会议"。其中，有关国际会议的定义是参加会议人员必须达50人以上，并定期举行，且至少在3个国家以上轮流举办。

台湾会议产业的发展优势包括医学、信息与科学等领域之国际学术研究成果卓越，有利于争取国际会议；具备丰富的自然人文及观光特色，社会安定并拥有多元文化与特色美食，有利于吸引企业会议；政府将会议产业列为重点发展产业；具有国际专业证照的会议人才逐年增加且人数在亚洲名列前茅等。

根据ICCA（2016）的统计报告，③ 2015年台湾共举办124场协会型会议，

---

① 经济主管部门"2020产业发展策略"，http://ws.ndc.gov.tw/001/administrator/10/webarchive/1627/b5aa28a1-cde4-424a-badd-02f1a18d5259.pdf。
② 台湾"贸易局"，《我国会展产业发展政策研究案-从政策检讨会展设施需求》，https://www.meettaiwan.com/mtfiles/mt/doc/201512/1449203983766-0.pdf。最后访问日期：2017年6月8日。
③ ICCA, 2015 ICCA Statistics Report-Country & City Rankings. International Congress and Convention Association, 2016.

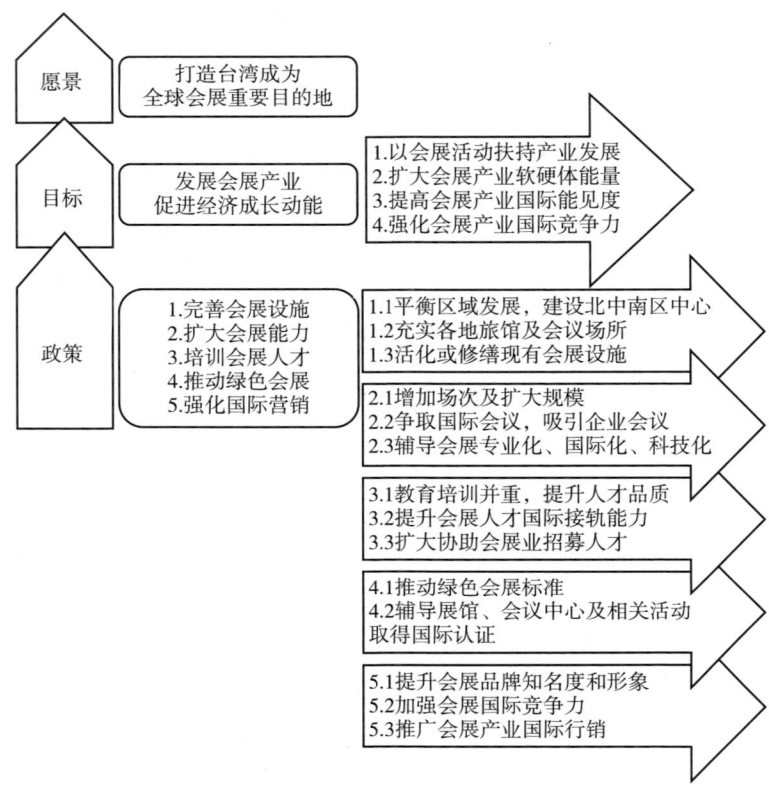

图 1　台湾会展产业政策蓝图

资料来源：改绘自台湾经济主管部门贸易局（2015年）。

领先马来西亚与中国香港等国家和地区，在亚太及中东地区举办会议的地区中排名第8、世界排名第33；相较于2014年的145场（亚洲排名第5、世界排名第28）稍有衰减。不过，若以近四年的发展来看，台湾举办国际会议的场数或排名，则维持相当的稳定性（见表2）。

表 2　2012~2015年亚太及中东地区举办国际会议地区排名

地区	2012年			2013年			2014年			2015年		
	场数（场）	亚洲排名	世界排名	场数（场）	亚洲排名	世界排名	场数（场）	亚洲排名	世界排名	场数（场）	亚洲排名	世界排名
日本	341	1	8	342	1	7	337	1	7	355	1	7
中国	311	2	10	340	2	8	332	2	8	333	2	8
澳大利亚	253	3	13	231	4	16	260	3	13	247	4	15

续表

地区	2012年			2013年			2014年			2015年		
	场数（场）	亚洲排名	世界排名	场数（场）	亚洲排名	世界排名	场数（场）	亚洲排名	世界排名	场数（场）	亚洲排名	世界排名
韩国	229	4	16	260	3	12	222	4	17	267	3	13
印度	150	5	25	142	6	27	116	9	35	132	7	31
新加坡	150	5	25	175	5	21	142	6	29	156	5	24
泰国	150	5	25	136	7	29	118	8	33	151	6	27
中国台湾	117	8	33	122	8	33	145	5	28	124	8	33
马来西亚	109	9	35	117	9	35	133	7	30	113	9	35
中国香港	96	10	38	89	11	39	98	10	38	112	10	36
印度尼西亚	73	11	41	106	10	37	76	12	42	78	12	43
阿拉伯联合大公国	63	12	42	62	12	44	80	11	41	101	11	40
菲律宾	48	13	49	53	13	49	46	13	50	57	13	49
新西兰	45	14	51	48	15	51	45	15	52	50	14	51
越南	35	15	55	52	14	50	46	13	50	36	16	55
以色列	34	16	56	40	16	54	28	17	64	40	15	53
卡达	20	17	66	20	17	68	22	19	70	19	18	71
斯里兰卡	14	18	73	17	18	74	31	16	61	18	19	73

资料来源：整理自 ICCA（2013[①]，2014[②]，2015[③]，2016[④]）。

[①]ICCA, 2013 ICCA Statistics Report-Country & City Rankings 2012, International Congress and Convention Association.

[②]ICCA, 2014, 2013 ICCA Statistics Report-Country & City Rankings, International Congress and Convention Association.

[③]ICCA, 2015, ICCA Statistics Report 2014 – Country & City Rankings, International Congress and Convention Association.

[④]ICCA, 2016, 2015 ICCA Statistics Report-Country & City Rankings, International Congress and Convention Association.

若依办理城市来看，根据 ICCA（2016）的统计资料，亚洲地区 2015 年办理国际型会议场次最多的城市为新加坡，有 156 场，世界排名第 7；其次为韩国的首尔（117 场）、中国的香港（112 场）以及泰国的曼谷（103 场）和中国的北京（95 场）；台北市共举办 90 场协会型国际会议，优于澳大利亚的悉尼、日本的东京和马来西亚的吉隆坡等国际知名城市，在亚太及中东地区排名第6，在全球城市排名中位居第22（见表3）。

表3 2015年亚太及中东地区举办会议主要城市排名

地 区	城 市	会议场数（场）	亚太及中东地区排名	世界排名
新加坡	新加坡	156	1	7
韩国	首尔	117	2	13
中国	香港	112	3	15
泰国	曼谷	103	4	16
中国	北京	95	5	19
中国台湾	台北	90	6	22
澳大利亚	悉尼	86	7	25
日本	东京	80	8	28
马来西亚	吉隆坡	73	9	32
阿拉伯联合大公国	杜拜	56	10	46
中国	上海	55	11	47
澳大利亚	墨尔本	54	12	49
日本	京都	45	13	57
菲律宾	马尼拉	41	14	64
印度	新德里	41	14	64
印尼	巴厘岛	40	16	68
阿拉伯联合大公国	阿布扎比	35	17	73
韩国	釜山	34	18	77
韩国	济州	34	18	77
日本	福冈	30	20	85

资料来源：整理自ICCA（2016年）。

举办国际会议能促进台湾地方产业升级、推升国际学术地位、带动庞大观光产值、创造就业机会及塑造正面形象，与经济发展有密切关系。近年来，由于亚洲新兴国家经济崛起，国际会议举办地点有东移至亚洲地区的趋势；加上两岸经贸交流频繁、台湾会议业者加入国际重要会议组织等契机，更有助于台湾争取更多国际会议与企业会议来台办理。

由于国际会议的主题、规模与场所等类型各异，不太可能发生赢者全拿的情况;因此,如何在未来市场中发挥本身竞争优势,是赢得办理国际会议机会的关键。未来,台湾的会议产业将以"整合跨领域之信息与资源,优先争取符合台湾五大产业政策①,且有胜算、有实力的会议,打造出以城市为主体特色之全球会议目的地品牌"②为总体目标来努力。

(三)展览产业概况

表4为亚洲地区主要国家和地区近四年(2012~2015年)展览馆及展览数量一览表。2005年,当BSG首次出版《亚洲会展产业年度报告》(*The Trade Fair Industry in Asia*)报告时,全亚洲只有101个展览场馆,到了2015年底,则已经增加到207个展览馆。其中,排名第一的中国有108个展览馆,占亚洲地区展览馆总数超过一半(52%)。在展览数量方面,2012年亚洲地区各地区总展览数量为1948场,并逐年成长到2015年的2202场。其中,中国和日本包揽亚洲地区展览数量的前两名,以2015年来说,这两个国家办理的展览数量(989场)就占了全亚洲总展览数量的45%(见表4)。

表4 2012~2015年亚洲地区主要国家会展产业概况

单位:个,场

地区	2012年		2013年		2014年		2015年	
	展馆数	展览数量	展馆数	展览数量	展馆数	展览数量	展馆数	展览数量
中国	101(1)	542(1)	106(1)	565(1)	108(1)	619(1)	108(1)	650(1)
日本	13(2)	332(2)	13(3)	329(2)	14(3)	338(2)	14(3)	339(2)
韩国	12(4)	156(4)	13(3)	160(4)	13(4)	158(5)	12(4)	160(5)
印度	13(2)	138(5)	14(2)	145(5)	16(2)	162(4)	16(2)	172(4)
泰国	9(6)	83(8)	9(5)	77(9)	9(7)	88(8)	9(7)	99(7)
新加坡	4(8)	86(7)	4(7)	93(7)	4(9)	88(7)	4(9)	72(10)
中国香港	2(13)	113(6)	2(9)	109(6)	2(13)	95(7)	2(13)	95(8)

---

① 五大创新产业包括智慧机械、亚洲硅谷、绿能产业、生技产业与国防产业。
② 台湾经济主管部门国际贸易局,《2020年国际会议趋势及我国策略研究》,https://www.meettaiwan.com/mtfiles/mt//doc/201702/1487216606563-0.pdf,最后访问日期:2017年6月8日。

续表

地区	2012年 展馆数	2012年 展览数量	2013年 展馆数	2013年 展览数量	2014年 展馆数	2014年 展览数量	2015年 展馆数	2015年 展览数量
澳大利亚	10(5)	176(3)	10(4)	179(3)	10(5)	182(3)	12(4)	184(3)
中国台湾	4(8)	74(9)	5(6)	89(8)	5(8)	102(6)	5(8)	117(6)
印尼	8(7)	49(12)	9(5)	51(11)	10(5)	63(11)	10(6)	68(11)
中国澳门	2(13)	9(15)	2(9)	9(14)	2(13)	26(15)	2(13)	26(15)
马来西亚	4(8)	64(10)	4(7)	77(9)	4(9)	78(10)	4(9)	81(9)
巴基斯坦	2(13)	28(14)	2(9)	29(13)	2(13)	29(14)	2(13)	31(14)
越南	4(8)	55(11)	4(7)	57(10)	4(9)	58(12)	4(9)	60(12)
菲律宾	3(12)	43(13)	3(8)	44(12)	3(12)	46(13)	3(12)	48(13)
总 计	191	1948	200	2013	206	2132	207	2202

资料来源：整理自BSG（2013，2014，2015，2016），括号内数字为该项排名。
①BSG, 2013, The Trade Fair Industry in Asia（9th ed.）, Business Strategies Group Ltd.
②BSG, 2014, The Trade Fair Industry in Asia（10th ed.）, Business Strategies Group Ltd.
③BSG, 2015, The Trade Fair Industry in Asia（11th ed.）, Business Strategies Group Ltd.
④BSG, 2016, The Trade Fair Industry in Asia（12th ed.）, Business Strategies Group Ltd.

近年来，台湾会展产业保持稳定发展。2012年UFI认列台湾的展览馆只有4个，在亚洲地区排名第8，展览总面积排名第9；有74项展览列入统计，排名位居亚洲第9；到2015年，台湾不论在展场总销售面积（796500平方米）还是展览数量（117场），都已提升到亚洲排名第6，领先泰国、中国香港、马来西亚和新加坡等地；总展览总面积也增加28.6%，显见台湾的展览产业持续而稳定地发展，政府推动发展会展产业已见成效。

（四）产业规模与效益

会展产业具有"三高"（高成长潜力、高附加价值、高创新效益）、"三大"（经济价值大、创造就业机会大、产业关联大）的特性，对内可以刺激内需市场，扩大就业，对外可以活络出口，提升竞争力，也被称为"火车头产业"（Locomotive Industry）。① 会展也是一种乘数效果（Multiplier Effect）很大

---

① 台湾经济主管部门投资业务处，《会展产业分析及投资机会》，http://www.fcu.edu.tw/wSite/publicfile/Attachment/f1264147700344.pdf，最后访问日期：2017年6月8日。

的产业,可以带动周边产业发展,创造巨大的经济效益。Beier 与 Dambock (2006) 的研究指出,① 会展产业的核心业者每投入 1 元的支出,可带动 7～10 元的经济效益(包含直接效益与间接效益);而国际展览业协会(UFI)也指出,会展产业每投入 1 元,可带动 8～10 元周边经济效益。②

近年来,台湾会展产业保持稳定发展。表 5 为 2013～2016 年台湾地区会展产业发展概况,③ 从表中可知,2016 年台湾会展产业的总产值约为新台币 426 亿元,举办的国际会议共 217 场,企业会议暨奖旅共 126 场,展览计 268 项,来台参加会展之外籍人士约 243000 人,PEO/PCO 之就业人口数 2055 人,且连续四年(2013～2016 年)皆呈现稳定成长的趋势。

表 5 2013～2016 年台湾地区会展产业发展概况

项目	2013 年	2014 年	2015 年	2016 年
产值(亿元新台币)	341	368	391	426
国际会议场次(场)	185	210	215	217
企业会议暨奖旅场次(场)	107	118	125	126
在台举办之展览数(项)	159	216	227	268
来台参加会展之外籍人士人数(人)	178000	188883	202000	243000
PEO/PCO 之就业人口数(人)	1577	1863	1962	2055
外籍人士来台参加会展活动经济效益(亿元新台币)	191.1	209.3	217	226
UFI 认列 B2B 展览销售面积(平方米)、亚太区排名	716250 6th	779250 6th	796500 6th	—
ICCA 认列协会型国际会议场次(场)、亚洲国家排名	122 场 7th	145 场 4th	124 场 7th	—
主要展馆之面积(平方米)及摊位数(9 平方米)*	152878 8893	170778 9917	170778 9917	—

注:* 仅认计全台 12 座专业展览中心之室内展示摊位。
资料来源:整理自台湾会展网。

---

① Beier, J. & Dambock, S., The Role of Exhibitions in the Marketing Mix, Ravensburg: University of Cooperative Education, 2006.
② 台湾劳动主管部门劳动力发展署北基宜花金马分署,2014,《102 年度及 103 年度北基宜花金马地区就业市场人力及职训需求信息搜集分析计划:地方重点发展产业职训需求分析报告(第二阶段)》,台北市,财团法人中华民国职业训练研究发展中心。
③ 整理自台湾会展网站,https://www.meettaiwan.com/,最后访问日期:2017 年 6 月 8 日。

为了解台湾推动会产展业的成果，作为未来会展产业发展政策规划之参考，近两年（2015年、2016年）"会展产业调查与会展产业规模评估"计划利用公务统计和会议展览产业景气意见调查问卷分析等方式，来估算2016年之会展产值、就业人口和会展核心业别的发展状况。

表6比较2015~2016年台湾会展产业次的产值。在12种与会展有关的次行业中（包括会展服务业、会展场地业、会展公关活动业、会展物流业、会展设计工程业、会展翻译业、会展广告业、会展旅馆业、会展旅行业、会展餐饮业、会展交通业及会展其他可供消费业等），2016年的产值大多增长，只有会展物流业及会展设计工程业产值呈现衰退现象，需要持续观察其产业发展状况。2016年会展产业的总产值约为新台币426亿元，占GDP比重为0.25%；相较于2015年的391亿元新台币，产值增长率为8.9%。2016年会展产业就业人数约3万人（29512），人均产值为145万元新台币，如表6所示。

表6 2015~2016年台湾会展产业产值估算一览

单位：百万元新台币

行业别	2015年	2016年	行业别	2015年	2016年
会展服务业	9300	10480	会展旅行业	2215	2492
会展场地业	3911	4060	会展餐饮业	1497	1642
会展公关活动业	778	848	会展交通业	1795	2918
会展物流业	7584	6944	会展其他可供消费业	2086	2426
会展设计工程业	4896	4668	总产值	39149	42649
会展翻译业	432	444	就业人口（人次）	—	29512
会展广告业	354	480	GDP占比（%）	—	0.25
会展旅馆业	4301	5247	人均产值（百万元/人）	—	1.45

资料来源：整理自会展产业调查与会展产业规模评估（2015，2016）。

①《2015年会展产业调查与会展产业规模评估》，https://www.meettaiwan.com/mtfiles/mt/doc/201603/1458186623688-0.pdf，最后访问日期：2017年6月8日。

②《2016年会展产业调查与会展产业规模评估》，https://www.meettaiwan.com/mtfiles/mt//doc/201702/1487216494806-0.pdf，最后访问日期：2017年6月8日。

表7进一步分析会展三大核心产业的就业人数及待遇。2016年专业会议筹组公司（PCO）的就业人数较2015年减少；而专业展览筹组公司（PEO）及会展场地业的就业人数略增。值得注意的是，2016年台湾会展产业的总体

产值增长 8.9%（从 2015 年的新台币 391 亿元成长到 2016 年的 426 亿元新台币），但是专业会议筹组公司及专业展览筹组公司从业人员的平均待遇却减少，仅会展场地业从业人员的薪水较 2015 年有所增长；此外，2016 年专业会议筹组公司的就业人数也呈现下降趋势，显示台湾会展产业的结构可能正在发生改变，可以持续关注。

表 7　2015~2016 年会展核心业别就业人数及待遇一览

行业别	2015 年		2016 年	
	就业人数（人）	月薪（万元新台币）	就业人数（人）	月薪（万元新台币）
专业会议筹组公司（PCO）	687	4.32	596	4.09
专业展览筹组公司（PEO）	1275	4.65	1459	4.3
会展场地业	2501	3.74	2513	4.45

资料来源：整理自会展产业调查与会展产业规模评估（2015，2016）。
①《2015 年会展产业调查与会展产业规模评估》，https：//www.meettaiwan.com/mtfiles/mt/doc/201603/1458186623688-0.pdf，最后访问日期：2017 年 6 月 8 日。
②《2016 年会展产业调查与会展产业规模评估》，https：//www.meettaiwan.com/mtfiles/mt//doc/201702/1487216494806-0.pdf，最后访问日期：2017 年 6 月 8 日。

表 8 透过投入产出分析（Input-Output Analysis）评估台湾会展活动对外围产业带动的关联效果。从表 8 可知，相较于 2015 年，2016 年台湾会展产业的产出效果达 929 亿元新台币，年增长率为 9.4%；所得效果达 426 亿元新台币，年增长率为 9.8%；就业效果达 46000 人，年增长率为 10.9%。近三年（2014~2016 年）来，不论就产出、所得效果还是就业效果，台湾的会展产业均呈现成长趋势，前景可期。

表 8　近三年台湾会展产业关联效果一览

单位：亿元新台币，人

项　目	2014 年	2015 年	2016 年
产出效果	787	850	929
所得效果	359	388	426
就业效果	45000	42000	46000

资料来源：整理自 2015 年及 2016 年《会展产业调查与会展产业规模评估》。

三 台湾会展产业未来发展

亚洲会展市场规模日趋扩大，正是台湾会展产业发展的契机。不过，由于台湾展览产业展览规模较小、场地空间不足，加上部分产业外移等劣势；近年又受中国大陆内销市场崛起、展览产业及设施快速扩充发展，以及邻近国家如日、韩等国积极扩充展览规模并提供业者与买主优惠的奖励补助措施等制约，台湾展览产业的发展倍觉压力。

台湾推动发展会展产业迄今已十余年，其间投入许多资源进行会展产业的软硬件建设，积极引入国际认证与人才培训，搭建两岸展览桥梁，强化台湾会展质量。在展馆营运、展览管理、网络营销等方面屡传佳绩，台湾的会展产业总能获得国际组织和买者的肯定，正充分显现出台湾会展产业的服务质量和竞争力。未来，台湾推动发展会展产业将朝下列方向努力。

（一）整合资源，强化竞争力

台湾产业聚落发展类型多元，成为台湾产业的竞争优势，凝聚"五加二"①产业既有优势办理展会，配合"新南向政策"②协助企业。掌握产业发展趋势，强化优势产业展览竞争力，顺势发展外围活动——论坛、体验、观光等，宜避免档期冲突消耗资源。

（二）积极合作，集体营销

强化公协会、会展产业相关业者与政府关系网络，建立合作伙伴关系，进

---

① 2016年8月，台湾行政主管部门提出打造"数位国家、创新经济"方案，作为巩固"五加二"产业的基础；所谓"五加二"产业是指亚洲硅谷、生技医疗、绿能科技、智慧机械及国防航天等五大创新产业，再加上新农业、循环经济。
② 台湾行政主管部门于2016年8月16日召开对外经贸战略会谈，通过"新南向政策"纲领并提出"新南向政策推动计划"。"新南向政策推动计划"将秉持"长期深耕、多元开展、双向互惠"核心理念，整合政府及民间企业的资源和力量，从"经贸合作"、"人才交流"、"资源共享"与"区域链接"四大面向着手，期望能与东协、南亚及纽澳等国家，创造互利共赢的合作模式，建立"经济共同体意识"。

行集体营销活动，结合展览、会议、文化、旅游等复合式活动，凸显主题特色之展会品牌，建立台湾展会形象。

（三）数位营销，量身定制

善用科技平台，经营特色会展网页、活动图片及视频，建立在线互动，提高搜寻排序，创新体验以联结消费者情感、文化，提高消费者忠诚度，为特定对象量身定制营销计划，都是目前经营展会面临的重要课题。

目前会展业已将科技应用于：①展前登录，利用网络及电商媒体宣传；②展中参展商、展品、活动等信息查询，在线直播展览最新讯息；③展后调查、信息推广、分析管理等。顺应Y世代善用数字移动科技、爱旅游、追求自我、讲求可视化信息等特性，现代会展应用科技与Y世代的沟通，更应着重在线营销的发展。

（四）绿色会展，差异营销

台湾已积极引入绿色会展国际标准，未来除持续倡导绿色营销外，更应广泛将绿色营销导入更多项的国际会展活动中，以建立台湾会展国际化、差异化的营销策略。

（五）关系营销，国际接轨

通过国际会展组织间的人际关系、信息、知识与文化交流，借此了解不同国家、文化对会展活动认知差异，除了能激发创新思维、深化策展能力外，并能提升台湾会展能见度。建议维系与加强国际展会组织关系，增加参与UFI、IAEE、AFECA等国际组织之年会的机会，持续办理CEM及CMP认证培训及赞助国际会展组织等。

（六）稳健财务，降低风险

2016年台湾会展产业的产值增加6.3%；同年，会展物流业及会展设计工程业的产值却呈现衰退趋势。2016年专业会议筹组公司及专业展览筹组公司从业人员的月薪也同比减少，专业会议筹组公司的就业人数也呈现下降趋势。未来，不论是PCO、PEO，还是会展周边行业的经营，应以稳健财务管理、分散市场、降低经营风险为要务。

B.13
2016年中国会展产业发展报告

蔡清毅*

摘　要： 2011～2016年，全国（大陆地区）展览总数从7330个到9892个，增长34.95%。展览面积从8160万平方米增长至13075万平方米，增长60.23%。中国成为世界上展览数量最多、规模最大的国家之一，是欧洲、北美之外全球最重要的会展市场。伴随经济进入新常态，中国会展业进入一个全新的转型升级换挡期和融合创新加速期。

关键词： 会展业　经济新常态　融合发展　转型升级

2016年，中国会展业在国家总体社会政治经济平稳健康发展的情况下，作为投资和贸易的重要平台及现代服务业的重要组成部分，不仅在服务国家总体战略方面发挥积极作用，而且自身也处于转型升级中，呈现了新的发展态势。

一　会展产业宏观环境分析

（一）政治环境变化及影响

我国展览业经过十几年的飞速发展，其重要作用日益获得政府高度重视。国家对展览业的改革发展方向、措施都已明确。会议、展览的平台功效继续凸显。近两年，习近平、李克强在国内外出席重要会议、展览活动，并

---

* 蔡清毅，厦门理工学院文化产业与旅游学院副教授，主要从事会展经济、品牌管理、文化创意的教学和研究。

致辞演讲、发信祝贺的消息不胜枚举。特别是世界互联网大会、中国高铁展览会、G20峰会等，不仅体现出中国利用举办会展活动来发出中国声音、展示中国力量的主动性，同时也是中国进行主场外交、参与全球治理的重要场域和平台。

各级政府对会展业宏观管理更明确。其中，规划、标准、统计是三个重要抓手。商务部服贸司正为《全国商务工作"十三五"规划》中规定展览业的发展目标而做准备。2016年，商务部牵头成立展览业部级联席会议制度。在标准方面，2015年，国家、行业、地方、企业四级会展业标准制定工作都有进展。统计方面则有国家统计局发出的关于修改《国民经济行业分类》标准的通知，其中涉及会展业。同时，商务部在2016年12月印发《展览业统计监测报表制度》，为推动展览监测统计提供了科学依据。2017年初，国家发改委发布《全国服务贸易"十三五"规划》，首提"服务贸易会展新格局"概念，并首次把会展业作为服务贸易业态组成部分，具有里程碑的意义。

从政策力度上看，展览业得到了前所未有的重视。从政策内容来看，一是作为配合全面改革的推手，厘清了会展市场中政府和市场主体关系，明确了政府在会展业中的地位，让市场在资源配置中起决定性作用；二是逐步明确了展览业的发展方向，出台有关政策促进整个行业的规范化发展。

（二）经济环境：新常态下的新思维与新举措

世界经济疲软依旧，复苏之路崎岖不平。近两年来，特朗普当选美国总统、英国脱欧公投，全球金融激烈震荡等"黑天鹅"事件频发，以贸易保护主义为特征的保守势力重新抬头，世界经济处于深度调整期。全球增速放缓导致需求不足，进而引起全球贸易额、大宗商品期货价格的全面下滑。受此影响，被誉为中国外贸出口"晴雨表"和"风向标"的广交会成交额持续走低，平均下降了近10%。可见，以外贸为主的展览会受此影响均很显著。

同时，中国经济进入"新常态"使各大制造业展览会经营压力增大，中国会展业整体性迎来一次调整的阵痛期。

中国政府审时度势，平稳推进"一带一路"倡议、供给侧改革、自贸区建设等重大战略，进而带动行业发展，这一直是中国会展经济快速发展的有效方式，也为会展业发展注入新动力。

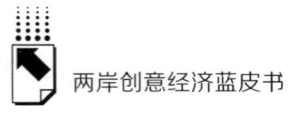

（三）技术环境变化及影响

会展业作为营销媒介和促进平台，成为深受互联网影响的先行领域，电子商务、互联网、大数据等新技术与会展业融合发展，带动了展览形态的变化。主要表现在如下方面，中国基础网络建设不断完善，云平台用户积累，智能手机深度普及，可穿戴设备走向成熟，同时微博、微信、APP产品等应用对会议、展览的组织模式及会展价值运营产生巨大影响。传统网商开始涉足展览业务。其中标志性事件是2016年9月在第十四届上海国际广告展首次亮相的O2O2O商贸平台。这是由阿里巴巴联手亚洲博闻共同研发的，为未来展览业发展注入新动力。

（四）竞争环境变化及影响

中国依然是引领世界经济复苏的发动机，中国依旧是全球会展业最活跃的地区，同时，会展业竞争格局也发生了深刻变革。

一是中外会展企业正各自开辟业务新蓝海。这是2015年的又一大亮点。外资会展公司发力布局中国市场，并扎根中国，提升中国战略的地位，主要寻求与成都、昆明等二线会展城市的合作。而中方开拓新蓝海的重要方向则在"一带一路"。如米奥兰特会展公司在约旦、埃及、印度、波兰等国举办的中国商品系列出展，已成气候，创出品牌；还成功获得全球展览业协会（UFI）的认证。

二是中国城市之间的竞争格局发生深刻变化。以场馆建设和会展业扶持政策为表征的会展业城市博弈呈现此起彼伏之势。上海国家会展中心的投入运营改变了中国会展业的格局，尤其是北上广深的竞争态势，并引发深圳、佛山、西安、济南、青岛等地的一批现代大型场馆开工建设，成为新热点。成都、杭州、贵州、海口、厦门等在城市营销、整体会展体系建设中表现突出，也在等待时机改变中国会展业的格局。

二 会展产业年度概况分析

2015~2016年，中国会展业继续在"结构调整、提质增效、品牌建设"

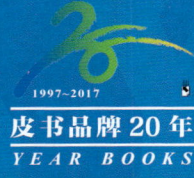

皮书系列

2017年

智库成果出版与传播平台

社会科学文献出版社
SOCIAL SCIENCES ACADEMIC PRESS (CHINA)

社长致辞

伴随着今冬的第一场雪,2017年很快就要到了。世界每天都在发生着让人眼花缭乱的变化,而唯一不变的,是面向未来无数的可能性。作为个体,如何获取专业信息以备不时之需?作为行政主体或企事业主体,如何提高决策的科学性让这个世界变得更好而不是更糟?原创、实证、专业、前沿、及时、持续,这是1997年"皮书系列"品牌创立的初衷。

1997~2017,从最初一个出版社的学术产品名称到媒体和公众使用频率极高的热点词语,从专业术语到大众话语,从官方文件到独特的出版型态,作为重要的智库成果,"皮书"始终致力于成为海量信息时代的信息过滤器,成为经济社会发展的记录仪,成为政策制定、评估、调整的智力源,社会科学研究的资料集成库。"皮书"的概念不断延展,"皮书"的种类更加丰富,"皮书"的功能日渐完善。

1997~2017,皮书及皮书数据库已成为中国新型智库建设不可或缺的抓手与平台,成为政府、企业和各类社会组织决策的利器,成为人文社科研究最基本的资料库,成为世界系统完整及时认知当代中国的窗口和通道!"皮书"所具有的凝聚力正在形成一种无形的力量,吸引着社会各界关注中国的发展,参与中国的发展。

二十年的"皮书"正值青春,愿每一位皮书人付出的年华与智慧不辜负这个时代!

社会科学文献出版社社长
中国社会学会秘书长

2016年11月

社会科学文献出版社简介

社会科学文献出版社成立于1985年,是直属于中国社会科学院的人文社会科学专业学术出版机构。

成立以来,社科文献依托于中国社会科学院丰厚的学术出版和专家学者资源,坚持"创社科经典,出传世文献"的出版理念和"权威、前沿、原创"的产品定位,逐步走上了智库产品与专业学术成果系列化、规模化、数字化、国际化、市场化发展的经营道路,取得了令人瞩目的成绩。

学术出版 社科文献先后策划出版了"皮书"系列、"列国志"、"社科文献精品译库"、"全球化译丛"、"全面深化改革研究书系"、"近世中国"、"甲骨文"、"中国史话"等一大批既有学术影响又有市场价值的图书品牌和学术品牌,形成了较强的学术出版能力和资源整合能力。2016年社科文献发稿5.5亿字,出版图书2000余种,承印发行中国社会科学院院属期刊72种。

数字出版 凭借着雄厚的出版资源整合能力,社科文献长期以来一直致力于从内容资源和数字平台两个方面实现传统出版的再造,并先后推出了皮书数据库、列国志数据库、中国田野调查数据库等一系列数字产品。2016年数字化加工图书近4000种,文字处理量达10亿字。数字出版已经初步形成了产品设计、内容开发、编辑标引、产品运营、技术支持、营销推广等全流程体系。

国际出版 社科文献通过学术交流和国际书展等方式积极参与国际学术和国际出版的交流合作,努力将中国优秀的人文社会科学研究成果推向世界,从构建国际话语体系的角度推动学术出版国际化。目前已与英、荷、法、德、美、日、韩等国及港澳台地区近40家出版和学术文化机构建立了长期稳定的合作关系。

融合发展 紧紧围绕融合发展战略,社科文献全面布局融合发展和数字化转型升级,成效显著。以核心资源和重点项目为主的社科文献数据库产品群和数字出版体系日臻成熟,"一带一路"系列研究成果与专题数据库、阿拉伯问题研究国别基础库及中阿文化交流数据库平台等项目开启了社科文献向专业知识服务商转型的新篇章,成为行业领先。

此外,社科文献充分利用网络媒体平台,积极与各类媒体合作,并联合大型书店、学术书店、机场书店、网络书店、图书馆,构建起强大的学术图书内容传播平台,学术图书的媒体曝光率居全国之首,图书馆藏率居于全国出版机构前十位。

有温度,有情怀,有视野,更有梦想。未来社科文献将继续坚持专业化学术出版之路不动摇,着力搭建最具影响力的智库产品整合及传播平台、学术资源共享平台,为实现"社科文献梦"奠定坚实基础。

经济类

皮书系列
重点推荐

经 济 类

经济类皮书涵盖宏观经济、城市经济、大区域经济，提供权威、前沿的分析与预测

经济蓝皮书
2017年中国经济形势分析与预测

李扬/主编　2016年12月出版　定价：89.00元

◆ 本书为总理基金项目，由著名经济学家李扬领衔，联合中国社会科学院等数十家科研机构、国家部委和高等院校的专家共同撰写，系统分析了2016年的中国经济形势并预测2017年我国经济运行情况。

中国省域竞争力蓝皮书
中国省域经济综合竞争力发展报告（2015~2016）

李建平　李闽榕　高燕京/主编　2017年2月出版　估价：198.00元

◆ 本书融多学科的理论为一体，深入追踪研究了省域经济发展与中国国家竞争力的内在关系，为提升中国省域经济综合竞争力提供有价值的决策依据。

城市蓝皮书
中国城市发展报告 No.10

潘家华　单菁菁/主编　2017年9月出版　估价：89.00元

◆ 本书是由中国社会科学院城市发展与环境研究中心编著的，多角度、全方位地立体展示了中国城市的发展状况，并对中国城市的未来发展提出了许多建议。该书有强烈的时代感，对中国城市发展实践有重要的参考价值。

人口与劳动绿皮书
中国人口与劳动问题报告 No.18

蔡昉 张车伟/主编　2017年10月出版　估价：89.00元

◆ 本书为中国社科院人口与劳动经济研究所主编的年度报告，对当前中国人口与劳动形势做了比较全面和系统的深入讨论，为研究我国人口与劳动问题提供了一个专业性的视角。

世界经济黄皮书
2017年世界经济形势分析与预测

张宇燕/主编　2016年12月出版　定价：89.00元

◆ 本书由中国社会科学院世界经济与政治研究所的研究团队撰写，2016年世界经济增速进一步放缓，就业增长放慢。世界经济面临许多重大挑战同时，地缘政治风险、难民危机、大国政治周期、恐怖主义等问题也仍然在影响世界经济的稳定与发展。预计2017年按PPP计算的世界GDP增长率约为3.0%。

国际城市蓝皮书
国际城市发展报告（2017）

屠启宇/主编　2017年2月出版　估价：89.00元

◆ 本书作者以上海社会科学院从事国际城市研究的学者团队为核心，汇集同济大学、华东师范大学、复旦大学、上海交通大学、南京大学、浙江大学相关城市研究专业学者。立足动态跟踪介绍国际城市发展时间中，最新出现的重大战略、重大理念、重大项目、重大报告和最佳案例。

金融蓝皮书
中国金融发展报告（2017）

李扬 王国刚/主编　2017年1月出版　估价：89.00元

◆ 本书由中国社会科学院金融研究所组织编写，概括和分析了2016年中国金融发展和运行中的各方面情况，研讨和评论了2016年发生的主要金融事件，有利于读者了解掌握2016年中国的金融状况，把握2017年中国金融的走势。

经济类 皮书系列 重点推荐

农村绿皮书
中国农村经济形势分析与预测（2016～2017）

魏后凯　杜志雄　黄秉信/著　2017年4月出版　估价：89.00元

◆ 本书描述了2016年中国农业农村经济发展的一些主要指标和变化，并对2017年中国农业农村经济形势的一些展望和预测，提出相应的政策建议。

西部蓝皮书
中国西部发展报告（2017）

姚慧琴　徐璋勇/主编　2017年9月出版　估价：89.00元

◆ 本书由西北大学中国西部经济发展研究中心主编，汇集了源自西部本土以及国内研究西部问题的权威专家的第一手资料，对国家实施西部大开发战略进行年度动态跟踪，并对2017年西部经济、社会发展态势进行预测和展望。

经济蓝皮书·夏季号
中国经济增长报告（2016～2017）

李扬/主编　2017年9月出版　估价：98.00元

◆ 中国经济增长报告主要探讨2016~2017年中国经济增长问题，以专业视角解读中国经济增长，力求将其打造成一个研究中国经济增长、服务宏微观各级决策的周期性、权威性读物。

就业蓝皮书
2017年中国本科生就业报告

麦可思研究院/编著　2017年6月出版　估价：98.00元

◆ 本书基于大量的数据和调研，内容翔实，调查独到，分析到位，用数据说话，对我国大学生教育与发展起到了很好的建言献策作用。

社会政法类

社会政法类皮书聚焦社会发展领域的热点、难点问题，提供权威、原创的资讯与视点

社会蓝皮书
2017年中国社会形势分析与预测

李培林　陈光金　张翼 / 主编　2016年12月出版　定价：89.00元

◆ 本书由中国社会科学院社会学研究所组织研究机构专家、高校学者和政府研究人员撰写，聚焦当下社会热点，对2016年中国社会发展的各个方面内容进行了权威解读，同时对2017年社会形势发展趋势进行了预测。

法治蓝皮书
中国法治发展报告 No.15（2017）

李林　田禾 / 主编　2017年3月出版　估价：118.00元

◆ 本年度法治蓝皮书回顾总结了2016年度中国法治发展取得的成就和存在的不足，并对2017年中国法治发展形势进行了预测和展望。

社会体制蓝皮书
中国社会体制改革报告 No.5（2017）

龚维斌 / 主编　2017年4月出版　估价：89.00元

◆ 本书由国家行政学院社会治理研究中心和北京师范大学中国社会管理研究院共同组织编写，主要对2016年社会体制改革情况进行回顾和总结，对2017年的改革走向进行分析，提出相关政策建议。

社会政法类　　皮书系列 重点推荐

社会心态蓝皮书
中国社会心态研究报告（2017）

王俊秀　杨宜音/主编　2017年12月出版　估价：89.00元

◆ 本书是中国社会科学院社会学研究所社会心理研究中心"社会心态蓝皮书课题组"的年度研究成果，运用社会心理学、社会学、经济学、传播学等多种学科的方法进行了调查和研究，对于目前我国社会心态状况有较广泛和深入的揭示。

生态城市绿皮书
中国生态城市建设发展报告（2017）

刘举科　孙伟平　胡文臻/主编　2017年7月出版　估价：118.00元

◆ 报告以绿色发展、循环经济、低碳生活、民生宜居为理念，以更新民众观念、提供决策咨询、指导工程实践、引领绿色发展为宗旨，试图探索一条具有中国特色的城市生态文明建设新路。

城市生活质量蓝皮书
中国城市生活质量报告（2017）

中国经济实验研究院/主编　2017年7月出版　估价：89.00元

◆ 本书对全国35个城市居民的生活质量主观满意度进行了电话调查，同时对35个城市居民的客观生活质量指数进行了计算，为我国城市居民生活质量的提升，提出了针对性的政策建议。

公共服务蓝皮书
中国城市基本公共服务力评价（2017）

钟君　吴正杲/主编　2017年12月出版　估价：89.00元

◆ 中国社会科学院经济与社会建设研究室与华图政信调查组成联合课题组，从2010年开始对基本公共服务力进行研究，研创了基本公共服务力评价指标体系，为政府考核公共服务与社会管理工作提供了理论工具。

行业报告类

行业报告类皮书立足重点行业、新兴行业领域，提供及时、前瞻的数据与信息

企业社会责任蓝皮书
中国企业社会责任研究报告（2017）

黄群慧　钟宏武　张蒽　翟利峰/著　2017年10月出版　估价：89.00元

◆ 本书剖析了中国企业社会责任在2016～2017年度的最新发展特征，详细解读了省域国有企业在社会责任方面的阶段性特征，生动呈现了国内外优秀企业的社会责任实践。对了解中国企业社会责任履行现状、未来发展，以及推动社会责任建设有重要的参考价值。

新能源汽车蓝皮书
中国新能源汽车产业发展报告（2017）

中国汽车技术研究中心　日产（中国）投资有限公司　东风汽车有限公司/编著　2017年7月出版　估价：98.00元

◆ 本书对我国2016年新能源汽车产业发展进行了全面系统的分析，并介绍了国外的发展经验。有助于相关机构、行业和社会公众等了解中国新能源汽车产业发展的最新动态，为政府部门出台新能源汽车产业相关政策法规、企业制定相关战略规划，提供必要的借鉴和参考。

杜仲产业绿皮书
中国杜仲橡胶资源与产业发展报告（2016～2017）

杜红岩　胡文臻　俞锐/主编　2017年1月出版　估价：85.00元

◆ 本书对2016年来的杜仲产业的发展情况、研究团队在杜仲研究方面取得的重要成果、部分地区杜仲产业发展的具体情况、杜仲新标准的制定情况等进行了较为详细的分析与介绍，使广大关心杜仲产业发展的读者能够及时跟踪产业最新进展。

企业蓝皮书
中国企业绿色发展报告 No.2（2017）

李红玉　朱光辉 / 主编　　2017 年 8 月出版　　估价：89.00 元

◆ 本书深入分析中国企业能源消费、资源利用、绿色金融、绿色产品、绿色管理、信息化、绿色发展政策及绿色文化方面的现状，并对目前存在的问题进行研究，剖析因果，谋划对策。为企业绿色发展提供借鉴，为我国生态文明建设提供支撑。

中国上市公司蓝皮书
中国上市公司发展报告（2017）

张平　王宏淼 / 主编　　2017 年 10 月出版　　估价：98.00 元

◆ 本书由中国社会科学院上市公司研究中心组织编写的，着力于全面、真实、客观反映当前中国上市公司财务状况和价值评估的综合性年度报告。本书详尽分析了 2016 年中国上市公司情况，特别是现实中暴露出的制度性、基础性问题，并对资本市场改革进行了探讨。

资产管理蓝皮书
中国资产管理行业发展报告（2017）

智信资产管理研究院 / 编著　　2017 年 6 月出版　　估价：89.00 元

◆ 中国资产管理行业刚刚兴起，未来将中国金融市场最有看点的行业。本书主要分析了 2016 年度资产管理行业的发展情况，同时对资产管理行业的未来发展做出科学的预测。

体育蓝皮书
中国体育产业发展报告（2017）

阮伟　钟秉枢 / 主编　　2017 年 12 月出版　　估价：89.00 元

◆ 本书运用多种研究方法，在对于体育竞赛业、体育用品业、体育场馆业、体育传媒业等传统产业研究的基础上，紧紧围绕 2016 年体育领域内的各种热点事件进行研究和梳理，进一步拓宽了研究的广度、提升了研究的高度、挖掘了研究的深度。

国别与地区类

国别与地区类皮书关注全球重点国家与地区，提供全面、独特的解读与研究

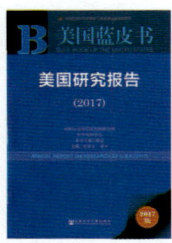

美国蓝皮书
美国研究报告（2017）

郑秉文　黄平 / 主编　2017年6月出版　估价：89.00元

◆ 本书是由中国社会科学院美国所主持完成的研究成果，它回顾了美国2016年的经济、政治形势与外交战略，对2017年以来美国内政外交发生的重大事件及重要政策进行了较为全面的回顾和梳理。

日本蓝皮书
日本研究报告（2017）

杨伯江 / 主编　2017年5月出版　估价：89.00元

◆ 本书对2016年拉丁美洲和加勒比地区诸国的政治、经济、社会、外交等方面的发展情况做了系统介绍，对该地区相关国家的热点及焦点问题进行了总结和分析，并在此基础上对该地区各国2017年的发展前景做出预测。

亚太蓝皮书
亚太地区发展报告（2017）

李向阳 / 主编　2017年3月出版　估价：89.00元

◆ 本书是中国社会科学院亚太与全球战略研究院的集体研究成果。2016年的"亚太蓝皮书"继续关注中国周边环境的变化。该书盘点了2016年亚太地区的焦点和热点问题，为深入了解2016年及未来中国与周边环境的复杂形势提供了重要参考。

国别与地区类 皮书系列 重点推荐

德国蓝皮书
德国发展报告（2017）

郑春荣 / 主编　2017 年 6 月出版　估价：89.00 元

◆ 本报告由同济大学德国研究所组织编撰，由该领域的专家学者对德国的政治、经济、社会文化、外交等方面的形势发展情况，进行全面的阐述与分析。

日本经济蓝皮书
日本经济与中日经贸关系研究报告（2017）

王洛林　张季风 / 编著　2017 年 5 月出版　估价：89.00 元

◆ 本书系统、详细地介绍了 2016 年日本经济以及中日经贸关系发展情况，在进行了大量数据分析的基础上，对 2017 年日本经济以及中日经贸关系的大致发展趋势进行了分析与预测。

俄罗斯黄皮书
俄罗斯发展报告（2017）

李永全 / 编著　2017 年 7 月出版　估价：89.00 元

◆ 本书系统介绍了 2016 年俄罗斯经济政治情况，并对 2016 年该地区发生的焦点、热点问题进行了分析与回顾；在此基础上，对该地区 2017 年的发展前景进行了预测。

非洲黄皮书
非洲发展报告 No.19（2016～2017）

张宏明 / 主编　2017 年 8 月出版　估价：89.00 元

◆ 本书是由中国社会科学院西亚非洲研究所组织编撰的非洲形势年度报告，比较全面、系统地分析了 2016 年非洲政治形势和热点问题，探讨了非洲经济形势和市场走向，剖析了大国对非洲关系的新动向；此外，还介绍了国内非洲研究的新成果。

地方发展类

地方发展类皮书关注中国各省份、经济区域，
提供科学、多元的预判与资政信息

北京蓝皮书
北京公共服务发展报告（2016~2017）

施昌奎 / 主编　2017年2月出版　估价：89.00元

◆ 本书是由北京市政府职能部门的领导、首都著名高校的教授、知名研究机构的专家共同完成的关于北京市公共服务发展与创新的研究成果。

河南蓝皮书
河南经济发展报告（2017）

张占仓 / 编著　2017年3月出版　估价：89.00元

◆ 本书以国内外经济发展环境和走向为背景，主要分析当前河南经济形势，预测未来发展趋势，全面反映河南经济发展的最新动态、热点和问题，为地方经济发展和领导决策提供参考。

广州蓝皮书
2017年中国广州经济形势分析与预测

庾建设　陈浩钿　谢博能 / 主编　2017年7月出版　估价：85.00元

◆ 本书由广州大学与广州市委政策研究室、广州市统计局联合主编，汇集了广州科研团体、高等院校和政府部门诸多经济问题研究专家、学者和实际部门工作者的最新研究成果，是关于广州经济运行情况和相关专题分析、预测的重要参考资料。

 文化传媒类 | 皮书系列 重点推荐

文 化 传 媒 类

文化传媒类皮书透视文化领域、文化产业，探索文化大繁荣、大发展的路径

新媒体蓝皮书
中国新媒体发展报告 No.8（2017）

唐绪军 / 主编　2017 年 6 月出版　估价：89.00 元

◆ 本书是由中国社会科学院新闻与传播研究所组织编写的关于新媒体发展的最新年度报告，旨在全面分析中国新媒体的发展现状，解读新媒体的发展趋势，探析新媒体的深刻影响。

移动互联网蓝皮书
中国移动互联网发展报告（2017）

官建文 / 编著　2017 年 6 月出版　估价：89.00 元

◆ 本书着眼于对中国移动互联网 2016 年度的发展情况做深入解析，对未来发展趋势进行预测，力求从不同视角、不同层面全面剖析中国移动互联网发展的现状、年度突破及热点趋势等。

传媒蓝皮书
中国传媒产业发展报告（2017）

崔保国 / 主编　2017 年 5 月出版　估价：98.00 元

◆ "传媒蓝皮书"连续十多年跟踪观察和系统研究中国传媒产业发展。本报告在对传媒产业总体以及各细分行业发展状况与趋势进行深入分析基础上，对年度发展热点进行跟踪，剖析新技术引领下的商业模式，对传媒各领域发展趋势、内体经营、传媒投资进行解析，为中国传媒产业正在发生的变革提供前瞻行参考。

经济类

"三农"互联网金融蓝皮书
中国"三农"互联网金融发展报告（2017）
著(编)者：李勇坚 王弢 2017年8月出版 / 估价：98.00元
PSN B-2016-561-1/1

G20国家创新竞争力黄皮书
二十国集团（G20）国家创新竞争力发展报告（2016~2017）
著(编)者：李建平 李闽榕 赵新力 周天勇
2017年8月出版 / 估价：158.00元
PSN Y-2011-229-1/1

产业蓝皮书
中国产业竞争力报告（2017）No.7
著(编)者：张其仔 2017年12月出版 / 估价：98.00元
PSN B-2010-175-1/1

城市创新蓝皮书
中国城市创新报告（2017）
著(编)者：周天勇 旷建伟 2017年11月出版 / 估价：89.00元
PSN B-2013-340-1/1

城市蓝皮书
中国城市发展报告 No.10
著(编)者：潘家华 单菁菁 2017年9月出版 / 估价：89.00元
PSN B-2007-091-1/1

城乡一体化蓝皮书
中国城乡一体化发展报告（2016～2017）
著(编)者：汝信 付崇兰 2017年7月出版 / 估价：85.00元
PSN B-2011-226-1/2

城镇化蓝皮书
中国新型城镇化健康发展报告（2017）
著(编)者：张占斌 2017年8月出版 / 估价：89.00元
PSN B-2014-396-1/1

创新蓝皮书
创新型国家建设报告（2016～2017）
著(编)者：詹正茂 2017年12月出版 / 估价：89.00元
PSN B-2009-140-1/1

创业蓝皮书
中国创业发展报告（2016～2017）
著(编)者：黄群慧 赵卫星 钟宏武等
2017年11月出版 / 估价：89.00元
PSN B-2016-578-1/1

低碳发展蓝皮书
中国低碳发展报告（2016~2017）
著(编)者：齐晔 张希良 2017年3月出版 / 估价：98.00元
PSN B-2011-223-1/1

低碳经济蓝皮书
中国低碳经济发展报告（2017）
著(编)者：薛进军 赵忠秀 2017年6月出版 / 估价：85.00元
PSN B-2011-194-1/1

东北蓝皮书
中国东北地区发展报告（2017）
著(编)者：朱宇 张新颖 2017年12月出版 / 估价：89.00元
PSN B-2006-067-1/1

发展与改革蓝皮书
中国经济发展和体制改革报告No.8
著(编)者：邹东涛 王再文 2017年1月出版 / 估价：98.00元
PSN B-2008-122-1/1

工业化蓝皮书
中国工业化进程报告（2017）
著(编)者：黄群慧 2017年12月出版 / 估价：158.00元
PSN B-2007-095-1/1

管理蓝皮书
中国管理发展报告（2017）
著(编)者：张晓东 2017年10月出版 / 估价：98.00元
PSN B-2014-416-1/1

国际城市蓝皮书
国际城市发展报告（2017）
著(编)者：屠启宇 2017年2月出版 / 估价：89.00元
PSN B-2012-260-1/1

国家创新蓝皮书
中国创新发展报告（2017）
著(编)者：陈劲 2017年12月出版 / 估价：89.00元
PSN B-2014-370-1/1

金融蓝皮书
中国金融发展报告（2017）
著(编)者：李扬 王国刚 2017年12月出版 / 估价：89.00元
PSN B-2004-031-1/6

京津冀金融蓝皮书
京津冀金融发展报告（2017）
著(编)者：王爱俭 李向前
2017年3月出版 / 估价：89.00元
PSN B-2016-528-1/1

京津冀蓝皮书
京津冀发展报告（2017）
著(编)者：文魁 祝尔娟 2017年4月出版 / 估价：89.00元
PSN B-2012-262-1/1

经济蓝皮书
2017年中国经济形势分析与预测
著(编)者：李扬 2016年12月出版 / 定价：89.00元
PSN B-1996-001-1/1

经济蓝皮书·春季号
2017年中国经济前景分析
著(编)者：李扬 2017年6月出版 / 估价：89.00元
PSN B-1999-008-1/1

经济蓝皮书·夏季号
中国经济增长报告（2016～2017）
著(编)者：李扬 2017年9月出版 / 估价：98.00元
PSN B-2010-176-1/1

经济信息绿皮书
中国与世界经济发展报告（2017）
著(编)者：杜平 2017年12月出版 / 估价：89.00元
PSN G-2003-023-1/1

就业蓝皮书
2017年中国本科生就业报告
著(编)者：麦可思研究院 2017年6月出版 / 估价：98.00元
PSN B-2009-146-1/2

皮书系列 2017全品种 — 经济类

就业蓝皮书
2017年中国高职高专生就业报告
著(编)者：麦可思研究院　2017年6月出版 / 估价：98.00元
PSN B-2015-472-2/2

科普能力蓝皮书
中国科普能力评价报告（2017）
著(编)者：李富　强李群　2017年8月出版 / 估价：89.00元
PSN B-2016-556-1/1

临空经济蓝皮书
中国临空经济发展报告（2017）
著(编)者：连玉明　2017年9月出版 / 估价：89.00元
PSN B-2014-421-1/1

农村绿皮书
中国农村经济形势分析与预测（2016～2017）
著(编)者：魏后凯　杜志雄　黄秉信
2017年4月出版 / 估价：89.00元
PSN G-1998-003-1/1

农业应对气候变化蓝皮书
气候变化对中国农业影响评估报告 No.3
著(编)者：矫梅燕　2017年8月出版 / 估价：98.00元
PSN B-2014-413-1/1

气候变化绿皮书
应对气候变化报告（2017）
著(编)者：王伟光　郑国光　2017年6月出版 / 估价：89.00元
PSN G-2009-144-1/1

区域蓝皮书
中国区域经济发展报告（2016～2017）
著(编)者：赵弘　2017年6月出版 / 估价：89.00元
PSN B-2004-034-1/1

全球环境竞争力绿皮书
全球环境竞争力报告（2017）
著(编)者：李建平　李闽榕　王金南
2017年12月出版 / 估价：198.00元
PSN G-2013-363-1/1

人口与劳动绿皮书
中国人口与劳动问题报告 No.18
著(编)者：蔡昉　张车伟　2017年11月出版 / 估价：89.00元
PSN G-2000-012-1/1

商务中心区蓝皮书
中国商务中心区发展报告 No.3（2016）
著(编)者：李国红　单菁菁　2017年1月出版 / 估价：89.00元
PSN B-2015-444-1/1

世界经济黄皮书
2017年世界经济形势分析与预测
著(编)者：张宇燕　2016年12月出版 / 定价：89.00元
PSN Y-1999-006-1/1

世界旅游城市绿皮书
世界旅游城市发展报告（2017）
著(编)者：宋宇　2017年1月出版 / 估价：128.00元
PSN G-2014-400-1/1

土地市场蓝皮书
中国农村土地市场发展报告（2016～2017）
著(编)者：李光荣　2017年3月出版 / 估价：89.00元
PSN B-2016-527-1/1

西北蓝皮书
中国西北发展报告（2017）
著(编)者：高建龙　2017年3月出版 / 估价：89.00元
PSN B-2012-261-1/1

西部蓝皮书
中国西部发展报告（2017）
著(编)者：姚慧琴　徐璋勇　2017年9月出版 / 估价：89.00元
PSN B-2005-039-1/1

新型城镇化蓝皮书
新型城镇化发展报告（2017）
著(编)者：李伟　宋敏　沈体雁　2017年3月出版 / 估价：98.00元
PSN B-2014-431-1/1

新兴经济体蓝皮书
金砖国家发展报告（2017）
著(编)者：林跃勤　周文　2017年12月出版 / 估价：89.00元
PSN B-2011-195-1/1

长三角蓝皮书
2017年新常态下深化一体化的长三角
著(编)者：王庆五　2017年12月出版 / 估价：88.00元
PSN B-2005-038-1/1

中部竞争力蓝皮书
中国中部经济社会竞争力报告（2017）
著(编)者：教育部人文社会科学重点研究基地
　　　　　南昌大学中国中部经济社会发展研究中心
2017年12月出版 / 估价：89.00元
PSN B-2012-276-1/1

中部蓝皮书
中国中部地区发展报告（2017）
著(编)者：宋亚平　2017年12月出版 / 估价：88.00元
PSN B-2007-089-1/1

中国省域竞争力蓝皮书
中国省域经济综合竞争力发展报告（2017）
著(编)者：李建平　李闽榕　高燕京
2017年2月出版 / 估价：198.00元
PSN B-2007-088-1/1

中三角蓝皮书
长江中游城市群发展报告（2017）
著(编)者：秦尊文　2017年9月出版 / 估价：89.00元
PSN B-2014-417-1/1

中小城市绿皮书
中国中小城市发展报告（2017）
著(编)者：中国城市经济学会中小城市经济发展委员会
　　　　　中国城镇化促进会中小城市发展委员会
　　　　　《中国中小城市发展报告》编纂委员会
　　　　　中小城市发展战略研究院
2017年11月出版 / 估价：128.00元
PSN G-2010-161-1/1

中原蓝皮书
中原经济区发展报告（2017）
著(编)者：李英杰　2017年6月出版 / 估价：88.00元
PSN B-2011-192-1/1

自贸区蓝皮书
中国自贸区发展报告（2017）
著(编)者：王力　2017年7月出版 / 估价：89.00元
PSN B-2016-559-1/1

社会政法类

北京蓝皮书
中国社区发展报告（2017）
著(编)者：于燕燕　2017年2月出版／估价：89.00元
PSN B-2007-083-5/8

殡葬绿皮书
中国殡葬事业发展报告（2017）
著(编)者：李伯森　2017年4月出版／估价：158.00元
PSN G-2010-180-1/1

城市管理蓝皮书
中国城市管理报告（2016~2017）
著(编)者：刘林　刘承水　2017年5月出版／估价：158.00元
PSN B-2013-336-1/1

城市生活质量蓝皮书
中国城市生活质量报告（2017）
著(编)者：中国经济实验研究院
2017年7月出版／估价：89.00元
PSN B-2013-326-1/1

城市政府能力蓝皮书
中国城市政府公共服务能力评估报告（2017）
著(编)者：何艳玲　2017年4月出版／估价：89.00元
PSN B-2013-338-1/1

慈善蓝皮书
中国慈善发展报告（2017）
著(编)者：杨团　2017年6月出版／估价：89.00元
PSN B-2009-142-1/1

党建蓝皮书
党的建设研究报告 No.2（2017）
著(编)者：崔建民　陈东平　2017年2月出版／估价：89.00元
PSN B-2016-524-1/1

地方法治蓝皮书
中国地方法治发展报告 No.3（2017）
著(编)者：李林　田禾　2017年3出版／估价：108.00元
PSN B-2015-442-1/1

法治蓝皮书
中国法治发展报告 No.15（2017）
著(编)者：李林　田禾　2017年3月出版／估价：118.00元
PSN B-2004-027-1/1

法治政府蓝皮书
中国法治政府发展报告（2017）
著(编)者：中国政法大学法治政府研究院
2017年2月出版／估价：98.00元
PSN B-2015-502-1/2

法治政府蓝皮书
中国法治政府评估报告（2017）
著(编)者：中国政法大学法治政府研究院
2016年11月出版／估价：98.00元
PSN B-2016-577-2/2

反腐倡廉蓝皮书
中国反腐倡廉建设报告 No.7
著(编)者：张英伟　2017年12月出版／估价：89.00元
PSN B-2012-259-1/1

非传统安全蓝皮书
中国非传统安全研究报告（2016~2017）
著(编)者：余潇枫　魏志江　2017年6月出版／估价：89.00元
PSN B-2012-273-1/1

妇女发展蓝皮书
中国妇女发展报告 No.7
著(编)者：王金玲　2017年9月出版／估价：148.00元
PSN B-2006-069-1/1

妇女教育蓝皮书
中国妇女教育发展报告 No.4
著(编)者：张李玺　2017年10月出版／估价：78.00元
PSN B-2008-121-1/1

妇女绿皮书
中国性别平等与妇女发展报告（2017）
著(编)者：谭琳　2017年12月出版／估价：99.00元
PSN G-2006-073-1/1

公共服务蓝皮书
中国城市基本公共服务力评价（2017）
著(编)者：钟君　吴正昊　2017年12月出版／估价：89.00元
PSN B-2011-214-1/1

公民科学素质蓝皮书
中国公民科学素质报告（2016~2017）
著(编)者：李群　陈雄　马宗文
2017年1月出版／估价：89.00元
PSN B-2014-379-1/1

公共关系蓝皮书
中国公共关系发展报告（2017）
著(编)者：柳斌杰　2017年11月出版／估价：89.00元
PSN B-2016-580-1/1

公益蓝皮书
中国公益慈善发展报告（2017）
著(编)者：朱健刚　2017年4月出版／估价：118.00元
PSN B-2012-283-1/1

国际人才蓝皮书
海外华侨华人专业人士报告（2017）
著(编)者：王辉耀　苗绿　2017年8月出版／估价：89.00元
PSN B-2014-409-4/4

国际人才蓝皮书
中国国际移民报告（2017）
著(编)者：王辉耀　2017年2月出版／估价：89.00元
PSN B-2012-304-3/4

国际人才蓝皮书
中国留学发展报告（2017）No.5
著(编)者：王辉耀　苗绿　2017年10月出版／估价：89.00元
PSN B-2012-244-2/4

海洋社会蓝皮书
中国海洋社会发展报告（2017）
著(编)者：崔凤　宋宁而　2017年7月出版／估价：89.00元
PSN B-2015-478-1/1

社会政法类 — 皮书系列 2017全品种

行政改革蓝皮书
中国行政体制改革报告（2017）No.6
著（编）者：魏礼群　　2017年5月出版 / 估价：98.00元
PSN B-2011-231-1/1

华侨华人蓝皮书
华侨华人研究报告（2017）
著（编）者：贾益民　　2017年12月出版 / 估价：128.00元
PSN B-2011-204-1/1

环境竞争力绿皮书
中国省域环境竞争力发展报告（2017）
著（编）者：李建平　李闽榕　王金南
2017年11月出版 / 估价：198.00元
PSN G-2010-165-1/1

环境绿皮书
中国环境发展报告（2017）
著（编）者：刘鉴强　　2017年11月出版 / 估价：89.00元
PSN G-2006-048-1/1

基金会蓝皮书
中国基金会发展报告（2016~2017）
著（编）者：中国基金会发展报告课题组
2017年4月出版 / 估价：85.00元
PSN B-2013-368-1/1

基金会绿皮书
中国基金会发展独立研究报告（2017）
著（编）者：基金会中心网　中央民族大学基金会研究中心
2017年6月出版 / 估价：88.00元
PSN B-2011-213-1/1

基金会透明度蓝皮书
中国基金会透明发展研究报告（2017）
著（编）者：基金会中心网　清华大学廉政与治理研究中心
2017年12月出版 / 估价：89.00元
PSN B-2015-509-1/1

家庭蓝皮书
中国"创建幸福家庭活动"评估报告（2017）
国务院发展研究中心"创建幸福家庭活动评估"课题组著
2017年8月出版 / 估价：89.00元
PSN B-2012-261-1/1

健康城市蓝皮书
中国健康城市建设研究报告（2017）
著（编）者：王鸿春　解树江　盛继洪
2017年9月出版 / 估价：89.00元
PSN B-2016-565-2/2

教师蓝皮书
中国中小学教师发展报告（2017）
著（编）者：曾晓东　鱼霞　　2017年6月出版 / 估价：89.00元
PSN B-2012-289-1/1

教育蓝皮书
中国教育发展报告（2017）
著（编）者：杨东平　　2017年4月出版 / 估价：89.00元
PSN B-2006-047-1/1

科普蓝皮书
中国基层科普发展报告（2016～2017）
著（编）者：赵立　新陈玲　　2017年9月出版 / 估价：89.00元
PSN B-2016-569-3/3

科普蓝皮书
中国科普基础设施发展报告（2017）
著（编）者：任福君　　2017年6月出版 / 估价：89.00元
PSN B-2010-174-1/3

科普蓝皮书
中国科普人才发展报告（2017）
著（编）者：郑念　任嵘嵘　　2017年4月出版 / 估价：98.00元
PSN B-2015-513-2/3

科学教育蓝皮书
中国科学教育发展报告（2017）
著（编）者：罗晖　王康友　　2017年10月出版 / 估价：89.00元
PSN B-2015-487-1/1

劳动保障蓝皮书
中国劳动保障发展报告（2017）
著（编）者：刘燕斌　　2017年9月出版 / 估价：188.00元
PSN B-2014-415-1/1

老龄蓝皮书
中国老年宜居环境发展报告（2017）
著（编）者：党俊武　周燕珉　　2017年1月出版 / 估价：89.00元
PSN B-2013-320-1/1

连片特困区蓝皮书
中国连片特困区发展报告（2017）
著（编）者：游俊　冷志明　丁建军
2017年3月出版 / 估价：98.00元
PSN B-2013-321-1/1

民间组织蓝皮书
中国民间组织报告（2017）
著（编）者：黄晓勇　　2017年12月出版 / 估价：89.00元
PSN B-2008-118-1/1

民调蓝皮书
中国民生调查报告（2017）
著（编）者：谢耘耕　　2017年12月出版 / 估价：98.00元
PSN B-2014-398-1/1

民族发展蓝皮书
中国民族发展报告（2017）
著（编）者：郝时远　王延中　王希恩
2017年4月出版 / 估价：98.00元
PSN B-2006-070-1/1

女性生活蓝皮书
中国女性生活状况报告 No.11（2017）
著（编）者：韩湘景　　2017年10月出版 / 估价：98.00元
PSN B-2006-071-1/1

汽车社会蓝皮书
中国汽车社会发展报告（2017）
著（编）者：王俊秀　　2017年1月出版 / 估价：89.00元
PSN B-2011-224-1/1

皮书系列 2017全品种 — 社会政法类

青年蓝皮书
中国青年发展报告（2017）No.3
著（编）者：廉思 等　2017年4月出版／估价：89.00元
PSN B-2013-333-1/1

青少年蓝皮书
中国未成年人互联网运用报告（2017）
著（编）者：李文革 沈杰 季为民
2017年11月出版／估价：89.00元
PSN B-2010-156-1/1

青少年体育蓝皮书
中国青少年体育发展报告（2017）
著（编）者：郭建军 杨桦　2017年9月出版／估价：89.00元
PSN B-2015-482-1/1

群众体育蓝皮书
中国群众体育发展报告（2017）
著（编）者：刘国永 杨桦　2017年12月出版／估价：89.00元
PSN B-2016-519-2/3

人权蓝皮书
中国人权事业发展报告 No.7（2017）
著（编）者：李君如　2017年9月出版／估价：98.00元
PSN B-2011-215-1/1

社会保障绿皮书
中国社会保障发展报告（2017）No.9
著（编）者：王延中　2017年4月出版／估价：89.00元
PSN G-2001-014-1/1

社会风险评估蓝皮书
风险评估与危机预警评估报告（2017）
著（编）者：唐钧　2017年8月出版／估价：85.00元
PSN B-2016-521-1/1

社会工作蓝皮书
中国社会工作发展报告（2017）
著（编）者：民政部社会工作研究中心
2017年8月出版／估价：89.00元
PSN B-2009-141-1/1

社会管理蓝皮书
中国社会管理创新报告 No.5
著（编）者：连玉明　2017年11月出版／估价：89.00元
PSN B-2012-300-1/1

社会蓝皮书
2017年中国社会形势分析与预测
著（编）者：李培林 陈光金 张翼
2016年12月出版／定价：89.00元
PSN B-1998-002-1/1

社会体制蓝皮书
中国社会体制改革报告 No.5（2017）
著（编）者：龚维斌　2017年4月出版／估价：89.00元
PSN B-2013-330-1/1

社会心态蓝皮书
中国社会心态研究报告（2017）
著（编）者：王俊秀 杨宜音　2017年12月出版／估价：89.00元
PSN B-2011-199-1/1

社会组织蓝皮书
中国社会组织评估发展报告（2017）
著（编）者：徐家良 廖鸿　2017年12月出版／估价：89.00元
PSN B-2013-366-1/1

生态城市绿皮书
中国生态城市建设发展报告（2017）
著（编）者：刘举科 孙伟平 胡文臻
2017年9月出版／估价：118.00元
PSN G-2012-269-1/1

生态文明绿皮书
中国省域生态文明建设评价报告（ECI 2017）
著（编）者：严耕　2017年12月出版／估价：98.00元
PSN G-2010-170-1/1

体育蓝皮书
中国公共体育服务发展报告（2017）
著（编）者：戴健　2017年12月出版／估价：89.00元
PSN B-2013-367-2/4

土地整治蓝皮书
中国土地整治发展研究报告 No.4
著（编）者：国土资源部土地整治中心
2017年7月出版／估价：89.00元
PSN B-2014-401-1/1

土地政策蓝皮书
中国土地政策研究报告（2017）
著（编）者：高延利 李宪文
2017年12月出版／估价：89.00元
PSN B-2015-506-1/1

医改蓝皮书
中国医药卫生体制改革报告（2017）
著（编）者：文学国 房志武　2017年11月出版／估价：98.00元
PSN B-2014-432-1/1

医疗卫生绿皮书
中国医疗卫生发展报告 No.7（2017）
著（编）者：申宝忠 韩玉珍　2017年4月出版／估价：85.00元
PSN G-2004-033-1/1

应急管理蓝皮书
中国应急管理报告（2017）
著（编）者：宋英华　2017年9月出版／估价：98.00元
PSN B-2016-563-1/1

政治参与蓝皮书
中国政治参与报告（2017）
著（编）者：房宁　2017年9月出版／估价：118.00元
PSN B-2011-200-1/1

中国农村妇女发展蓝皮书
农村流动女性城市生活发展报告（2017）
著（编）者：谢丽华　2017年12月出版／估价：89.00元
PSN B-2014-434-1/1

宗教蓝皮书
中国宗教报告（2017）
著（编）者：邱永辉　2017年4月出版／估价：89.00元
PSN B-2008-117-1/1

行业报告类

SUV蓝皮书
中国SUV市场发展报告（2016~2017）
著(编)者：靳军　2017年9月出版／估价：89.00元
PSN B-2016-572-1/1

保健蓝皮书
中国保健服务产业发展报告 No.2
著(编)者：中国保健协会　中共中央党校
2017年7月出版／估价：198.00元
PSN B-2012-272-3/3

保健蓝皮书
中国保健食品产业发展报告 No.2
著(编)者：中国保健协会
　　　　　中国社会科学院食品药品产业发展与监管研究中心
2017年7月出版／估价：198.00元
PSN B-2012-271-2/3

保健蓝皮书
中国保健用品产业发展报告 No.2
著(编)者：中国保健协会
　　　　　国务院国有资产监督管理委员会研究中心
2017年3月出版／估价：198.00元
PSN B-2012-270-1/3

保险蓝皮书
中国保险业竞争力报告（2017）
著(编)者：项俊波　2017年12月出版／估价：99.00元
PSN B-2013-311-1/1

冰雪蓝皮书
中国滑雪产业发展报告（2017）
著(编)者：孙承华　伍斌　魏庆华　张鸿俊
2017年8月出版／估价：89.00元
PSN B-2016-560-1/1

彩票蓝皮书
中国彩票发展报告（2017）
著(编)者：益彩基金　2017年4月出版／估价：98.00元
PSN B-2015-462-1/1

餐饮产业蓝皮书
中国餐饮产业发展报告（2017）
著(编)者：邢颖　2017年6月出版／估价：98.00元
PSN B-2009-151-1/1

测绘地理信息蓝皮书
新常态下的测绘地理信息研究报告（2017）
著(编)者：库热西·买合苏提
2017年12月出版／估价：118.00元
PSN B-2009-145-1/1

茶业蓝皮书
中国茶产业发展报告（2017）
著(编)者：杨江帆　李闽榕　2017年10月出版／估价：88.00元
PSN B-2010-164-1/1

产权市场蓝皮书
中国产权市场发展报告（2016~2017）
著(编)者：曹和平　2017年5月出版／估价：89.00元
PSN B-2009-147-1/1

产业安全蓝皮书
中国出版传媒产业安全报告（2016~2017）
著(编)者：北京印刷学院文化产业安全研究院
2017年3月出版／估价：89.00元
PSN B-2014-384-13/14

产业安全蓝皮书
中国文化产业安全报告（2017）
著(编)者：北京印刷学院文化产业安全研究院
2017年12月出版／估价：89.00元
PSN B-2014-378-12/14

产业安全蓝皮书
中国新媒体产业安全报告（2017）
著(编)者：北京印刷学院文化产业安全研究院
2017年12月出版／估价：89.00元
PSN B-2015-500-14/14

城投蓝皮书
中国城投行业发展报告（2017）
著(编)者：王晨艳　丁伯康　2017年11月出版／估价：300.00元
PSN B-2016-514-1/1

电子政务蓝皮书
中国电子政务发展报告（2016~2017）
著(编)者：李季　杜平　2017年7月出版／估价：89.00元
PSN B-2003-022-1/1

杜仲产业绿皮书
中国杜仲橡胶资源与产业发展报告（2016～2017）
著(编)者：杜红岩　胡文臻　俞锐
2017年1月出版／估价：85.00元
PSN G-2013-350-1/1

房地产蓝皮书
中国房地产发展报告 No.14（2017）
著(编)者：李春华　王业强　2017年5月出版／估价：89.00元
PSN B-2004-028-1/1

服务外包蓝皮书
中国服务外包产业发展报告（2017）
著(编)者：王晓红　刘德军
2017年6月出版／估价：89.00元
PSN B-2013-331-2/2

服务外包蓝皮书
中国服务外包竞争力报告（2017）
著(编)者：王力　刘春生　黄育华
2017年11月出版／估价：85.00元
PSN B-2011-216-1/2

工业和信息化蓝皮书
世界网络安全发展报告（2016~2017）
著(编)者：洪京一　2017年4月出版／估价：89.00元
PSN B-2015-452-5/5

工业和信息化蓝皮书
世界信息化发展报告（2016~2017）
著(编)者：洪京一　2017年4月出版／估价：89.00元
PSN B-2015-451-4/5

皮书系列 2017全品种 行业报告类

工业和信息化蓝皮书
世界信息技术产业发展报告（2016~2017）
著（编）者：洪京一 2017年4月出版 / 估价：89.00元
PSN B-2015-449-2/5

工业和信息化蓝皮书
移动互联网产业发展报告（2016~2017）
著（编）者：洪京一 2017年4月出版 / 估价：89.00元
PSN B-2015-448-1/5

工业和信息化蓝皮书
战略性新兴产业发展报告（2016~2017）
著（编）者：洪京一 2017年4月出版 / 估价：89.00元
PSN B-2015-450-3/5

工业设计蓝皮书
中国工业设计发展报告（2017）
著（编）者：王晓红 于炜 张立群
2017年9月出版 / 估价：138.00元
PSN B-2014-420-1/1

黄金市场蓝皮书
中国商业银行黄金业务发展报告（2016~2017）
著（编）者：平安银行 2017年3月出版 / 估价：98.00元
PSN B-2016-525-1/1

互联网金融蓝皮书
中国互联网金融发展报告（2017）
著（编）者：李东荣 2017年9月出版 / 估价：128.00元
PSN B-2014-374-1/1

互联网医疗蓝皮书
中国互联网医疗发展报告（2017）
著（编）者：宫晓东 2017年9月出版 / 估价：89.00元
PSN B-2016-568-1/1

会展蓝皮书
中外会展业动态评估年度报告（2017）
著（编）者：张敏 2017年1月出版 / 估价：88.00元
PSN B-2013-327-1/1

金融监管蓝皮书
中国金融监管报告（2017）
著（编）者：胡滨 2017年6月出版 / 估价：89.00元
PSN B-2012-281-1/1

金融蓝皮书
中国金融中心发展报告（2017）
著（编）者：王力 黄育华 2017年11月出版 / 估价：85.00元
PSN B-2011-186-6/6

建筑装饰蓝皮书
中国建筑装饰行业发展报告（2017）
著（编）者：刘晓一 葛顺道 2017年7月出版 / 估价：198.00元
PSN B-2016-554-1/1

客车蓝皮书
中国客车产业发展报告（2016~2017）
著（编）者：姚蔚 2017年10月出版 / 估价：85.00元
PSN B-2013-361-1/1

旅游安全蓝皮书
中国旅游安全报告（2017）
著（编）者：郑向敏 谢朝武 2017年5月出版 / 估价：128.00元
PSN B-2012-280-1/1

旅游绿皮书
2016~2017年中国旅游发展分析与预测
著（编）者：张广瑞 刘德谦 2017年4月出版 / 估价：89.00元
PSN G-2002-018-1/1

煤炭蓝皮书
中国煤炭工业发展报告（2017）
著（编）者：岳福斌 2017年12月出版 / 估价：85.00元
PSN B-2008-123-1/1

民营企业社会责任蓝皮书
中国民营企业社会责任报告（2017）
著（编）者：中华全国工商业联合会
2017年12月出版 / 估价：89.00元
PSN B-2015-511-1/1

民营医院蓝皮书
中国民营医院发展报告（2017）
著（编）者：庄一强 2017年10月出版 / 估价：85.00元
PSN B-2012-299-1/1

闽商蓝皮书
闽商发展报告（2017）
著（编）者：李闽榕 王日根 林琛
2017年12月出版 / 估价：89.00元
PSN B-2012-298-1/1

能源蓝皮书
中国能源发展报告（2017）
著（编）者：崔民选 王军生 陈义和
2017年10月出版 / 估价：98.00元
PSN B-2006-049-1/1

农产品流通蓝皮书
中国农产品流通产业发展报告（2017）
著（编）者：贾敬敦 张东科 张玉玺 张鹏毅 周伟
2017年1月出版 / 估价：89.00元
PSN B-2012-288-1/1

企业公益蓝皮书
中国企业公益研究报告（2017）
著（编）者：钟宏武 汪杰 顾一 黄晓娟 等
2017年12月出版 / 估价：89.00元
PSN B-2015-501-1/1

企业国际化蓝皮书
中国企业国际化报告（2017）
著（编）者：王辉耀 2017年11月出版 / 估价：98.00元
PSN B-2014-427-1/1

企业蓝皮书
中国企业绿色发展报告 No.2（2017）
著（编）者：李红玉 朱光辉 2017年8月出版 / 估价：89.00元
PSN B-2015-481-2/2

企业社会责任蓝皮书
中国企业社会责任研究报告（2017）
著（编）者：黄群慧 钟宏武 张蒽 翟利峰
2017年11月出版 / 估价：89.00元
PSN B-2009-149-1/1

汽车安全蓝皮书
中国汽车安全发展报告（2017）
著（编）者：中国汽车技术研究中心
2017年7月出版 / 估价：89.00元
PSN B-2014-385-1/1

行业报告类

汽车电子商务蓝皮书
中国汽车电子商务发展报告（2017）
著（编）者：中华全国工商业联合会汽车经销商商会 北京易观智库网络科技有限公司
2017年10月出版 / 估价：128.00元
PSN B-2015-485-1/1

汽车工业蓝皮书
中国汽车工业发展年度报告（2017）
著（编）者：中国汽车工业协会 中国汽车技术研究中心 丰田汽车（中国）投资有限公司
2017年4月出版 / 估价：128.00元
PSN B-2015-463-1/2

汽车工业蓝皮书
中国汽车零部件产业发展报告（2017）
著（编）者：中国汽车工业协会 中国汽车工程研究院
2017年10月出版 / 估价：98.00元
PSN B-2016-515-2/2

汽车蓝皮书
中国汽车产业发展报告（2017）
著（编）者：国务院发展研究中心产业经济研究部 中国汽车工程学会 大众汽车集团（中国）
2017年8月出版 / 估价：98.00元
PSN B-2008-124-1/1

人力资源蓝皮书
中国人力资源发展报告（2017）
著（编）者：余兴安 2017年11月出版 / 估价：89.00元
PSN B-2012-287-1/1

融资租赁蓝皮书
中国融资租赁业发展报告（2016~2017）
著（编）者：李光荣 王力 2017年8月出版 / 估价：89.00元
PSN B-2015-443-1/1

商会蓝皮书
中国商会发展报告No.5（2017）
著（编）者：王钦敏 2017年7月出版 / 估价：89.00元
PSN B-2008-125-1/1

输血服务蓝皮书
中国输血行业发展报告（2017）
著（编）者：朱永明 耿鸿武 2016年8月出版 / 估价：89.00元
PSN B-2016-583-1/1

上市公司蓝皮书
中国上市公司社会责任信息披露报告（2017）
著（编）者：张旺 张杨 2017年11月出版 / 估价：89.00元
PSN B-2011-234-1/2

社会责任管理蓝皮书
中国上市公司社会责任能力成熟度报告（2017）No.2
著（编）者：肖红军 王晓光 李伟阳
2017年12月出版 / 估价：98.00元
PSN B-2015-507-2/2

社会责任管理蓝皮书
中国企业公众透明度报告（2017）No.3
著（编）者：黄速建 熊梦 王晓光 肖红军
2017年1月出版 / 估价：98.00元
PSN B-2015-440-1/2

食品药品蓝皮书
食品药品安全与监管政策研究报告（2016~2017）
著（编）者：唐民皓 2017年6月出版 / 估价：89.00元
PSN B-2009-129-1/1

世界能源蓝皮书
世界能源发展报告（2017）
著（编）者：黄晓勇 2017年6月出版 / 估价：99.00元
PSN B-2013-349-1/1

水利风景区蓝皮书
中国水利风景区发展报告（2017）
著（编）者：谢婵才 兰思仁 2017年5月出版 / 估价：89.00元
PSN B-2015-480-1/1

私募市场蓝皮书
中国私募股权市场发展报告（2017）
著（编）者：曹和平 2017年12月出版 / 估价：89.00元
PSN B-2010-162-1/1

碳市场蓝皮书
中国碳市场报告（2017）
著（编）者：定金彪 2017年11月出版 / 估价：89.00元
PSN B-2014-430-1/1

体育蓝皮书
中国体育产业发展报告（2017）
著（编）者：阮伟 钟秉枢 2017年12月出版 / 估价：89.00元
PSN B-2010-179-1/4

网络空间安全蓝皮书
中国网络空间安全发展报告（2017）
著（编）者：惠志斌 唐涛 2017年4月出版 / 估价：89.00元
PSN B-2015-466-1/1

西部金融蓝皮书
中国西部金融发展报告（2017）
著（编）者：李忠民 2017年8月出版 / 估价：85.00元
PSN B-2010-160-1/1

协会商会蓝皮书
中国行业协会商会发展报告（2017）
著（编）者：景朝阳 李勇 2017年4月出版 / 估价：99.00元
PSN B-2015-461-1/1

新能源汽车蓝皮书
中国新能源汽车产业发展报告（2017）
著（编）者：中国汽车技术研究中心 日产（中国）投资有限公司 东风汽车有限公司
2017年7月出版 / 估价：98.00元
PSN B-2013-347-1/1

新三板蓝皮书
中国新三板市场发展报告（2017）
著（编）者：王力 2017年6月出版 / 估价：89.00元
PSN B-2016-534-1/1

信托市场蓝皮书
中国信托业市场报告（2016~2017）
著（编）者：用益信托工作室
2017年1月出版 / 估价：198.00元
PSN B-2014-371-1/1

皮书系列 2017全品种
行业报告类

信息化蓝皮书
中国信息化形势分析与预测（2016~2017）
著(编)者：周宏仁　　2017年8月出版 / 估价：98.00元
PSN B-2010-168-1/1

信用蓝皮书
中国信用发展报告（2017）
著(编)者：章政　田侃　　2017年4月出版 / 估价：99.00元
PSN B-2013-328-1/1

休闲绿皮书
2017年中国休闲发展报告
著(编)者：宋瑞　　2017年10月出版 / 估价：89.00元
PSN G-2010-158-1/1

休闲体育蓝皮书
中国休闲体育发展报告（2016～2017）
著(编)者：李相如　钟炳枢　　2017年10月出版 / 估价：89.00元
PSN G-2016-516-1/1

养老金融蓝皮书
中国养老金融发展报告（2017）
著(编)者：董克用　姚余栋
2017年6月出版 / 估价：89.00元
PSN B-2016-584-1/1

药品流通蓝皮书
中国药品流通行业发展报告（2017）
著(编)者：佘鲁林　温再兴　　2017年8月出版 / 估价：158.00元
PSN B-2014-429-1/1

医院蓝皮书
中国医院竞争力报告（2017）
著(编)者：庄一强　曾益新　　2017年3月出版 / 估价：128.00元
PSN B-2016-529-1/1

医药蓝皮书
中国中医药产业园战略发展报告（2017）
著(编)者：裴长洪　房书亭　吴滌心
2017年8月出版 / 估价：89.00元
PSN B-2012-305-1/1

邮轮绿皮书
中国邮轮产业发展报告（2017）
著(编)者：汪泓　　2017年10月出版 / 估价：89.00元
PSN G-2014-419-1/1

智能养老蓝皮书
中国智能养老产业发展报告（2017）
著(编)者：朱勇　　2017年10月出版 / 估价：89.00元
PSN B-2015-488-1/1

债券市场蓝皮书
中国债券市场发展报告（2016～2017）
著(编)者：杨农　　2017年10月出版 / 估价：89.00元
PSN B-2016-573-1/1

中国节能汽车蓝皮书
中国节能汽车发展报告（2016~2017）
著(编)者：中国汽车工程研究院股份有限公司
2017年9月出版 / 估价：98.00元
PSN B-2016-566-1/1

中国上市公司蓝皮书
中国上市公司发展报告（2017）
著(编)者：张平　王宏淼
2017年10月出版 / 估价：98.00元
PSN B-2014-414-1/1

中国陶瓷产业蓝皮书
中国陶瓷产业发展报告（2017）
著(编)者：左和平　黄速建　　2017年10月出版 / 估价：98.00元
PSN B-2016-574-1/1

中国总部经济蓝皮书
中国总部经济发展报告（2016～2017）
著(编)者：赵弘　　2017年9月出版 / 估价：89.00元
PSN B-2005-036-1/1

中医文化蓝皮书
中国中医药文化传播发展报告（2017）
著(编)者：毛嘉陵　　2017年7月出版 / 估价：89.00元
PSN B-2015-468-1/1

装备制造业蓝皮书
中国装备制造业发展报告（2017）
著(编)者：徐东华　　2017年12月出版 / 估价：148.00元
PSN B-2015-505-1/1

资本市场蓝皮书
中国场外交易市场发展报告（2016～2017）
著(编)者：高峦　　2017年3月出版 / 估价：89.00元
PSN B-2009-153-1/1

资产管理蓝皮书
中国资产管理行业发展报告（2017）
著(编)者：智信资产管理研究院
2017年6月出版 / 估价：89.00元
PSN B-2014-407-2/2

文化传媒类

传媒竞争力蓝皮书
中国传媒国际竞争力研究报告（2017）
著（编）者：李本乾 刘强
2017年11月出版 / 估价：148.00元
PSN B-2013-356-1/1

传媒蓝皮书
中国传媒产业发展报告（2017）
著（编）者：崔保国 2017年5月出版 / 估价：98.00元
PSN B-2005-035-1/1

传媒投资蓝皮书
中国传媒投资发展报告（2017）
著（编）者：张向东 谭云明
2017年6月出版 / 估价：128.00元
PSN B-2015-474-1/1

动漫蓝皮书
中国动漫产业发展报告（2017）
著（编）者：卢斌 郑玉明 牛兴侦
2017年9月出版 / 估价：89.00元
PSN B-2011-198-1/1

非物质文化遗产蓝皮书
中国非物质文化遗产发展报告（2017）
著（编）者：陈平 2017年5月出版 / 估价：98.00元
PSN B-2015-469-1/1

广电蓝皮书
中国广播电影电视发展报告（2017）
著（编）者：国家新闻出版广电总局发展研究中心
2017年7月出版 / 估价：98.00元
PSN B-2006-072-1/1

广告主蓝皮书
中国广告主营销传播趋势报告 No.9
著（编）者：黄升民 杜国清 邵华冬 等
2017年10月出版 / 估价：148.00元
PSN B-2005-041-1/1

国际传播蓝皮书
中国国际传播发展报告（2017）
著（编）者：胡正荣 李继东 姬德强
2017年11月出版 / 估价：89.00元
PSN B-2014-408-1/1

纪录片蓝皮书
中国纪录片发展报告（2017）
著（编）者：何苏六 2017年9月出版 / 估价：89.00元
PSN B-2011-222-1/1

科学传播蓝皮书
中国科学传播报告（2017）
著（编）者：詹正茂 2017年7月出版 / 估价：89.00元
PSN B-2008-120-1/1

两岸创意经济蓝皮书
两岸创意经济研究报告（2017）
著（编）者：罗昌智 林咏能
2017年10月出版 / 估价：98.00元
PSN B-2014-437-1/1

两岸文化蓝皮书
两岸文化产业合作发展报告（2017）
著（编）者：胡惠林 李保宗 2017年7月出版 / 估价：89.00元
PSN B-2012-285-1/1

媒介与女性蓝皮书
中国媒介与女性发展报告(2016~2017)
著（编）者：刘利群 2017年9月出版 / 估价：118.00元
PSN B-2013-345-1/1

媒体融合蓝皮书
中国媒体融合发展报告（2017）
著（编）者：梅宁华 宋建武 2017年7月出版 / 估价：89.00元
PSN B-2015-479-1/1

全球传媒蓝皮书
全球传媒发展报告（2017）
著（编）者：胡正荣 李继东 唐晓芬
2017年11月出版 / 估价：89.00元
PSN B-2012-237-1/1

少数民族非遗蓝皮书
中国少数民族非物质文化遗产发展报告（2017）
著（编）者：肖远平（彝） 柴立（满）
2017年8月出版 / 估价：98.00元
PSN B-2015-467-1/1

视听新媒体蓝皮书
中国视听新媒体发展报告（2017）
著（编）者：国家新闻出版广电总局发展研究中心
2017年7月出版 / 估价：98.00元
PSN B-2011-184-1/1

文化创新蓝皮书
中国文化创新报告（2017）No.7
著（编）者：于平 傅才武 2017年7月出版 / 估价：98.00元
PSN B-2009-143-1/1

文化建设蓝皮书
中国文化发展报告（2016~2017）
著（编）者：江畅 孙伟平 戴茂堂
2017年6月出版 / 估价：116.00元
PSN B-2014-392-1/1

文化科技蓝皮书
文化科技创新发展报告（2017）
著（编）者：于平 李凤亮 2017年11月出版 / 估价：89.00元
PSN B-2013-342-1/1

文化蓝皮书
中国公共文化服务发展报告（2017）
著（编）者：刘新成 张永新 张旭
2017年12月出版 / 估价：98.00元
PSN B-2007-093-2/10

文化蓝皮书
中国公共文化投入增长测评报告（2017）
著（编）者：王亚南 2017年4月出版 / 估价：89.00元
PSN B-2014-435-10/10

皮书系列 2017全品种 — 文化传媒类・地方发展类

文化蓝皮书
中国少数民族文化发展报告（2016~2017）
著(编)者：武翠英 张晓明 任乌晶
2017年9月出版 / 估价：89.00元
PSN B-2013-369-9/10

文化蓝皮书
中国文化产业发展报告（2016~2017）
著(编)者：张晓明 王家新 章建刚
2017年2月出版 / 估价：89.00元
PSN B-2002-019-1/10

文化蓝皮书
中国文化产业供需协调检测报告（2017）
著(编)者：王亚南 2017年2月出版 / 估价：89.00元
PSN B-2013-323-8/10

文化蓝皮书
中国文化消费需求景气评价报告（2017）
著(编)者：王亚南 2017年4月出版 / 估价：89.00元
PSN B-2011-236-4/10

文化品牌蓝皮书
中国文化品牌发展报告（2017）
著(编)者：欧阳友权 2017年5月出版 / 估价：98.00元
PSN B-2012-277-1/1

文化遗产蓝皮书
中国文化遗产事业发展报告（2017）
著(编)者：苏杨 张颖岚 王宇飞
2017年8月出版 / 估价：98.00元
PSN B-2008-119-1/1

文学蓝皮书
中国文情报告（2016~2017）
著(编)者：白烨 2017年5月出版 / 估价：49.00元
PSN B-2011-221-1/1

新媒体蓝皮书
中国新媒体发展报告No.8（2017）
著(编)者：唐绪军 2017年6月出版 / 估价：89.00元
PSN B-2010-169-1/1

新媒体社会责任蓝皮书
中国新媒体社会责任研究报告（2017）
著(编)者：钟瑛 2017年11月出版 / 估价：89.00元
PSN B-2014-423-1/1

移动互联网蓝皮书
中国移动互联网发展报告（2017）
著(编)者：官建文 2017年6月出版 / 估价：89.00元
PSN B-2012-282-1/1

舆情蓝皮书
中国社会舆情与危机管理报告（2017）
著(编)者：谢耘耕 2017年9月出版 / 估价：128.00元
PSN B-2011-235-1/1

影视风控蓝皮书
中国影视舆情与风控报告（2017）
著(编)者：司若 2017年4月出版 / 估价：138.00元
PSN B-2016-530-1/1

地方发展类

安徽经济蓝皮书
合芜蚌国家自主创新综合示范区研究报告（2016~2017）
著(编)者：王开玉 2017年11月出版 / 估价：89.00元
PSN B-2014-383-1/1

安徽蓝皮书
安徽社会发展报告（2017）
著(编)者：程桦 2017年4月出版 / 估价：89.00元
PSN B-2013-325-1/1

安徽社会建设蓝皮书
安徽社会建设分析报告（2016~2017）
著(编)者：黄家海 王开玉 蔡宪
2016年4月出版 / 估价：89.00元
PSN B-2013-322-1/1

澳门蓝皮书
澳门经济社会发展报告（2016~2017）
著(编)者：吴志良 郝雨凡 2017年6月出版 / 估价：98.00元
PSN B-2009-138-1/1

北京蓝皮书
北京公共服务发展报告（2016~2017）
著(编)者：施昌奎 2017年2月出版 / 估价：89.00元
PSN B-2008-103-7/8

北京蓝皮书
北京经济发展报告（2016~2017）
著(编)者：杨松 2017年6月出版 / 估价：89.00元
PSN B-2006-054-2/8

北京蓝皮书
北京社会发展报告（2016~2017）
著(编)者：李伟东 2017年6月出版 / 估价：89.00元
PSN B-2006-055-3/8

北京蓝皮书
北京社会治理发展报告（2016~2017）
著(编)者：殷星辰 2017年5月出版 / 估价：89.00元
PSN B-2014-391-8/8

北京蓝皮书
北京文化发展报告（2016~2017）
著(编)者：李建盛 2017年4月出版 / 估价：89.00元
PSN B-2007-082-4/8

北京律师绿皮书
北京律师发展报告No.3（2017）
著(编)者：王隽 2017年7月出版 / 估价：88.00元
PSN G-2012-301-1/1

地方发展类

皮书系列 2017全品种

北京旅游蓝皮书
北京旅游发展报告（2017）
著(编)者：北京旅游学会　2017年1月出版 / 估价：88.00元
PSN B-2011-217-1/1

北京人才蓝皮书
北京人才发展报告（2017）
著(编)者：于淼　2017年12月出版 / 估价：128.00元
PSN B-2011-201-1/1

北京社会心态蓝皮书
北京社会心态分析报告（2016～2017）
著(编)者：北京社会心理研究所
2017年8月出版 / 估价：89.00元
PSN B-2014-422-1/1

北京社会组织管理蓝皮书
北京社会组织发展与管理（2016～2017）
著(编)者：黄江松　2017年4月出版 / 估价：88.00元
PSN B-2015-446-1/1

北京体育蓝皮书
北京体育产业发展报告（2016～2017）
著(编)者：钟秉枢　陈杰　杨铁黎
2017年9月出版 / 估价：89.00元
PSN B-2015-475-1/1

北京养老产业蓝皮书
北京养老产业发展报告（2017）
著(编)者：周明明　冯喜良　2017年8月出版 / 估价：89.00元
PSN B-2015-465-1/1

滨海金融蓝皮书
滨海新区金融发展报告（2017）
著(编)者：王爱俭　张锐钢　2017年12月出版 / 估价：89.00元
PSN B-2014-424-1/1

城乡一体化蓝皮书
中国城乡一体化发展报告·北京卷（2016～2017）
著(编)者：张宝秀　黄序　2017年5月出版 / 估价：89.00元
PSN B-2012-258-2/2

创意城市蓝皮书
北京文化创意产业发展报告（2017）
著(编)者：张京成　王国华　2017年10月出版 / 估价：89.00元
PSN B-2012-263-1/7

创意城市蓝皮书
青岛文化创意产业发展报告（2017）
著(编)者：马达　张丹妮　2017年8月出版 / 估价：89.00元
PSN B-2011-235-1/1

创意城市蓝皮书
天津文化创意产业发展报告（2016～2017）
著(编)者：谢思全　2017年6月出版 / 估价：89.00元
PSN B-2016-537-7/7

创意城市蓝皮书
无锡文化创意产业发展报告（2017）
著(编)者：谭军　张鸣年　2017年10月出版 / 估价：89.00元
PSN B-2013-346-3/7

创意城市蓝皮书
武汉文化创意产业发展报告（2017）
著(编)者：黄永林　陈汉桥　2017年9月出版 / 估价：99.00元
PSN B-2013-354-4/7

创意上海蓝皮书
上海文化创意产业发展报告（2016～2017）
著(编)者：王慧敏　王兴全　2017年8月出版 / 估价：89.00元
PSN B-2016-562-1/1

福建妇女发展蓝皮书
福建省妇女发展报告（2017）
著(编)者：刘群英　2017年11月出版 / 估价：88.00元
PSN B-2011-220-1/1

福建自贸区蓝皮书
中国（福建）自由贸易实验区发展报告（2016～2017）
著(编)者：黄茂兴　2017年4月出版 / 估价：108.00元
PSN B-2017-532-1/1

甘肃蓝皮书
甘肃经济发展分析与预测（2017）
著(编)者：朱智文　罗哲　2017年1月出版 / 估价：89.00元
PSN B-2013-312-1/6

甘肃蓝皮书
甘肃社会发展分析与预测（2017）
著(编)者：安文华　包晓霞　谢增虎
2017年1月出版 / 估价：89.00元
PSN B-2013-313-2/6

甘肃蓝皮书
甘肃文化发展分析与预测（2017）
著(编)者：安文华　周小华　2017年1月出版 / 估价：89.00元
PSN B-2013-314-3/6

甘肃蓝皮书
甘肃县域和农村发展报告（2017）
著(编)者：刘进军　柳民　王建兵
2017年1月出版 / 估价：89.00元
PSN B-2013-316-5/6

甘肃蓝皮书
甘肃舆情分析与预测（2017）
著(编)者：陈双梅　郝树声　2017年1月出版 / 估价：89.00元
PSN B-2013-315-4/6

甘肃蓝皮书
甘肃商贸流通发展报告（2017）
著(编)者：杨志武　王福生　王晓芳
2017年1月出版 / 估价：89.00元
PSN B-2016-523-6/6

广东蓝皮书
广东全面深化改革发展报告（2017）
著(编)者：周林生　涂成林　2017年12月出版 / 估价：89.00元
PSN B-2015-504-3/3

广东蓝皮书
广东社会工作发展报告（2017）
著(编)者：罗观翠　2017年6月出版 / 估价：89.00元
PSN B-2014-402-2/3

广东蓝皮书
广东省电子商务发展报告（2017）
著(编)者：程晓　邓顺国　2017年7月出版 / 估价：89.00元
PSN B-2013-360-1/3

皮书系列 2017全品种 — 地方发展类

广东社会建设蓝皮书
广东省社会建设发展报告（2017）
著(编)者：广东省社会工作委员会
2017年12月出版 / 估价：99.00元
PSN B-2014-436-1/1

广东外经贸蓝皮书
广东对外经济贸易发展研究报告（2016~2017）
著(编)者：陈万灵　2017年8月出版 / 估价：98.00元
PSN B-2012-286-1/1

广西北部湾经济区蓝皮书
广西北部湾经济区开放开发报告（2017）
著(编)者：广西北部湾经济区规划建设管理委员会办公室
　　　　　广西社会科学院广西北部湾发展研究院
2017年2月出版 / 估价：89.00元
PSN B-2010-181-1/1

巩义蓝皮书
巩义经济社会发展报告（2017）
著(编)者：丁同民　朱军　2017年4月出版 / 估价：58.00元
PSN B-2016-533-1/1

广州蓝皮书
2017年中国广州经济形势分析与预测
著(编)者：庾建设　陈浩钿　谢博能
2017年7月出版 / 估价：85.00元
PSN B-2011-185-9/14

广州蓝皮书
2017年中国广州社会形势分析与预测
著(编)者：张强　陈怡霓　杨秦　2017年6月出版 / 估价：85.00元
PSN B-2008-110-5/14

广州蓝皮书
广州城市国际化发展报告（2017）
著(编)者：朱名宏　2017年8月出版 / 估价：79.00元
PSN B-2012-246-11/14

广州蓝皮书
广州创新型城市发展报告（2017）
著(编)者：尹涛　2017年7月出版 / 估价：79.00元
PSN B-2012-247-12/14

广州蓝皮书
广州经济发展报告（2017）
著(编)者：朱名宏　2017年7月出版 / 估价：79.00元
PSN B-2005-040-1/14

广州蓝皮书
广州农村发展报告（2017）
著(编)者：朱名宏　2017年8月出版 / 估价：79.00元
PSN B-2010-167-8/14

广州蓝皮书
广州汽车产业发展报告（2017）
著(编)者：杨再高　冯兴亚　2017年7月出版 / 估价：79.00元
PSN B-2006-066-3/14

广州蓝皮书
广州青年发展报告（2016~2017）
著(编)者：徐柳　张强　2017年9月出版 / 估价：79.00元
PSN B-2013-352-13/14

广州蓝皮书
广州商贸业发展报告（2017）
著(编)者：李江涛　肖振宇　荀振英
2017年7月出版 / 估价：79.00元
PSN B-2012-245-10/14

广州蓝皮书
广州社会保障发展报告（2017）
著(编)者：蔡国萱　2017年8月出版 / 估价：79.00元
PSN B-2014-425-14/14

广州蓝皮书
广州文化创意产业发展报告（2017）
著(编)者：徐咏虹　2017年7月出版 / 估价：79.00元
PSN B-2008-111-6/14

广州蓝皮书
中国广州城市建设与管理发展报告（2017）
著(编)者：董皞　陈小钢　李江涛
2017年7月出版 / 估价：85.00元
PSN B-2007-087-4/14

广州蓝皮书
中国广州科技创新发展报告（2017）
著(编)者：邹采荣　马正勇　陈爽
2017年7月出版 / 估价：79.00元
PSN B-2006-065-2/14

广州蓝皮书
中国广州文化发展报告（2017）
著(编)者：徐俊忠　陆志强　顾涧清
2017年7月出版 / 估价：79.00元
PSN B-2009-134-7/14

贵阳蓝皮书
贵阳城市创新发展报告No.2（白云篇）
著(编)者：连玉明　2017年10月出版 / 估价：89.00元
PSN B-2015-491-3/10

贵阳蓝皮书
贵阳城市创新发展报告No.2（观山湖篇）
著(编)者：连玉明　2017年10月出版 / 估价：89.00元
PSN B-2011-235-1/1

贵阳蓝皮书
贵阳城市创新发展报告No.2（花溪篇）
著(编)者：连玉明　2017年10月出版 / 估价：89.00元
PSN B-2015-490-2/10

贵阳蓝皮书
贵阳城市创新发展报告No.2（开阳篇）
著(编)者：连玉明　2017年10月出版 / 估价：89.00元
PSN B-2015-492-4/10

贵阳蓝皮书
贵阳城市创新发展报告No.2（南明篇）
著(编)者：连玉明　2017年10月出版 / 估价：89.00元
PSN B-2015-496-8/10

贵阳蓝皮书
贵阳城市创新发展报告No.2（清镇篇）
著(编)者：连玉明　2017年10月出版 / 估价：89.00元
PSN B-2015-489-1/10

地方发展类

皮书系列
2017全品种

贵阳蓝皮书
贵阳城市创新发展报告No.2（乌当篇）
著(编)者：连玉明　2017年10月出版 / 估价：89.00元
PSN B-2015-495-7/10

贵阳蓝皮书
贵阳城市创新发展报告No.2（息烽篇）
著(编)者：连玉明　2017年10月出版 / 估价：89.00元
PSN B-2015-493-5/10

贵阳蓝皮书
贵阳城市创新发展报告No.2（修文篇）
著(编)者：连玉明　2017年10月出版 / 估价：89.00元
PSN B-2015-494-6/10

贵阳蓝皮书
贵阳城市创新发展报告No.2（云岩篇）
著(编)者：连玉明　2017年10月出版 / 估价：89.00元
PSN B-2015-498-10/10

贵州房地产蓝皮书
贵州房地产发展报告No.4（2017）
著(编)者：武廷方　2017年7月出版 / 估价：89.00元
PSN B-2014-426-1/1

贵州蓝皮书
贵州册亨经济社会发展报告(2017)
著(编)者：黄德林　2017年3月出版 / 估价：89.00元
PSN B-2016-526-8/9

贵州蓝皮书
贵安新区发展报告（2016~2017）
著(编)者：马长青　吴大华　2017年6月出版 / 估价：89.00元
PSN B-2016-459-4/9

贵州蓝皮书
贵州法治发展报告（2017）
著(编)者：吴大华　2017年5月出版 / 估价：89.00元
PSN B-2012-254-2/9

贵州蓝皮书
贵州国有企业社会责任发展报告（2016~2017）
著(编)者：郭丽　周航　万强
2017年12月出版 / 估价：89.00元
PSN B-2015-512-6/9

贵州蓝皮书
贵州民航业发展报告（2017）
著(编)者：申振东　吴大华　2017年10月出版 / 估价：89.00元
PSN B-2015-471-5/9

贵州蓝皮书
贵州民营经济发展报告（2017）
著(编)者：杨静　吴大华　2017年3月出版 / 估价：89.00元
PSN B-2016-531-9/9

贵州蓝皮书
贵州人才发展报告（2017）
著(编)者：于杰　吴大华　2017年9月出版 / 估价：89.00元
PSN B-2014-382-3/9

贵州蓝皮书
贵州社会发展报告（2017）
著(编)者：王兴骥　2017年6月出版 / 估价：89.00元
PSN B-2010-166-1/9

贵州蓝皮书
贵州国家级开放创新平台发展报告（2017）
著(编)者：申晓庆　吴大华　李泓
2017年6月出版 / 估价：89.00元
PSN B-2016-518-1/9

海淀蓝皮书
海淀区文化和科技融合发展报告（2017）
著(编)者：陈名杰　孟景伟　2017年5月出版 / 估价：85.00元
PSN B-2013-329-1/1

杭州都市圈蓝皮书
杭州都市圈发展报告（2017）
著(编)者：沈翔　戚建国　2017年5月出版 / 估价：128.00元
PSN B-2012-302-1/1

杭州蓝皮书
杭州妇女发展报告（2017）
著(编)者：魏颖　2017年6月出版 / 估价：89.00元
PSN B-2014-403-1/1

河北经济蓝皮书
河北省经济发展报告（2017）
著(编)者：马树强　金浩　张贵
2017年4月出版 / 估价：89.00元
PSN B-2014-380-1/1

河北蓝皮书
河北经济社会发展报告（2017）
著(编)者：郭金平　2017年1月出版 / 估价：89.00元
PSN B-2014-372-1/1

河北食品药品安全蓝皮书
河北食品药品安全研究报告（2017）
著(编)者：丁锦霞　2017年6月出版 / 估价：89.00元
PSN B-2015-473-1/1

河南经济蓝皮书
2017年河南经济形势分析与预测
著(编)者：胡五岳　2017年2月出版 / 估价：89.00元
PSN B-2007-086-1/1

河南蓝皮书
2017年河南社会形势分析与预测
著(编)者：刘道兴　牛苏林　2017年4月出版 / 估价89.00元
PSN B-2005-043-1/8

河南蓝皮书
河南城市发展报告（2017）
著(编)者：张占仓　王建国　2017年5月出版 / 估价：89.00元
PSN B-2009-131-3/8

河南蓝皮书
河南法治发展报告（2017）
著(编)者：丁同民　张林海　2017年5月出版 / 估价：89.00元
PSN B-2014-376-6/8

河南蓝皮书
河南工业发展报告（2017）
著(编)者：张占仓　丁同民　2017年5月出版 / 估价：89.00元
PSN B-2013-317-5/8

河南蓝皮书
河南金融发展报告（2017）
著(编)者：河南省社会科学院
2017年6月出版 / 估价：89.00元
PSN B-2014-390-7/8

皮书系列重点推荐 地方发展类

河南蓝皮书
河南经济发展报告（2017）
著(编)者：张占仓　2017年3月出版 / 估价：89.00元
PSN B-2010-157-4/8

河南蓝皮书
河南农业农村发展报告（2017）
著(编)者：吴海峰　2017年4月出版 / 估价：89.00元
PSN B-2015-445-8/8

河南蓝皮书
河南文化发展报告（2017）
著(编)者：卫绍生　2017年3月出版 / 估价：88.00元
PSN B-2008-106-2/8

河南商务蓝皮书
河南商务发展报告（2017）
著(编)者：焦锦淼 穆荣国　2017年6月出版 / 估价：88.00元
PSN B-2014-399-1/1

黑龙江蓝皮书
黑龙江经济发展报告（2017）
著(编)者：朱宇　2017年1月出版 / 估价：89.00元
PSN B-2011-190-2/2

黑龙江蓝皮书
黑龙江社会发展报告（2017）
著(编)者：谢宝禄　2017年1月出版 / 估价：89.00元
PSN B-2011-189-1/2

湖北文化蓝皮书
湖北文化发展报告（2017）
著(编)者：吴成国　2017年10月出版 / 估价：95.00元
PSN B-2016-567-1/1

湖南城市蓝皮书
区域城市群整合
著(编)者：童中贤 韩未名
2017年12月出版 / 估价：89.00元
PSN B-2006-064-1/1

湖南蓝皮书
2017年湖南产业发展报告
著(编)者：梁志峰　2017年5月出版 / 估价：128.00元
PSN B-2011-207-2/8

湖南蓝皮书
2017年湖南电子政务发展报告
著(编)者：梁志峰　2017年5月出版 / 估价：128.00元
PSN B-2014-394-6/8

湖南蓝皮书
2017年湖南经济展望
著(编)者：梁志峰　2017年5月出版 / 估价：128.00元
PSN B-2011-206-1/8

湖南蓝皮书
2017年湖南两型社会与生态文明发展报告
著(编)者：梁志峰　2017年5月出版 / 估价：128.00元
PSN B-2011-208-3/8

湖南蓝皮书
2017年湖南社会发展报告
著(编)者：梁志峰　2017年5月出版 / 估价：128.00元
PSN B-2014-393-5/8

湖南蓝皮书
2017年湖南县域经济社会发展报告
著(编)者：梁志峰　2017年5月出版 / 估价：128.00元
PSN B-2014-395-7/8

湖南蓝皮书
湖南城乡一体化发展报告（2017）
著(编)者：陈文胜 王文强 陆福兴 邝奕轩
2017年6月出版 / 估价：89.00元
PSN B-2015-477-8/8

湖南县域绿皮书
湖南县域发展报告 No.3
著(编)者：袁准 周小毛　2017年9月出版 / 估价：89.00元
PSN G-2012-274-1/1

沪港蓝皮书
沪港发展报告（2017）
著(编)者：尤安山　2017年9月出版 / 估价：89.00元
PSN B-2013-362-1/1

吉林蓝皮书
2017年吉林经济社会形势分析与预测
著(编)者：马克　2015年12月出版 / 估价：89.00元
PSN B-2013-319-1/1

吉林省城市竞争力蓝皮书
吉林省城市竞争力报告（2017）
著(编)者：崔岳春 张磊　2017年3月出版 / 估价：89.00元
PSN B-2015-508-1/1

济源蓝皮书
济源经济社会发展报告（2017）
著(编)者：喻新安　2017年4月出版 / 估价：89.00元
PSN B-2014-387-1/1

健康城市蓝皮书
北京健康城市建设研究报告（2017）
著(编)者：王鸿春　2017年8月出版 / 估价：89.00元
PSN B-2015-460-1/2

江苏法治蓝皮书
江苏法治发展报告 No.6（2017）
著(编)者：蔡道通 龚廷泰　2017年8月出版 / 估价：98.00元
PSN B-2012-290-1/1

江西蓝皮书
江西经济社会发展报告（2017）
著(编)者：张勇 姜玮 梁勇　2017年10月出版 / 估价：89.00元
PSN B-2015-484-1/2

江西蓝皮书
江西设区市发展报告（2017）
著(编)者：姜玮 梁勇　2017年10月出版 / 估价：79.00元
PSN B-2016-517-2/2

江西文化蓝皮书
江西文化产业发展报告（2017）
著(编)者：张圣才 汪春翔
2017年10月出版 / 估价：128.00元
PSN B-2015-499-1/1

地方发展类 — 皮书系列 重点推荐

街道蓝皮书
北京街道发展报告No.2（白纸坊篇）
著(编)者：连玉明　2017年8月出版／估价：98.00元
PSN B-2016-544-7/15

街道蓝皮书
北京街道发展报告No.2（椿树篇）
著(编)者：连玉明　2017年8月出版／估价：98.00元
PSN B-2016-548-11/15

街道蓝皮书
北京街道发展报告No.2（大栅栏篇）
著(编)者：连玉明　2017年8月出版／估价：98.00元
PSN B-2016-552-15/15

街道蓝皮书
北京街道发展报告No.2（德胜篇）
著(编)者：连玉明　2017年8月出版／估价：98.00元
PSN B-2016-551-14/15

街道蓝皮书
北京街道发展报告No.2（广安门内篇）
著(编)者：连玉明　2017年8月出版／估价：98.00元
PSN B-2016-540-3/15

街道蓝皮书
北京街道发展报告No.2（广安门外篇）
著(编)者：连玉明　2017年8月出版／估价：98.00元
PSN B-2016-547-10/15

街道蓝皮书
北京街道发展报告No.2（金融街篇）
著(编)者：连玉明　2017年8月出版／估价：98.00元
PSN B-2016-538-1/15

街道蓝皮书
北京街道发展报告No.2（牛街篇）
著(编)者：连玉明　2017年8月出版／估价：98.00元
PSN B-2016-545-8/15

街道蓝皮书
北京街道发展报告No.2（什刹海篇）
著(编)者：连玉明　2017年8月出版／估价：98.00元
PSN B-2016-546-9/15

街道蓝皮书
北京街道发展报告No.2（陶然亭篇）
著(编)者：连玉明　2017年8月出版／估价：98.00元
PSN B-2016-542-5/15

街道蓝皮书
北京街道发展报告No.2（天桥篇）
著(编)者：连玉明　2017年8月出版／估价：98.00元
PSN B-2016-549-12/15

街道蓝皮书
北京街道发展报告No.2（西长安街篇）
著(编)者：连玉明　2017年8月出版／估价：98.00元
PSN B-2016-543-6/15

街道蓝皮书
北京街道发展报告No.2（新街口篇）
著(编)者：连玉明　2017年8月出版／估价：98.00元
PSN B-2016-541-4/15

街道蓝皮书
北京街道发展报告No.2（月坛篇）
著(编)者：连玉明　2017年8月出版／估价：98.00元
PSN B-2016-539-2/15

街道蓝皮书
北京街道发展报告No.2（展览路篇）
著(编)者：连玉明　2017年8月出版／估价：98.00元
PSN B-2016-550-13/15

经济特区蓝皮书
中国经济特区发展报告（2017）
著(编)者：陶一桃　2017年12月出版／估价：98.00元
PSN B-2009-139-1/1

辽宁蓝皮书
2017年辽宁经济社会形势分析与预测
著(编)者：曹晓峰　梁启东
2017年1月出版／估价：79.00元
PSN B-2006-053-1/1

洛阳蓝皮书
洛阳文化发展报告（2017）
著(编)者：刘福兴　陈启明　2017年7月出版／估价：89.00元
PSN B-2015-476-1/1

南京蓝皮书
南京文化发展报告（2017）
著(编)者：徐宁　2017年10月出版／估价：89.00元
PSN B-2014-439-1/1

南宁蓝皮书
南宁经济发展报告（2017）
著(编)者：胡建华　2017年9月出版／估价：79.00元
PSN B-2016-570-2/3

南宁蓝皮书
南宁社会发展报告（2017）
著(编)者：胡建华　2017年9月出版／估价：79.00元
PSN B-2016-571-3/3

内蒙古蓝皮书
内蒙古反腐倡廉建设报告 No.2
著(编)者：张志华　无极　2017年12月出版／估价：79.00元
PSN B-2013-365-1/1

浦东新区蓝皮书
上海浦东经济发展报告（2017）
著(编)者：沈开艳　周奇　2017年1月出版／估价：89.00元
PSN B-2011-225-1/1

青海蓝皮书
2017年青海经济社会形势分析与预测
著(编)者：陈玮　2015年12月出版／估价：79.00元
PSN B-2012-275-1/1

人口与健康蓝皮书
深圳人口与健康发展报告（2017）
著(编)者：陆杰华　罗乐宣　苏杨
2017年11月出版／估价：89.00元
PSN B-2011-228-1/1

皮书系列 重点推荐 地方发展类

山东蓝皮书
山东经济形势分析与预测（2017）
著(编)者：李广杰　2017年7月出版 / 估价：89.00元
PSN B-2014-404-1/4

山东蓝皮书
山东社会形势分析与预测（2017）
著(编)者：张华 唐洲雁　2017年6月出版 / 估价：89.00元
PSN B-2014-405-2/4

山东蓝皮书
山东文化发展报告（2017）
著(编)者：涂可国　2017年11月出版 / 估价：98.00元
PSN B-2014-406-3/4

山西蓝皮书
山西资源型经济转型发展报告（2017）
著(编)者：李志强　2017年7月出版 / 估价：89.00元
PSN B-2011-197-1/1

陕西蓝皮书
陕西经济发展报告（2017）
著(编)者：任宗哲 白宽犁 裴成荣
2015年12月出版 / 估价：89.00元
PSN B-2009-135-1/5

陕西蓝皮书
陕西社会发展报告（2017）
著(编)者：任宗哲 白宽犁 牛昉
2015年12月出版 / 估价：89.00元
PSN B-2009-136-2/5

陕西蓝皮书
陕西文化发展报告（2017）
著(编)者：任宗哲 白宽犁 王长寿
2015年12月出版 / 估价：89.00元
PSN B-2009-137-3/5

上海蓝皮书
上海传媒发展报告（2017）
著(编)者：强荧 焦雨虹　2017年1月出版 / 估价：89.00元
PSN B-2012-295-5/7

上海蓝皮书
上海法治发展报告（2017）
著(编)者：叶青　2017年6月出版 / 估价：89.00元
PSN B-2012-296-6/7

上海蓝皮书
上海经济发展报告（2017）
著(编)者：沈开艳　2017年1月出版 / 估价：89.00元
PSN B-2006-057-1/7

上海蓝皮书
上海社会发展报告（2017）
著(编)者：杨雄 周海旺　2017年1月出版 / 估价：89.00元
PSN B-2006-058-2/7

上海蓝皮书
上海文化发展报告（2017）
著(编)者：荣跃明　2017年1月出版 / 估价：89.00元
PSN B-2006-059-3/7

上海蓝皮书
上海文学发展报告（2017）
著(编)者：陈圣来　2017年6月出版 / 估价：89.00元
PSN B-2012-297-7/7

上海蓝皮书
上海资源环境发展报告（2017）
著(编)者：周冯琦 汤庆合 任文伟
2017年1月出版 / 估价：89.00元
PSN B-2006-060-4/7

社会建设蓝皮书
2017年北京社会建设分析报告
著(编)者：宋贵伦 冯虹　2017年10月出版 / 估价：89.00元
PSN B-2010-173-1/1

深圳蓝皮书
深圳法治发展报告（2017）
著(编)者：张骁儒　2017年6月出版 / 估价：89.00元
PSN B-2015-470-6/7

深圳蓝皮书
深圳经济发展报告（2017）
著(编)者：张骁儒　2017年7月出版 / 估价：89.00元
PSN B-2008-112-3/7

深圳蓝皮书
深圳劳动关系发展报告（2017）
著(编)者：汤庭芬　2017年6月出版 / 估价：89.00元
PSN B-2007-097-2/7

深圳蓝皮书
深圳社会建设与发展报告（2017）
著(编)者：张骁儒 陈东平　2017年7月出版 / 估价：89.00元
PSN B-2008-113-4/7

深圳蓝皮书
深圳文化发展报告(2017)
著(编)者：张骁儒　2017年7月出版 / 估价：89.00元
PSN B-2016-555-7/7

四川法治蓝皮书
丝绸之路经济带发展报告（2016~2017）
著(编)者：任宗哲 白宽犁 谷孟宾
2017年12月出版 / 估价：85.00元
PSN B-2014-410-1/1

四川法治蓝皮书
四川依法治省年度报告 No.3（2017）
著(编)者：李林 杨天宗 田禾
2017年3月出版 / 估价：108.00元
PSN B-2015-447-1/1

四川蓝皮书
2017年四川经济形势分析与预测
著(编)者：杨钢　2017年1月出版 / 估价：98.00元
PSN B-2007-098-2/7

四川蓝皮书
四川城镇化发展报告（2017）
著(编)者：侯水平 陈炜　2017年4月出版 / 估价：85.00元
PSN B-2015-456-7/7

皮书系列重点推荐

地方发展类·国际问题类

四川蓝皮书
四川法治发展报告（2017）
著（编）者：郑泰安　2017年1月出版 / 估价：89.00元
PSN B-2015-441-5/7

四川蓝皮书
四川企业社会责任研究报告（2016~2017）
著（编）者：侯水平　盛毅　翟刚
2017年4月出版 / 估价：89.00元
PSN B-2014-386-4/7

四川蓝皮书
四川社会发展报告（2017）
著（编）者：李羚　2017年5月出版 / 估价：89.00元
PSN B-2008-127-3/7

四川蓝皮书
四川生态建设报告（2017）
著（编）者：李晟之　2017年4月出版 / 估价：85.00元
PSN B-2015-455-6/7

四川蓝皮书
四川文化产业发展报告（2017）
著（编）者：向宝云　张立伟
2017年4月出版 / 估价：89.00元
PSN B-2006-074-1/7

体育蓝皮书
上海体育产业发展报告（2016~2017）
著（编）者：张林　黄海燕
2017年10月出版 / 估价：89.00元
PSN B-2015-454-4/4

体育蓝皮书
长三角地区体育产业发展报告（2016~2017）
著（编）者：张林　2017年4月出版 / 估价：89.00元
PSN B-2015-453-3/4

天津金融蓝皮书
天津金融发展报告（2017）
著（编）者：王爱俭　孔德昌
2017年12月出版 / 估价：98.00元
PSN B-2014-418-1/1

图们江区域合作蓝皮书
图们江区域合作发展报告（2017）
著（编）者：李铁　2017年6月出版 / 估价：98.00元
PSN B-2015-464-1/1

温州蓝皮书
2017年温州经济社会形势分析与预测
著（编）者：潘忠强　王春光　金浩
2017年4月出版 / 估价：89.00元
PSN B-2008-105-1/1

西咸新区蓝皮书
西咸新区发展报告（2016~2017）
著（编）者：李扬　王军　2017年6月出版 / 估价：89.00元
PSN B-2016-535-1/1

扬州蓝皮书
扬州经济社会发展报告（2017）
著（编）者：丁纯　2017年12月出版 / 估价：98.00元
PSN B-2011-191-1/1

长株潭城市群蓝皮书
长株潭城市群发展报告（2017）
著（编）者：张萍　2017年12月出版 / 估价：89.00元
PSN B-2008-109-1/1

中医文化蓝皮书
北京中医文化传播发展报告（2017）
著（编）者：毛嘉陵　2017年5月出版 / 估价：79.00元
PSN B-2015-468-1/2

珠三角流通蓝皮书
珠三角商圈发展研究报告（2017）
著（编）者：王先庆　林至颖
2017年7月出版 / 估价：98.00元
PSN B-2012-292-1/1

遵义蓝皮书
遵义发展报告（2017）
著（编）者：曾征　龚永育　雍思强
2017年12月出版 / 估价：89.00元
PSN B-2014-433-1/1

国际问题类

"一带一路"跨境通道蓝皮书
"一带一路"跨境通道建设研究报告（2017）
著（编）者：郭业洲　2017年8月出版 / 估价：89.00元
PSN B-2016-558-1/1

"一带一路"蓝皮书
"一带一路"建设发展报告（2017）
著（编）者：孔丹　李永全　2017年7月出版 / 估价：89.00元
PSN B-2016-553-1/1

阿拉伯黄皮书
阿拉伯发展报告（2016~2017）
著（编）者：罗林　2017年11月出版 / 估价：89.00元
PSN Y-2014-381-1/1

北部湾蓝皮书
泛北部湾合作发展报告（2017）
著（编）者：吕余生　2017年12月出版 / 估价：85.00元
PSN B-2008-114-1/1

大湄公河次区域蓝皮书
大湄公河次区域合作发展报告（2017）
著（编）者：刘稚　2017年8月出版 / 估价：89.00元
PSN B-2011-196-1/1

大洋洲蓝皮书
大洋洲发展报告（2017）
著（编）者：喻常森　2017年10月出版 / 估价：89.00元
PSN B-2013-341-1/1

皮书系列重点推荐

国际问题类

德国蓝皮书
德国发展报告（2017）
著（编）者：郑春荣　　2017年6月出版 / 估价：89.00元
PSN B-2012-278-1/1

东盟黄皮书
东盟发展报告（2017）
著（编）者：杨晓强　庄国土
2017年3月出版 / 估价：89.00元
PSN Y-2012-303-1/1

东南亚蓝皮书
东南亚地区发展报告（2016~2017）
著（编）者：厦门大学东南亚研究中心　王勤
2017年12月出版 / 估价：89.00元
PSN B-2012-240-1/1

俄罗斯黄皮书
俄罗斯发展报告（2017）
著（编）者：李永全　　2017年7月出版 / 估价：89.00元
PSN Y-2006-061-1/1

非洲黄皮书
非洲发展报告 No.19（2016~2017）
著（编）者：张宏明　　2017年8月出版 / 估价：89.00元
PSN Y-2012-239-1/1

公共外交蓝皮书
中国公共外交发展报告（2017）
著（编）者：赵启正　雷蔚真
2017年4月出版 / 估价：89.00元
PSN B-2015-457-1/1

国际安全蓝皮书
中国国际安全研究报告(2017)
著（编）者：刘慧　　2017年7月出版 / 估价：98.00元
PSN B-2016-522-1/1

国际形势黄皮书
全球政治与安全报告（2017）
著（编）者：李慎明　张宇燕
2016年12月出版 / 估价：89.00元
PSN Y-2001-016-1/1

韩国蓝皮书
韩国发展报告（2017）
著（编）者：牛林杰　刘宝全
2017年11月出版 / 估价：89.00元
PSN B-2010-155-1/1

加拿大蓝皮书
加拿大发展报告（2017）
著（编）者：仲伟合　　2017年9月出版 / 估价：89.00元
PSN B-2014-389-1/1

拉美黄皮书
拉丁美洲和加勒比发展报告（2016~2017）
著（编）者：吴白乙　　2017年6月出版 / 估价：89.00元
PSN Y-1999-007-1/1

美国蓝皮书
美国研究报告（2017）
著（编）者：郑秉文　黄平　　2017年6月出版 / 估价：89.00元
PSN B-2011-210-1/1

缅甸蓝皮书
缅甸国情报告（2017）
著（编）者：李晨阳　　2017年12月出版 / 估价：86.00元
PSN B-2013-343-1/1

欧洲蓝皮书
欧洲发展报告（2016~2017）
著（编）者：黄平　周弘　江时学
2017年6月出版 / 估价：89.00元
PSN B-1999-009-1/1

葡语国家蓝皮书
葡语国家发展报告（2017）
著（编）者：王成安　张敏　　2017年12月出版 / 估价：89.00元
PSN B-2015-503-1/2

葡语国家蓝皮书
中国与葡语国家关系发展报告·巴西（2017）
著（编）者：张曙光　　2017年8月出版 / 估价：89.00元
PSN B-2016-564-2/2

日本经济蓝皮书
日本经济与中日经贸关系研究报告（2017）
著（编）者：张季风　　2017年5月出版 / 估价：89.00元
PSN B-2008-102-1/1

日本蓝皮书
日本研究报告（2017）
著（编）者：杨柏江　　2017年5月出版 / 估价：89.00元
PSN B-2002-020-1/1

上海合作组织黄皮书
上海合作组织发展报告（2017）
著（编）者：李进峰　吴宏伟　李少捷
2017年6月出版 / 估价：89.00元
PSN Y-2009-130-1/1

世界创新竞争力黄皮书
世界创新竞争力发展报告（2017）
著（编）者：李闽榕　李建平　赵新力
2017年1月出版 / 估价：148.00元
PSN Y-2013-318-1/1

泰国蓝皮书
泰国研究报告（2017）
著（编）者：庄国土　张禹东
2017年8月出版 / 估价：118.00元
PSN B-2016-557-1/1

土耳其蓝皮书
土耳其发展报告（2017）
著（编）者：郭长刚　刘义　　2017年9月出版 / 估价：89.00元
PSN B-2014-412-1/1

亚太蓝皮书
亚太地区发展报告（2017）
著（编）者：李向阳　　2017年3月出版 / 估价：89.00元
PSN B-2001-015-1/1

印度蓝皮书
印度国情报告（2017）
著（编）者：吕昭义　　2017年12月出版 / 估价：89.00元
PSN B-2012-241-1/1

 国际问题类

印度洋地区蓝皮书
印度洋地区发展报告（2017）
著(编)者：汪戎　　2017年6月出版　估价：89.00元
PSN B-2013-334-1/1

英国蓝皮书
英国发展报告（2016～2017）
著(编)者：王展鹏　　2017年11月出版　估价：89.00元
PSN B-2015-486-1/1

越南蓝皮书
越南国情报告（2017）
著(编)者：广西社会科学院　罗梅　李碧华
2017年12月出版　估价：89.00元
PSN B-2006-056-1/1

以色列蓝皮书
以色列发展报告（2017）
著(编)者：张倩红　　2017年8月出版　估价：89.00元
PSN B-2015-483-1/1

伊朗蓝皮书
伊朗发展报告（2017）
著(编)者：冀开远　　2017年10月出版　估价：89.00元
PSN B-2016-575-1/1

中东黄皮书
中东发展报告No.19（2016～2017）
著(编)者：杨光　　2017年10月出版　估价：89.00元
PSN Y-1998-004-1/1

中亚黄皮书
中亚国家发展报告（2017）
著(编)者：孙力　吴宏伟　　2017年7月出版　估价：98.00元
PSN Y-2012-238-1/1

　　皮书序列号是社会科学文献出版社专门为识别皮书、管理皮书而设计的编号。皮书序列号是出版皮书的许可证号，是区别皮书与其他图书的重要标志。

　　它由一个前缀和四部分构成。这四部分之间用连字符"-"连接。前缀和这四部分之间空半个汉字（见示例）。

《国际人才蓝皮书：中国留学发展报告》序列号示例

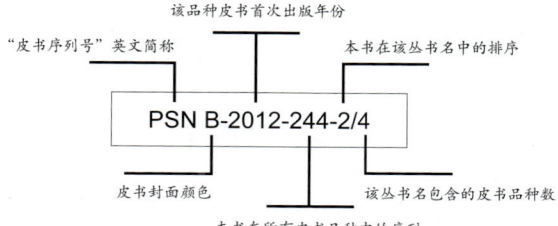

　　从示例中可以看出，《国际人才蓝皮书：中国留学发展报告》的首次出版年份是2012年，是社科文献出版社出版的第244个皮书品种，是"国际人才蓝皮书"系列的第2个品种（共4个品种）。

社会科学文献出版社　　　　　　　　　**皮书系列**

❖ 皮书起源 ❖

"皮书"起源于十七、十八世纪的英国，主要指官方或社会组织正式发表的重要文件或报告，多以"白皮书"命名。在中国，"皮书"这一概念被社会广泛接受，并被成功运作、发展成为一种全新的出版形态，则源于中国社会科学院社会科学文献出版社。

❖ 皮书定义 ❖

皮书是对中国与世界发展状况和热点问题进行年度监测，以专业的角度、专家的视野和实证研究方法，针对某一领域或区域现状与发展态势展开分析和预测，具备原创性、实证性、专业性、连续性、前沿性、时效性等特点的公开出版物，由一系列权威研究报告组成。

❖ 皮书作者 ❖

皮书系列的作者以中国社会科学院、著名高校、地方社会科学院的研究人员为主，多为国内一流研究机构的权威专家学者，他们的看法和观点代表了学界对中国与世界的现实和未来最高水平的解读与分析。

❖ 皮书荣誉 ❖

皮书系列已成为社会科学文献出版社的著名图书品牌和中国社会科学院的知名学术品牌。2016年，皮书系列正式列入"十三五"国家重点出版规划项目；2012~2016年，重点皮书列入中国社会科学院承担的国家哲学社会科学创新工程项目；2017年，55种院外皮书使用"中国社会科学院创新工程学术出版项目"标识。

中国皮书网
www.pishu.cn

发布皮书研创资讯，传播皮书精彩内容
引领皮书出版潮流，打造皮书服务平台

栏目设置

关于皮书：何谓皮书、皮书分类、皮书大事记、皮书荣誉、
皮书出版第一人、皮书编辑部

最新资讯：通知公告、新闻动态、媒体聚焦、网站专题、视频直播、下载专区

皮书研创：皮书规范、皮书选题、皮书出版、皮书研究、研创团队

皮书评奖评价：指标体系、皮书评价、皮书评奖

互动专区：皮书说、皮书智库、皮书微博、数据库微博

所获荣誉

2008年、2011年，中国皮书网均在全国新闻出版业网站荣誉评选中获得"最具商业价值网站"称号；

2012年，获得"出版业网站百强"称号。

网库合一

2014年，中国皮书网与皮书数据库端口合一，实现资源共享。更多详情请登录www.pishu.cn。

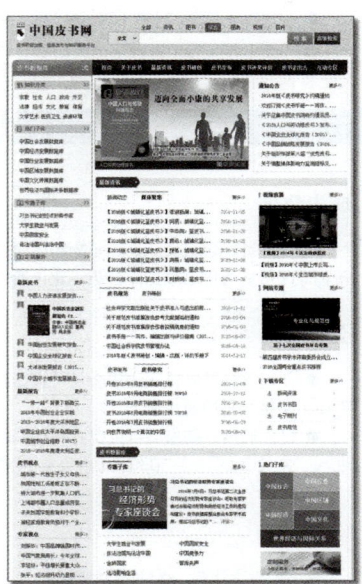

权威报告·热点资讯·特色资源

皮书数据库
ANNUAL REPORT(YEARBOOK) DATABASE

当代中国与世界发展高端智库平台

所获荣誉

- 2016年,入选"国家'十三五'电子出版物出版规划骨干工程"
- 2015年,荣获"搜索中国正能量 点赞2015""创新中国科技创新奖"
- 2013年,荣获"中国出版政府奖·网络出版物奖"提名奖
- 连续多年荣获中国数字出版博览会"数字出版·优秀品牌"奖

成为会员

通过网址www.pishu.com.cn或使用手机扫描二维码进入皮书数据库网站,进行手机号码验证或邮箱验证即可成为皮书数据库会员(建议通过手机号码快速验证注册)。

会员福利

- 使用手机号码首次注册会员可直接获得100元体验金,不需充值即可购买和查看数据库内容(仅限使用手机号码快速注册)。
- 已注册用户购书后可免费获赠100元皮书数据库充值卡。刮开充值卡涂层获取充值密码,登录并进入"会员中心"—"在线充值"—"充值卡充值",充值成功后即可购买和查看数据库内容。

数据库服务热线:400-008-6695　　　图书销售热线:010-59367070/7028
数据库服务QQ:2475522410　　　　图书服务QQ:1265056568
数据库服务邮箱:database@ssap.cn　　图书服务邮箱:duzhe@ssap.cn

皮书品牌20年
YEAR BOOKS
1997~2017

更多信息请登录

皮书数据库
http://www.pishu.com.cn

中国皮书网
http://www.pishu.cn

皮书微博
http://weibo.com/pishu

皮书博客
http://blog.sina.com.cn/pishu

皮书微信"皮书说"

请到当当、亚马逊、京东或各地书店购买，也可办理邮购

咨询／邮购电话：	010-59367028　59367070
邮　　箱：	duzhe@ssap.cn
邮购地址：	北京市西城区北三环中路甲29号院3号楼华龙大厦13层读者服务中心
邮　　编：	100029
银行户名：	社会科学文献出版社
开户银行：	中国工商银行北京北太平庄支行
账　　号：	0200010019200365434

新时期的道路上前行,并在发展态势、总体规模、区域格局、发展条件、产业体系、市场化进程、质量效益等方面都呈现新变化。

(一)展览业发展态势

一是境内展稳健增长。统计数据显示,① 2016 年全国举办各类展览超过 9892 场,展览面积超过 13074.71 万平方米。以 2011 年的样本城市计算,展览项目 8690 场,展出面积 11465 万平方米。相比较 2015 年,2016 年数量和面积分别增长了 6.6% 和 10.8%。

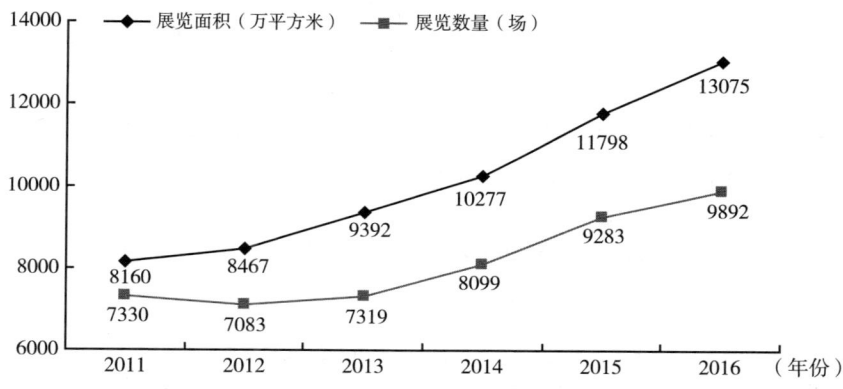

图 1　2011~2016 年大陆地区展览数和面积趋势

注：图中数据以 2011 年被调研城市为基准,即剔除了近三年统计调研口径不一致的影响。

资料来源:2014 年、2015 年、2016 年度中国展览数据统计报告。

展览业直接产值在国民经济中所占比重增加,经济贡献率提升。② 据统计,2015 年中国大陆会展经济产值为 4803.1 亿元,展览业增加值约占 GDP 总值的 0.71%,比 2014 年增长了 14.8%,在服务业中占 1.41%;其中作为展会功能集中标志的经贸类展览会在 2016 年共举办 2590 场(2015 年为 2612 场),但总面积为 8200 万平方米,比 2015 年增长 4%。③ 根据商务部典型企业抽样

---

① 中国会展经济研究会:《2016 年度中国展览数据统计报告》。
② 中国商务部服务贸易司:《中国展览行业发展报告(2016)》。
③ 中国国际贸易促进委员会:《中国展览经济发展报告(2016)》。

调查测算，2015年展览业带动全国就业总人数可达3184万人次，社会就业拉动效应依然较为显著。

二是境外参展止降提升，"一带一路"沿线市场活络。根据中国贸促会提供的数据，2016年大陆扭转了2015年国别数、项目数双降态势，共97家组展单位赴63个国家组织参展1492个项目，项目数较2015年增加7.0%，[①] 83.5万平方米的展出面积较上年增加14%；参展企业达5.84万家，较上年增加12%。《2016年中国出国经贸展览市场报告》显示，"一带一路"沿线国家和地区成为出展市场的新热点，项目数、展出面积、参展企业数占比分别为42.3%、39.7%和37.4%。

三是境外自办展增长迅猛。2016年，全国共有37家单位在境外自办展会128场，总面积达到78.0万平方米。[②] 办展单位数、项目数和展出面积较2015年分别增长96%、142%和61%（见图2），同时办展涉及国家50个，增幅达67%。不过，办展总面积大于10万平方米的单位仅有两家，说明我国展览企业国际化程度和品牌影响力还有待提升。

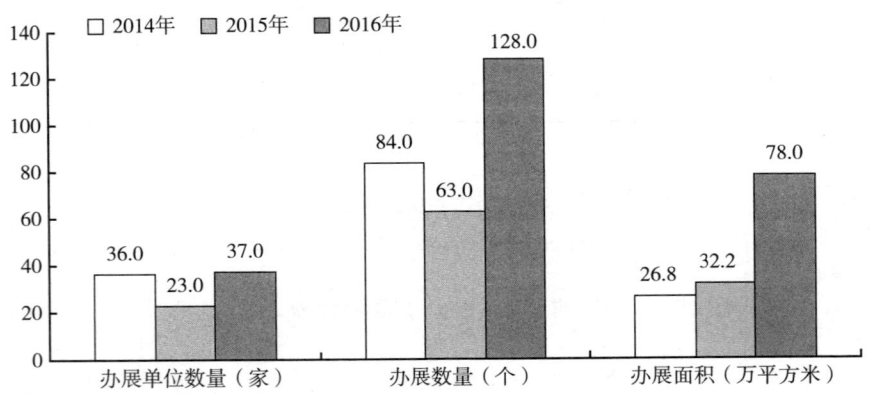

图2 境外自办展总体情况

资料来源：中国会展经济研究会《2016年度中国展览数据统计报告》。

---

① 中国贸促会展览管理办公室：《2017年中国出国经贸展览市场报告》。该报告未正式发布，某些数据只能使用2015年的。2016年我们采用的是《中国会展产业年度报告》的数据，两者在数据上有细微差别。

② 另据贸促会统计，这些数据分别是：办展单位35家，展览数量79个，展出总面积13.6万平方米。

（二）会议业回归市场，顺应国际化趋势

随着中央有关规定落实，2015年中国会议行业面临方向和办法之间的双重选择与创新呼唤。会议业在感知压力的同时，找到了前进的动力并厘清了发展方向——必须坚持有效化、精简化与去形式化之路，在市场化与专业化的操作模式下追求更加实质的内涵。节俭办会成为一种新趋势。各地大量以公款支撑的所谓"会议经济"虚假繁荣景象正在彻底改观，会议市场泡沫进一步被挤出。

中国会议与奖励旅游产业正进入全新的发展时期。2016年杭州G20峰会的成功举办，显示会议日渐成为主场外交和参与全球治理的重要手段之一。国际展览业协会（UFI）第83届会员大会，作为展览行业最重要的会议，本身就是对中国会展业的地位和影响力的肯定。国内会展城市开始分化，会议目的地打造显示出活力，杭州、成都、厦门、海口等均有突出表现，相继出台专项资金和政策扶持会议产业的发展，开展会议目的地城市营销活动。

（三）市场化转型加速，专业化与国际化提升明显

近年来，会展业去行政化力度不断加大，政府主导型展会和会议市场化转型趋势明显。在厘清正省级以上政府主办展会559个后，展会转型趋势明显。知名政府主导型展会或委托给专业化会展企业经营，或采用政企分开的运作模式。

同时，国内会展市场的专业化水准和国际化水平提升明显，展会品牌影响力持续提升。从平均规模看，2016年展览会较以前有较大的提升；从办展主体看，入选前100名的门槛已经高达20万平方米，而排在最前的达到394.0万平方米。从项目来看，单个展览排名第100名为12万平方米，而排名第一的是118万平方米。

品牌影响力首先得益于专业化。专业化首先表现为主题专业化。各细分行业376场TOP 3展览分布在58个城市中，总面积3392万平方米，[①] 显示了专业展览和具有鲜明会展主题的展会旺盛的生命力。其次表现在服务和运作模式的专业化。从杭州峰会可以看出中国专业服务商的专业能力，同时在世界百名

---

① 中国会展经济研究会：《中国展览经济数据统计报告（2016）》。

商展排行中,中国企业的突出表现也是专业化水准的重要标志。

国内城市会展业国际竞争意识增强,国际化水平持续提升。一些城市借助国际知名会展品牌,积极推进会展业的国际化。如深圳借助UFI、杭州以ICCA和G20峰会加速国际化。我国展览机构、行业促进部门和展会的国际化水平得到提升。到2015年底,中国UFI会员达95个。

(四)依据区域经济、产业特色,县域会展经济蓬勃发展

近年来,县域会展节庆经济取得系统性突破。依托人文、经济、产业特色,因地制宜,办展办会办节庆,成为县域会展经济发展的重要特征,以提升当地经济、特色产业的综合竞争力。会展也成为扶贫脱贫的重要平台。据统计,2015年有20个县级城市办有展会项目,办展261场,总展出面积达到303.95万平方米(见表1)。

表1 2015年全国县级展览项目统计

序号	城市	2015年办展数量(场)	2015年办展面积(万平方米)	办展数量占比(%)	办展面积占比(%)	平均办展面积(万平方米/展)
1	昆山市	56	71.20	0.60	0.62	1.27
2	义乌市	32	68.46	0.34	0.59	2.14
3	永康市	29	46.17	0.31	0.40	1.59
4	余姚市	18	28.65	0.19	0.25	1.59
5	常熟市	44	18.85	0.47	0.16	0.43
6	温岭市	14	15.07	0.15	0.13	1.08
7	慈溪市	19	14.80	0.20	0.13	0.78
8	海宁市	19	12.25	0.20	0.11	0.64
9	宁海县	9	6.42	0.10	0.06	0.71
10	绥芬河市	1	6.00	0.01	0.05	6.00
11	梅河口市	3	4.00	0.03	0.03	1.33
12	喀什	1	3.60	0.01	0.03	3.60
13	辛集市	2	2.00	0.02	0.02	1.00
14	满洲里	1	2.00	0.01	0.02	2.00
15	长白山池	2	1.48	0.02	0.01	0.74
16	集安市	1	1.00	0.01	0.01	1.00
17	延吉县	2	0.80	0.02	0.01	0.40
18	公主岭市	1	0.50	0.01	0.01	0.50
19	珲春市	3	0.45	0.03	0.00	0.15
20	图们市	4	0.25	0.04	0.00	0.06

资料来源:商务部服务贸易司《中国展览行业发展报告(2016)》。

（五）场馆建设升温，城市博弈竞争加剧

与会展总量一致，大陆地区专业展馆数量均居世界第二、亚洲第一。截至2016年底，大陆地区会展场馆总面积为1196.2万平方米。其中已建的316个展馆面积为1000.7万平方米，首次超过1000万平方米，同比分别增长6.76%和12.07%；在建19个面积为154万平方米，规划待建4个，面积为41.5万平方米。① 以大型展馆建设为标志设施投入升温。

会展人才问题广受重视。我国高校会展专业招生规模已经连续12年增长。截至2016年底，全国共有276所大专院校设有会展专业，设置会展经济与管理本科教育的学校有108所，分布于41个城市；设置会展策划与管理专科专业的学校有168所，分布在58个城市；同时由政府、协会与高校合作进行展览培训，提升从业人员专业水平成为各会展城市管理当局的重要选项。

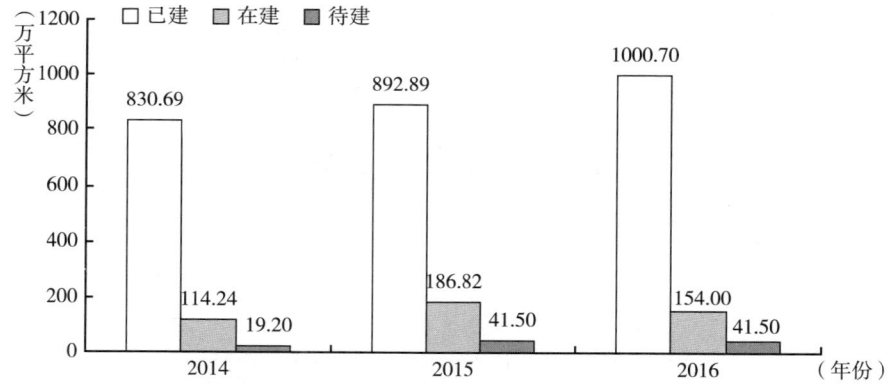

图3　2014～2016年大陆专业场馆建设情况

资料来源：中国会展经济研究会《2016年度中国展览数据统计报告》。

贸促会按照国际博览会联盟的标准进行统计，2016年大陆室内可租用展览总面积约823万平方米，比2015年增加约176万平方米。② 8个城市拥有4

---

① 中国会展经济研究会：《2016年度中国展览数据统计报告》。
② 中国国际贸易促进委员会：《2016年度中国展览统计分析报告》。标准为室内可租用面积大于等于5000平方米且举办2个以上经贸类展览会。

个或4个以上的展馆；13个城市拥有3个展馆，17个城市拥有2个展馆。"一城多馆"的设施建设在带动会展格局变化的同时，也成为城市间争夺会展资源与竞争的内在压力。

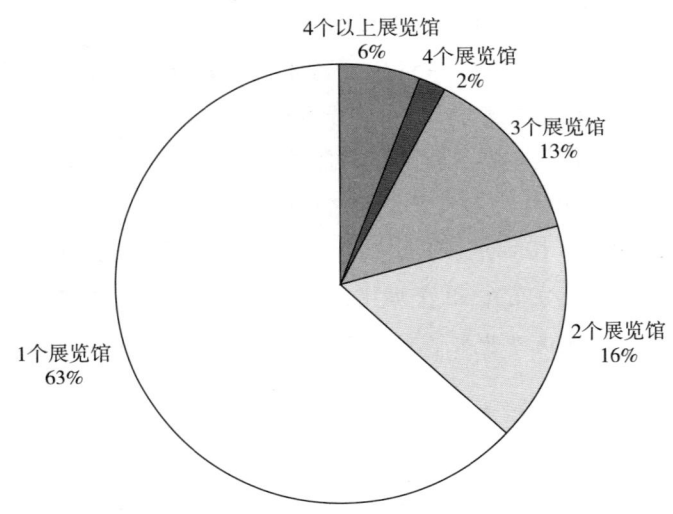

图4　2016年全国展览场馆数量分布

资料来源：中国国际贸易促进委员会《中国展览经济发展报告（2016）》。

三　会展产业的发展格局与结构

衡量一个国家和地区会展业发展水平，最重要的指标是展会、场馆和组展商，本文以此考察我国会展业的发展格局。

（一）展览业

1. 展览会

大陆会展业格局形成三大会展城市群（长三角、珠三角和环渤海）、三条会展城市带（西部、东北和中部）和两个会展城市特区（海西和海南）。上广渝京引领全国会展业，二线城市呈现多点开花的局面。三线会展城市数量骤增,然而总体实力较弱。① 据贸促会统计,华东地区在展会数量和规模上均占绝对优势,平均规模则华南地区占优(见图5)。

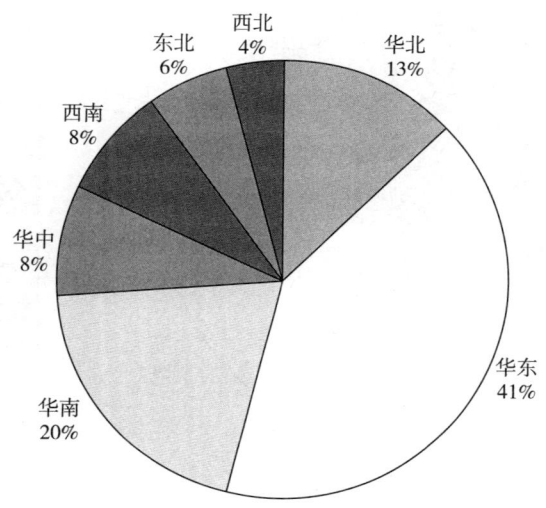

图5 2016年经贸类展会区域分布

从展览面积来看,2011～2016年共有24个省份的总办展面积有增长,其余6个省份展览面积有所下降(见图6、图7)。② 东部占据主导地位,展览数量和展出面积在2015年分别占到61.4%和66.4%。中西部增长速度明显快于东部,与2014年相比,展览数量占比增长5.3%,展览面积增长4.6%。③

区域集聚度进一步提升。2016年内地举办的展览面积排名前十名的省份办展数量占69.73%,办展面积占73.88%。这些省份分别是广东、上海、北京、山东、四川、江苏、浙江、福建、河南和陕西。

---

① 张敏:《中外会展业动态评估研究报告(2016)》,社会科学文献出版社,2016。
② 中国国际贸易促进委员会:《中国展览经济发展报告(2014)》。
③ 中国商务部服务贸易司:《2015年中国会展行业发展报告》,《中国博览会和展览会(2016)》。

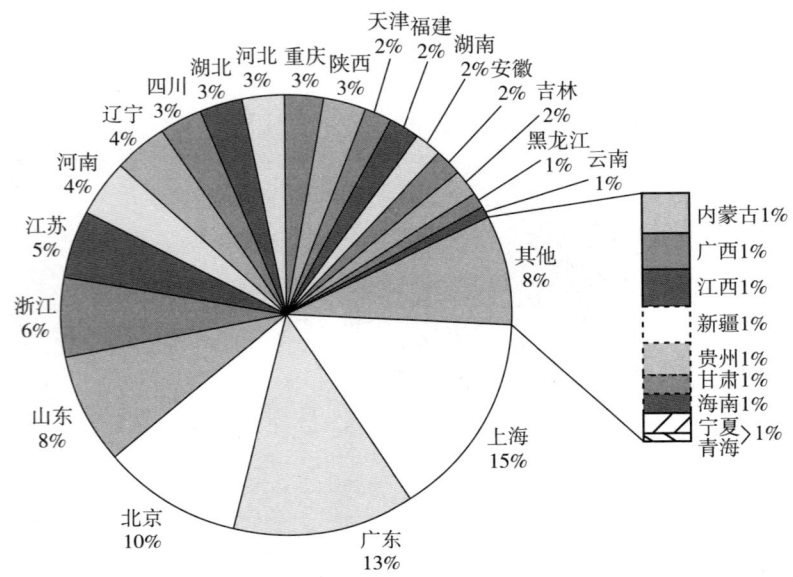

图6　2016年中国展会数量省份分布

资料来源：中国国际贸易促进委员会《中国展览经济发展报告（2016）》。

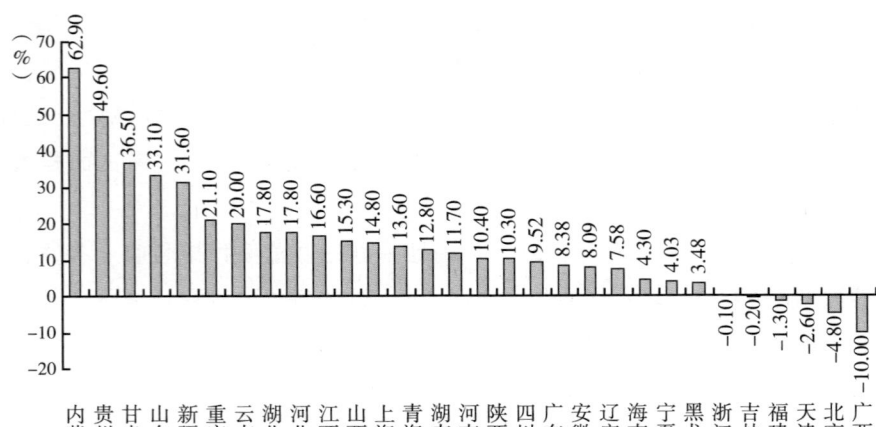

图7　2016年比2011年各省份办展面积年均增幅情况

资料来源：中国会展经济研究会《2016年度中国展览数据统计报告》。

表2 2016年大陆地区各省份办展情况（以办展面积排序）

序号	省份	2016年办展数量（场）	2016年办展面积（万平方米）	办展数量占比(%)	办展数量占比(%)	平均办展面积(万平方米/场)
1	广东省	850	1773.78	8.59	13.57	2.09
2	上海市	816	1604.80	8.25	12.27	1.79
3	山东省	963	1515.44	9.74	11.59	1.57
4	江苏省	902	943.16	9.12	7.21	1.05
5	重庆市	597	787.80	6.04	6.03	1.32
6	四川省	685	725.73	6.92	5.55	1.06
7	浙江省	594	682.93	6.00	5.22	1.15
8	辽宁省	709	637.00	7.17	4.87	0.90
9	北京市	409	634.14	4.13	4.85	1.55
10	河南省	373	354.56	3.77	2.71	0.95
11	福建省	257	327.46	2.60	2.50	1.27
12	河北省	281	275.87	2.84	2.11	0.98
13	陕西省	185	270.00	1.87	2.07	1.46
14	湖北省	294	267.00	2.97	2.04	0.91
15	安徽省	263	242.33	2.66	1.85	0.92
16	湖南省	210	231.53	2.12	1.77	1.10
17	江西省	181	230.00	1.83	1.76	1.27
18	吉林省	164	216.76	1.66	1.66	1.32
19	天津市	127	191.03	1.28	1.46	1.50
20	内蒙古自治区	181	188.14	1.83	1.44	1.04
21	黑龙江省	49	170.70	0.50	1.31	3.48
22	云南省	99	149.91	1.00	1.15	1.51
23	贵州省	150	146.20	1.52	1.12	0.97
24	广西壮族自治区	157	111.36	1.59	0.85	0.71
25	山西省	129	95.68	1.30	0.73	0.74
26	新疆维吾尔自治区	56	95.13	0.57	0.73	1.70
27	海南省	61	65.02	0.62	0.50	1.07
28	甘肃省	84	62.19	0.85	0.48	0.74
29	宁夏回族自治区	41	42.65	0.41	0.33	1.04
30	青海省	23	34.28	0.23	0.26	1.49
31	西藏自治区	2	2.15	0.02	0.02	1.07

资料来源：根据中国会展经济研究会《2016年度中国展览数据统计报告》数据绘制。

从城市竞争格局看，分化显现，呈"金字塔"结构。2016年，我国有49个城市的总办展面积在50万平方米以上。重庆市会展业异军突起，改写了展览数量和面积的城市排序，升至全国第三。沪、广、渝、京构成了第一阵营。

表3 2016年中国城市展览业发展综合指数前25名

序号	城市	办展数量（场）	办展面积（万平方米）	场馆数量（个）	展览面积（万平方米）	管理机构情况（个）	UFI成员数量（个）	UFI认证项目（个）	TOP3	TOP100	本科专业数量（个）	专科专业数量（个）	城市指数
1	上海	720	1604.00	9	79.4	3	23	20	99	36	8	10	423.94
2	广州	227	1181.62	6	52.24	3	10	7	39	16	9	14	224.49
3	北京	350	887.06	6	19.38	1	29	14	41	7	5	8	220.44
4	成都	361	642.17	4	15.7	8		1	20	4	7	5	131.19
5	深圳	97	367.56	3	15.8	2	11	11	17	2			89.54
6	厦门	248	332.63	6	16.46	3	1	1	3	3	2	3	72.81
7	青岛	221	300.42	4	20.2	1	2	2	11	2		3	72.26
8	重庆	149	348.31	3	27.52	2	2	1	9	2	4	5	69.18
9	郑州	249	316.55	6	12.23				3	1	3	7	66.88
10	南京	175	258.04	4	16.72	3	2	2	6		1	3	56.58
11	济南	168	220.89	4	21.79	4			7		4	4	50.87
12	苏州	163	206.5	8	30.4	1	1		7	1		4	50.69
13	西安	190	239.75	4	15.2	4	1		2		2	3	49.49
14	昆明	72	281.57	2	7				9	2	3	1	48.56
15	东莞	58	236.15	3	13.4	1			8	4			44.16
16	长沙	133	210.84	3	9.2	2			5	1	4	2	43.40
17	杭州	120	177.22	6	22.12	15			2	1	5	5	41.53
18	兰州	83	231.91	2	3.18	1			3	4	1	1	39.61
19	宁波	112	174.98	4	11.76	5	1	3	4		1	1	39.27
20	金华	72	191.98	2	16.92	1	2	3	5		1	2	39.09
21	乌鲁木齐	103	178.08	1	10	2	3	3	2		3	3	36.91
22	哈尔滨	60	207.05	3	13.6				5	1	3	3	36.17
23	桂林	90	168.29	1	2.89	1			4		1		30.62
24	沈阳	39	145.24	4	15.16	4			8	1		2	30.44
25	长春	67	153.92	4	16.59	3			3	1	4	2	30.05

资料来源：中国商务部服务贸易司《2016中国会展行业发展报告》。

从经贸性展会看，2016 年大陆举办展览会总面积在 100 万平方米以上的城市有 21 个，比 2015 年增加了 4 个，约占全国的 80%。

表 4　2016 年举办 100 万平方米以上经贸展览会的城市一览

序号	城市	展览会面积（万平方米）
1	上海	1583
2	广州	986
3	北京	586
4	深圳	352
5	成都	275
6	郑州	265
7	西安	214
8	天津	188
9	武汉	212
10	重庆	210
11	济南	197
12	沈阳	182
13	南京	169
14	青岛	139
15	厦门	121
16	昆明	116
17	东莞	116
18	临沂	116
19	合肥	111
20	长春	110
21	哈尔滨	101

2. 展览馆分布

场馆是会展经济的"火车头"。从单个省市的专业展馆室内面积来看，山东拥有 52 个展馆，共 162.74 万平方米，数量和面积均居全国榜首。其次是广东的 117.33 万平方米（24 个专业展馆）。再次是江苏 95.39 万平方米（33 个展馆）。具体如图 8 所示。

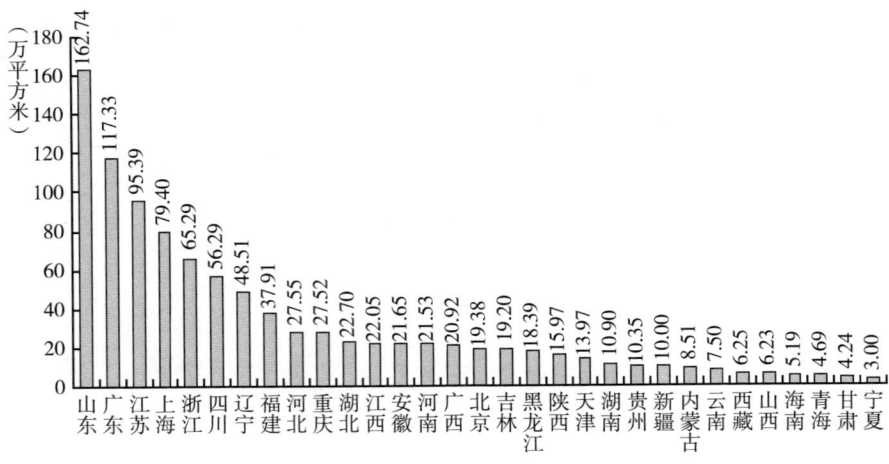

图 8　2016 年各省份专业展馆室内面积

资料来源：中国会展经济研究会《2016 年度中国展览数据统计报告》。

从展馆的城市排名看，上海以 79.40 万平方米排名第一。广州以 52.24 万平方米排名第二，潍坊是以 40.20 万平方米位居第三（见图 9）。

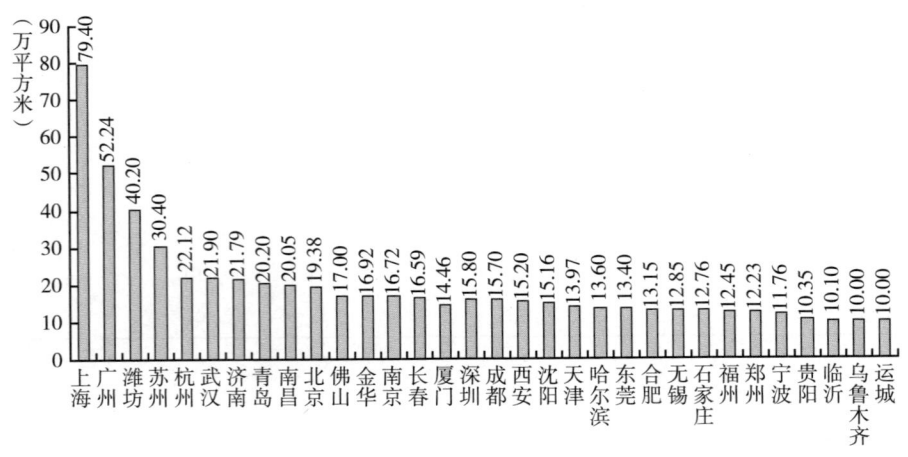

图 9　2016 年场馆面积 10 万平方米以上的城市分布

资料来源：中国会展经济研究会《2016 年度中国展览数据统计报告》。

3. 组展商

随着中国展览业的快速发展，中国组展商实力进一步增强，位居全球第二。

表5 中国组展商10强

序号	单位名称	参与举办展会总面积(平方米)	参与举办展会数量(个)	涉及行业
1	中国对外贸易广州展览公司	1448000	6	汽车、塑料、家具、木工机械、建材、家居
2	法兰克福展览公司(含德国、中国香港、上海公司)	666575	6	面辅料、乐器、家纺、汽车保修、文具
3	上海博华国际展览有限公司	631000	6	家具、酒店用品、药品、建材、游艇
4	国药励展展览有限责任公司	535000	7	医疗器械、药品
5	广东现代国际会展管理有限公司	520000	2	家具
6	中国贸促会汽车行业分会	480000	2	汽车
7	汉诺威米兰展览(上海)有限公司	467000	5	汽车、建材、林业
8	中国贸促会纺织行业分会	453985	4	家纺、面辅料
9	中国汽车工业国际合作总公司	435500	3	汽车、汽车保修
10	上海市国际展览有限公司	433500	3	汽车、模具

在世界商展百强国家排行中，中国入围展会20个，总面积为346.99万平方米（2011年为199.70万平方米），约为德国的1/3，排名第二。且有两个展览挺进前十。① 不过很多中国的大型展览是德国展览的子展，同时大部分还是区域展览的定位。

另外，中国会展经济研究会通过比较6354个展会项目对中国专业展会组展商排行，较好地反映了我国专业组展商的实际竞争力。

表6 2013年我国大陆展览会组展商20强

序号	单位名称	办展面积(万平方米)	办展数量(个)
1	中国对外贸易中心(集团)	394.0	4
2	上海博华国际展览有限公司	179.8	27
3	广州市鸿威展览服务有限公司	147.5	24

---

① 进出口杂志社：《进出口经理人》。

续表

序号	单位名称	办展面积(万平方米)	办展数量(个)
4	上海现代国际展览有限公司	126.3	19
5	国药励展展览有限责任公司	80.4	12
6	尚格会展股份有限公司	73.9	28
7	厦门会展金泓信展览有限公司	70.5	9
8	上海国际展览服务有限公司	65.7	13
9	中国对外贸易广州展览总公司	63.7	7
10	中国商业联合会	58.4	2
11	成都市天一展览服务有限公司	55.2	25
12	中国汽车工业国际合作有限公司	54.2	12
13	长春浩创展览服务有限公司	53.2	19
14	北京中装华港建筑科技展览有限公司	51.0	9
15	哈尔滨中信伟业展览有限公司	48.5	10
16	上海高登商业展览有限公司	49.5	10
17	法兰克福展览(香港)有限公司	48.4	8
18	上海市国际展览有限公司	47.8	4
19	上海百贸展览有限公司	46.1	9
20	广州光亚法兰克福展览有限公司	—	—

资料来源：中国会展经济研究会《2016年度中国展览数据统计报告》。

4. 国际认证

经UFI（国际展览业联盟）认证的展会在一定程度上是高品质展览会的标志。截至2016年底，UFI中国成员达100个，同比增长5%；UFI中国展会（境内外）共80个，同比增长4%。上海、北京、深圳排名前三，占比分别为25%、17.5%和13.8%。区域分布在一定程度上反映了我国各个会展经济带区域实力的差异。同时，中国企业境外展览获得UFI认证数为6个。

（二）会议业发展格局

中国会议酒店联盟对31个省份92个城市会议场所采集19063个有效会议样本进行分析。

1. 市场结构

会议业的市场结构及供需结构是我国会议业新态势的引擎。从消费结构看,2015年企业会议市场份额高达72.1%,可谓一支独大。主要使用公款举办的两类会议——事业单位和政府机构的会议大量减少,市场份额从2010年的36.3%下降到2015年的17.9%。①

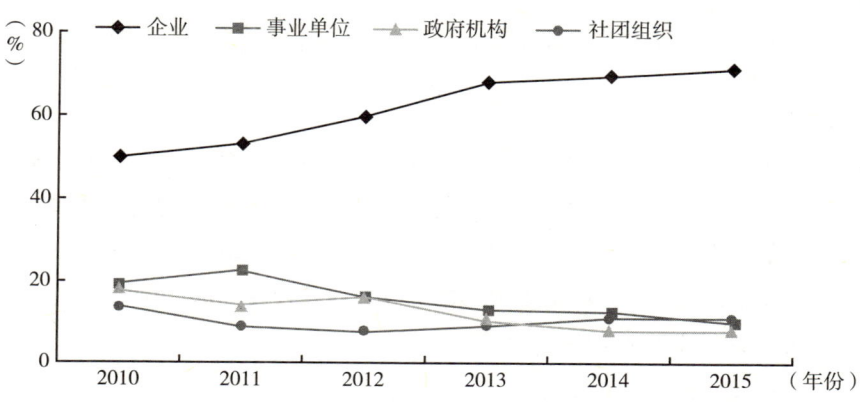

图10 中国2010~2015年四大会议市场份额变化趋势

表7 2010~2015年中国四大会议市场份额变化

单位:%

序号	主办机构	2010年	2011年	2012年	2013年	2014年	2015年
1	企业	49.9	54.1	59.7	68.7	69.6	72.1
2	事业单位	19.2	22.8	16.6	12.3	12.0	10.4
3	社团组织	13.8	9.3	8.1	9.2	10.7	10.0
4	政府机构	17.1	13.8	15.6	9.8	7.7	7.5

资料来源:中国旅游饭店业协会、中国旅行社协会、中国会议酒店联盟发布2016年中国会议蓝皮书《2015年中国会议统计分析报告》。

从供给市场来看,会议业增长方式正在发生变化。服务贸易已经深入人心,越来越多的企业委托会议服务机构承办,智慧化、差异化服务成为趋势;合规的企业会议成为市场趋势,不规范的会展公司被陆续淘汰。

---

① 中国旅游饭店业协会、中国旅行社协会、中国会议酒店联盟发布2016年中国会议蓝皮书《2015年中国会议统计分析报告》。

表8 2010~2015年中国专业化市场发展情况

单位：%

序号	承办单位	2010年	2011年	2012年	2013年	2014年	2015年
1	主办机构自己组织	90.9	88.1	87.7	82.8	82.5	79.2
2	会议服务机构承办	9.1	11.9	12.3	17.2	17.5	20.8

2. 区域结构

会议业的发展跟当地的经济实力有着直接的联系。我国会议业在区域集聚不均衡状态短期内难以消除，但差异有所减少。从我国举办的会议来看，① 经济发达的华东、华南常年来举办的会议大概在60%，2015年分别占36.5%、25.0%。高铁开通后，我国最重视发展会议产业的西南地区，位列第三。三北地区排名靠后，都小于10%。

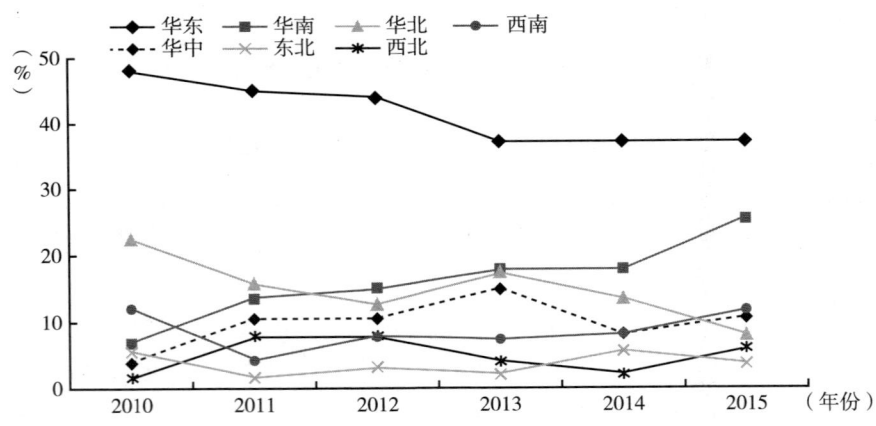

图11 大陆地区会议业地区分布

资料来源：根据《中国会议统计分析报告》（2011~2016年）编制。

从分省份和城市来看，江苏、广东、浙江、福建、山东、安徽、北京、湖南、云南和广西等相对经济发达的省份办会较多。办会最多的城市有杭州、南京、北京、厦门、长沙、济南、重庆、昆明、广州、合肥。相较于2014年，

---

① 由于1.9万个会议样本与中国近千万个会议的总量相比，仅是沧海一粟，因此，用这么少的会议数量去对城市排名，没有任何绝对意义，故仅作为参考数据。

上海和沈阳出局。《中国会议》杂志对 2016 年内地流动性会议的监控结果与此基本一致。①

3. 会议消费统计

2015 年统计样本为 9735 个，在酒店消费总额为 12.4 亿元，平均带动系数为 1∶4.08。会议平均消费为 12.4 万元，近两年来明显的持续下降趋势，说明政策对会议消费的限制、会议场所增加导致场所价格下降以及经济下行对会议消费水平的影响。

表9　中国会议消费及效益分析

序号	消费类型	金额（万元）	会数（个）	会均（万元）	比例（%）	带动系数
1	住宿费	53026	9735	5.4	43.9	2.23
2	餐饮费	43944	9735	4.5	36.4	1.85
3	会场费	23738	9735	2.4	19.7	1
	合计	120708	9735	12.4	100.0	

4. 国际会议区域结构

国际会议数展现了各个国家及城市在会议产业领域的努力与实力，同时也反映活动场地租赁等会议产业配套的情况。根据国际大会及会议协会（ICCA）统计，2015 年中国以 333 场会议在全球排名第八、亚洲第二；而 2016 年以 410 场与日本并排第七。不过在 UIA 排名中，中国尚未进入前十。共 12 个城市入围 ICCA 排行，依序为北京、上海、杭州、成都、西安、南京、广州、武汉、天津、厦门、长沙及苏州。其中北京列第 14 位，同比上年跃升 4 名，在亚太地区排名第二；上海则与上年排名相同，位列第 29。

我们也应该看到，"我国展览业体制机制改革滞后，市场化程度发展迟缓，存在结构性不合理、政策不完善、国际竞争力不强等问题"。②

一是管理、协调、促进体系建设尚须继续完善。尤其是"大会展"中各子业态的管理机制并未明确和会议业和节庆业发展管理促进体系问题。

---

① 中国会展研究中心：《2015 中国会议行业发展报告》，《中国会议》2016 年 10 月。
② 《国务院关于进一步促进展览业改革发展意见》。

表10　2014年和2016年中国各城市接待会议数量及排名

城市	2014年		城市	2016年	
	会议量	全球排名		会议量	全球排名
北京	104	14	北京	113	15
上海	73	29	上海	79	25
杭州	17	141	西安	20	125
成都	15	164	成都	20	125
西安	13	190	南京	18	144
南京	10	222	广州	16	160
广州	9	240	武汉	15	169
武汉	9	240	杭州	12	216
天津	8	266	苏州	12	216
厦门	8	266	深圳	12	216
苏州	5	354	天津	11	239
长沙	5	354	厦门	5	392

资料来源：根据ICCA 2014年度和2016年度《国际协会会议市场年度报告》编制。

二是宏观环境应对还需时日。国内外经济增长乏力，实体经济下行压力大，必然导致市场需求下降。需求下降叠加结构调整，都会影响客户的参展意愿。"反四风"搅动了会展市场。市场规范行为还在继续，前期的政策效应并未见底，未来会展业压力必然很大。

三是会展生态共同体建设未被提上日程。首先，部门事中事后监管协同合作需要强化。商务、公安、海关等展会相关管理部门要进一步加强协调、合作，协同加强事中事后监管和信息共享。其次，以场馆设施建设为标志的城市博弈，需要以城市联盟、同城化、区域合作的战略进行破局。绝大多数展览场馆出租率在30%以下，低于展览场馆经营盈亏平衡点，处于经营亏损状态。据调查，全国馆租率低于10%的场馆达到44%，几乎占到一半。由此带来的会展城市的竞争、重复办展、会展市场的无序竞争等诸多问题，已经成为会展业发展的瓶颈。

四是技术创新变革带来新的风险。电子商务发展冲击展会市场，与互联网融合，是会展主办方创新的主要路径。无论是借助新媒体、创办自媒体升级营销，还是介入电商打通O2O转型为信息提供商，都需要新增投入，新聘人手,新植流程,新力磨合。为此,中国会展业在未来发展中,一要优化会展环境,真正撬动会展市场化的进程;二要平衡区域格局,培育会展品牌;三要将项目并购和资本化运作变为新态势,实现展会运营模式价值化;四要通过"互联网+"助推会展业发展,借助大数据工具进行信息化服务,优化服务体系;五要凭借"一带一路"倡议机遇,通过资本输出和移植品牌展会抢占国际市场。

B.14
台湾展演产业从业人员职业能力研究

曾介宏*

摘　要： 本研究着重于探讨展演产业的重要职务。主要议题为展演产业从业人员职业能力的标准及其培养，并就此提出建议：职能基准的建置视需求逐级建置发展；宜统整职能基准，建置系统性内涵及认证程序；课程发展设计宜以实务应用面为主，结合产官学落实推动；认证制度应先组织公平公正的审查委员团。

关键词： 展演产业　从业人员　职业能力　台湾

依据台湾"文化创意产业发展法"所涵盖十五加一项产业，其中"展演设施产业"内容及范围系指从事展演设施，如剧院、音乐厅、露天广场、美术馆、博物馆、艺术馆（村）、演艺厅等经营管理之行业。也可以说，"展演设施产业"乃指与文化艺术相关的展示与演出设施经营管理事业，是为推动文化艺术赖以发展的基础建设，展演设施的设置之质与量，也直接是文化艺术素养水平的整体体现。至于基础建设的良窳，则有赖任职内的从业人员之是否称职胜任，如果以领先的视野来要求，甚至应该要求有卓越的人力资源发展目标，来引导文化艺术展演从业人员发展出顶尖的专业能力，使国家的文化艺术水平能持续迈向卓越。

从以上的观点来观察展演设施人力资源时，我们发现，在视觉艺术方面，根据台湾文化主管部门"文化创意产业发展政策研究"项目"视觉艺术

---

* 曾介宏，博士，台北艺术大学艺术行政与管理研究所专任助理教授，主要研究方向为文化创意产业。

基础调查"结果显示：①大学相关艺术科系毕业生缺乏实务操作能力，是业主一直感到困扰的问题；②而视觉艺术产业的经营形态上，员工人数多在三人以下，复以工时及工作时段不固定，导致行政工作者的流动率较高；③部分该领域的课程或教师，在产业方面的实务经验联结也较为不足。准此，业界也每每质疑人力培育系统是否能知悉业界真实需求而培育出所需要的适格从业人员。

由此可见，通过就业前，先让潜在就业人口进入产业界实习，充实实务经验与能力，对视觉艺术设施产业而言，应有助于借此磨合机制，实现适才适用的成效。然而，上述实习做法经常无法达到全面标准化以及精确化的筛选功能，毕竟，对人力而言，换一个实习单位就有不同实习成效，然对产业而言，实习只能提供间接的实务观察，对于实习生未被指派的职责，毕竟还是没有办法确知是否适任。

在表演艺术方面，《台湾文创产业发展年报》（2014）数据显示，从 2008～2013 年表演活动项目营业额成长趋势来看，台湾表演艺术消费市场日益活络并大幅成长，是来自"艺术表演活动筹办与监制"项目，其营业额高达 72 亿元。而 2016 年完工启用的台中歌剧院、高雄卫武营文化中心、台北艺术中心等，将会持续带动表演艺术发展。台湾的表演艺术协会于国华理事长在《台湾文创产业发展年报》第四篇《台湾文创产业发展十年回顾与展望——各界观点》中，于《音乐及表演艺术十年回顾》一文中指出，在未来人口结构发展与产业条件急速转变之下，表演艺术团体面对新的世代和新的契机，无法仅依靠过去的经验和形而上的艺术理想得到成长，而必须顺应市场的变化与挑战，争取更多资源。随着台湾表演艺术消费市场大幅成长，民众参与艺术活动意愿日益活络，艺术团队更致力于艺术表演形式与制作规模上能呈现更多可能性与变化。

综上，以台湾展演产业从业人力现况，难以视为已经符合未来发展趋势的期望，相形之下，创意经济发展速度与广度都属前所未见的大陆地区，上述人力提升与扩大扎根的需要应该显得更迫切。两岸在展演产业扩大发展的同时，对视觉艺术与表演艺术的展演产业专业人才的持续培育，无疑是赖以成功的重要基础建设，而培育依据的教育训练资源之质量高下就显然足以直接影响未来的发展成效。若可结合从业人员相关能力"职能"基准的建置，并作为人才培育课程发展与必要时作为职能认证的依据,将能更有助于提供现阶段人力需求的准据,作为未来人才发展重要参考,相信对于未来适应文化艺术产业优质化发展所需的人力需求来说,更是值得努力的方向及目标。

一 展演产业从业人员职业能力与标准

本文所称胜任职务的能力,人力资源发展领域常简称为"职能"(competency),意指为了成功完成某项工作任务,或是为了提高个人及组织现在及未来绩效所应具备之知识(knowledge)、技能(skill)、态度(attitude),以及其他特质能力之组合。而依据产业特定职务(或职类)所研订的职能基准(Occupational Competency Standard,OCS),则是用来表达完成该职务(或职类)工作任务,所需具备的能力组合。此能力组合应包括该特定职务(或职类)之主要工作任务、行为指针、工作产出与对应之知识、技能等职能内涵的整体性呈现(台湾劳动主管部门劳动力发展署,2013)。

基于此,时值两岸全力发展文化创意产业软实力之21世纪,为培育展演从业人员之专业人员,蓄积文化艺术展演从业人才能量,以适应产业需要及提升产业人才素质,应逐步建置各相关职务(或职类)的职能基准,且再以职能基准为依据,应用发展出职能导向课程及专业人才能力鉴定或认证制度,形成永续育才的系统设计。

要建立展演产业从业人员职业能力标准,需要运用适合之职能分析方法,方能分析发展出完整之职能基准。常见的职能分析方法,依据赖春金、李隆盛(2011)的见解,大致可以分为四大类——访谈类职能分析法、调查类职能分析法、集会类职能分析法及其他类职能分析法,析而言之可运用的职能分析方法有12种,简述如下。

(一)一般访谈法(Interview)

在不设限访谈对象的情况下进行访谈,可以采两段式,在职能分析前期先用无/半结构式访谈,以开放式问句进行询问;再根据得到的数据拟定访谈大纲,进行结构式访谈。原则上,一般访谈最终目标只确保不遗漏该职位的任务细节。

（二）职能访谈法（Competency Interview）

以待分析职位之工作人员或其直属主管为访谈对象，进行结构式访谈。问题需要系统化，且以特定职务上的职能为主。目标将该职能的内容分成 8～12 个领域的清单，并加以命名。

（三）重要事件法（Critical Incident Technique）

重要事件法，又称为重要事例法、关键事件技术或关键事件法（Critical Incident Method，CIM），其理论基础是：每种工作中都有一些重要（关键）事件，杰出的员工在这些事件上表现出色，而不称职的员工则相反。在使用这种方法时，访谈者直接访谈该职位任职之受访者及其直属主管，要求受访者以书面形式，描述出至少 6 个月能观察到的 5 个重要（关键）事件之起因及他们采用的解决方法，以确定此项工作所需的能力。

（四）一般调查法（Survey）

这里所提到的调查，系指运用大量的量表或问卷，透过邮寄、面交问卷或由填答者自我陈述的方式，大规模地收集量化数据。换句话说，亦指根据欲调查之对象的母群体，从其中选出一群具有代表性的样本，借助已经拟好的题项，让受调查者根据每个题项，自我陈述己身之状态与状况。

（五）得怀术（Delphi）

得（或德）怀术，又称为德菲法，是一种群体决策方法，1948 年由兰德公司（Rand Corporation）的 Dalkey 与其助手发展出来。德菲法根据取样规准，选取专家，请他们填答数回合的邮寄问卷，第二回合以后的问卷附有上一回合填答意见的摘要，参与者因而可在没有讨论、辩论和公开冲突的情况下，也能因知道相互之间的意见而逐渐形成共识。

（六）提名小组术（Nominal Group Technique，NGT）

NGT 法也常被直翻为"名义群体技术"或"名义小组术"，此法主要由

Delpecq 教授与其同事于 1968 年开发完成，常被用于教育、健康与社会服务所遭遇问题的解决。由一位干练的主持人和 8～10 位参与者，进行面对面的会议。主持人提出有待小组解答的问题，由参与者静默且独立地列出解答或构想。主持人循序请每一位参与者每次提出一项构想，列在大张纸上，遇重复的构想，则进行整合，构想穷尽时，即就所列构想评等第以建立优序和共识。

（七）蝶勘法（Developing A Curriculum，DACUM）

蝶勘法是 Developing A Curriculum 的缩写，中译名称也以此缩写发音。此方法最大特色，在于必须借由选择职位中的专业工作者进行职能分析，这个分析方法可以运用于"教学方案规划、课程发展、训练教材发展、组织结构再造、招募雇员、训练需求评估、职涯咨询、工作说明书、测验发展"等诸多领域。

（八）搜寻会议法（Search Conference）

一位主持人和 15～35 位参与者，进行面对面的会议。先是开全体会议促进相识及借重脑力激荡构想未来的环境，接着进行分组会议借重发散式思考产出构想，最后再开全体会议，由各小组报道其构想的优先序、策略和行动规划。

（九）功能分析法（Functional Analysis，FA）

此一方法通常由在业界领衔的企业体分析并由顾问主持，先考虑整个专/职业各种职务和角色的主要（或关键）目的，再系统地一个接一个分析出要达到目的需要哪些主要功能、次要功能以及达到次要功能的功能单元，细分出该职位职能的单元与要素。

（十）综合行业分析软件法（Comprehensive Occupational Data Analysis Programs，CODAP）

利用计算机程序输入、统计、组织、摘记和报道，借重工作清单搜集的资料进行职能分析。

（十一）观察法（Ovservation）

观察法被用于许多职能分析中，并以此资料为勾勒该工作下任务轮廓的基础，在某些状况中，亦有可能透过实地观察，进行记录及分析，了解该职务的职能。

（十二）才能鉴定法（McBer）

McBer 是顾问公司（由 McClelland）采用的统合分析法。先确认专/职业中成功的工作者，探讨优良及中度工作者的差异，再确认造成差异的属性和职能。此种技术，亦被称为工作职能分析法（Job Competence Assessment）、工作能力评鉴法，或是职能评鉴法。Spencer 和 Spencer 于 1993 年将此法再发展为"标准职能评鉴法"以及"专家会议法"，而专家会议法又被称为"简化职能评鉴法"（Short Competency Model）。

二 展演产业职业能力标准的建立程序

本文以研究者曾多次采用的蝶勘法为例，简要说明职能基准的建立程序。

（一）选取 8~12 位专业人员

本研究在聚焦的 7 项文化艺术展演从业人员关键职务范畴内，选择 8~12 位工作两年以上且工作绩优的专家级专业人员参与，并由研究主持人担任会议主持组成"蝶勘专家会议"，以专业人才职位为研究对象，进行职能盘点、归类、分群、界定，展开蝶勘法后续步骤。

（二）检查工作/职业

在蝶勘专家群讨论下，进行具体的职务职称定义，以及职责领域的密切讨论。其内涵包括 who（特定的职业头衔）、what（此职衔可观察之表现的主要描述句）、how（此职务需要的方法或技术）、why（目的的声明）。建置多项职务的职能基准后发现，关于职称部分常于建置完成后仍继续检讨修正。

（三）确定一般职责

确定职务后，接着由会议主持人利用脑力激荡法（brainstorm），请参与成员口述职责，并将职责列在卡片上，排在墙上。然后所有成员针对这些职责做增删的充分讨论。

（四）确定明确执行的工作任务

在职责确定后，会议主持人再接着请参与成员利用脑力激荡法针对各项职责底下的任务逐一做增删讨论。任务必须以"行为动词"很清楚地描述，通常有"动词＋受词＋一个或两个以上的特定物"。其中，任务（Tasks），是指特定有意义的，且在职责范围内的工作。

（五）明列各项工作任务所需的职能内涵

在各项职责下的任务确定后，可以依需要进一步分析执行各项工作任务所需的职能内涵。主持人也可能依需要，请参与成员从不同向度（如使用频率、重要程度）评判各项任务或能力。

（六）检查/校订职责及工作任务的叙述内容

在步骤三、四已做了职责与工作任务讨论后，这里就步骤五检查与校订职责及工作任务的叙述内容，包括工作的产出及行为指标的界定。

（七）顺序排列职责/校订职责及任务叙述内容

将校订后的职责及任务的叙述内容，进行顺序排列。蝶勘法步骤操作至此，将产出展演从业人员的职能基准，如表1，包含工作描述、入门水平、工作任务、工作产出、对应知识、对应技术、对应态度、行为指标以及职能级别（见表2）。其中部分职业/职类会因不同行业有不同能力要求，为使未来培育方向及内容更精确，在职能基准项目的使用上，原则建议以公部门订颁之"行业标准分类"为准，或者使用针对该职业未来3~5年发展可能使用之名称。另外，职能内涵中偏特质面的项目，因较不易由教育及训练改变，故常不被纳入职能基准中。

表 1　职能基准表之窗体格式

职能基准代码				
职能基准项目	依职类别		职类别代码	
	依职业别		职业别代码	
所属行业别			行业别代码	
工作描述				
入门水平				
基准级别				

主要职责	工作任务	工作产出	行为指标	职能级别	职能内涵（知识）	职能内涵（技能）	职能内涵（态度）

资料来源：台湾行政主管部门劳工委员会职业训练局（2013）。

表 2　职能级别

级别	能力内涵说明
6	能够在高度复杂变动的情况中，应用整合的专业知识与技术，独立完成专业与创新的工作。需要具备策略思考、决策及原创能力
5	能够在复杂变动的情况中，在最少监督下，自主完成工作。需要具备应用、整合系统化的专业知识与技术及策略思考与判断能力
4	能够在经常变动的情况中，在少许监督下，独立执行涉及规划设计且需要熟练技巧的工作。需要具备相当的专业知识与技术，及做判断及决定的能力
3	能够在部分变动及非常规性的情况中，在一般监督下，独立完成工作。需要一定程度的专业知识与技术及少许的判断能力
2	能够在大部分可预计及有规律的情况中，在经常性监督下，按指导进行需要某些判断及理解性的工作。须具备基本知识、技术
1	能够在可预计及有规律的情况中，在密切监督及清楚指示下，执行常规性及重复性的工作。且通常不需要特殊训练、教育及专业知识与技术

资料来源：台湾行政主管部门劳工委员会职业训练局（2013）。

三　台湾展演产业职业能力标准制定现状

依据台湾人力资源主管部门所主办的"职能发展应用平台"（Integrated

Competency and Application Platform，简称ICAP）所进行的职能基准建置质量认证程序，符合人力资源发展学理进行的职能基准建置工作，均应送该平台进行审核，通过认证者则公告为通过项目，原则上可供各公私部门采用，进行人力甄募、考核、培育与认证时使用。

查前述职能发展应用平台所公告之通过项目，目前已经完成建置并通过职能基准建置的展演产业相关领域的重要职务有下列27项：文资场域经营、演艺执行经纪、演唱会执行制作、演唱会助理导播、音乐制作人、商品采购人员、影视产业视觉效果人才、影视产业声音人才、影视产业剪辑人才、视觉艺术修复人才、表演艺术音响工程师、表演艺术产业舞台技术指导、表演艺术产业执行制作、表演艺术产业舞台监督、表演艺术产业影像视讯工程师、舞台机械自动控制人员、展演设施展览策划人员、展览技术人员、剧场技术统筹人员、表演艺术设施节目制作人员、流行音乐音响专业人员、流行音乐灯光专业人员、视觉艺术产业业务营销人员、视觉艺术产业行政管理人员、视觉艺术产业策展企划人员、视觉艺术产业拍卖人员、视觉艺术产业经纪人员，以上述揭职类（职务）均已经完成职能基准建置，并经质量认证通过。其中，舞台机械自动控制人员、展演设施展览策划人员、展览技术人员、剧场技术统筹人员、表演艺术设施节目制作人员5类系由本文笔者领研究团队建置完成，根据建置经验撰拟本研究报告，以期能务实地呈现职能建置的理念、理论与实务成果。

四 展演产业职业能力标准建设的思考

本文对于展演产业职业能力培养的建议分为三方面，分别为职业能力基本标准、课程发展以及认证制度。

（一）职业能力基本标准的建置视需求逐级建置发展

建议未来两岸的中央与地方政府文化部门，均能参考职能基准六个职级来统整文化创意产业专业人才的职能基准建置，未来能够逐一建置每一项职能级别，可以让有志从事专业的相关人士有标准依循，并可达到激励的效果，同时在专业人才的能力鉴定或认证制度的设计方面，更可以作为认证基准的依据。

（二）应该整合职业能力基本标准建设的系统性内涵及认证程序

依现行认证制度研拟做法，依每项职能分别研拟，将难以获得全盘性考虑与统筹。因此，建议运用的机关对于职能基准建置的思维逻辑及专业用语应力求一致性，而课程发展及认证制度亦应有一致的标准，如此才能够一一扣合。

（三）课程发展设计宜以实务应用面为主，结合产官学落实推动

建议课程的发展与执行应着重于应用面，同时师资的选定应以实务面为主，应采用多元的教学策略，能够即学即用。同时，职能课程设计须发展至职能课程单元，才能利于实际推广与运用。另外，课程推展可结合产官学计划，运用产官学人才培训课程，实现有效联结。

（四）认证制度应先组织公平公正的审查委员团

未来于应用职能基准在进行能力认证时，除了必须聚焦于如何确保认证学员的专业资格，认证的制度可以直接事证为主、以间接事证为辅外，首先最重要的就是要建立公平公正的审查委员团制度。例如，可以特别指定每一个职务对应的教育和培训部门所担任的评审机构，必须对使用这一政策的执行和监督负完整的行政责任，也就是说，除了建立公平公正的审查机制外，后续的监控更需要落实和执行。

B.15
2016年中国乡村旅游发展报告

马培红[**]

摘　要： 旅游业已成为国民经济战略性支柱产业，成为拉动经济增长的新引擎。2016年，我国乡村旅游人数近21亿人次，占旅游总人数的一半，在大众旅游时代，乡村旅游正在成为新的生活方式而受到越来越多人的青睐。当然不可避免的是，乡村旅游同质化现象严重，缺少乡村文化特色，缺乏村民参与机制。乡村旅游需要遵循乡村自身发展规律，以科学规划为前提，以乡村文化为核心，以产业融合为手段，精耕细作，形成特色乡村旅游品牌，增强核心竞争力。

关键词： 乡村旅游　旅游业

当下，我国实现了从旅游短缺型国家到旅游大国的历史性跨越，旅游业已成为国民经济战略性支柱产业。在旅游业发展中，以独特的文化资源为核心，以乡村悠闲的空间环境为依托而发展起来的乡村旅游，正在逐步成为人们休闲需求的新选择。乡村旅游正逐渐形成包括乡村旅游观光、度假休闲等在内的乡村旅游大产业，对满足城市休闲需求与开展农村的扶贫工程起到至关重要的作用。

一　我国乡村旅游发展概况

（一）乡村旅游市场不断扩大

乡村旅游市场规模不断扩大。当前我国各级政府抢抓机遇，大力发展旅游

---

[*] 本文为2017年度厦门市社会科学调研课题项目成果。
[**] 马培红，厦门大学嘉庚学院教师，主要研究文化资源与文化产业。

业。现在，我国每年旅游人数已达到 40 亿人次，而乡村旅游已成为我国国内旅游市场的主力军。乡村旅游人数从 2008 年的 3 亿人次，增长到 2016 年的 21 亿人次，增长了 6 倍（见图 1）。从 2013~2016 年乡村旅游与国内旅游人数对比中，发现乡村旅游人数占国内旅游人数的比重在逐渐增大，到 2016 年，乡村旅游人数占国内旅游人数近一半（见图 2）。乡村旅游市场已经成为国内旅游市场不可忽视的重要力量。

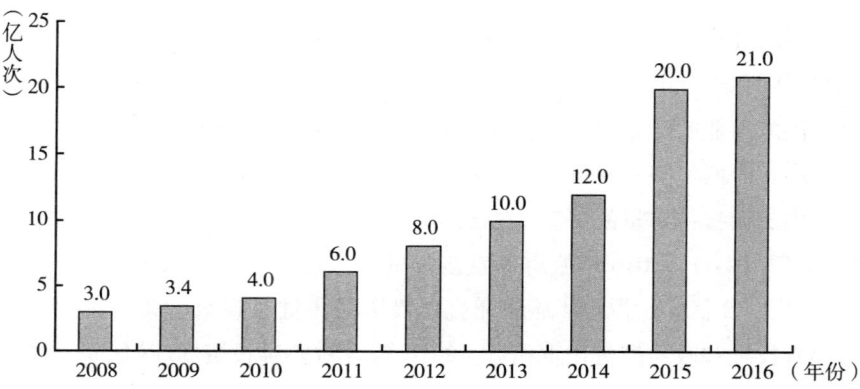

图 1　2008~2016 年国内乡村旅游人次增长

资料来源：国家旅游局官方网站。

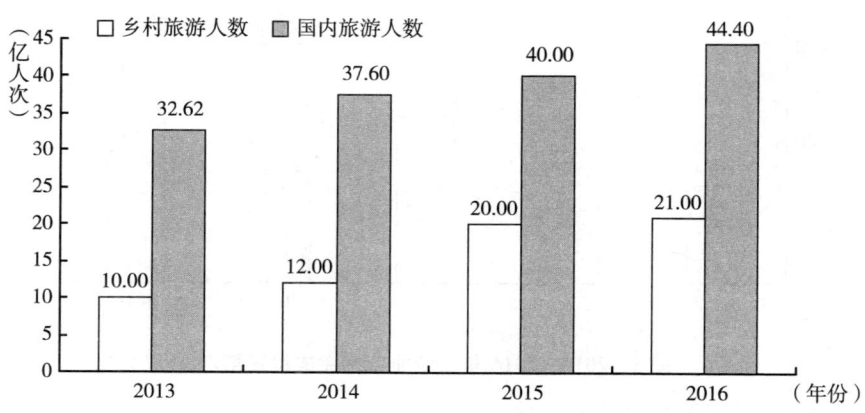

图 2　2013~2016 年乡村旅游与国内旅游人数对比

资料来源：国家旅游局官方网站。

乡村旅游消费范围不断拓展。随着文化产业的发展，乡村旅游与文化、科技、农业的融合日益紧密，催生出新业态，丰富了旅游产品，以往以景点门票、购物、餐饮、交通为主要花费的旅游消费结构正在逐步改变。据芒果网的统计数据，"2015年居民用于旅游消费的金额同比上涨28.6%，其中用于购物的消费占比超过一半，达57.3%，其余住宿、景点则分别为20.8%、18.3%"。①

（二）乡村旅游投资持续升温

中国旅游投资增长快速，成为拉动经济增长的重要动力。随着工业化、信息化和国际化进程的加快，旅游项目的经济、社会、文化和生态效益将更加显现。全国旅游业实际完成投资额从2012年的4064亿元增长到2016年的12997亿元，增长了两倍多（见图3）。2016年，全国乡村旅游接待游客21亿人次，约占国内旅游接待总量的1/2。在强劲的市场需求驱动下，投资主体呈现多元化格局（见图4），2016年旅游业直接投资首次达12997亿元。其中民营企业投资超过7000亿元，占当年旅游业直接投资的比重达到58.7%，占据半壁江山，国有投资和政府投资比重相近。2016年乡村旅游投资3856亿元，同比增长47.6%。

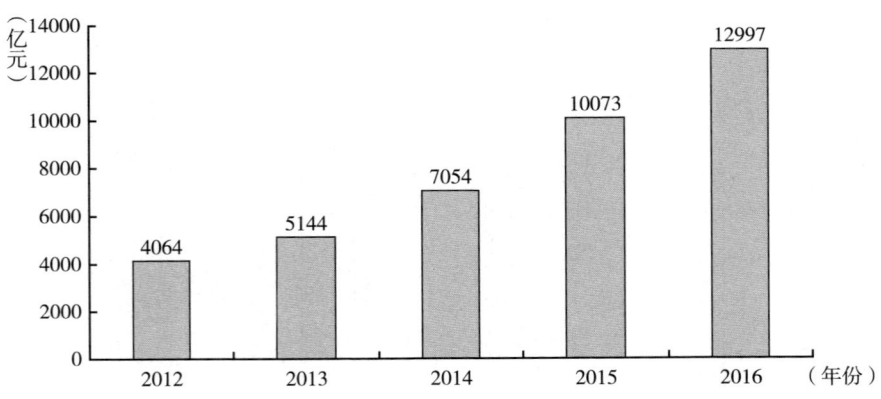

图3 2012~2016年旅游业实际完成投资情况

资料来源：《2016中国旅游投资报告》。

---

① 《2015旅游消费金额上涨28.6%》，《北京商报》2015年12月29日。

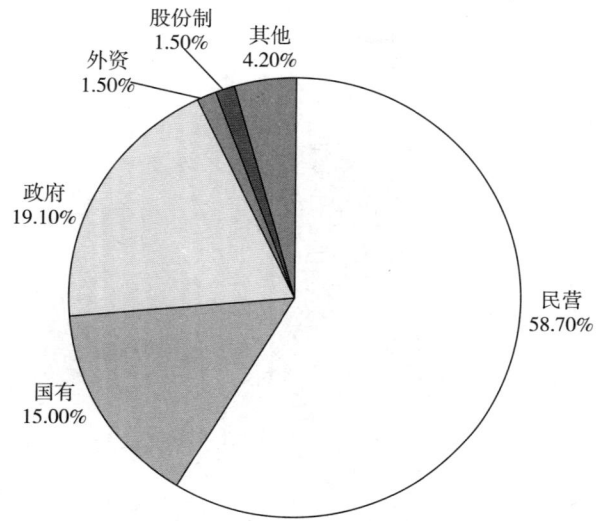

图 4　2016 年旅游投资主体结构

资料来源：《2016 中国旅游投资报告》。

除此之外，智力投资正在逐步向乡村涌动。在乡村旅游发展过程中，国务院办公厅在《关于进一步促进旅游投资和消费的若干意见》中提出要"开展百万乡村旅游创客行动"，促使专业人才、农民、创业团队、艺术家等投身乡村旅游，推动创意资本向乡村流动。国家旅游局先后公布永泰嵩口古镇、泉州市晋江市安海文化旅游创客基地、三明市泰宁县李家创客坊等两批中国乡村旅游创客示范基地，共有 60 个（见图 5）。

（三）乡村旅游融合逐步展开

乡村旅游传统的农家乐的方式已经不适应人们日益增长的休闲需求，旅游产业与文化、农业、信息等相关产业融合的不断深化，形成了旅游产业融合发展的大格局。

2017 年，国务院在《关于深入推进农业供给侧结构性改革　加快培育农业农村发展新动能的若干意见》中指出，要以融合发展的基本思路推进乡村旅游发展，通过"旅游+""生态+"等模式，推进农业、林业与旅游、文化、康养等产业深度融合，着力"围绕有基础、有特色、有潜力的产业，建

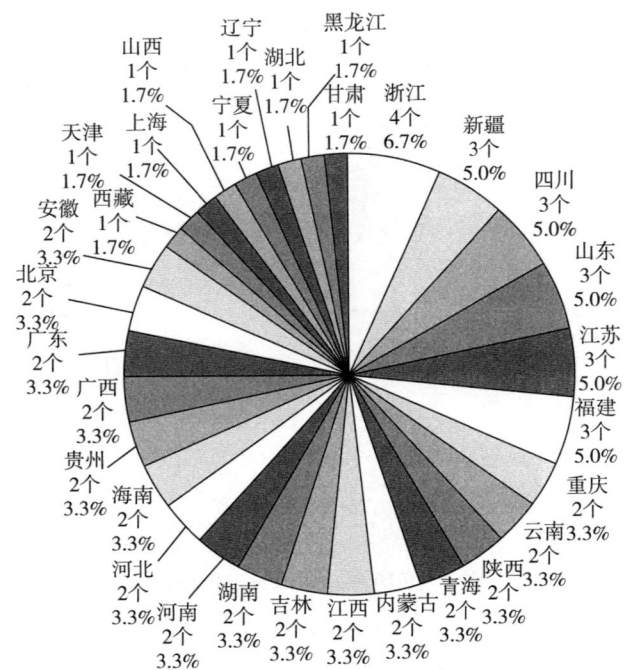

图 5 第一、二批中国乡村旅游创客示范基地省份分布

设一批农业文化旅游'三位一体',生产生活生态同步改善,一二三产深度融合的特色村镇"。① 2016 年 11 月 15 日,全国休闲农业和乡村旅游示范县(市、区)名单公布,北京市昌平区,河北省承德市、馆陶县、张家口市崇礼区,吉林省长春市九台区等县成为乡村旅游示范点。

(四)乡村旅游扶贫的效果在凸显

乡村旅游是促进农民增收、带动地方经济发展的有效手段。近年来,随着《关于印发乡村旅游扶贫工程行动方案的通知》等文件的发布,乡村旅游扶贫的效果在逐步凸显。"2010~2014 年,通过发展乡村旅游,全国有 10% 以上的贫困人口脱贫,旅游脱贫人数达 1000 万以上。"② 为响应国家号召,福建省启动了

---

① 窦群:《发展乡村旅游有了重要政策支撑》,《中国旅游报》2017 年 2 月 13 日。
② 黄俊毅:《乡村旅游扶贫如何着力》,《经济日报》2016 年 3 月 28 日。

"乡村环境综合整治、旅游规划扶贫公益、乡村旅游后备厢和旅游电商推进、百企百村帮扶、乡村旅游创客、金融支持旅游扶贫、扶贫模式创新推广、旅游扶贫人才素质提升等八项旅游扶贫专项行动"。① 陕西袁家村"户籍人口62户，仅286人。然而，从2007年开始开发旅游，游客百万，收入过亿"②，成为乡村旅游扶贫的典范村。在《关于印发乡村旅游扶贫工程行动方案的通知》的附件《全国乡村旅游扶贫重点村汇总表》中，全国有22651个村庄列为全国乡村旅游扶贫重点村，力争在"十三五"期间，通过发展乡村旅游带动其脱贫致富。

二　我国乡村旅游发展的瓶颈

目前，乡村旅游发展迅速，整体上呈现"数量提高、质量提升"的良好态势，在一定程度上满足了城市人对乡村生活的回归，有助于寻找在城市中日渐消失的乡愁，但是也不可避免地存在瓶颈。

（一）乡村旅游同质化现象严重

乡村旅游开发是对乡村生活、生产空间的开发，在开发过程中，多数人由于没有足够的专业知识，对乡土文化没有足够的认识，尚未深入挖掘以乡村自然景观与生态农业生产为主的旅游资源，没有充分发挥区域民俗文化优势，没有充分显示区域文化内涵，致使乡村旅游产品缺少个性特色，旅游产品单一。"众多乡村旅游景区建设内容大都是'爬爬山、赏赏花、尝尝果、吃吃饭'，千篇一律，'同质化'严重"，③ 容易造成游客审美疲劳，难以做到持续发展。现在越来越多的民宿出现，成为乡村旅游中的重要组成部分。"无论是大理、丽江、莫干山还是鼓浪屿的精品客栈，其产品感觉已经逐渐趋同。"④ 这种民宿在连锁化、标准化的管理下，没有乡土特色，容易复制，会影响产品的竞争力和市场活力，还会影响乡村旅游的发展质量。

---

① 陈楠：《福建启动八大旅游扶贫专项行动》，东南网，2016年11月15日。
② 任红：《把脉乡村旅游发展路径》，《中国文化报》2016年11月26日。
③ 《乡村旅游"农味儿"要浓》，《中国旅游报》2016年1月29日。
④ 黄健波：《以"有文化+有情怀+有方向"的开发模式发展乡村旅游》，《中国旅游报》2016年10月11日。

（二）乡村文化特色的缺失

文化是旅游的灵魂。乡村有乡土生活中最珍贵的文化资源，是村民赖以生存的文化土壤，是村民民间信仰、饮食文化、农耕文化、节庆文化等形成的空间环境。乡村的文化资源是乡村旅游开发的核心，是乡村旅游的核心竞争力之所在。"市民到乡村旅游是冲着乡村自然的生态景观和乡土人情去的，可现在许多乡村景点'农'味不足：吃的是城里饭店一样的饭菜，住的是和城里一样豪华旅馆……农村文化元素很少。"[1] 不少村落为了吸引人，兴建仿古新建筑、酒店、商场扎堆，破坏了乡土文化和生态环境。盲目追求与城市接轨，乡村旅游简化成到乡村吃饭、购物、住酒店，乡村旅游的乡土味越来越淡。部分经营者为了经济效益，忽视或脱离农业生产经营，单纯地搞区域旅游项目，忽略乡村旅游的本质与内涵要求；目前的乡村旅游地，旅游活动大多是看看古建筑、老街巷，买点土特产，对乡村生活的体验几乎没有，如此，弱化了乡村旅游的特色和内涵，导致目的地本身的形象特色和竞争力受到抑制。

（三）缺乏村民参与机制

乡村旅游是在乡村中发展旅游，农民是乡村生活的主体，是乡村文化的承载者，唯有通过村民才能认识乡村社会。而现在太多的乡村旅游规划中没有"人"。不少投资商为了经济效益，直接让村民搬离乡村，然后全部整体规划。河南省某开发商为了在郑州市荥阳的某些村落建立旅游休闲度假区，就让这些村落的村民整体搬迁，开发商入驻进行全新规划，跑马场、高尔夫球场、新型别墅等相继建成，原来存在于这片土地上的乡土文化完全不见踪迹。在福建省乡村旅游的开发中，也主要是当地一带农村精英或者外地的开发商进行了开发（见表1）。这不是个例，纯粹的旅游开发实际上忽视了农业，忽视了农民生活，割裂农民与旅游的关系，没有农民参与的乡村旅游实际上是乡土文化的悲哀。而台湾地区，开发主体主要是农民，并将发展乡村旅游作为终生的事业追求和自我价值的实现，有一种浓重的乡土情怀和对乡土文化的眷恋。

---

[1] 《乡村旅游"农味儿"要浓》，《中国旅游报》2016年1月29日。

表 1 闽台乡村旅游的发展对比

发展差异	台湾地区	福建省
时代背景	工业化后期,应对农业产业空心化挑战	在"四化同步"背景下推进乡村旅游
发展理念	注重主题创意、差异化特色、精致风情、低碳环保、适度建设,同时兼顾生活美学、怀旧乡愁	创意缺乏,发展理念停留在干农家活、吃农家饭等低层次上
开发主体	"农二代、三代",将发展乡村旅游作为终生的事业追求和自我价值的实现	当地一带农村精英,从事乡村旅游只是其转换行业的方式或一种职业路径
开发路径	追求小而美,注重发掘在地文化和在地风情	追求大而全、多而杂,只做加法,不做减法
政府支持	政策引导、创意辅导、项目策划、创业培训	资金扶持、项目扶持、标准制度、星级评定
产业融合	乡村旅游与工业、农业、文化产业跨界融合	产业单一、微笑曲线无法向上下游延伸

资料来源:陈小英《福建乡村旅游产业升级路径研究——闽台乡村旅游的"成长差距"比较》,《福建论坛》(人文社会科学版)2015 年第 7 期。

三 乡村旅游未来发展的对策

自改革开放以来,伴随着经济社会的发展,中国的乡村旅游开发以农业观光和休闲农业为主,并正向集观光、考察、休闲、度假、娱乐于一体的综合型方向发展。"乡村的魅力就在于城乡环境的不同特质……乡韵乡愁是乡村旅游的核心资源。"[①] 现在的乡村旅游需要遵循乡村自身发展规律,以科学规划为前提,以乡村文化为核心,以产业融合为手段,精耕细作,形成特色乡村旅游品牌,提升核心竞争力。

(一)专业引导与科学规划,促进可持续发展

乡村旅游的开发主要是依托农业旅游资源,包括农事活动、农耕文化、农村部落、农民生活、农业生态等。在专业引导上,"从理念和行动上,采取多种措施保持乡村原生文化及景观风貌的原真性,保护好乡村旅游的本底和基础,将对文化的理解融入乡村旅游开发中……使乡村更具特色和生命力"。[②]

[①] 王浩:《乡村旅游莫丢乡土味》,《人民日报》2016 年 7 月 24 日。
[②] 黄健波:《以"有文化+有情怀+有方向"的开发模式发展乡村旅游》,《中国旅游报》2016 年 10 月 11 日。

要让乡村旅游提质上档,加强乡村旅游的专业性与科学规划管理,加强对乡村旅游业从业人员特别是农民的专业培训和引导,"引导农民发现农产品的价值,精心生产创意设计,提高附加值,同时也可以强化游客的乡村旅游体验感,推动乡村旅游持续发展"。① 在规划上,注重乡村旅游有重点、有层次、有关联地开发,特别是传统村落,有珍贵的文化资源,比如,福建漳州埭尾村,在乡村旅游开发时,尤其需要专业引导,保护传统村落,在保护的基础上面对传统村落进行科学规划,合理开发,实现乡村旅游的可持续发展。

(二)凸显乡村文化特色,打造乡村旅游品牌

中国乡村是"被中国文化浸润滋养透了的文化、科技、美学、教育、民俗等多种因素的复合生命体……寄托着乡民居住、劳作及崇文、敬天、祭祀等宗法关系与情感"。② 在开发中,提炼乡村文化核心资源,明确定位,形成一村一主题的乡村文化特色。通过挖掘当地乡土文化、民俗风情,举办农事节庆游、山水美景游、民俗风景、农家乐厨艺大赛等系列活动,形成具有乡村文化特色的体系化的乡村旅游产品。河南新郑是红枣产地,经过对枣文化的挖掘,建立了枣文化博物馆、枣文化博览中心,举办了十三届红枣文化节、打大枣等枣文化活动,形成了以枣文化为乡村特色的文化品牌。乡村旅游特色文化的挖掘,还"要充分发挥政府、企业、民间组织、乡村、村民等各方的积极性,创立乡村品牌,增强市场竞争力,走特色化、产业化、品牌化、规模化道路"。③

(三)产业融合,增强乡村旅游的核心竞争力

产业融合是乡村发展的重要支撑,可以有效激发乡村生产的活力,其深度和广度需不断提升。乡村旅游可以历史经典类文化资源,如陶瓷、木雕、石雕、妈祖信仰等为核心,构建影视产业、现代农业、健康养生产业等融合发展的复合型产业链条,充分激活乡村产业经济造血功能,实现乡村的脱贫致富。当然,产业融合离不开创意,"把乡村里旧有的元素重新组合,这是乡村旅游

---

① 朱跃武:《乡村旅游将在"十三五"中发挥更重要的作用》,《中国旅游报》2017年3月7日。
② 马牧青、杜泓臻:《中国乡村有未来最稀缺的旅游资源》,《中国文化报》2016年9月3日。
③ 王红彦:《乡村旅游不能丢掉"乡土味"》,《中国旅游报》2017年2月15日。

的创新思维"。① 台湾乡村旅游与工业、农业、林业、渔业、文化等深度融合，实现了跨界联姻。② 在乡村，要充分考虑到游客对乡土的情怀，对乡土特色资源进行创新，实现游客对乡愁的深度感知。如福建惠安县大作村的惠安女文化，就是当地文化的核心，可以逐步开展惠安特色饮食节、惠安女劳作坊、惠安女民俗文化摄影节、惠安女服饰展示馆等活动，有效促使旅游产业与农业、影视产业、艺术产业等的融合，加速其产业核心竞争力的提升。

（四）完善乡村旅游的居民参与机制

村民是乡土文化的承载者。村民活动可以展现村民的精神世界，促进乡土文化的继承与发扬。乡村旅游的过程需要有村民的参与。只有村民与乡村旅游开发形成利益共同体，才能把乡村民俗挖掘好、规划好、展示好、利用好，让城里游客对乡村社会有一个全面的认知与体验，建立一种鱼水般的城乡感情，真正让农民在发展乡村旅游中获益。

"完善生态旅游社区参与机制，支持社区居民组织利益共同体，建立投资风险共担、投资收益共享的良性发展机制"③ 可以有效帮助村民摆脱贫困，实现旅游精准扶贫。推动乡村旅游发展的组织化。提升村民的居民素质，加强农民的培训与教育工作，借鉴台湾社区营造模式，增强居民的参与性。台湾社区营造模式的最大特点是要充分激发社区居民自身的积极性和主动性，让居民参与社区建设的过程，形成一种社区共同体意识。福建厦门院前社就是借鉴台湾社区营造的成功案例。院前社是典型的闽南文化与特色聚集地，一度面临拆迁的窘境。后来，在美丽厦门、共同缔造的政策支持下，以陈胜雄为首的村民积极借鉴台湾的社区营造模式，在村民的共同努力下，打造了国内首个"机制活、产业优、百姓富、生态美、台味浓"的闽台生态文化村。

乡村旅游作为一种业态，已经成为旅游业中重要组成部分。乡村旅游的重点是环境，核心是效益，灵魂是文化。台湾乡村旅游协会秘书长林劭洁认为，台湾乡村旅游发展经验中"政府的支持、需求市场、新兴经营者和多元化的

---

① 刘妮丽：《台湾乡村旅游的产品创新与服务》，《中国文化报》2017年2月4日。
② 陈小英：《福建乡村旅游产业升级路径研究——闽台乡村旅游的"成长差距"比较》，《福建论坛》（人文社会科学版）2015年第7期。
③ 国家发展和改革委员会、国家旅游局：《全国生态旅游发展规划（2016~2025年）》。

产品是关键。台湾乡村旅游最美的风景叫作'人',就是要通过创新、包装,让人们感动"。① 在乡村旅游开发过程中,应加强引导,科学规划,积极完善村民的参与机制,优化产业布局,建立旅游开发与保护良性循环的模式。当然还要以乡土特色文化为核心,以空间环境为依托,通过创新加强与其他相关联产业的融合,打造特色乡村旅品牌,增强乡村旅游产业的核心竞争力,实现乡村旅游可持续发展。

---

① 敖阳利:《用创新打造令人感动的乡愁——访台湾乡村旅游协会秘书长林劲洁》,《人民日报》(海外版)2016 年 5 月 26 日。

B.16
以文化园区链结地方特色文化旅游

——以台湾传统艺术中心为例

李昱馹*

摘　要： 适应经济环境转型与生活质量提升，文化观光最具观光旅游的吸引力，也是近年来旅游的新趋势。本文以台湾传统艺术中心文化传承与体验旅游为典型案例，说明文化园区如何链结地方特色发展文化旅游产业，整合地方特色，聚拢文化资源，提供各地旅客与在地居民共同平等享受文化资源的服务。也借由整合在地文化资源，让人文资源与地方文化据点的汇集运用，传承地方文化且创造永续的文化产业。

关键词： 文化园区　文化观光　岁时节庆　地方创生　传统艺术中心

　　植根于文化观光的需求，台湾近年来积极推动创意文化园区建设。但探究其经营方式皆跳脱不出文化意涵与商业机制结合之复合式场域，且因文化资产保存日益受到重视，许多政府规划之创意文化园区，往往部分区域被指定为历史空间或是古迹，囿于法令约束，反而无法有效活化，致使创意文化园区于运营后难以平衡损益，更遑论达到永续发展之目标。有别于一般创意文化园区以及民间经营之主题园区，台湾传统艺术中心宜兰园区是政府少数斥资新建之"文化园区"，园区占地24公顷，以台湾传统艺术展现为特色，各建筑依据表演艺术、工艺艺术及音乐艺术等功能设计兴建，具博物馆之性质，期望借由传习、展演、体验等方式，达到推广传统艺术之目的。在历经12年公私协力发

---

* 李昱馹，台湾传统艺术中心执行长，全联善美的文化艺术基金会执行长。

展后，传艺中心于"推动民间艺术保存与传习"、"重塑传统艺术发展生态"和"基础扎根"之核心任务已获得相当成果，也成为台湾文化观光重地，参观人数也逐年成长，达到目前每年约120万的参观人次，其成为目前在台湾的文化产业聚落经营中，兼具文化传承与体验旅游的成功案例。

一 整合地方特色，聚拢文化资源

2008年，台湾"盘石行动方案"提出"地方文化生活圈"区域发展概念。"文化生活圈"是依各地民众日常生活所从事不同性质的文化性活动范围与空间，结合不同的元素，如人（居民参与）、文（文化活动）、地（生态环保）、景（自然与历史景观）、产（地方产业）、物（文化与教育设施）等，其主要目的在于整合区域有形与无形文化资源，提供各地居民平等享受文化资源的服务。

在宜兰地方再发展的过程中，从1995年艺文季宜兰推出"玉田弄狮"开始，1996年欢乐宜兰年的小区化，到1997年的小区总体营造博览会的举办，逐渐建构宜兰人对地域的认同感，进而累积宜兰文化发展的社会能量；所以，在政府的文化政策推动及资源挹注下，2002年"传统艺术中心"设立，让宜兰县能整合周边资源，夯实地方文化资源的基础，成为传播地方文化与传统艺术的场域。

宜兰将依山傍海的自然环境与纯朴鲜明的人文特色，注入地方精神，更是台湾少数以观光为主要发展方向的县市，在"经济发展"与"生活质量"有所抵触时，宜兰县选择了与环境共存共荣的无烟囱工业，经过近20年的努力，伴随应雪山隧道的开通，也加速兰阳地区产业及观光旅游发展，让原本"台北后花园"的宜兰，在宜兰县政府逐步致力于文创环境的养成及在地辅导影响下，许多年轻人纷纷返乡，发展个性空间与友善农业的经营，加速人文旅游产业的联结。

所以，传统艺术中心与在地文化资源整合上可分为两大面向：一是人文资源的整合，如宜兰在地的艺术家、工艺家、表演工作者、文史工作者；二是地方文化据点的整合，如博物馆、地方文化馆及展演空间的整合。由此两大面向归纳出四项方针以进行推动。

第一，以台湾传统艺术为底蕴，运用地方文化资源特色，发展独特的地方休闲活动。

第二，活化保护既有文化资源，重建时空转移的记忆，创造当地文化新产值，赋予历史文物新生命。

第三，政府与企业联手推动地方文化资源之整合与规划，企业有政府的支持做后盾，才能创造永续产业。

第四，培育地方文化资源专业人才，做好地方文化传承。

二 融合在地特色经验的文化推广策略

（一）以岁时节庆活动为主轴，结合信仰串联现代元素

节庆与地方传统文化息息相关，参与"庆典性的活动"已经变成当代观光旅游经验的重要一环（Picard & Robinson，2006）。[1] 节庆属于文化观光的一环，文化观光亦可带动节庆的发展，然而两者最终都必须回到"地方"，才得以永续发展。

传统艺术中心依据传统聚落作为设计规划，有聚落就有信仰中心，因此，园区内的"文昌祠""广孝堂""黄举人宅"就成了传艺精神核心。规划内容以人为主体，让游客对岁时节庆文化具有共鸣，借由岁时节庆为时间轴的概念周而复始，以在岁时中所发生的节庆及民俗活动为延续文化的精神与意涵。依照岁时节庆规划民居生活的表演剧场，设置专属常民生活、生命礼俗的服务人员，以"民居生活与生命礼仪"主题为演绎角色。

聚落文化或是信仰所在皆以"岁时节庆"为主要运作的模式，日复一日，年复一年，自然而然形成民俗文化。除此之外，民俗节庆更是以缤纷热闹的气氛带动民气，成为象征地方特色、吸引观光人潮的重要活动（林国章，2007）。[2] 民俗包含文学、仪式、信仰、生活等，在民族文化脉络下经由共同

---

[1] Picard, D., Robinson, M.（2006），*Festivals, Tourism and Social Change*, Clevedon: Channel View.

[2] 林国章：《台湾民俗节庆文化活动产官学合作模式的理论与实际》，多元文化与族群和谐国际学术研讨会，2007。

约定成俗的习惯累积而成的，具有蕴含丰富的文化基础，以台湾汉民族的生活为架构，规划传统艺术中心相关民俗活动，作为与民众参与互动的方式。为了朝向"有机文化园区"理念，以文昌祠为核心，作为园区场域在传统与民俗的情境氛围与在地链接之媒介。民俗文化以教育推广、礼俗服务等领域为主。现场同时设置文化服务人员，透过专业人员的服务与解说，经由过程学习认识后找回常民记忆。例如，送神筅黗、乞龟、端午节包粽子、中元普渡、冬至搓汤圆等。另外，透过弥月、收涎、抓周等新生儿仪礼、拜师礼、成年礼等生命礼俗活动，让亲子体验及了解重要生命时刻之意义，一起描绘对于未来的想象。大型祭典如文昌诞辰、戏曲与工艺祖师诞辰等，均结合教育资源，让学生经由参与祭典或仪式活动，了解传统祭仪的意涵和精神。

园区举办的节庆活动，更进一步邀集了园区内的店铺及园区外的小区一同参与，营造聚落同心与凝聚的氛围。经由人的感动传达岁时与节庆文化的精神与价值，让人对岁时节庆文化具有共鸣，借此延续文化的精神与意涵。为了加深与地方联结，自2017年1月起，传艺文昌祠内文昌帝君也参与利泽走尪神明互访的活动。邻近五结乡利泽地区每逢元宵节都会有遶境八大庄习俗，以利泽老街永安宫为起讫点，各庙宇神轿最后会在永安宫前方快速过火，俗称"走尪"。"利泽走尪"活动已有200多年历史，当走尪遶境队伍进入传艺园区，游客近距离感受在地民俗文化风情，体验钻轿底之民俗活动，希望让游客在凑热闹之余，也能够促成游客自发性参与。

（二）以生活工艺对接传统工艺，让文化首先被看见

人类在食、衣、住、行等生活所需，而有日用工艺产生，反映生活经验与智慧（庄伯和、徐韶仁，2002）。① 自古以来，工艺因生活的需要而存在，工艺技术或工艺品已融入生活。工艺的技术或制作，集结人类生活的体验和感知，更是生活智慧的展现。工艺追求"真、善、美"的同时，既是信念的坚守，又是精神的呈现。传统艺术中心应作为在地创作灵魂的中介平台，塑造以园区为文化外溢效果之中心点，带动地方文化馆与传统艺术跨界整合，发展一馆一传统艺术特色。

---

① 庄伯和、徐韶仁：《台湾传统工艺之美》，台中：晨星出版有限公司，2002。

传统工艺已随着工业时代的进步更迭日趋式微,所幸,仰赖传统工艺所产出的器物用品逐渐为世人所重视,这不仅与它本身隐含的怀旧古风有关,也因传统工艺顺应人民生活,随着品食观念、品味生活的价值而制作,反映出食、衣、住、用当中所蕴藏的常民生活,从饮食需求的陶瓷器皿工艺、衣着需求的染织纤维工艺及金工首饰或是竹木工艺的家具设计到生活品位工艺的艺术品,这在当代文化潮流脉动中都归属现代生活美学。

　　同时,工艺技术不可能真空保存延续,故"聚焦"于生活工艺,汇集当代在地优秀的工艺师、设计师、工艺设计品牌、生活美学工作者,并举办陶艺、木艺、竹艺、金工、染织等国内外工艺展,以及手工作坊、饮食文化、服饰文化等,达到国际交流体验,让生活工艺存于游客体验中,也同时培养生活工艺的"传艺粉丝"。

　　为了让游客从熟悉的生活工艺走向展示馆内的经典传统工艺,以循序渐进的方式认识工艺之美刻不容缓。传统艺术中心于园区入口规划生活工艺馆,从生活工艺所提供的生理需求走向心理需求,从外在体验到内在感受,透过工艺展览、手作体验、教育导览等发展"三觉体验"。工艺应用方面,也计划将展示馆典藏资源转化应用于生活工艺馆平台,将工艺信息馆等资源整合达到智财创价的应用性。

　　2017年,传统艺术中心为了让游客亲近宜兰在地的噶玛兰传统技艺,也发扬噶玛兰族文化及传统工艺特色,移居花莲的噶玛兰族人新社部落长辈们受邀至此,向民众诉说噶玛兰族的故事。除了向民众展现噶玛兰族里极具特色的行巫仪式歌舞,也向其示范噶玛兰族擅长的香蕉丝编织技艺。游客也一同体验学习如何处理叶鞘,将自己处理好的叶鞘皮带回家作纪念。当游客们触摸香蕉叶鞘丝,再看着用香蕉丝编成的背袋与用品,无不对噶玛兰族的手艺啧啧称奇且印象深刻,工艺的传承与文化延续就这样凭借活动体验、参与,有了更深一层面的体认。

　　传统艺术中心内之工艺展演,借由体验互动与故事营销之方式,循入园动线之规划,由生活工艺的应用至常民艺术的交流到传统技艺的延续,让游客能渐续融入情境中不致过于曲高和寡,另外,借由园区历史建物之修复作业,让木作、剪黏、交趾、泥作、瓦作、彩绘等艺师、匠师,与邻近小区内传统产业结合,如与三奇小区合作剪黏艺术、与珍珠小区合作推广稻草工艺等行动方案并发展艺生传习计划。园区内的地景装置艺术亦是与在地工艺家或艺术家合作，并促成艺术家走出园区展示与推广，透过地方的建筑、空间、展区等整体规划，作为传递传统艺术的载体与媒介。

（三）保存传统表演艺术，实践台湾特色演艺

宜兰县内传统艺术的文化人才济济，如戏剧、国乐、丝竹、舞蹈等不同表演类型群聚，如壮三新凉乐团的"落地扫"歌仔戏、福龙轩魁儡剧团、汉阳北管剧团、当代丝竹乐团、兰阳舞蹈团等，在传承生活美学的表演艺术活动，除了要使在地的团队、人才具备更多的创意与想象力外，更应促使在地团队能永续经营，代代传承原汁原味的文化特色，重拾传统的美好，形塑一个雅俗共赏的艺术盛会。

宜兰县政府每年于冬季举办欢乐宜兰年，夏季举办宜兰国际童玩节，传统艺术中心对接相关活动，举办"传艺灯笼节"与"魔幻戏法艺术节"，并在两大主题活动间举办音乐性之活动，在气候宜人的春夏之际，以音乐性的演出为主题，作为一种承先启后的开端，台湾音乐的素材随着时空背景发展，融合发展而成多样民族性格与时代精神的乐曲系统，包含中国南北方民谣、戏曲曲艺、说唱、国乐、西方音乐、日本音乐、民歌及客家等众方音乐风味，展现台湾音乐元素的丰富度与多元性。另外，园区暑假活动以传统戏法为主题，举办"魔幻戏法艺术节"。结合新形态的表演艺术融合了戏剧、舞蹈、音乐，让传统艺术的杂技、戏曲、武术，呈现视觉、身体、空间、声响及影像的跨域创作，透过各种道具及现场表演与观众产生直接互动，将为园区增添暑期欢乐气氛。

（四）从文化到生态，从旅行到体验

旅行，有各式动机目的、各式主题、各种玩法，除了以人文为核心的主题外，传统艺术中心也是一个饶富生态趣味的自然教室，运用园区位于山、海、河衔接点的自然优势，具有潮汐、候鸟、湿地等生态资源，以及原生植物、植栽、杂生绿带、立体绿化形成多孔隙生物栖地，并加入绿建筑设计等的永续生态环境，向外连接成无可替代的自然景观生态园区，成为一处既丰富又友善的生态大自然教室。运用此资源优势，规划生态学习步道，理念以"保留自然

而非改造自然"及"走读自然"两大主轴出发,借由生态解说导览服务的带领,以动态走读与环境互动,认识园区内及外围生态文化,从中了解自然的本质与其间的相互关系,让参与学习的众人,感受学习的乐趣。

传统艺术中心内游程设计系以时间序为规划原则,推出"传艺四季"游程,依照岁时变化,带领游客分别拜访春天的绿意盎然、夏季的百虫和鸣、秋分的夕照芦苇、冬令的湿地候鸟。透过解说与观察,生态旅游不只是自然万物的欣赏,更是环境教育的播种与深耕。同时,生态也是一个没有围墙的带状延续,结合周边自然观光资源,形成与地方共荣的文化生态圈,透过文化生态旅游了解地方文化特色,是对地方文化、教育学习的再省思。

此外,运用"冬山河水上巴士"与"冬山河环河自行车道"规划"冬山河,慢慢游"乐活游程。连接园区周边的利泽老街、亲水公园、东北角国家风景区壮围旅客服务中心、五十二甲自然生态保护区等地点,透过园区内码头服务据点,与各据点进行文化服务共构联营,未来访客于园区码头乘船亦可深入如亲水公园、利泽简小区、武渊小区、三奇小区等,开展深度旅游,创造全新的游憩体验。

(五)对接地方主题活动,连接地方场馆资源

宜兰县境内目前大型主题园区除传统艺术中心外,另有以产业发展历史主题的罗东林业文化园区,以宜兰博物馆群窗口定位的兰阳博物馆等,此外,兰博家族如冬山风筝馆、珍珠小区稻草工艺馆、甲子兰酒文物馆、宜兰县史馆、自然史教育馆、河东堂狮子博物馆、白米木屐馆等相互串联,以地方文化馆的形态发展,提供当地文化保存、活化、再利用空间。

传艺园区配合春夏秋冬主题节庆,规划春日唱游、魔幻戏法艺术节、亚太艺术节以及传艺灯笼节对接宜兰县各主题文化活动,除了以双园区套票方式合作共同营销外,亦让表演团体透过以工换宿之理念,进驻传艺园区内之国际青年传习旅宿。未来若能结合宜兰县府资源,将台二线滨海公路沿线,以"大地艺术季"相关活动串联,北从头城兰阳博物馆,经传统艺术中心至南方澳,邀请台湾地景艺术家透过地方居民共同创作,以宜兰有机、台湾创生与国际艺术家共同发表,将会是国际一项新特色文化旅游。

另外,以传统艺术中心二十四公顷广大之面积以及设施为基础,有计划地

开展夜间活动,配合夜间营运的时间,将夜间表演艺术规划于内河道水岸区,初期以夜间点灯仪式演出,作为基本表演形态,借由灯火、水中倒影、点灯者的专业肢体表现以及现场点灯时播放的音乐设计等演出元素的融合,让夜间的河岸点灯仪式成为可看性、文化素养极高的表演形式。之后再增加夜间河岸上、内河道船舶等场域的动态表演,以"说唱弹词""丝竹曲韵""偶戏夜语"等不同形态的表演节目,逐步发展成为极具文化特质并专属于园区的夜间表演活动。此外,提灯看戏是夜间表演活动的新思维,提供入住传艺老爷行旅的游客们每人一组灯笼,搭配游园导览解说,也让旅客在夜间园区内移动时,提着灯笼走游,除了作为夜间照明的基本需求以外,提灯走游的效果,塑造游人一同参与园区内表演的重要情境氛围。有别于罗东夜市,传统艺术中心形塑成夜间展演活动平台须广纳需要夜间活动的观光酒店以及冬山河周遭的民宿,与在地客运业者规划巡回专车,提供夜间旅运服务,逐步培养夜间时段欣赏表演艺术之客群,让宜兰新增一处悠闲乐活之好去处,也丰富在地旅游的多元性与文化质感生活。

三 以人为核心,方能永续

传统艺术是民间生活艺术之美,扎根于生活,经过时间岁月的累积,至今成为传统艺术。传统艺术不能与生活失去联结,传统的价值,也不应消失于生活中。要让传统艺术中心能完整全面地发展,最重要的莫过于凸显"人"的价值与艺术层次,除了工艺师、传统艺术表演者外,游客、民众都应该整合。从"使用者体验设计"作为规划思考,加入五感新体验,强化体验后的感动营销,让传统艺术的传播以更多元面向的方式立体传播,让传统艺术走入生活,让生活不忘传统艺术。传统艺术中心身为传统艺术文化中介的平台,应时时思考检视如何将表演艺术、在地传统工艺与游客、园区外的民众产生更多关联,让三者形成互动链接,共同将传统价值发展至极致,才是让传统艺术得以永续、传承的重要工作。

传统艺术的美,在于精神,在于细微,在于原始初衷,从生活而形成的工艺,历经时代成为传统,形成艺术,要发展传统艺术,除保存、传承之外,更需寻找永续的方式。如何能将保存的传统工艺品,以现代的语言符号和群众对话，成为另一个重要课题。文化园区所扮演的角色，不纯粹是一个观光园区，更应该是一个有着生命活力的"活的博物馆"，以博物馆"教育""推广"精神为经营思维，打造成更具知识、知性及学习的园区，以民众熟悉的语言展开对话；设计有趣、轻松、生活化的互动体验演出、课程，让园区处处可见传统艺术文化，也处处可习得传统艺术文化，透过真实的体验、参与，产生有感、有深度的记忆，并以感动的体验经验成为传播者，让传统艺术得以传承、发展并延续。

  文化艺术传承意义在重新联结人们生活记忆，累积先人的智慧与巧思，呈现人类与自然的和谐之美。一个文化园区的内涵应该是有深厚的底蕴，是可以结合生活经验、美感体验、知识文明的场域，让消费从"物"转到"事"，在文化观光的行程中，以旅客学习体验为核心，重视来访的每一位游客的生命历程，透过 Taiwan Wei（台湾味）的旅程设计，让访客在人生的重要节点，都会想在传统艺术中心度过，留下深刻动人的回忆。包含实际参与工艺及表演活动、民俗活动文化学程、工艺职人学习等，将园区串连成完整的文化循环，充分感受生活成长与家族团聚的难忘旅程，让海外华人及国际友人对台湾传统文化留下最深刻的记忆，也让家长和孩子们一起在此找回传统文化生活的记忆与童趣以及属于每个人的传统艺术中心。

B.17
产业博物馆的文化观光价值

张淑华*

摘　要： 台湾很早就提出地方文化馆政策计划，促使地方重视及保护在地历史文化、地方产业等人文资产作为文化展演空间，期待地方文化馆发挥小区博物馆的功能。产业型文化馆为其中发展类型之一，结合文化观光资源，以带动地方文化馆发展。另外，台湾提出创意生活产业及观光工厂计划，推动传统产业、制造业等运用产业文化、设备资产等发展创新营运模式，产业博物馆成为转型升级发展的形式之一，借此保存产业文化价值，提升企业形象，继而增进文化观光的经济价值。

关键词： 产业博物馆　地方文化馆　观光工厂　文化观光

　　台湾产业结构的转变，逐渐朝向无重量经济形态发展，人们在休闲生活方面的消费形态趋于重视内涵与质感，观光旅游的行为不仅在于娱乐的满足，也期待具有知性学习的价值。博物馆的功能，不再只是早期以私人收藏为重心，也从对象的收藏、研究、教育、展示等功能，转向以观众为导向，开拓教育与休闲娱乐兼具的角色。博物馆延伸的休闲娱乐功能，在观光产业的发展历程中，成为文化观光重要的文化资产。

　　有关博物馆与文化观光的链接，基于在地化的发展，博物馆的类型越来越

---

* 张淑华，东华大学艺术创意产业学系助理教授，主要研究方向为文化创意产业管理营销、创意生活产业研究。

多元,台湾博物馆的数量自 1990 年代起迄今,呈现显著性的成长,依台湾博物馆学会收录的博物馆名单,将博物馆分为 18 类,至 2014 年已达 476 家,①其中,文物馆、自然史博物馆、产业博物馆分居前三大类型,产业博物馆因其与民生生活产业相关的多元性,成为博物馆在地发展文化观光的重要形态之一。

一 台湾产业博物馆的发展环境

(一)地方文化馆政策计划,促进地方艺文资源开发与整合

博物馆是文化政策中文化设施的重点,1980 年代,台湾文化设施的设置,多以大型位于都会区居多,1990 年代后,文化政策思维,渐朝向基层的乡镇小区发展,改变过去由上而下设置大型文化设施的方式,期结合常民生活环境,加强乡镇及小区文化发展。基于小区营造的精神,地方文化馆计划被视为创造博物(文化)馆与小区互动的机制,鼓励民间参与经营,类此博物馆新概念也在台湾各地区兴起。地方文化馆的推动,呼应博物馆迈向小区博物馆形态,博物馆的功能从"对象"保存核心,朝向"以人为主体"的精神,地方文化馆也被赋予小区博物馆的角色,以发挥在地文化特色,活化小区的场域。

2002~2007 年,台湾文化主管部门开始推动地方文化馆第一期计划,结合小区营造精神,强调民众共同参与,地方艺文资源的开发与整合,以形塑地方认同感,并利用文化资产及历史建筑或闲置空间,结合在地产业文化,成为在地文化的基地,其间经辅导的馆舍计 200 余间。② 推动计划着重推动小区居民参与在地文化研究,凝聚对文化馆的共识,成为重视与保护在地的历史文化、地方产业、古迹遗址等人文资产之基地,推动策略结合国内旅游发展方案,以发展地方文化休闲游憩产业。③ 这一时期,已有将地方文化馆赋予文化观光旅游价值的思维。

---

① 2014 文化统计, http://stat.moc.gov.tw/eBook_List_Dtl.aspx? RID = 2014。
② 林晓薇:《地方文化馆第二期计划之评估研析》,《研考双月刊》2010 年第 34 卷第 3 期。
③ 《推动博物馆与地方文化馆发展计划》,2017 年 5 月 10 日, http://mocfile.moc.gov.tw/files/201603/42b73549 - 1bba - 4ca2 - 81fa - bf4110a12219.pdf。

2008～2013年地方文化馆第二期计划，推动目标为因应文化源头的土地、人民、社会，运用文化、观光资源与政策工具，缩小城乡间文化差距，让社会中每个国民，不分族群、贫富、城乡，都能享有文化平权。[1] 第二期计划，将各区域的馆舍文化据点，统合为全面性地方文化版图，形塑成文化生活圈。至2015年台湾文化主管部门累计补助的地方文化馆已达399间，辅导的馆舍类型多元，展现台湾多元文化形貌，也渐进带动地方文化观光的发展。[2]

2015年，台湾文化主管部门提出推动博物馆与地方文化馆发展计划，检讨第一、第二期计划地方文化馆推动机制策略，着重结合小区活力与馆舍营运，但未能顾及馆舍之间的差异，未区分专业博物馆与小区型馆舍不同定位与专业性要求。该计划重点，朝向舍分流辅导，博物馆事业的辅导，以提升地方博物馆专业能力，使博物馆充分发挥社会教育功能，地方文化馆则强调与在地资源的串联结合，进行异业结盟，提升整体营运能量，落实文化平权，均衡城乡文化资源之目标。

博物馆与地方文化馆发展计划，将地方文化馆定义为"为了促进小区交流与再造，从事与小区有关历史、文化、自然环境之学习、展示、交流与推广活动，或是提供艺文展演等充实小区文化生活，经常性开放，鼓励小区居民参与，并对所有人开放之基地"。因应"博物馆法"通过，文化主管部门的角色将转为辅导县市政府成立博物馆及地方文化馆运筹机制，县市政府就所辖的博物馆与地方文化馆，拟定整体发展策略，针对不同类型馆舍进行分级分类辅导。地方文化馆的功能，更强调与在地资源合作，与异业结盟，带动文化观光的价值。

（二）创意生活产业计划，六级产业思维带动产业转型升级多元性

2003年，台湾经济主管部门推动创意生活产业之初，产业转型升级面临如何发掘在地元素、资源等透过创意整合，利用生产制造本身的基础，结合在地文化内涵、观光休闲与学习体验等要素，将制造本身所蕴藏的服务价值提升

---

[1] 《推动博物馆与地方文化馆发展计划》，2017年5月10日，http://mocfile.moc.gov.tw/files/201603/42b73549-1bba-4ca2-81fa-bf4110a12219.pdf。

[2] 《推动博物馆与地方文化馆发展计划》，2017年5月10日，http://mocfile.moc.gov.tw/files/201603/42b73549-1bba-4ca2-81fa-bf4110a12219.pdf。

为外显价值的问题。

创意生活产业定义为"指从事以创意整合生活产业之核心知识，提供具有深度体验及高质美感之行业，如饮食文化体验、生活教育体验、自然生态体验、流行时尚体验、特定文物体验、工艺文化体验等行业"。核心知识、深度体验、高质美感成为创意生活产业发展的重要核心论述，"核心知识"指地方、社区生活或文化特色；科技、美学、营销；及同/异业垂直或水平整合的表现与运用情形。"高质美感"指产品、空间的美感设计。"深度体验"指服务、活动的体验设计。政策计划提出六级产业作为产业跨领域融合创新转型的策略思维，体验经济内涵作为经营模式转型升级或创业的关键技术，采用"评选认证"方式鼓励既有产业转型升级或是生活风格的创业模式，产业推动对象涵一、二、三级产业。据《2016年台湾文化创意产业发展年报》，通过评选认证的创意生活事业家数累计220家，北港春生活博物馆、虱目鱼主题馆等馆舍形式，呈现工艺文化体验及饮食文化体验的在地特色。①

既有产业转型升级发展为创意生活事业时，基于产业文化的知识搜集、对象的保存、文化体验的教育推广，博物馆馆舍常是企业发展的经营方式。为协助创意生活事业市场开拓，政策计划推动做法中，采取多元的文化观光管道，增进创意生活事业与旅游通路合作，如与海外来台观光的自由行旅行社、车队等的合作，推出不同创意生活事业体串联的旅游行程，如台湾风格好好游，着重在地文化深度的体验特性，邀集外国人、部落客等体验创意生活事业，撰文推广创意生活事业文化观光价值。

（三）观光工厂推波助澜，产业博物馆为制造业观光增值

为协助地方制造产业转型升级，台湾经济主管部门自2003年提出观光工厂计划，观光工厂指"具保存价值广度，能强调独特性、具产业知识，有寓教于乐富含教育性质、具历史意义深度，能彰显文化性之工厂，能够强调与彰显上述主题特色之一，且完整具备观光工厂主题特色、空间、设施、服务质量、营运模式者"。观光工厂的辅导，着重协助具有独特、产业历史文化，并有意愿转型升级的工厂，借由整体设计规划，展现新意与魅力，让工厂的经济

---

① 2016年台湾文化创意产业发展年报》，2016。

效益，发挥为观光收入效益，也可满足多元化观光旅游的市场需求。

自 2008 年起台湾制定观光工厂评鉴作业机制，评鉴考核项目包含观光工厂主题、厂区空间规划、导览解说与体验设施、企业形象与文宣设计、观光工厂营运模式五项评鉴要素。据观光工厂自在游网站统计，通过评鉴的观光工厂计有 134 家，① 国际亮点计 8 家，其中国际亮点厂商中，有 5 家具博物馆馆舍特性，包括郭元益糕饼博物馆、台湾卤味博物馆、台湾金属创意馆、巧克力共和国、白兰氏健康博物馆。② 观光工厂的发展途径，多数从传统制造产业转型升级。在转型前，工厂以生产为主，经营重心多放在生产效率、生产技术等，转型为观光工厂后，则需要强化无形产业文化的产品服务、旅游消费通路营销等。

二 台湾产业博物馆文化观光特色

台湾产业博物馆发展形态多元，本文以台湾博物馆学会收录的产业博物馆名单及经济主管部门创意生活事业认证、观光工厂认证的企业名单，择其具产业博物馆属性者，综整探讨产业博物馆的发展概况。博物馆学会网站收录的产业博物馆名单 69 家，其中两家因已无相关资料或馆舍，计 67 家；台湾工业主管部门认证的创意生活事业中，具产业博物馆馆舍性质者计 30 家；经台湾经济主管部门观光工厂认证，具博物馆馆舍性质者计 16 家。其中，部分产业博物馆获得创意生活事业认证或观光工厂认证，总计 91 家，产业博物馆的地区分布及主题属性如表 1、表 2 所示。产业博物馆属性多样，经营主体包括公营及私营。2000 年后，随着台湾文化、经济主管部门的政策计划推动，私人企业投入资源成立的产业博物馆快速发展，如郭元益糕饼博物馆（台北士林）、白兰氏健康博物馆、七星柴鱼博物馆、台南·家具产业博物馆、中兴谷堡米博物馆等 30 余座。

---

① 《通过评鉴厂商名单 10603 版》，台湾观光工厂自在游网站，2017 年 5 月 20 日，http://taiwanplace21.org.tw/factoryupload/about/170306013734_M1.pdf。
② 《国际亮点厂商名单 10602 版》，台湾观光工厂自在游网站，2017 年 5 月 20 日，http://taiwanplace21.org.tw/factoryupload/about/170221021059_M2.pdf。

表1 产业博物馆地区分布

单位：家

属性	地区	数量	小计	属性	地区	数量	小计
工艺	北	6	13	食品	北	8	26
	中	4			中	6	
	离岛	3			南	7	
化工	北	2	3		东	5	
	中	1		农业	北	2	17
生技	东	1	1		中	7	
交通	北	4	6		南	4	
	中	2			东	4	
玩具	北	1	1	林业	中	1	1
金属	南	1	1	渔业	中	1	5
建材	北	1	1		南	1	
玻璃	中	1	1		东	2	
香业	南	2	2		离岛	1	
家具	南	1	1	畜牧	东	1	1
能源	北	1	1	矿业	北	5	5
医药	中	1	2	乐器	中	1	2
	南	1			南	1	
乐器	中	1	2	琼麻工业	南	1	1
	南	1					

资料来源：台湾博物馆学会网站、创意生活产业网站、观光工厂网站，作者绘制（2017.05.20）。

表2 产业博物馆一览

序号	名称	属性	县市	序号	名称	属性	县市
1	台湾烟酒（股）公司台中酒厂－酒文物馆	食品	台中	9	林美金枣文化馆	食品	宜兰
				10	蜂采馆◎	食品	宜兰
2	郭元益糕饼博物馆（士林馆）◎	食品	台北	11	橘之乡蜜饯形象馆◎	食品	宜兰
				12	台湾麻糬主题馆※	食品	南投
3	黑松世界（黑松博物馆）	食品	台北	13	埔里酒文化馆	食品	南投
4	池上饭包文化故事馆◎	食品	台东	14	鹿谷乡农会茶叶文化馆	食品	南投
5	台南市盐田生态文化村	食品	台南	15	中坜黑松文物馆	食品	桃园
6	台湾盐博物馆	食品	台南	16	可口可乐©世界◎	食品	桃园
7	黑桥牌香肠博物馆※	食品	台南	17	巧克力共和国◎※	食品	桃园
8	宜兰酒厂甲子兰酒文物馆	食品	宜兰				

续表

序号	名称	属性	县市	序号	名称	属性	县市
18	郭元益糕饼博物馆（杨梅馆）○※	食品	桃园	44	立康中草药产业文化馆※	医药	台南
19	台湾卤味博物馆※	食品	高雄	45	秀传医学博物馆	医药	彰化
20	台湾糖业博物馆	食品	高雄	46	垦丁国家公园琼麻工业历史展示馆	琼麻工业	屏东
21	高雄市兴糖小学糖业主题馆	食品	高雄	47	张连昌萨克斯风博物馆※	乐器	台中
22	大黑松小两口牛轧糖创意博物馆※	食品	新北	48	十鼓文化村○	乐器	台南
23	坪林茶业博物馆	食品	新北	49	虱目鱼主题馆○	渔业	台南
24	台湾烟酒股份有限公司嘉义酒厂酒类文物馆	食品	嘉义	50	南安中渔史文物室	渔业	宜兰
25	中兴谷堡稻米博物馆○※	食品	彰化	51	七星柴鱼博物馆○	渔业	花莲
26	白兰氏健康博物馆○※	食品	彰化	52	连江县政府建设局渔业管理课渔业展示馆	渔业	连江
27	大甲稻米产业文化馆	农业	台中	53	彰化区渔会渔业文化馆	渔业	彰化
28	台湾菇类文化馆	农业	台中	54	台湾油矿陈列馆	矿业	苗栗
29	吉儿家地瓜繁衍主题文化馆	农业	台中	55	九份金矿博物馆	矿业	新北
30	梧栖镇农会产业文化大楼	农业	台中	56	台湾煤矿博物馆○	矿业	新北
31	清水区韭黄产业文化馆	农业	台中	57	菁桐矿业生活馆	矿业	新北
32	新小区农会枇杷产业文化馆	农业	台中	58	新北市立黄金博物馆	矿业	新北
33	东河乡释迦产业文化馆	农业	台东	59	七分窑	工艺	台中
34	下营区产业文化展示馆	农业	台南	60	树火纪念纸博物馆○	工艺	台北
35	玉井乡芒果产业文化信息馆	农业	台南	61	小半天竹艺文化馆	工艺	南投
36	白河莲花产业文化信息馆	农业	台南	62	竹艺文化园区	工艺	南投
37	北成庄荷花形象馆	农业	宜兰	63	台湾人文窑场展演馆——华陶窑○	工艺	苗栗
38	北关休闲农场和螃蟹博物馆○	农业	宜兰	64	竹南蛇窑——古窑生态博物馆○	工艺	苗栗
39	白米木屐村	农业	宜兰	65	苑里镇蔺草文化馆	工艺	苗栗
40	梅子博物馆	农业	南投	66	造桥木炭文物馆○	工艺	苗栗
41	洋葱产业文化馆	农业	屏东	67	北港春生活博物馆○	工艺	云林
42	台湾蚕业文化馆	农业	苗栗	68	许新旺陶瓷纪念博物馆○※	工艺	新北
43	草莓文化馆	农业	苗栗	69	台湾电力公司核二厂北部展示馆	能源	新北
				70	畜产试验所宜兰分所养鸭成果展示馆	畜牧	宜兰
				71	台湾气球博物馆○※	化工	台中
				72	台塑企业文物馆	化工	台北

续表

序号	名称	属性	县市	序号	名称	属性	县市
73	茶山房肥皂文化体验馆◎	化工	新北	81	林业展示馆	林业	台中
74	菌宝贝博物馆※	生技	宜兰	82	泰山乡娃娃产业文化馆	玩具	新北
75	财团法人张荣发基金会-长荣海事博物馆	交通	台北	83	台湾金属创意馆※	金属	台南
				84	湾丽砖瓦文物馆◎	建材	苗栗
76	集集铁路文物博览馆	交通	南投	85	台湾玻璃馆◎	玻璃	彰化
77	台湾铁路管理局苗栗铁道文物展示馆	交通	苗栗	86	沉香博物馆◎	香业	高雄
				87	新港香艺文化园区◎	香业	嘉义
78	太平洋自行车博物馆※	交通	桃园	88	台南.家具产业博物馆◎※	家具	台南
79	阳明海洋文化艺术馆◎	交通	基隆	89	朱盛文物纪念馆	工艺	澎湖
80	台湾铁路管理局彰化站铁道文物展示室	交通	彰化	90	雅轮文石陈列馆	工艺	澎湖
				91	澎湖希望天地	工艺	澎湖

注：创意生活事业评选认证之馆舍标注◎，观光工厂认证之馆舍标注※。

资料来源：台湾博物馆学会网站、创意生活产业网站、观光工厂网站，作者绘制（2017.05.20）。

（一）产业博物馆分布概况

观察产业博物馆的地区分布，食品类属性的博物馆数量最多，共26家。北中南东区域呈现均等状况，从主题内容看，北部8家产业博物馆，均是由知名食品企业成立，包括郭元益糕饼博物馆、大黑松小两口牛轧糖创意博物馆、可口可乐◎世界、巧克力共和国（宏亚食品）等具全台市场性，中、南、东部的食品产业博物馆，较凸显在地物产资源特色。

农、林、渔、牧、矿产业博物馆合计29家，多是因传统产业的没落，产业面临社会朝向工商业结构发展，地方性一级产业资源渐失发展性或衰退，转型或兴建产业博物馆作为产业文化体验场域，农产属性博物馆共17家，与当地盛名的农业相互加值，如北部草莓文化馆（苗栗）、台湾蚕业文化馆（苗栗）等，中部梅子博物馆（南投）、新小区农会枇杷产业文化馆（台中）等；南部玉井乡芒果产业文化信息馆（台南）、白河莲花产业文化信息馆等（台南），东部东河乡释迦产业文化馆（台东）、北关休闲农场和螃蟹博物馆（宜兰）等，矿业主题集中于北部地区，包括九分金矿博物馆（新北）、台湾煤矿博物馆等（新北）。

工艺属性博物馆计13家，北部6家，中部4家，离岛3家，形成特性多与工艺材料取得或制作群聚有关，北部台湾人文窑场展演馆——华陶窑（苗栗）、竹南蛇窑——古窑生态博物馆（苗栗）、许新旺陶瓷纪念博物馆（新北）等，中部小半天竹艺文化馆（南投）、北港春生活博物馆（云林）等。

（二）产业博物馆的文化观光特性

本文依产业博物馆的主题属性，综整其经营的文化观光特性如下。

1. 农林渔牧矿业产业资源活化，展现文化推广与观光营运价值

农林渔牧矿产等产业文化馆舍，呈现地区性物产资源的文化保存与推广教育性质，制酒产地如埔里酒文化馆、台湾烟酒（股）公司台中酒厂-酒文物馆、嘉义酒厂酒类文物馆、宜兰酒厂甲子兰酒文物馆等；渔业主题如七星柴鱼博物馆、虱目鱼主题馆等；前述产业博物馆的经营形式，概是以产业文化资产为元素，经由收藏、展示、教育等活动，增进观众的产业文化体验与知识学习，创造旅游商品销售的观光营运价值。

七星柴鱼工场于1983年成立，曾为七星潭规模的柴鱼制作工厂，随着渔业捕捞及柴鱼制作等产业逐渐没落，工场于2001年歇业。为了让更多的人了解台湾与海共生的海洋民族性，于是开始整建柴鱼工场，2003年重新开馆为七星柴鱼博物馆。柴鱼博物馆以教育体验为主，基于工场的原来结构，保留柴鱼烘焙室，将柴鱼烘焙烟熏、海洋生态、柴鱼生产、产业生活情境，使观众亲身体验传统柴鱼烘焙烟雾弥漫的感觉，以增进观众现实体验与产业文化的教育体验。经过十余年的经营，渐带动原本没落的渔业，透过整合七星社区滨海渔村风貌、定置渔场等渔业文化为博物馆的服务特色，带动地区产业的文化观光价值。

2. 民生产业贴近常民生活，馆舍多元分布各地

民生生活相关的主题，包括柴、米、油、盐、酱、醋、茶、糕饼等食品，共计26家，产业博物馆中家数最多者，如具茶产地代表性的鹿谷乡农会茶叶文化馆、坪林茶业博物馆；食品相关博物馆，因知名企业资源投入，馆舍的设立快速发展，如郭元益糕饼博物馆分于桃园杨梅工厂及台北市士林设立，宏亚食品于桃园工厂场域成立巧克力共和国、联米企业成立中兴谷堡稻米博物馆、台湾卤味博物馆、黑桥牌香肠博物馆等；地方特产亦形成在地特产文化馆舍，宜兰地区因休闲农业的发达，形成地方特色的博物馆如林美金枣文化馆、橘之乡蜜饯形象馆、蜂采馆等。

郭元益食品公司自1867年创立，1992年引进全台湾第一条机械化凤梨酥生产设备，为保存珍贵糕饼文化资产，于2001年创设郭元益糕饼博物馆杨梅馆，展示一百多年来的饼食的历史演变，开启台湾糕饼文化典藏、展览之先驱；2002年成立糕饼博物馆士林馆，将糕饼历史与礼俗发展融合，具参观、教学、推广、实作等功能。郭元益食品借由糕饼博物馆诠释台湾礼俗生活的糕饼文化，馆舍提供的糕饼体验实作教育，也成为亲子烘焙教育、外国观光客认识台湾糕饼文化的重要活动。博物馆的传统糕饼文化元素与郭元益文创食品创新互为加值，2017年透过与新一代设计师合作，萃取传统糕饼文化的祝福意义，将"拜拜文化"与"汉字"融入新产品设计开发，如长生糕、传家糕等，朝向台湾特色伴手礼前进，糕饼博物馆成为传统糕饼文化传承与创新的见证场域。

3. 昔日产业风华，转化文化体验价值

台湾昔曾有多项产业制造王国，如1970年代，家具外销兴盛，台湾成为家具王国，台南的永兴祥木业股份有限公司为昔日家具产业王国的代表企业，后因产业外移与变革，原制造工厂创意转型为台南·家具产业博物馆。莺歌陶瓷老街向有台湾景德镇美誉，许新旺陶瓷纪念博物馆记载着新旺陶瓷80余年来的发展，见证着莺歌发展陶瓷器的更迭与兴衰。其他如泰山娃娃产业文化馆，梳理着美宁工厂的历史与泰山产业的变迁，1987年之前，全球知名的玩具大厂Mattel于泰山设厂，台湾代工芭比娃娃从材料生产到包装出口。"草编王国"是台湾另一个出口外销的美誉，苑里蔺草文化馆呈现着帽席产业的历史的风华与转变。

以台南·家具产业博物馆为例，早期台湾曾有"家具王国"的美誉，永兴祥木业股份有限公司1958年设立于家具博物馆现址，具备"全制程"的实木工艺家具技艺，随着家具工厂外移，将工厂3700余平方米的产业足迹保留，2005年成立家具产业博物馆，以典藏、展览、教育、推广为宗旨，梳理台湾木制家具产业及中国传统家具的文化轨迹。随着生产工厂外移，另开发"青木堂家具"通路品牌，发展现代东方家具，博物馆角色与生产工厂、通路品牌相互辉映。

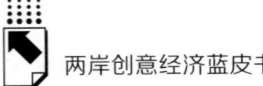

家具产业博物馆以教育体验为目的，从产业馆、体验馆、工艺美术馆、生态植栽区到鲁班学堂的钉榫卯技艺的教学，吸引木工技艺能传承，为博物馆永续经营奠定厚实基础。家具是种生活形态的实践，为了达到教育体验的目的，台南家具产业生态博物馆在体验构面设计的关键要素，强调以"游戏"方式促进顾客的参与学习。在实务操作上，在体验学习区安排互动的游戏活动，提高观验参观学习经验质量。台南·家具产业博物馆深具家具产业文化资产与资源，为了促进文化观光，透过与台南地区的观光工厂、博物馆、古迹景点等串联，成为台南市地方特色的文化旅行路线。

B.18
无障碍节庆通用设计的原则与应用

陈蕙芬　邱佩瑄*

摘　要： 本文以宜兰绿色博览会为个案，探讨无障碍节庆的概念与配搭的设计原则。首先讨论节庆的设计，以游客为中心的设计观点，再援引通用设计观点，论述无障碍节庆的概念内涵与实践可能。旨在讨论节庆在空间与活动规划上，满足各类型游客参与节庆的需求，避免在感知、移动或行动上不便的游客在节庆空间移动与参与节庆活动时，解决可能遇到的障碍或问题。主张通用设计应用于节庆时，应融入不同的意义与方式，来检视其活动与空间之设计，以落实节庆应有的通用性质。

关键词： 节庆活动　通用设计　无障碍旅游　宜兰绿色博览会

参与休闲旅游对一般人来说，有增广见闻的功能，亦可平衡生活压力；对于银发族群来说，可促进银发族群的体能活动，防止其身体机能退化，丰富其社交生活，促进身心健康。[1] 随着高龄社会的来临，银发族的休闲旅游需求不亚于青壮族群；相较于一般大众，其旅游规划须更谨慎及评估各种可能状况的发生。除了银发族，身心障碍者、孕妇、婴儿、儿童等，也都需要安全方便的旅游环境。台湾身心障碍者与银发族人口逐年上升，数年前即高达350万人。[2]

---

* 陈蕙芬，台北教育大学教育创新与评鉴所副教授；邱佩瑄，台北教育大学教育创新与评鉴所研究生。
[1] 李青松、刘德彦：《银发族参与旅游动机与阻碍之回顾研究》，《运动休闲餐旅研究》2011年第6（2）期。
[2] 王俪蓉、施慈航：《无障碍旅游的理念与实践》，"台湾国家政策学刊"2010年第4期。

庞大的无障碍旅游需求，值得社会的重视。现行无论观光景点的选择还是行程的安排，都少有无障碍旅游的考虑，大多数参与旅游"脚力不便者"留在游览车上时间较多，可见无障碍旅游尚属萌芽阶段，许多旅游环境相配搭的资源也不完善。

无障碍旅游的观念虽然逐渐受到重视，对于旅行安排、旅游过程中的资源运用，抑或有设计相关的配套措施，但在抵达中途站或是目的地时，却少有完整的无障碍设施及环境配搭，导致行动不便者旅游不能尽兴；也不禁让人反思现在的旅游环境，特别是旅游的"中点站"或"终点站"，是否可以做得更好？尤其是以参与"节庆"为主要目的的旅行来说，节庆内空间与活动的设计如何让人易于亲近？一个富有良好的动线规划与活动设计的节庆，更是提高游客重游率的关键因素。

一 无障碍节庆通用设计的基本内涵

以下分两部分讨论，第一部分讨论节庆的含义及设计考虑；第二部分引用通用设计观点，探讨无障碍节庆的内涵。

（一）独特的创造，节庆的设计

人们因特定的理由而创造出节庆，像是早期的春节、端午与中秋，它们传承文化精髓，也创造你我日常生活的特殊感；像是我们不会天天领压岁钱、吃粽子或月饼，节庆蕴含多重社会及文化意义。[1] 随着人们的经济收入与休闲时间的增加，各种新节庆、休闲活动和娱乐也因应而生，地方政府为了建构民众共识及促进经济发展，也开始主办或支持各种节庆活动。[2]

在节庆活动里，空间是重要的规划构面；良好的空间设计，就像盛开花朵下的花托，提供光鲜外表下的坚实支柱。不过节庆活动的主办者，通常着重于展区内的各式装置、布景、舞台及展馆等，因为它们构成参观者的视觉感受经

---

[1] Getz, D., 2010, "The Nature and Scope of Festival Studies", *International Journal of event Management Reserch*, 5 (1), 1 – 47.

[2] Allen, J., O'Toole W., Mcdonnell, I., & Harris, R. 2009, *Festival & Special Event Management* (4rd ed.), Brisbane: Wiley.

验；但隐藏于表面视觉之下的空间设计，却能决定参观者的身体感受经验，具备相等的重要性。此外，空间规划还有提供信息与传递活动意义之功能，倘若一个展区没有经过适当的空间规划，将可能导致游客在参观及参与活动时，感受到不一致性的不协调感，更可能妨碍参观质量。

空间分有形的实体（建筑物）与无形的虚体（开放空间）（曾宪娴、杜宗铭，2012），前者属于建筑物，设计要点在于规划展示区域与人的行走动线（吴淑华，2006）；后者是建筑物外的开放空间，大多数节庆在城乡举办时，可能在户外公园（如童玩节在亲水公园）或是游憩区域（如绿色博览会在武荖坑），界定服务场域，设置服务接触点①为节庆设计的重点。

目前以"节庆设计"为主题的文献甚少，Getz（2010）表示，从游客观点出发的研究更是捉襟见肘。近年来，多数关于节庆活动的文献以办理者的角度来探讨节庆活动，研究者最为重视其营销与效益评估；但游客才是服务使用者，若能从游客处得到设计灵感，更能贴近游客需求，因此，一个设计完善节庆活动的关键因素是值得探讨的。②

在少数针对节庆游客方的研究，大多数的主题为调查其满意度。从游客满意度，可分析出影响游客满意度的因素，与节庆管理有很大的关系，如节庆活动规划设计、安全设计、教育性设计、活动人员、节庆永续性设计等。游客的满意度提高，重游率也会提升，节庆效益亦能同步上升。钟政伟、张哲维（2012）提出成功的节庆活动，应具备22项特质，其中有12项由游客观点出发，认为应积极改善以提高节庆活动之价值，分别为空间配置妥当、活动内容创新、交通接驳方便、人行动线规划、无障碍活动参与、厕所数量充足、医疗救护设置明确、停车空间充足方便、休息区空间点设置、服务中心服务质量、现场摊位服务质量及无障碍协助服务质量等。

无障碍服务质量越来越受到重视，因为以一般民众为节庆活动的服务对象，其设计虽可满足大部分使用者的需求，但仍有少部分使用者的需求是被忽略的。因应无碍旅游的趋势，提高游客满意度，应多加探讨增进节庆活动之友

---

① 马睿平、林育如、林荣泰：《云端科技辅助庆典活动服务设计的实践：以北投公园百年纪念系列活动为例》，《设计学报》2014年第19（2）期。
② 钟政伟、张哲维：《以游客观点建构节庆活动关键成功因素之研究》，《数据分析》2013年第8（6）期。

善空间规划的因素。此外，在迈向高龄化社会时，高龄族群在游憩时的需求与青壮年相比或许更多，但若少部分的需求亦能被顾及，让行动较为不方便者及高龄人口可以维持自主性，在节庆活动的传递上是否能更臻圆满？

（二）有碍的世界，通用的设计

20世纪时，因多次大规模战争或世界性大恐慌，持续的社会变动，让多数人陷入贫穷、伤亡及无家可归的处境，随后带来的是生活上的不便利。对于老人、小孩及身心残疾人士来说，其生活更为辛苦。联合国于1950年设立"国际残障者复健协会"，开始重视身心障碍者的生活需求之各项要素，亦即"无障碍环境设计"（barrier-free environment design）。①

美国北卡州立大学的Ronald L. Mace教授在1970年代，进一步主张"设计不应因年龄、能力、性别而有差异，应该为所有人设计"，在1985年提出"通用设计"（universal design），强调设计应以所有人为使用对象；此概念可应用在建筑、环境及产品领域上，达到"最大使用可能"的方式，使任何人皆能参与使用。② 通用设计有七项原则，分别为公平性（equitable use）、灵活性（flexibility in use）、易操性（simple and intuitive use）、易感性（perceptible information）、宽容性（tolerance for error）、空间性（size and space for approach and use）与省能性（low physical effort）。进入21世纪，医疗进步的结果伴随着高龄化社会的产生，人们重视生活对象的使用性与弱势族群的特殊需求，通用设计的重要性便更彰显出来。③

那么从使用者角度，银发族、孩童或身心障碍人士，参与节庆活动时，有哪些可能的障碍呢？本研究引用中川聪（2013）对老人、身障者及幼童可能遇到的障碍，归纳为三——缺乏感知力、移动力及行动力，以下说明形成因素。④

---

① 曾思瑜：《从"无障碍设计"到"通用设计"——美日两国无障碍环境理念变迁与发展过程》，《设计学报》2003年第8（2）期。
② Aslaksen, F., Bergh, S., Bringa, O., & Heggem, E., 1997, *Universal Design Planning and for All*, Oslo: The Norwegian state council on disability.
③ 吴灿中、魏主荣、吴镁莹：《人行环境系统通用设计之情境模拟分析》，《设计研究学报》2011年第4期。
④ 中川聪：《通用设计的教科书》，新北市，龙溪国际，2013。

导致缺乏"感知力"的因素有感觉能力的变化、记忆与混乱、智能及精神障碍、欠缺客观的判断力及行为欠缺逻辑性等；导致缺乏"移动力"的因素有移动与运动能力的衰减、身体障害、体格娇小且体力不足；导致缺乏"行动力"的因素有丧失平行感觉与跌倒、智能与精神障碍、在社会上无法自立、好奇心旺盛等。例如，长者身体机能退化，虽然可正常行走，但无法参与某些活动；智能与精神障碍者，则可能无法理解某些活动之意义；或是幼童的好奇心旺盛，但其知觉器官未能配合，参与某些活动易导致危险发生。

一个节庆活动中，对于游客行动路线的设计友善与否，是影响游客对此次参与心理印象之关键，对需要乘坐轮椅或行动不便的游客来说，尤为重要。例如，一般轮椅可出入的门宽约 80 厘米，在进入特定空间后，需要考虑到轮椅的回转距离问题；这点便可以从通用设计的七原则之空间性来探究，该原则是确保空间大小容易使用的原则，目的是让使用者不被体格、姿势与使用情况所碍，都可以方便使用的空间尺寸。

归纳上述，本研究期能透过通用设计的七原则——省能、空间、公平、宽容、灵活、操作、易感，作为绿博规划（空间与活动）的新养分，考虑游客个别因素（缺乏感知力、行动力及移动力的可能情形），达到以"游客"为规划中心的节庆活动。

二　宜兰绿博会通用设计的原则与思维

以下说明绿博概况与设计原则、活动联结与感官互补性以及通用设计原则在节庆活动上，应如何转换思维。

（一）绿博概况与设计原则

从 2013~2015 年各年绿博展区空间使用的变化情形可知，绿博在前段各区的变化性较少，在后段的展区较有跨年之变化，兹以绿博 2015 年的园区作为基准，将展区大致分为 ABCDE 五大区。

分析绿博的 A~E 区概况后，发现绿博的空间与活动设计，以"前看热闹、后看门道"为设计原则：在前区（ABC）有较多的视觉活动，亦即大量的地景设置，设置表演舞台，设计体验活动，兼具视觉、听觉、嗅觉与触觉；

对于大多数的游客来说，多种感官运用的活动很重要，适度地穿插不同活动类型，更能让游客有"热闹""有趣"的感觉。除了动线与活动的安排，更可以从游园车的位置，发现绿博注意到游客参观时的体力问题，对应使用者缺失三力的"移动力"。

（二）活动联结与感官互补性

根据游客参与绿博活动的程度，游客可分为动态参与式及静态欣赏式，各活动之间看似独立，背后实则有联结，本文称之为"活动联结性"，以下以绿博A区为例说明。

1. 动态参与式及静态欣赏式活动

（1）绿树家园

2013年绿博的亮点之一为大型装置艺术"永生树"，其高18公尺，由10个货柜堆垒而成。2014年，永生树原地转为"大树公寓"，除了原有的货柜，还添加了树内的彩绘和装饰，呈现在树上、在武荖坑生长的生物样貌和生长习性等知识，另外还增加了外挂式网洞让游客可以攀爬树木，游客仿佛变身为树上的小动物。2015年再增添为"绿树家园"，它不只是一棵树，它像一座山，也是动物昆虫居住的家，并且运用临近武荖溪坑的水取水上来变成瀑布。

因此，绿树家园除了观赏、攀爬、教育、体验，从上而下倾泻的流水，在一旁溅起水花，让瀑布的意象更加明显；攀爬至顶的人们，除了在网中体验昆虫结茧的感受，并可由高处俯视底下前区花园景色，清楚看到邻近展区"十二乡镇"的意象。然而研究者于2015年实际走访绿树家园，便因服装的不适合，无法攀爬，而一旁溅起的水花，也造成地板的湿滑，行走过那一段路时，须小心脚步。

（2）竹野迷踪

在2015年的前区景观中，进到"十二乡镇"意象之前，会先经过"竹野迷踪"，乍看之下，觉得只是个迷宫罢了，走进之后才能发现它的不同：

"你要进到这十二乡镇，你会经过这个迷踪，这个迷踪里面有五个门框很特别，就是绿博十五年来第一次，我们在游客的视觉、触觉以外我们加了听觉。"（5访2015-05-29-04）

在各种大大小小的展览中，视觉的呈现占了大部分的展出内容，却鲜少有使用其他五感的展示方式，尤以户外活动中，更是较少兼顾多种感官的呈现，而这次绿博的呈现，是使用贴近生活的内容来展出。

2. A区活动联结性

以下根据通用设计的七原则及行动缺失的三力来检视上述设计。

（1）通用设计的七原则（省能、空间、公平、宽容、灵活、操作、易感）

绿树家园：登上绿树家园顶端能将十二乡镇意象尽收眼帘，但是需要攀爬方能至顶，因此游客在参与活动上，无法达成"公平"及"宽容"原则。

（2）游客个人因素缺失三力（移动力、行动力、感知力）

绿树家园：在绿树家园的设计上，需要用到全身性的攀爬动作，"移动力"不足者，像是行动不便者、老年人及幼童可能无法参与；在"行动力"上，无法独自行动者，会有体验的危险；而"感知力"不足者，对于攀爬行动上可能遇到的危机无法判断，因此也不适宜参与。

竹野迷踪：在竹野迷踪的展示活动，有使用到声音门框的设计，对于视觉或触觉感知能力缺失者，提供了听觉上的满足。

由以上整理可以发现，以通用设计的七原则来看，或是缺失三力的角度来检视，绿树家园皆无法达成其原则或满足使用者，但犹如筹办人员5所说，在绿树家园前方是十二乡镇意象，在十二乡镇之前是竹野迷踪，这是一连串的视觉、听觉交互应用的活动组合。游客可以走近欣赏十二乡镇意象，而登上绿树家园后，则可由上而下俯视前方十二乡镇意象，研究者认为，绿树家园与十二乡镇意象可视为一体，而非分开独立检视，同样都是欣赏前方乡镇意象或是地景，只是欣赏的角度不同，但都形同在参与此活动，此称之为活动联结性，意指节庆各活动设计隐含着规划出不同管道或方式，让不同游客都能来参与某一节庆活动，达到活动目的。

（三）通用设计变形原则

以通用设计与缺失三力检视了绿博活动，从中发现了绿博各种活动相辅相成的关系，即活动联结性。透过活动联结性，又看见了不同以往且符合通用设计原则的呈现方式，本文提出以通用设计七原则为基础的变形原则，以绿博活动里的实例，再转换成一般节庆适用的参考依据。

1. 原则一：纵横相交原则

2015年绿博A区绿树家园及D区彩色稻田观景台的设计，恰可说明"纵横相交"原则的内涵。在各种活动中，登高本身就是一个卖点，而在登高过程中的垂直向上空间，绿博在绿树家园中有着林间般的设计，借由爬高可以看到进而了解到不同位置存在不同的物种，在建物前方的部分，则为一延伸的水平空间，就水平空间来说，亦是从不同高度体验同一个活动，且可以达成"公平"及"宽容"原则。

研究者认为节庆在垂直空间上，可以做分层设计的考虑，让游客依据自身状况，选择爬升的层数（或高或低），而于每一层皆有不同的细节安排（如林间设计）；在水平空间里，可以规划使游客能听到或摸到的相关地景设计，视觉欣赏上，若加以利用高低差设计，亦可让游客体验到登高望远的感觉，因此研究者提出通用设计的变形原则——纵横相交原则。

2. 原则二：协力综效原则

养生是近几年当红的概念，养生可从许多面向进行，有人选择以健康食物来养生，有人则认为透过音乐，可让紧绷的神经得到放松；2013年绿博B区推出养生体验园区，在此区的设计是以六种面向（食物、芳香、园艺、运动、心灵、音乐）来做规划，分为味觉、嗅觉、听觉、视觉甚至是动态体能活动，这达到通用设计的"易感"原则，以六种面向来呈现一个主题，即"养生"的概念。

对此，研究者提出通用设计的变形原则之二——协力综效原则。在通用设计的易感原则中，对于不同感官障碍的人士，期能提供合适的技术或辅具以协助其使用，而绿博，则是把不同的感官活动分开进行，以各种小主题来分别完成各种感官的运用，每一个小主题分别发挥自己的长处，进而达成中心目标，甚至可以发挥一加一大于二的力量，亦可满足不同学习偏好的需求者，也就是说，用多种小活动组合成一个大的主题活动。

3. 原则三：多元延伸原则

2015年绿博D区的"请鱼来种菜"，在室内提供了鱼菜共生瓶的制作，以手工的方式学习鱼菜共生的概念，但却发现在制作的过程中，有些动作却是困难或具有危险性的，并且需要事先报名才能参与鱼菜共生瓶的制作，所幸在户外，有各式鱼菜共生池的展示，亦有现成的鱼菜共生瓶可供学习，在室内及室外提供了两种截然不同的学习方式，这达成了通用设计中的灵活原则，因此，研究者提出变形原则三——多元延伸原则。

在通用设计中，灵活原则是希望提供不同方法以供使用者选择，而在绿博里，我们可以解读为，将同一个活动，用两种方式呈现，由使用者根据自身状况选择可以接受的方式，因此建议一般节庆活动，在呈现一个主题时，不限定以一种方式呈现，用两到三种，甚至多种方式来呈现同一主题，更能符合"以使用者为中心"的精神，而多种不同的呈现方式，亦可加深、加广延伸出更多细节，满足各式使用者的期待。

这里的三个通用设计变形原则，其实屡屡见于绿博活动中，不断地把绿博里的活动，重新排列、组合，抑或相加，呈现通用设计不应受限；亦即不要因为空间或活动设计上无法达成某些通用设计原则，就认为该空间或活动是设计失当，而是应该重新思考其"设计范围"大小的问题，小的不便也许与附近融合后成为另一种便利；而两个通用设计原则以上于一个活动时，呈现的做法可以更加多元。

三　宜兰绿博会通用设计的启示

依据研究发现，宜兰绿博会通用设计对于理论面向与实务面向的多有启示。

（一）理论意涵

1. 热闹与门道兼具的节庆

绿博在活动设计中，于前区（ABC）提供视觉上的丰富飨宴，亦有带来戏剧、歌舞的舞台设置于 A 区。而 B 区的设计，以 2015 年鲸鱼森林为例，简单的展馆搭建，却意外地让参观动线变得灵活，除了游客可以自行选择所要参与的项目，而活动项目也尽量以简单手工 DIY 为主，以便让不同能力游客皆能参与。而走入 C 区，与之前又是截然不同的风格，映入眼帘是一大片的绿意，因此绿博于此区的运用，就是以牧场的方式拉开序幕，带给游客不同于日常生活的感受，也因此研究者认为，绿博前区以"热闹"为主。

而 D 区与 E 区，除了在绿博园区较内陆的位置，绿博也在此呈现较多的议题，像是已经连续在 D 区展出两年的 TBM，除了可以看见昔日工程的辛苦，另外也带游客思考雪隧开通后对环境与人文上的冲击。而 E 区更是采事先报名的方式，并且要有决心能下田从事农耕活动，及远离都市尘嚣，在静谧的农园里待上一晚，除了亲近自然，也带给现代人许多生活上的反思，因此研究者认为，在后面的区域，主要以"门道"为主。

2. 通用设计的变形原则

在前一个章节里，研究者简单使用动态与静态来分析活动，除了可看出绿博的活动设计取向，亦可以发现其中互相配合的关系，如果一般来说通用设计较常关注的地方是室内活动的取向，那放在户外来检视，应当可用不同于室内的方式来检视，也因此提出了三个变形的原则，即纵横相交原则、协力综效原则、多元延伸原则。

（二）实务意涵

1. 绿博主办单位

绿博对展区的活动规划有一个原则，即"前面看热闹，后面看门道"，希望游客刚踏入绿博，就可以感受到绿博传达出一种"有朋自远方来，不亦乐乎"的热情招待，有各种丰富的地景，亦有食物广场，更有游园车的设计，而游园车的设计，更是满足了游客可能缺失的移动力。

2. 绿博协办厂商

不同厂商之间的活动链接，可以使用的方式本文所提出协力综效原则，每个厂商根据自己擅长的活动设计来做规划，并与其他厂商做协调沟通，以各种小主题完成一个大概念，而各协办单位的活动设计，亦可考虑变形原则三——多元延伸原则，以不同活动来呈现同一个主题，增加活动的灵活选择性，相信游客的接受程度及参与兴趣亦可提升。

透过节庆与通用设计原则的深入分析以及对绿博的个案探讨，我们认为，第一，以游客为中心的节庆活动设计是基本原则。在节庆活动里，首先应该考虑的是，游客本身的个人因素或活动接受程度，若能在设计活动时，广纳不同声音，提供更多的选择，将可能尽量满足各种不同需求的使用者。第二，通用设计对于节庆而言是值得延续的新思维。一个举办多年、历久不衰的节庆，会有新游客亦有忠实粉丝，如何持续吸引人潮一直是节庆活动设计的重要课题之一，吸引人潮的关键，研究者认为，不仅是每年推陈出新的各种活动，更重要的是活动宗旨须能正确传递到游客身上，传递的方式多元，游客能从参与活动的过程中获得丰富收获，进而留下良好印象。

B.19
地方意象旅游纪念商品的创意设计

梁桂嘉　曾志伟　黄玉梅*

摘　要： 在旅游纪念商品营销魅力因素中，地方意象特色占了很大的分量。因此，特色旅游区如何设计规划具有地方特色的商品，借由传达给消费者的意象符码能被读取与认知，来形塑唤起怀念的纪念价值以及触发最高购买意愿成为创意商品设计成败的重要因素。本文透过文献数据来探讨符号学与意象传递之间的关系，运用文化符码三层次之策略层、意义层与技术层的分析方式为产品创意编码的主架构，尝试建构传达地方意象的产品创意设计模式，并导入创作案例来实践此设计模式，以提供给地方旅游纪念商品开发之参考。

关键词： 地方意象　旅游纪念商品　符号学　商品设计

旅游纪念商品在旅游过程中具有价值，什么类型的旅游商品会激起观光客的购物欲望来促成消费行为呢？大部分的游客在旅途中愿意购买旅游纪念品作为纪念，但现今多数旅游纪念品却无法刺激游客购买的愿望。陈盈秀透过Kano质量模式检验，得出旅游纪念品之产品设计营销魅力因素：具有创新功能，能够在日常生活中使用，用当地材料制成，具有当地图腾或花纹，价格相对便宜，以当地特色景点、名胜为主题，当地著名产品，以当地文化为主体，

---

* 梁桂嘉，台湾师范大学设计学系教授；曾志伟，台湾师范大学设计学系硕士生；黄玉梅，台湾师范大学设计学系博士生。

当地才购买得到等九项。① 其中由当地采购买得到、用当地材料制成与具有当地图腾或花纹等因素，可推论超乎要顾客期望的纪念商品，必须具备有地方特色并能够与其他地区贩卖商品有所区别，来创造与影响顾客的购买意愿。新产品开发需要耗费大量成本，既须具备创新功能与实用性，又须与地方意象有连接，因此，在旅游纪念品设计策略的拟定上会以达到最高购买意愿以及形塑最根本"纪念价值"的目的。显而易见，地方意象特色在营销魅力因素中占了很重的分量，如何在商品中体现地方文化，地方意象的提取则变得非常重要。

一 旅游纪念商品的意象传达

地方意象旅游纪念商品之地方符码如何被设计师转化并应用于商品设计，旅游纪念商品所传达给消费者的地方意向如何被读取与接受，成为旅游纪念商品设计成败的重要因素。

要使所设计商品能以最优方式传递意象来获得消费者喜爱，首先要对意象的内涵有深入了解，并在此基础上做剖析和研究。关于意象的释义，根据美国学术百科全书的解释，意象是指心中对外界景物的认知表现，"意象"中所谓的"意"，指的不外乎情意、情志、意念等主观抽象的情思；而"象"一般指的是具体的客观现实世界中的物象，两者合而为"意象"（image）。② 在现代心理学中，意象意旨在头脑中的一幅图像，一幅"似像"的图像。也就是说，意象是一种认知过程，好像有一幅与在世界的情景想模拟的心理图像。③ 个人心中世界是由图像构成的，而这些图像来自个人长久以来对世界的认识和经验，其所谓的意象是经由个人过去认知经验所组合而成的，因此部分意象也许是意象本身的历史。而人们对外界事物了解所吸收的讯息与意象之间呈现动态关系，亦即意象的构成。④

---

① 陈盈秀：《旅游纪念商品设计营销魅力评量》（未出版之硕士论文），台北科技大学创新设计研究所，台北，2016。
② 邱炳进：《公共倡导与形象塑造之研究——警察学校专五期、甲种班一一九期招生倡导效果案例》（未出版之硕士论文），辅仁大学大众传播研究所，新北市，1988。
③ Reber, A. S.《心理学辞典》，李伯黍等译，五南：台北市，2003。
④ Boulding, K. E. (1956), *The Image: Knowledge and Life in Society*, University of Michigan Press.

林宝莲从意象的意义与形成至意象的元素等探讨，归纳出意象所具有的类似性、抽象性、可改变性和可操作性几个特点。① 由此可知，外在环境、物品、事件可影响使用者对意象的生成，会对意象做价值上的判断，并且对此意象做出取舍或修正原先意象，然后累积于个人经验与记忆当中，下次再度遇见同样事件或物品时再次发生影响。因此，对于可控制的变量而言是相当重要的，而这个可控制的变量除了环境因素外，通常是指"物品或事件"，转换成设计上就是设计师在对象的驾驭所赋予的设计手法，产品面上指的就是"产品设计"。②

综合上述，意象是人与物品之间传达讯息的有利媒介，产品透过意象的传达、设计、沟通，让消费者生成产品的意象，因此设计师该如何应用适切的意象基模，让消费者在心中产生共鸣与认同的看法，从设计面来看亦是其设计传达的应用。

二　符号与意象传递

在设计创作的过程中，意象的传递与符号学的应用密切相关，要高质量传递意象需要对符号学有相当的认知。符号学（Semiotics）亦解释为记号学，符号的概念范围涵盖广泛，其形式不单单指视觉上具体的形象图案，也包含人的表情、服饰、文字、各地风俗、建筑结构、城市规划等。符号亦可以是无形的声音、气味及触摸的记忆，因此可解释只要能触发意义及感知的形式，都可视为符号。③ 何秀皇在记号学导论中表示，符号的意义最初是人类自由选择赋予的，可是某一符号一经被赋予某意义，我们就相约地以它为媒介来装载和传达该意义。④ 符号的意义经由自由选择赋予，然后相约地使用，这种性质我们称为意义的约定俗成的性质。因此，要研究是什么使文字、图像或声音能变成讯息，就必须研究符号，进而可应用在产品的语义层面（物体所代表的意义）、质料层面

---

① 林宝莲：《造形之视觉与触觉意象研究——以塑料容器形态为例》（未出版之硕士论文），铭传大学设计管理研究所，台北市，2002。
② 侯博伦：《文化商品意象传达之研究》（未出版之硕士论文），云林科技大学工业设计系硕士班，云林县，2007。
③ 王桂沰：《企业·品牌。识别·形象　符号思维与设计方法》，全华科技图书，台北，2005。
④ 何秀皇：《记号学导论》，水牛图书，台北，1991。

（物体构成的材料）、机能层面（物体所涉之效益及公用）。①

产品本身不会说话，但具有语言交流特性，并具备由此而来的意义。透过符号传递的模式架构来了解符号被传达沟通的过程。传达过程组成元素为：①信源（Say What）——设计作品希望被传达的信息或设计符号希望被赋予的意义；②编码（Who）——设计者的编码，即设计信息的符号化过程从技术、意义和审美等不同层面进行。将来自社会生活中的信息，在满足设计要求和环境结合的提前下，利用自己的经验储存和创造力，将必要的设计符号讯息制造出来；③管道（Channel）——意指产品、界面及其展示的视觉造型、图像、色彩和音响等设计符号本身。作为设计讯息的载体，产品、界面及其展示构成了一种客观的符号系统，它使设计信息得以储存且可以传递。用户或消费者透过译码（Whom）与作用（Effect）消除信息的某种不确定性，根据自己所掌握的知识背景、体验经验、编码规则等，对产品、界面及其展示的各种信道传输过来的设计信息做出是否接受的判定。②

在日常生活中，凡是惯例或约定成俗的事，都是符码化的结果，从人们生活中取材而出的文化符号（指涉大众所共同认知的文化现象），即文化符码便是符号背后的文化象征体系。在此象征体系中，人们可以找到许多文化的符号悉听使用，并都共同指向此一象征。

杨裕富在将设计文化符码用来解释商品设计的语意（意义）层次，还有语意以上的策略层与语意以下的技术层次。③ 运用设计文化符码，不仅在策略上实行意念上的操作，以类似说故事的方式进行说服；在意义层面注重图像符号的呈现与语意的诠释，也能在技术层面上注重造型美感与媒材使用，如图1所示。

传达的模式中对于传输、转换与解释，有三个层面问题：①技术层面（如何精确地传送传达符号）；②语意层面（传输符号如何传达出精确的原意）；③效果层面（接受后的意义如何有效地影响预期行为）。④ 这三个层面并

---

① 李侑芳：《区文化商品的符号运用——以湖本村文化创意产业为例》，云林科技大学工业设计系硕士班，云林县，2004。
② 胡飞：《设计符号与产品语意：理论、方法及应用》（第二版），中国建筑工业出版社，2012。
③ 杨裕富：《设计文化的基础：设计·符号·沟通》，亚太图书出版社，1998。
④ J. Fiske：《传播符号学理论》，张锦华译，远流出版公司，1993。

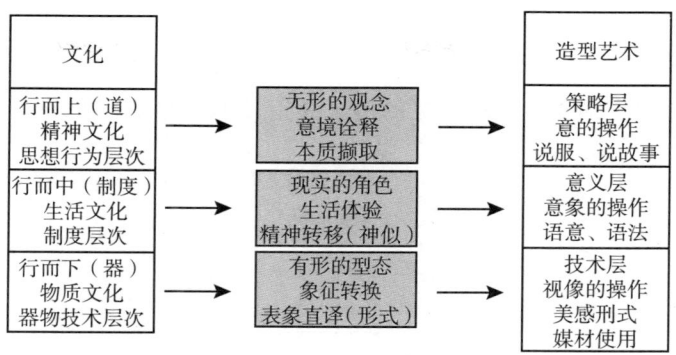

图 1　文化三层说扩充为造型艺术的脉络

资料来源：整理自杨裕富，1998。

非封闭的，而是相互关联、彼此依赖的。符号讯息在接受者身上产生的效果是设计者最终的目的。就传播的角度而言，"发讯者"与"收讯者"之间的讯息，必须共同建立在同一规则的基础模式上，如果要达到某种理想化的程度，就必须使"发讯者"记号化的内容传达和"收讯者"相对"传达内容"得到完全一致的程度，如图 2 所示，同时又必须保持"发讯者"和"收讯者"之间的过程顺利。① 但事实上，因为传送讯息的管道不一，收讯者分属于不同的社会团体、组织机构，具有不同的价值观、文化修养，收讯者不会不加批判地盲从来自发讯者的信息，而是更积极地活用信息，领会发送人并未预期的讯息。然而也会出现一些收讯者，漠视、曲解发送人的意图，使讯息无法达到预期的效果。

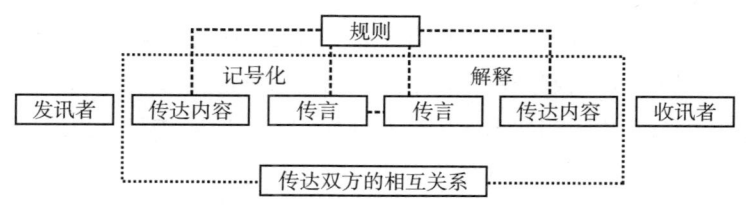

图 2　理想型传达

资料来源：励忠发，1996。

---

① 励忠发：《记号．艺术．情报》，台北，正中书局，1996。

学者林东龙、余佳芳在《符号意象在产品造形上之探讨》中，归纳了符号学各学派学者的观点，提出了符号讯息传递给译码者的过程中，包含符号形象的感官知觉、心理知觉的概念及指涉面信息的三角关系图，① 如图3所示。

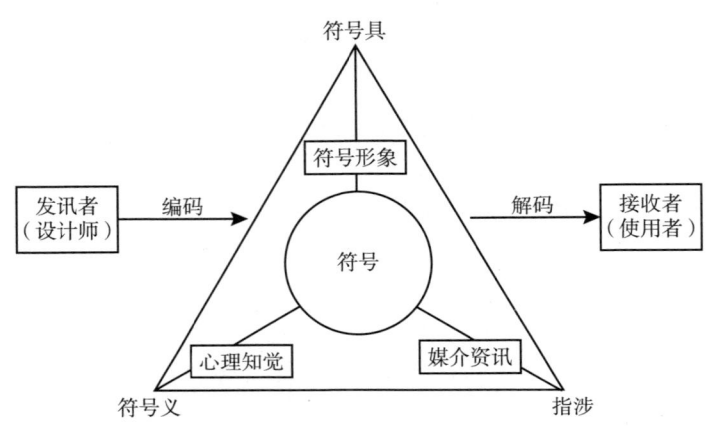

图3　符号讯息传递的三角关系

资料来源：林东龙、余佳芳，2003年。

对产品的讯息传达，引申出产品造型所代表的意义与象征。在产品记号论中，一个为"造型意义的表象"观念，另一个为"造型讯息的传达"。有关语意结构的分析是属于意义的表达，而语意（semantics）必须透过讯息的传达，才能了解产品造型记号对用户产生何种反应，并明确地传达给使用者。

因此，当设计者进行设计时，把符号透过产品传递给消费者，借由产品进而联想起当前的事物或者连带其他有关联的事物，因为本身的记忆与经验形成关联性，或因为产品勾起经验记忆中许多相关的事物，而产生更多意象。符号在讯息传递的过程中，消费者运用已有的知识和经验对符号做出判断而理解，消费者对于符号的理解需要具备一定的文化水平与理解能力，同时也受到设计者与消费者之间关系的影响。设计者的目的是将欲传达的讯息透过设计的动作

---

① 林东龙、余佳芳：《符号意象在产品造形上之探讨》，"中华民国"设计学会第八届设计学术研究成果研讨会论文集，2003。

将构想转变为符号而得到可视化的呈现,尽可能在传递的过程当中,减少噪声的干扰,进一步引起消费者购买的欲望。

三　地方意象的传达

设计师透过造型、色彩、质感、功能等,来传递产品地方意象,而地方意象主要是借由感官对地方特征的认知,累积于脑中存在的拟像经验,提供消费者与产品在另一种非语言的状态下达到沟通的目的。范晓惠在《将意象转化至造型构想方法之研究》中提出"建立原型""意象联想""联想强化""转化"等四个步骤。[①] 游万来等人在《产品意象及其表征设计的研究》中探讨如何将意象转化为意象表征设计,提出了"联想""转换""具体化"三段式的意象表征设计法。[②]

商品地方意象的形成有赖于设计者与消费者对地方生活经验的认同。商品的地方意象依赖符号的传达,符号是消费者心中地方意象产生的媒介,也如同是产品的发声体,符号的任务就是用来传达地方意象的产生,地方文化符码将产品欲表达的符号意义,传达给消费者。以地方意象创意商品而言,设计师如何透过自身的生活经验、地方文化背景、使用者的观察及经由文献探讨相关符号意义后,挑选欲传达的符号,当作创作元素,是故在设计时,脑海中须有明确的地方符号意象脉络,并透过设计手法赋予该产品定位、使用方式及功能上相呼应的符码,消费者透过商品的外延意义得到初步的地方视觉意象,再进一步地透过使用或操作上的形式,更加体会到商品的地方内涵,也唤起消费者的地方意象联想并且体会到其符码意义。

设计师面对地方意象如同面对一个庞大的创意数据库,所有地方意象都可能是产品的创意来源,设计师所要做的就是把传递的讯息让译码的人能够理解,并妥善地运用这些符码结构。

---

① 范晓惠:《将意象转化至造形构想方法之研究》(未出版之硕士论文),成功大学工业设计学系,2004。
② 游万来、叶博雄、高曰菖:《产品意象及其表征设计的研究——以收音机为例》,《设计学报》1997年第2(1)期。

四 设计模式之建立

纪念商品的种类繁多，其中有一部分产品会呈现地方特质。这类商品除了功能性外，还必须要有指引或象征，且具备体验记忆的功能。因此，当设计者进行设计时，把符号透过产品传递给消费者，借由产品进而联想起当前的事物或者连带其他有关联的事物，因为本身的记忆与经验形成关联性，或因为产品勾起经验记忆中许多相关的事物，而产生更多意象。在讯息传递的过程中，消费者运用已有的知识和经验对符号做出判断和理解。设计者透过造型、色彩、质感、功能等，来具体传递产品意象，而意象借由感官对物质世界的认知，所产生的直觉联想累积于脑中存在的拟像经验，使消费者与产品在另一种非语言的状态下达到沟通的目的，进一步引起消费者购买的欲望。

意象联想与使用者的生活经验和文化背景有关，属于心理历程中知觉的重现。就像当我们看到一项产品时，唤起心中存在的意念，此意象即为传递讯息与表达意义的载体。[①] 设计意象的识别在于强调部分特征的显现，因此在地方元素的摄取与应用上都必须考虑使用后的显著性，显著性因部分特征具有符号性而存在，否则消费者就必须借由学习机制、品牌形象、设计理念说明，才能认知元素的意涵与产品意象的识别。[②]

根据符号学理论、意象转化之方法及相关设计模式的探讨，借由产品背后传达的符号意义，发展出地方意象产品设计发想模式。本模式首先运用文化符码三层次之策略层、意义层与技术层的分析方式为产品创意编码的主架构，首先针对产品进行营销构面分析，并导入设计者观点为意象传递者的角色，结合联想、转化、具化的程序。再进而以罗兰巴特提出的符旨符征扩充论作意象符码分析，架构如图4所示。

符号的存在与形成，不单纯是形式上的存在，必定与社会文化的脉络有所关联，辨别符号性质的方法，得以更有系统地认识生活中存在的各种符号，让

[①] 游万来、叶博雄、高曰菖：《产品意象及其表征设计的研究——以收音机为例》，《设计学报》1997年第2（1）期。
[②] 侯博伦：《文化商品意象传达之研究》（未出版之硕士论文），云林科技大学工业设计系硕士班，云林县，2007。

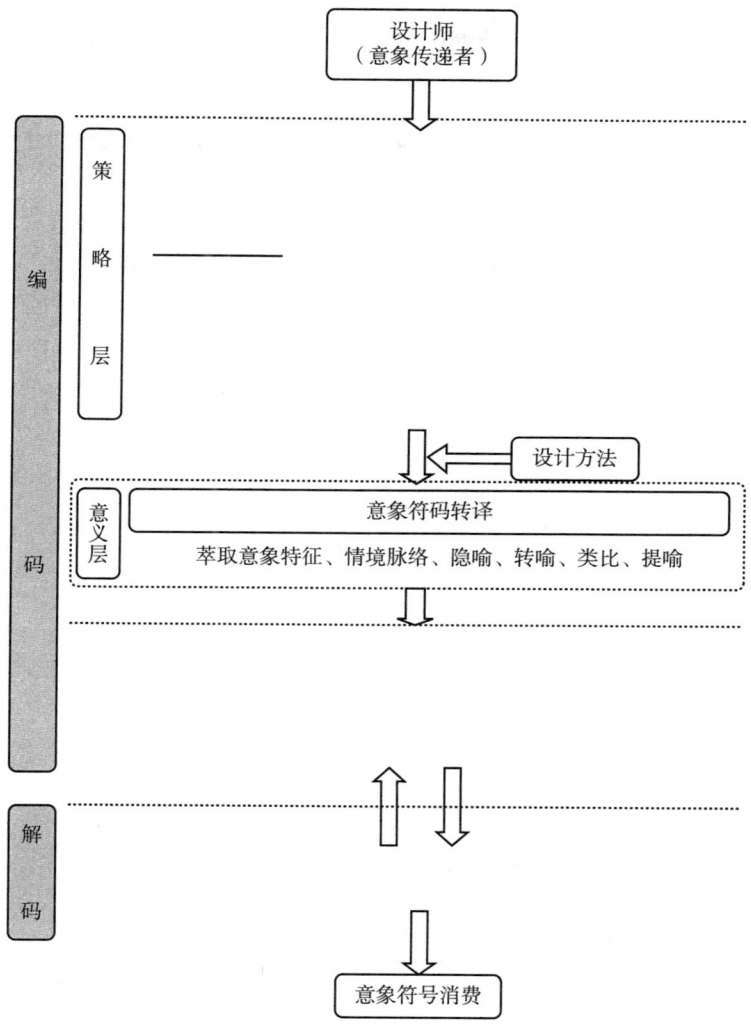

图4 地方意象符号消费之产品联想的设计创意发展模式

我们具备说故事的能力。了解层次中符号所显现的意义，进而解释人类生活社会中集体意识或情感的差异所产生的改变。消费者对商品的功能需求已不再是专注的焦点，期望的是"心理层面"的满足，而透过符号传递出来的文化认同来填补欲望上的满足及展现自我生活品位。

产品意象的形成有赖于设计者与消费者对生活经验的认同。纪念性商品的意象传达除了从消费者着手外，创作者对商品的影响层面就更显得重要。对设计师而言，符号是消费者心中意象产生的媒介，符号如同是产品的发声体，符号的任务就是用来传达意象的产生，文化符码将产品欲表达的符号意义，传达给消费者。消费者透过商品的外延意义得到初步的视觉意象，再进一步地透过使用或操作上的形式，更加体会到商品的内涵意义，也唤起消费者的意象联想并且体会到商品上的符码意义，虽然商品传达的意象会随着消费者社会环境、文化背景、设计者本身、符号意义及消费者的认知改变而改变。但正因为改变，新的文化符码也随之不断地产生。

B.20
湄洲岛：当特色小镇遇上文化产业

陈秋英*

摘　要： "海上女神"妈祖的故乡——湄洲岛是妈祖文化之源，每年数以万计的来自世界各地的妈祖信众及游客，给这个文化旅游特色小镇带来了极大的生机。湄洲岛旅游业迅猛发展，经济社会较快平稳发展。而今在政策支持下，小镇文化创意产业发展氛围浓厚，依托妈祖文化的创意产业的投资和消费逐年增长，丰富多彩的妈祖文化活动产生了较大的社会影响力，融合进传统技术的文化创意产品颇具特色。

关键词： 湄洲岛　特色小镇　文化产业

公元960年，"海上女神"妈祖诞生于福建莆田湄洲岛，经过多年的演绎发展，最终形成了现在的"立德、行善、大爱"的妈祖精神。妈祖不但是历代海员、渔民、手工业者、商人、旅客和各种疾病患者共同信奉的神祇，更是海峡两岸共同的文化符号。在港、澳、台地区，妈祖信仰非常普遍，台湾，妈祖信众约占总人口的80%。[1] 随着时间的推移，妈祖信仰不断传播到世界各地，目前全世界30多个国家和地区拥有上万座从湄洲妈祖祖庙分灵出去的妈祖庙，有3亿多信众。[2] 而位于莆田湄洲岛的妈祖祖庙，是世界上始建年代最

---

* 陈秋英，博士，厦门理工学院文化产业与旅游学院副教授，研究方向为文化产业管理。
[1]《海内外信众会聚妈祖故乡　共叙妈祖情》，新华社，http://www.fj.xinhuanet.com/kfj/2016-11/02/c_1119831329.htm。
[2]《"妈祖故乡"的新传说》，新华社，http://news.xinhuanet.com/2016-05/25/c_1118928578.htm。

早的妈祖庙，其建设规模、祭拜规格均居世界首位。湄洲岛成为妈祖文化之源，来自世界各地的无数信仰妈祖的信众对湄洲岛都有一种寻根情怀。因此，湄洲岛每年吸引着数以万计的来自世界各地的妈祖信众及游客，信众和游客给这个文化旅游特色小镇带来了极大的生机，湄洲岛的旅游业得到了迅猛发展，经济社会发展平稳。近年来，湄洲岛国家旅游度假区地区生产总值、全社会旅游收入增长率均远远高于全国平均水平（2014年除外），接待游客数量不断增加（见表1、图1和图2）。

表1 湄洲岛国家旅游度假区经济数据（2010~2016年）

项目	年份	2010	2011	2012	2013	2014	2015	2016
地区生产总值	数量(亿元)	6.36	7.8	9	10.7	11.7	13.5	14
	增长率(%)	18	14.9	10.4	18.9	9.7	14.49	10.2
全国生产总值	增长率(%)	10.6	9.5	7.9	7.8	7.3	6.9	6.7
全社会固定资产投资	数量(亿元)	3	3.18	4	5	20.15	30	30
	增长率(%)	50	1.81	35	25	302.1	48.9	0
财政总收入	数量(亿元)	0.33	0.5	0.6	0.7	1.01	1.5	2
	增长率(%)	31.9	50.97	20	16.7	44.1	48.53	33
接待境内外游客	数量(万人次)	156	183.8	226	267	342	430	510
	增长率(%)	20	17.81	20	18.14	28.08	25.8	18.6
全社会旅游收入	数量(亿元)	8.07	10.76	14.5	18.9	23	27.8	33
	增长率(%)	35	35	35	30	21.7	20.9	18.7
全国旅游收入	增长率(%)	21.7	20.1	15.2	14.0	26.4	11	13.6

资料来源：湄洲网，政府工作报告，国家统计局网站，本研究整理。

然而，随着旅游业的发展，旅游产品同质化严重、游客需求多样化等问题凸显，这就要求旅游业不断开拓创新。近年来，产业融合成为各行业发展的热点，也为旅游业的创新提供了一条路径，旅游业与其他产业的融合迎来了契机，尤其是随着国家对发展文化产业的重视，文化产业得到蓬勃发展，同样作为现代服务业的重要组成部分，旅游业与文化产业的融合成为必然。旅游业与文化产业的融合，不但可以激发新产品和新服务，更有助于推动业态创新和产业转型升级。湄洲岛作为一个传统旅游特色小镇，其旅游业与文化产业融合具备了成熟的宏观环境。

湄洲岛：当特色小镇遇上文化产业

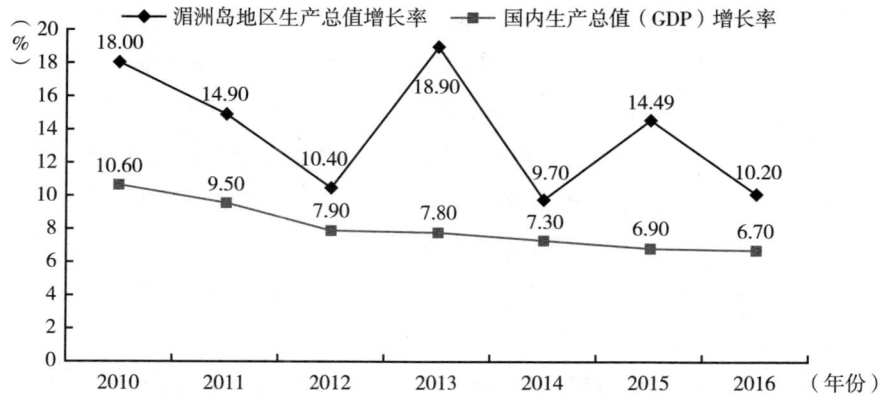

图1　湄洲岛地区生产总值增长率与国内生产总值增长率比较

资料来源：湄洲网，政府工作报告，国家统计局网站，本研究整理。

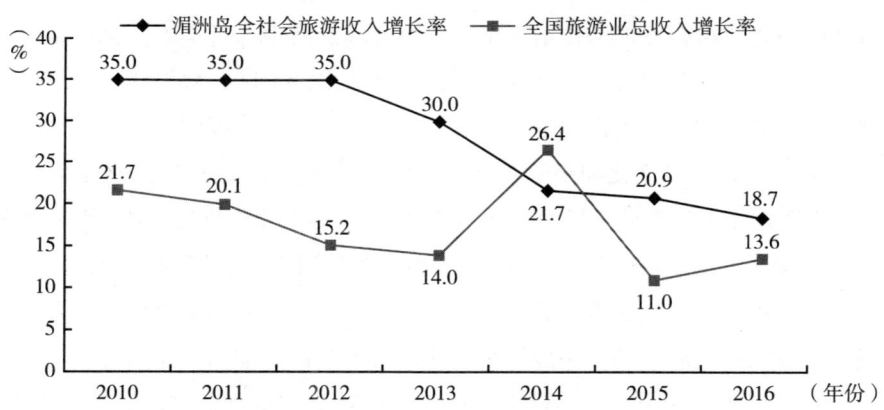

图2　湄洲岛全社会旅游收入增长率与全国旅游业总收入增长率比较

资料来源：湄洲网，政府工作报告，国家旅游局网站，本研究整理。

一　政策支持，氛围浓厚

旅游业与文化产业的融合优势日渐凸显，这得益于政策环境的支持。近年来，国家及地方各级政府相继出台了许多文件和规定，支持旅游业与文化创意产业的融合发展，这为湄洲岛将旅游业与文化产业融合发展提供了有力的政策支持。湄洲岛所在的莆田市，出台了《加快建设"文化湄洲、打造文化名岛"的实施意见》，专门设立湄洲岛旅游与文化产业融合发展引导基金，用于扶持重点项目的发展和打造特色文化旅游品牌。莆田以打造妈祖文化为着眼点，形成了莆田湄洲岛妈祖故里民俗村和中国古典工艺博览园等文旅融合精品。2014年，福建省政府出台《福建省旅游产业创新提升行动计划》，提出建设一批文旅融合示范工程项目，进一步促进文化与旅游的深度融合。在此计划指导下，莆田市重点打造妈祖大剧院及大型音乐剧演出项目等十大项目，并开展妈祖文化旅游品牌推介会等营销活动。

2015年，福建省旅游局联合省委宣传部、省文化厅、省新闻出版广电局、省文改办5部门发布了2015年文化和旅游融合发展重点工作，从实施文化旅游提升创新工程、加强历史文化资源保护和挖掘、培育扶持一批文化旅游基地、推动实施一批文化旅游重点项目和加大文化旅游融合产品开发力度五个方面对文化和旅游融合发展工作给出了具体的要求。其中，重点工作包括莆田湄洲岛天妃故里遗址公园要推进征迁工作，完善故里遗址区、敬祖祭祀区、崖刻景观区、吉祥文化区和民俗风情区建设等文化旅游基地建设内容。

2016年，福建省文化和旅游融合发展重点工作围绕21世纪"海上丝绸之路"、建设全国生态文明先行示范区等战略，印发《关于推进2016年文化和旅游融合发展重点项目的实施意见》，提出要挖掘整合妈祖文化资源，融入世界妈祖朝圣中心、文化交流中心、文化产业中心等两岸妈祖文化综合开发工程建设，开发文化旅游产品，拓展妈祖文化旅游产业链。加强文化旅游影视图书精品创作，打造具有较大文化影响力的纪录片以及电视剧、电影、动漫游戏、数字出版等文化精品，拍摄制作完成大型电视纪录片《天下妈祖》。打造文化旅游演艺项目，提升文化旅游演艺创新水平。围绕妈祖的传说、妈祖信俗文化、两岸及世界各地妈祖公庙和信众故事等，打造一台将"妈祖朝圣"过程融入其中，增强仪式感和参与性，使演出与朝圣、艺术与参与、文化与旅游相结合的妈祖《平安号》演艺项目顺利开展。

2016年3月，湄洲岛正式出台《鼓励扶持文化旅游创意产业发展若干规定》，为支持文创产业的发展，专门设立1000万元的引导基金，用于扶持文创业态（妈祖文创产品的研发、设计、生产、展示、销售等）培育、文创企业品牌营销、文化旅游产业发展以及文创人才培训等。此外，对于入驻湄洲岛文创街区的创业者,通过减免税收、补贴租金、贴息贷款、活动奖励等方式给予扶持。

国家"十三五"规划纲要将妈祖文化纳入其中,以支持妈祖文化的传承和弘扬,尤其是由国家有关部委和福建省政府共同主办的世界妈祖文化论坛,标志着传承和弘扬妈祖文化已上升为国家举措。这将进一步促进妈祖文化旅游与文化产业的融合。

随着我国社会经济发展变化,消费需求也出现了转型升级,旅游消费成为人们消费的一个重要组成部分,旅游消费市场不断扩大。同时,国内旅游投资也呈现快速增长的势头。旅游业消费与投资的增长,均为旅游与文化产业的融合注入了持续的发展动力。

从湄洲岛的情况来看,从表1和图2可知,湄洲岛近几年的旅游收入增速远高于国内生产总值的增速,全社会固定资产投入逐年增加(2011年,受规划修编、项目调整、业主观望、资金紧缺等影响,仅完成城镇固定资产投资2.2亿元,同比降8.18%),为湄洲岛旅游与文化产业融合带来了丰厚的资金支持。如在湄洲岛莲池沙滩的环岛路上,刚刚建成了一栋文创大楼,这是当地对妈祖文创产业大力扶持的缩影。

二 缤纷活动,文化同行

除了政策环境与经济环境外,旅游与文创产业融合发展也离不开社会文化环境。湄洲岛作为妈祖的故乡,政府与民间一起营造的社会文化环境助推了旅游特色小镇旅游业与文化创意产业的发展。

2009年,妈祖信俗被联合国教科文组织列入人类非物质文化遗产代表作名录,这是湄洲岛收获的第一张世界名片。

自1994年起,莆田市政府举办中国·湄洲妈祖文化旅游节,吸引了海内外成千上万的妈祖信众参与。湄洲妈祖文化旅游节的影响不断扩大,为了提升湄洲妈祖文化旅游节的规格,自2007年起由福建省政府主办,成为省级节事活动;2010年,更进一步升格为国家级的节事活动,由国家旅游局和福建省政府联合主办。通过一系列的改善,湄洲妈祖文化旅游节的活动内容不断丰富,规模和影响逐渐增大,在第三届"节庆中华奖"的评选中,湄洲妈祖文化旅游节获得了"节庆中华·文化交流奖"的年度大奖。

为了进一步提高湄洲岛旅游特色小镇的知名度，湄洲岛全年不间断地举办各项活动，做到"月月有活动，季季有盛事"。即每年1月1日至11月，每个节假日都规划了相应的民俗和旅游项目，供游客选择，如1月1日的0点在湄洲祖庙举行大型"跨年诵经祈福典礼"；春节期间举办的"湄洲祖庙祈年典礼"；4月（农历三月廿三，妈祖诞辰日）的"妈祖祭典仪式"和"天下妈祖回娘家"活动；5月"骑行湄洲"活动；暑假期间的"湄洲之夏"沙滩音乐季活动；10月的"秋祭妈祖典礼"；11月的"漫骑湄洲·寻根妈祖"两岸骑手环岛自行车骑游活动。因此，在2011年国际节庆协会第56届年会上，湄洲岛成功摘取城市10万人口以下组别的"世界节日活动之城"桂冠,[①] 成为中国首个获此殊荣的城市，为湄洲岛增添了另一张世界名片。可见，湄洲岛的节庆活动不但融入世界节事网络，更得到了国际节庆行业组织的认可，这有利于湄洲岛建设国际旅游度假目的地目标的实现。

2016年11月2日，由中国社会科学院、国家海洋局、国家旅游局、国家文物局、福建省政府主办的世界妈祖文化论坛，是莆田规格最高的国际性会议。论坛的举办有助于凝聚全世界妈祖文化机构和人士的共识，更有利于妈祖文化在世界范围内的传播与发展。世界妈祖文化论坛今后将每年举办一次，且将在湄洲岛建设世界妈祖文化论坛永久性会址。

通过举办节庆活动，湄洲岛提高了知名度，这些活动不但为湄洲岛带来了大量的游客，为妈祖文化创意产品引来更多客户，而且使湄洲岛的文化氛围不断浓厚，为文化创意产业的发展提供了更好的环境。

三 传统技艺，助力发展

随着产业融合的深入，旅游业和文化创意产业的边界日趋模糊，将文化创意元素融入旅游活动及产品中，可同时推动旅游业和文化创意产业的转型升级。在湄洲岛，除了现代感十足的"文创+餐饮"主题门店外，融合了传统

[①] 《"世界节日活动之城"揭晓　中国上海湄洲岛上榜》，中国新闻网，http://www.chinanews.com/df/2011/10-04/3368795.shtml。

技艺及妈祖文化的文化创意产品得以持续热销。

莆田木雕是中国四大木雕之一,闻名全国,是颇具特色的莆田传统技艺。莆田市天下寻宝文化艺术馆等木雕公司,积极创新,将传统木雕工艺与妈祖文化相融合,做成了创意十足的妈祖文创产品,如用木雕工艺制成的含有妈祖雕像及"妈祖赐福"字样的平安车挂坠,三年时间就卖出了3万多件;而用黄杨木做成的妈祖雕像、妈祖平安塔、妈祖木雕钥匙扣等文化创意产品,小巧别致,既有妈祖保平安的祝福意义,又能体现木雕技艺的精湛,一经推出市场,即受到游客的极大欢迎,成为热销产品。为提升妈祖旅游纪念品的收藏价值,设计师将金、银等材料镶嵌于木雕。① 所以,将莆田木雕这一福建省传统民间雕刻艺术与妈祖文化融合,不但有助于妈祖文化的推广,更有利于木雕产品的丰富,是旅游与文化创意结合的典型做法。

素有"东方艺术"之声誉的德化白瓷,来自毗邻莆田市的德化县。将妈祖文化融入闻名中外的白瓷,这样的文创产品在市场上也颇受欢迎。白瓷工艺做成的妈祖白瓷雕像,妈祖白瓷茶具、餐具和妈祖纪念瓷盘等产品,因其合理的价格、精致的工艺,受到顾客的热爱,不但本地的企业、旅馆购置此类产品,许多家庭也添置全套妈祖白瓷茶具、餐具,其中,妈祖信众家庭置办酒席采用全套妈祖白瓷餐具甚至成为一种标配。与妈祖文化融合的丰富的文创产品的开发与生产,为湄洲岛旅游服务有限公司实体店营业额的提升带来了明显效果,2016年前三个季度,3家实体店的销售收入就已超过100万元。②

为了满足年轻群体的需求,将传统的妈祖文化与新潮产品结合成另一种文创产品热点。莆田市默娘文化创意有限公司借鉴台湾地区的文创产品发展经验,将妈祖文化融进受年轻人欢迎的文创产品中,如将妈祖相关文化印制在抱枕、文化衫等常见用品上,颇受年轻人喜爱。于是,该公司及其他文创产品企业进一步将妈祖传统文化融入年轻群体喜爱的公仔、U盘、储钱罐、冰箱贴、手机壳、手机支架等产品上,不但满足了年轻人的日常需求,也使妈祖文化有了新的承载载体。

---

① 《顶着妈祖光环　文创产业起跑》,http://fjrb.fjsen.com/fjrb/html/2016-11/30/content_982410.htm?div=-1。

② 《顶着妈祖光环　文创产业起跑》,http://fjrb.fjsen.com/fjrb/html/2016-11/30/content_982410.htm?div=-1。

B.21
创意农业与农业节庆活动的台湾经验

邢峥*

摘　要： 创意农业的发展思路为农村旅游开辟了新路径。创意农业主张在创意思维的引领下，将农业和农村的各种资源纳入进行创意提升，在此思路下，过去二十几年，台湾各种农业节庆活动如雨后春笋般涌现，这些活动整合当地的生态自然、文化历史和产业资源，经过长期积累，吸引了观光人流，实现特色的打造，并带动了地方的整体发展。本文通过对台湾农业节庆活动的梳理和成功案例的解读，探究农业节庆活动的意义以及活动打造的思路。

关键词： 创意农业　节庆活动　台湾

一　创意农业与台湾农业节庆活动

创意农业的主要内涵可以概括为在农村生产、生活和生态资源的基础上，发挥创意力量进行资源重组，集合科技、艺术、民俗文化等各种要素，打造出富有创意的农业产品以及各种活动，提高农业产品的附加值和农业产值，创造富有创意附加价值的农产品，创造新的农村消费与旅游市场。

从产业链角度来看，创意农业不仅是指生产若干创意农副产品，而且要创新农业发展模式，通过构筑多层次全景产业链，通过创意把农业技术、农副产品和农耕活动以及市场需求有机结合起来，形成彼此良性互动的产业价值体

---

* 邢峥，厦门理工学院文化产业与旅游学院讲师，研究方向为文化文创、活动策划，现在台湾研学。

系，为农业和农村的发展开辟全新的空间，并实现产业价值的最大化。①

创意农业的思路为农村旅游发展提供了新路径。传统的村镇旅游往往是基于农村的自然资源或一些传统景观资源发展起来的，内容较为单一，缺少新意，而且体验性、互动性弱。创意农业的思路则是在创意思维的引领下，将农业和农村的各种资源纳入进行创意提升，在这种思路下，各种农业节庆活动如雨后春笋般涌现。

在台湾文创产业发展背景下，以及"一乡一休闲"、"一乡一特产"和"产业文化化"的思路下，过去二十几年台湾出现了一股新兴节庆的热潮。不同于农业社会传统的岁时节庆，新兴的农业节庆活动以当地农业文化为基础，结合活动当地具有自身特色的生态景观、农业特产、风土人情等内容，将地方文化生活和农业活动以创新手法进行包装，绽放在平日平凡的乡村社区中。在创意农业发展的新思路下，台湾各县市逐渐发展出了各自的代表性节庆，表1列出了2016年台湾各县市有影响力的新兴农业节庆活动。

表1 2016年台湾各县市主要农业节庆活动一览

地区	节庆名称
台南	白河莲花节　麻豆文旦节　国际芒果节　台湾国际兰展　七股海鲜节　德元埤荷兰村风车节　归山释迦节　官田菱角节
高雄	大树休闲农牧嘉年华　大岗山龙眼蜂蜜文化节　杉林区瓜瓜节
台北	文山茶笋节
桃园	桃园农业博览会　桃园莲花季
台北	文山茶笋节
宜兰	三星葱蒜节　绿色博览会
花莲	金针花季
台东	好米收冬祭　金峰乡洛神花季　东海岸旗鱼祭暨脐橙节
彰化	花卉博览会　田中蜀葵花海艺术节
苗栗	客家桐花节　大湖尊梨节　留东茶柚节
新竹	北埔柿饼节　竹东稻田嘉年华　新竹市荔枝节
屏东	热带农业博览会　枋山芒果文化季　黑鲔鱼观光文化季　满洲花海季　红豆牛奶节
台中	新社花海节　清境奔羊节　大雅小麦文化节
南投	信义乡葡萄滑水嘉年华　世界茶叶博览会

资料来源：本研究整理，2017年4月。

---

① 厉无畏、王慧敏：《创意农业的发展理念与模式研究》，《农业经济问题》2009年第2期。

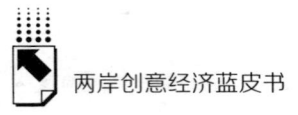

二 台湾农业节庆活动典型案例

（一）案例一：屏东热带农业博览会

1. 节庆源起及升级历程

屏东是农业大县，物产丰饶。1995年台湾开始鼓励各县市政府发展当地城镇特色，屏东县政府积极规划各种博览会及嘉年华活动，开始以产业文化化的包装手法招揽游客前来。

热带农业博览会缘起于2001年屏东县政府举办的花果节。花果节是地方乡镇市公所、农会以及农民在每年莲雾收获期以莲雾为主轴举办的活动，目的是促进莲雾等农特产品的营销和销售。2004年，屏东县政府举办"绿色长廊"展览活动，取代原有花果节。2005年，在总结之前经验基础上，屏东县选择长治县台糖海风农场举办第一届热带农业博览会，获得20万人次参加。2005～2010年，连续举办六届后，热带农业博览会完成农业推广示范的阶段任务，停办转而进行未来园区转型，向有机农业科技方向规划，以求带动传统产业向现代化、科技化发展。此后于2016年恢复举办，并带来绿色能源、农村再生内容。

2. 热带农业博览会历年主题及主要活动

表2 2005～2017年屏东热带农业博览会举办情况

年份	2005	2006	2007	2008	2009	2010	2016	2017
主题	屏东热带农业示范园"绿色长廊"	花果精灵嘉年华	花果梦幻园	绿光魔法王国	神奇魔法田	开心农场悠游幸福田	屏东热带农业博览会	农业旗舰，乐活屏东
天数	58天	46天	43天	38天	30天	25天	30天	30天
人数	20万人	20万人	20万人	35万人	27万人	20万人	145万人	尚无统计数据
票价	250元新台币，另有特殊群体优待票				免费			

续表

年份	2005	2006	2007	2008	2009	2010	2016	2017
主题设置	仙人掌馆、鸵鸡馆、招蜂引蝶馆、热带观赏鱼馆	屏东农业王国馆、巴西蘑菇馆、魔法木材生活馆、高铁行动探索馆	屏东之最主题馆、荧光生物馆、山苏展示馆、荧光生物馆等	绿色能源馆、县政愿景馆、艺术馆、生态旅游馆、咖啡馆	飞行馆、童玩馆、屏东文化海角馆、芳疗馆	客家文化馆、米食文化馆、屏东之最主题馆	霹雳彩稻、彩虹花海、瓜果绿廊、食农体验区、休闲农业特展区、儿童乐园	电影彩稻、水果乐园、玉米迷宫、休闲农业、香草物语、农村体验

资料来源：本研究整理 2017 年 4 月。

2016 年复出的热带农业博览会，以屏东丰富的农业元素规划了 12 大主题区，包括 3.5 公顷的彩虹花海艺术地景、彩色霹雳布袋戏 3D 稻田、800 米绿色瓜果长廊，以及食农体验、多元族群特作区、休闲农业区、马术表演、美食区、宠物区、儿童乐园区等，这些成为适合各类人群同游的园区。

从入园者的视角体验活动，入园者进入后可先在花海拍照，在领取彩稻号码牌排队后，漫步瓜果绿廊和花卉园区，参观体验农业活动，学习选择安全农产食和进行美食料理，在美食广场品尝屏东美食、选购农特产品，再观赏鱼，看马术表演，参与骑马体验。

3. 活动亮点及经验提炼

历次热带农业博览会具有下列值得学习的文化创意亮点。

首先，活动整合了农业特产与当地文化，用创意将之提升。博览会将屏东热带农业的特色产品结合当地文化进行展出，展出农特产品的创意包装与加工成果，创设从名称到内容都富有新意的各主题园区。

其次，活动着力打造了有冲击力和创意性的标志性景观。从让游客惊艳的绿色长廊，到 4 种颜色的 3D 稻田，再到壮观的花海，热博会营造了良好的视觉效果，让到现场者为之惊叹，使其成为乐于拍照、主动向外传播的活动宣传者。

此外，活动进行了各种农村生活体验项目的设计。将传统农业生活的内容打造成各种可以供游客体验的活动，让游客乐在其中。

表3 2017年热带农业博览会园区活动节目

时间	节目	时间	节目
1月21日	全区巡礼——开幕游行派对趴	2月12日	猜灯谜,品汤圆
1月22日	电影彩稻——花果精灵cosplay	2月14日	风情捣麻糬体验
1月28日	恋恋花语——花仙子表演	2月18日	牧野风情马车游街
1月29日	寻宝乐——绿野仙踪	2月19日	宠物美容及认养
1月30日	民俗舞蹈表演	2月25日	生鲜周采果乐
2月1日	水产行销	2月26日	蔬菜沙拉DIY
2月4日	客家风情——客家可可馆DIY	2月27日	炟土窑活动
2月5日	田园餐桌——食农体验	2月28日	摸彩优惠活动
2月11日	水果集集乐		

资料来源:本研究根据活动DM整理,2017年4月。

另外,历年的活动能够不断升级、更新、增加内涵。近些年的热博会通过设置绿色能源展示区等一系列活动引入科技力量,提倡绿色能源,也促进了产业升级。

活动的服务品质也是亮点。活动在筹备期就建立了专属官网,板块设计清晰,资讯发布及时,此外从园区动线规划,到详细的导览信息和地图的制作、接驳车的投放,到各项平面设计、展品摆设,热博会实施的小细节在无形中进一步提高了活动的整体品质,也使游客参与活动的便利性大大提高。

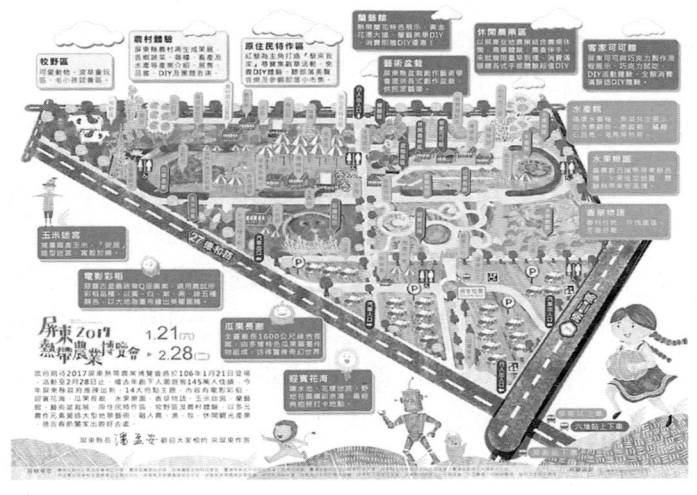

图1 2017年热带农业博览会园区导览示意

资料来源:活动官网。

（二）案例二：新埔柿饼节

1. 节庆活动源起

新埔位于新竹县东北角，是传统的客家农村聚落，主要从事农业，同时保有客家文化传统。每年农历 9~12 月，新竹特有的九降风（东北季风）让柿饼能达到良好的风干效果，在此自然优势下，"柿饼加工"成为新埔镇的特色产业并已延续百年。

近 20 年来，台湾农业经济衰退，农民收入降低，新埔农业人口外移情况突出，面对压力，新埔凝聚当地人的力量，及时进行农业转型。1998 年新埔镇公所组织举办首届柿饼节，至今已举办十几年。镇公所组织举办的柿饼节一般为两天时间，活动期间，游客不仅可参与相关节庆活动，还可以体验周边客家文化，参访自然景点。

2. 柿饼节活动内容

柿饼节期间，会场展示由柿饼做出的各种食物，游客可以亲身体验捏柿饼，观看表演，参加趣味比赛，参加农特产品展销。此外，用废弃柿皮做染料，新埔开发了独特的柿染手工艺，即用柿子做原料印制出美丽的布面，游客在节庆活动中，还可参与独一无二的柿染体验。以 2016 年新埔柿饼节为例，可以看到节庆活动的各项内容。

表 4　2016 年新埔柿饼节活动内容

活动区域	活动内容
舞台展演区	柿饼宝宝搬搬乐，九降"疯"考验亲子闯关赛，柿客舞台表演，吉柿附带寿司教学
农产品展销区	柿饼与各乡镇农产品展销，客家米食展销
欢乐互动区	柿饼之乡寻宝啰，柿饼香味小点免费，DIY 文创小物，拍照打卡赠好礼，我柿小画家
贴心服务区	宅配服务，咨询服务

资料来源：本研究根据活动 DM 单整理，2017 年 4 月。

3. 活动亮点及经验提炼

新埔柿饼节是现代的新形态节庆，它的打造与当地的产业生产与传统文化密切相关。以柿子的鲜明主题形象为核心，打造柿饼文化节庆活动，并持续推广，使新埔成功营造出鲜明的柿饼产业的气氛，又因其特色吸引了大量的观光客群，为农业小镇带来了新气象。

该案例让我们发现，节庆活动有以点带面的发展效果。柿饼节一般只有短短两天时间，而两天的节庆活动通过媒体直接曝光，能提醒告诉四方游客新埔柿饼季开始了。柿饼销售因此不止于节庆期，接下来的几个月时间都会有游客来到新埔，成就了新埔的旅游旺季，其他观光活动也被带动起来。

节庆活动通过长期历史积能打造地方产业的知名度。自1998年至今，柿饼节活动进行了连年持续的媒体曝光声名大噪。通过柿饼节活动，观光客得到实际体验的机会，参观加工厂，亲身体验捏柿饼，辨品质，搭配历史文化导览、柿染DIY等深度体验活动，活动参与者与新埔柿饼之间产生了情感连接，民众对于新埔柿饼区域品牌的忠诚度提高了，好柿饼出自新埔的概念在人们心中建立起来。

（三）案例三：台中新社花海节

1. 节庆活动源起及发展

台中是台湾花卉的重要产地。新社花海节源于政府部门台湾种苗改良繁殖场2005年的种苗场公众开放日。当年苗圃开放展示的园林花卉景观吸引了大量人潮，惠及周边的餐饮以及休闲观光服务商家，因此，新社休闲导览协会和种苗场共同讨论提出农业、商业、服务业相互带动的口号，由此获得了农委会和各方的支持，随后各方讨论整合了周边资源，于次年打造出新社花海节。

2005～2008年，新社花海节一步步打开知名度，从种苗场开放日成为一个重要的年度节庆活动。活动持续4年后花海节的新鲜度降低，为引入新的内容，2009年，开始引入主题馆项目，即邀请政府和周边相关单位来设置主题馆，使新社花海从原来单纯看花，升级为每年有一个固定的主题，让游客在赏花之外能了解到花卉相关知识。

2. 新社花海节内容

到2016年，新社花海节已举办11年，花海面积30公顷。新社花海节发展为"主展区""花海景观区""精致花草区"三大展示区块，同时有丰富的主题展馆，还包括农特产品行销区、美食行销区。

表 5　各展馆主题和交流活动

主题馆名称	展览单位	展览概要和主题	交流活动
农游台中馆	台中市农业局及大甲区农会	以四季农产业农游台中为主题，展示台中市八大休闲农业的旅游特色，宣主题农游行程。2018台中世界花卉博览会宣传	台中市八大休闲农业区DIY活动 互动游戏弹珠台 问卷调查及抽奖
熊爱森林馆	林务局	大雪山国家森林游乐区主题活动，展示子主题包括森林方舟、森林西游记、人爱森林	打卡按赞活动 集章活动、黑熊剪纸DIY、手工农食DIY
农村丰收馆	行政主管部门农业委员会水土保持局	展现在再生政策引导下，农村再生社区的丰收场景。展区子主题包括农再耕耘、山守现、守护农村、农村丰收万花筒、黄金旅游线、农村实景等	定时导览 农村丰收馆数位科技体验游戏 农村动态活动体验
农技耀群—嫁青就熟馆	农业委员会苗改良繁殖场	呈现台湾"嫁接技术"的农业研发成果	嫁接教育DIY实作
青春YOUNG芋主题馆	农业委员会苗改良繁殖场	马铃薯健康种植与推广。设计活泼可爱的马铃薯公仔形象，规划主题内容，介绍马铃薯健康种植，了解马铃薯的小学问大知识	展馆按赞早鸟礼 料理薯王菜肴秀 薯来宝APP抓宝活动 DIY马铃薯宝宝模型
守护健康馆	农业委员会农业药物毒物试验所	带领大家从餐桌追溯到农田，认识农产品标章，了解农药安全、食物安全知识等	专题讲座 作物义诊 环保袋彩绘DIY

资料来源：本研究根据活动官方网站信息整理，2017年4月。

3. 活动亮点及经验提炼

首先，让不同产业相互拉动。用多年的花海节宣传营销，使无名的新社成为台湾热门旅游目的地，为周边的休闲农业经营者带来人潮和经济效益，同时周边休闲农业活动让游客在看花之余还可以有休息、用餐和继续前往参加活动的农业园区和景点，行程安排更加丰富，目的地整体吸引力增加。

其次，活动整合了多种力量共同进行地方构建。花海节从最初政府部门的开放日活动变为富有吸引力的地方节庆活动，是政府各单位和地方社群共同发力的结果。政府部门、专业协会和地方力量各司其职，共同建设，使花海节能够自筹经费顺利运转，吸引百万游客。

图 2　2016 新社花海活动场地配置

资料来源：活动官网。

三　台湾农业节庆活动的基本经验

从以上三个农业节庆活动的典型成功案例中，我们可以发现如下几点。

第一，这些活动的定位均以当地农业产业文化为基础，节庆活动的内容设计考虑到了地方的特色和资源，能结合活动当地的生态景观、农业特产、风土人情等内容，将地方文化生活和农业活动以创新手法进行包装，在活动策划中突出特色和差异性。

第二，产品是影响农业节庆活动发展成功的核心因素，因此，需要着力打造产品吸引力。首先，核心产品方面，活动的产业文化资源应足够丰富，能营造出欢乐的气氛，传递一定的文化内涵。其次，有形产品方面，能提供优质安全的农特产品。再次，延伸产品方面，能提供丰富的周边产品、有趣的节目和深入的体验活动。地方节庆活动真正打动观光者前往参与的力量，是根植于地方传统文化内涵的内容，比如，传统农业生活和农村社会的情感连接、传统手艺，以及与都市生活不同的乡村体验，这些内容，需要经过节庆策划者深入地方，悉心挖掘后进行呈现。

第三，地方节庆活动品牌的建立，需要经过长时间的积累和持续的投入经营，必须能够不断给活动注入新鲜的内涵，以保持活动的吸引力。农业节庆活动的地方特色一旦被构筑起来，能被传播、被感知、被认同，节庆活动将自然转化为强化地方认同的力量，带来消费者对当地农产品或服务的认同，带来地方相关产业和各种力量的融合，有助于整合各种资源，提升农业竞争力，带动地方经济文化的整体发展。

热点聚焦篇
Trending Topics Reports

B.22
供给侧改革与文化产业的商业模式创新

陈少峰 侯杰耀*

摘 要: 在文化产业领域,成功的商业模式是落实供给侧改革的微观基础,创新商业模式的起点是抓住平台与内容这两个核心资源,主要包括平台规模化与资源独特性相结合、以优质文化内容带动新产品这两种方式。然后,文化企业通过整合资源的途径开发新型商业模式,"一带一路"战略下的节点资源整合与统一主题下的轮转特色消费就是资源整合的典型代表。结合当前文化产业变动热点,创新商业模式的理念具体表现为两种类型的商业模式:其一是地域文化资源开发带来的新型商业模式,包括以城市文化体验为代表的城市主题化旅游,以艺术小镇为代表的文化地产;其二是传统文化产业革新带来的新型商业模式,包括健康旅游的新思路,艺

---

* 陈少峰,北京大学哲学系教授、博士生导师,北京大学文化产业研究院副院长;侯杰耀,北京大学哲学系博士生,北京大学文化产业研究院学术助理。

家、收藏人、投资者三合一的艺术组合模式，以足球产业为代表的全产业链发展。所有创新商业模式的理念实践最终都需要创业、创业投资和创业辅导相结合的新型三创基地作为保障。

关键词： 文化产业　商业模式　供给侧改革　产业融合

在产业融合的大背景下，"文化+"是推动文化产业领域的供给侧改革的重要理念，"文化+"是以文化为中心的跨界融合，将现有文化产业成果与各种新兴市场要素相融合，形成以文化为驱动力的新产业模式，这表现在文化产业与互联网产业、旅游业、体育产业、农业等诸多领域的协同发展。针对供给侧改革所要解决的核心问题——供给质量，"文化+"的理念能够推动文化产品的创新，提供满足多样文化需求的高质量文化产品，"文化+"的实质是要实现内容、市场、资本和技术等关键要素在供给过程中的聚集、互动、融合和创新。但是，要成功实现文化产业的供给侧改革，"文化+"的宏观理念必须落实在企业的微观运作中，笔者认为，成功的商业模式是落实供给侧改革的微观基础：从业者必须从根本上把握文化产业自身的发展规律与需要融合的新领域的产业特征，在此基础上寻找可以融合的切合点，形成适应新形势的商业模式。此外，创新商业模式是一个循序渐进的次序过程：从核心资源入手，经过资源整合，最终落实到具体的各种各样的商业模式中。

一　创新商业模式的核心资源是平台与内容

每一种商业模式都是由众多商业要素构成的，企业通过对各种商业要素的结构化组合形成商业模式。因此，把握当前文化市场的核心商业元素是创新商业模式的起点，针对供给侧改革，笔者认为，平台与内容是构成新型商业模式的两个核心资源。对于企业而言，主要有两种开发利用平台与内容的思路：第一种是先建设平台再注入内容；第二种是先打造优质内容，然后依靠核心内容开发新产品,最终形成平台化规模。①

首先,按照第一种思路,企业需要将平台规模化与资源独特性相结合。近几年,中国互联网发展迅猛,截至 2016 年 12 月,中国网民规模达 7.31 亿,互联网普及率为 53.2%。② 互联网作为兼具技术、用户、内容等关键市场要素的新领域也逐渐与传统文化产业相融合,中国文化产业投融资数据平台显示,2016 年,互联网文化产业通过上市、新三板、股权、并购、众筹渠道流入的资金达到 3418.43 亿元,相比 2015 年同期(2832.14 亿元)增长 20.70%。③ 互联网给文化产业带来了诸多变化,这不仅表现在业务类型、市场范围、传播媒介等方面,更关键的是互联网改变了文化产业的思维模式。例如,互联网领域的价值评价是颠覆传统的,京东连续亏损了多年,但其市场价值很高。因此,文化企业要适应互联网潮流就必须从根本上转变思维模式。互联网最大的特点就是规模化,人们在互联网平台上可以做任何事,但追求规模就需要大量投资,最后只能少数人赚钱,因此,规模优势只有 BAT 这些大型互联网平台才能做到,而刚刚起步的中小互联网平台应该集中力量开辟独家产品资源。"平台+部分自制内容"将成为最好的商业模式,目前,这种商业模式的实践案例是湖南卫视的芒果 TV 平台,湖南卫视自身拥有优质的自制资源,通过打造独有新媒体平台,实现了内容与平台的强强联合。互联网文化企业要保持竞争力就需要独家的产品资源,否则难以在互联网环境下生存下去,内容资源来自产品设计,而平台的成功取决于内容的独家化。当前蓬勃兴起的垂直平台模式就代表了互联网的独特性,垂直平台区别于 BAT 这些以覆盖面广、种类多而取胜的平台模式,它一般只占据某细分的垂直领域,重在挖掘特定客户群体的需求④,例如,目前,互联网文化市场出现了许多移动端特有的商业模式,如楚楚街、小红书等以移动导购平台起家,主打移动端品牌特卖;如阿里的闲

---

① 陈少峰:《"互联网+文化产业"的价值链思考》,《北京联合大学学报》(人文社会科学版)2015 年第 4 期。
② 中国互联网络信息中心:第 36 次《中国互联网络发展状况报告》,2015。
③ 刘晓哲:《文化资本市场 | 2016 年网生文化产业流入资金:3418.43 亿,同比增长 20.70%》,麻辣娱乐投微信公共号,2017 年 4 月 5 日。
④ 陈少峰:《"互联网+文化产业"的价值链思考》,《北京联合大学学报》(人文社会科学版)2015 年第 4 期。

鱼等二手交易平台,以全球定位系统定位连接附近的二手商品交易。① 人们的文化需求一般是千差万别的,垂直平台可以根据不同的文化群体或不同的地域文化开发有针对性的文化产品。总的来看,平台规模化与资源独特性相结合遵循了"互联网+文化产业"的两条基本价值增长原则:其一是通过规模优势增长价值,其二是通过独特性增长价值。②

其次,按照第二种思路,文化企业可以用优质文化内容带动新产品的开发推广。在互联网文化领域,IP资源是企业的核心竞争力,只有培育优质且独有的IP资源,企业才能在激烈的市场竞争中保有持久的生命力。此外,IP资源的开发途径将日益多样化,内容为王的特征越来越明显。一方面,我们需要不断挖掘或创造新的IP资源,IP资源可能来自传统文化,也可以是当代创造的;另一方面,我们需要丰富IP资源的开发途径,充分利用媒体平台发挥IP资源的经济价值。③ 除了网络文学、电影、游戏等传统的内容资源可以开发外,笔者认为,微电影是十分理想的新型内容资源,我们可以打造"微电影内容+衍生品+电商"的商业模式,每个微电影都是微型平台,只要微电影受欢迎,企业就可以持续在微电影中植入广告与电商产品,同时可以利用微电影做IP交易、签约演员等衍生业务。这其实是用平台思维重新思考内容资源的市场特性,我们传统的思维是把内容资源等同于产品,但事实上,在互联网时代,内容资源不仅能够转化为产品,而且内容资源本身也可以成为平台:围绕核心内容植入各类产品,形成"新媒体影视+电商"的新模式。"新媒体影视+电商"的模式本质上是新媒体植入消费的常态化,游戏、视频在互联网上都可以植入广告。这一模式可以实现中国销售行业的产业升级,可以充分带动与明星合作的粉丝经济模式。以网络直播为例,截至2016年12月,网络直播用户规模达到3.44亿,占网民总体的47.1%,较2016年6月增长1932万。其中,游戏直播用户使用率增幅最高,半年增长3.5个百分点。④ 直播者的收

---

① 邱琼、韩炜:《2016年中国移动消费分析》,《中国流通经济》2017年第31卷第1期。
② 陈少峰:《"互联网+文化产业"的价值链思考》,《北京联合大学学报》(人文社会科学版)2015年第4期。
③ 陈少峰、侯杰耀:《2015年文化创意产业的发展情况与趋势展望》,《艺术评论》2016年2月。
④ 中国互联网络信息中心:第39次《中国互联网络发展状况统计报告》,2017年1月22日。

入除了观众的"打赏",还包括粉丝购买附属产品所得,许多直播者都会在直播的同时推销自己的产品,例如,很多游戏直播者就会推广自己淘宝店销售的游戏装备甚至零食,网络直播的兴起是"新媒体影视+电商"的成功实践案例。在新媒体时代,视频等文化内容产品很容易与明星结合在一起,笔者认为,可以形成一种"设计+内容播出+明星经济+粉丝+衍生品"的消费结构,它以明星与衍生品为核心重构产业链,以明星为源头开发衍生品,实现粉丝消费的目标。[1]

文化产业的商业模式离不开平台、内容这两个核心资源,特别是互联网等新媒体的应用创造了与传统线下平台不同的线上平台,任何文化企业都需要重视线上线下两个平台,并将文化内容与平台规模有机结合,通过资源整合的路径探寻新型商业模式。

二 创新商业模式的主要路径是资源整合

文化企业一旦掌握了必要的商业资源——平台与内容,那么就需要在供给侧改革中进行资源整合,资源整合是创新商业模式的主要途径。具体而言,资源整合一方面需要关注文化生产要素的资源共享与投资,即把各种文化生产要素集中在一起进行开发,这有效地提升并丰富了供给质量;另一方面需要重视文化消费的集中整合,即让散布在不同地区但有共同消费需求的人们能够在统一平台上进行消费,这有效地实现了供给与需求的充分合理匹配。为了说明资源整合的具体方法,笔者以"一带一路"倡议为例,说明如何进行上述两个方面的资源整合开发。

首先,针对"一带一路"倡议所覆盖的区域文化资源,企业可以采取节点资源整合的方法。在市场开发、人才培育、基础设施建设等多个方面,"一带一路"倡议创造了绝佳的发展机遇,特别是企业可以在"一带一路"框架内整合利用丰富的文化资源。但目前大多数文化企业并没有充分整合开发区域内的优质文化资源,笔者认为,"资源整合"应当是开发"一带一路"沿线文

---

[1] 陈少峰、侯杰耀:《2015年文化创意产业的发展情况与趋势展望》,《艺术评论》2016年2月。

化资源的核心理念。"一带一路"沿线每一个城市或区域都有自己的代表性文化,"资源整合"的理念要求企业将不同文化整合到某一主题下或某一平台系统中进行整体性开发。需要注意的是,资源整合不是简单地把不同文化要素拼凑在一起,而是要寻找不同文化要素的连接点,在文化内容上,企业可以把"丝绸之路"这样的传统文化主题作为连接点,此外企业还可以策划新的文化主题,例如,海洋文化主题、佛教文化主题、陶瓷文化主题等,通过策划新的文化主题在现有资源中不断组合出新的文化集合体,从而实现可持续的文化资源开发。从文化形式上看,资源整合也强调多种文化形式的组合开发,把绘画、影视、雕塑、日常器物、文艺表演等多种艺术形式结合在一起全方位展示不同民族的文化特征,一方面增强文化的公众吸引力,另一方面拓展文化的开发渠道。在实践"资源整合"的过程中,沿线城市可以举办多种主题的文化博览会,也可以建设文化产业园,通过文化博览会、文化产业园等资源整合平台,文化企业可以将新媒体技术、新兴消费市场、原始文化要素、"一带一路"的政策红利等资源整合在一起。目前,很多文化企业和地方政府已经着手利用"一带一路"倡议的政策优势来发展文化产业,从宏观的角度讲,"一带一路"倡议推动了中国文化产品的国际贸易,中国文化企业也获得了投资开发国际文化市场的机会,只要企业、政府注重文化资源的开发,我们有理由相信中国文化品牌的含金量会不断提升,在国际市场上的竞争力将不断增强。

其次,针对"一带一路"倡议所覆盖的广阔文化消费市场,企业可以采取的资源整合方法是在统一主题下进行轮转特色消费。仍然以"一带一路"沿线文化资源为例,企业可以充分利用线下与线上这两个平台,这是凝聚消费者、创造消费热点的关键,通过线上活动培育活动参与者,宣传活动内容信息,扩大活动影响力,在线下可以开展演出、会展、旅游等具体的文化交流活动,让参与者切身感受不同文化的魅力,从而激发参与者持久的文化消费需求,使其成为线上平台的忠实用户。具体以佛教艺术品的开发为例,利用互联网平台进行佛教艺术品的线上开发主要包括以下内容:①佛教文化知识的传播,佛教艺术品的展示、推广,任何文化产品的消费都需要良好的消费文化作为支持,因此,平台首要为佛教艺术品的消费培育一种习惯;②共享专业的佛教艺术品的开发经验,并且收集相关的创意产品方案,可供有兴趣的文化企业或艺术家购买;③佛教艺术品的展示、销售,打造成熟的电子交易平台,实现佛教艺术品的线上交易是本平台的最终目的。佛教艺术品线下活动形式包括两个部分：①与拥有优质佛教文化的地方城市合作，推广城市特色文化，开展以佛教文化艺术为主题的博览会，或者与当地政府合作建设专门生产佛教艺术品的文化产业园；②与文化企业合作开发新的佛教艺术品，平台要加强与文化企业的合作，线下平台可以把自己拥有的信息资源或创意方案与文化企业共享，开发新的佛教艺术品，而平台的媒介作用又可以为产品的市场营销提供优质的服务。通过线上线下两个平台的建设，虽然消费者或文化企业分布在不同的地理空间，但他们可以汇聚在一起形成巨大的消费热点，所谓的轮转消费，就是人们能够在线上平台上享受共同的文化消费，同时又能在线下参与各个地方的文化消费活动，实现不同地区间的消费市场整合。

在笔者看来，任何文化商业模式的创新都绕不开资源整合这一路径，文化企业可以通过整合平台、内容这两个核心资源要素根据不同的市场环境、产业变动创新出多种多样的新型商业模式，接下来，笔者将具体介绍依靠上述理念形成的两种类型的文化商业模式，分别是由地域文化资源开发、传统文化产业革新所带来的，二者是当前文化产业的主要市场特征，因此是极具发展前景的两种类型的商业模式。

三 地域文化资源开发带来的新型商业模式

文化资源具有地域性特征，不同地域都有自己可以开发利用的文化资源，也会形成符合自身地域文化特征的文化商业模式。当前，发展文化产业已经成为各地推动供给侧改革的重要战略选择，因此，当地政府与文化企业可以参考以下两种新型商业模式。

第一种商业模式是以城市文化体验为代表的城市主题化旅游。城市主题化可以充分彰显城市特色，它既是以打造城市文化名片为任务的城市发展模式，同时也是品牌突出的文化旅游商业模式。城市主题化不仅通过会展和综合娱乐活动来吸引游客，而且也带来持续的品牌效应，促进各种项目及资源的进入。例如，上海新天地作为上海的一张城市名片，它既体现上海中西融合的基调，又把传统的石库门里弄与充满现代感的新建筑融为一体，特别是在上海时装周期间，新天地连续举办十几场汇集中外设计师品牌的时装秀，成为上海时装周发布最新潮流趋势的时尚舞台。城市旅游的规划并不仅仅是对城市特性的提炼、挖掘。例如，如果把一个西部城市定位为休闲城市，可如果没有独特的会展或旅游项目，没有人会千里迢迢去这个城市。因此，城市旅游的规划必须保障所规划的资源能够具有一定的容量和吸引力，使旅游者能够因活动内容而停留相对较长的时间，或者采购更多的商品。城市需要拓展甚至创造性地规划一些可以带动规模消费的项目，在宣传上也可以以项目取胜。

第二种商业模式是以艺术小镇为代表的文化地产。笔者认为，发展文化产业是盘活中国房地产的一大机会，房地产公司可以利用现有房产转型做文化产业，比如可以在地产里面举办音乐节，形成艺术小镇，人们在艺术小镇里的消费全是文化产业的植入产品，艺术小镇里面的餐饮、纪念品都属于文化产品，这被称作文化产业的衍生品开发。文化地产作为一种商业模式能够使房地产持续发挥价值，而不仅仅是地产商获得收益。目前，一些文化企业和地方政府已经开始实践一种文化地产模式——地产与文化旅游相结合，具体包括如下几种类型：第一种是本质型的文化地产，如建设主题公园或高尔夫球场，直接吸引人们前来文化消费；第二种叫组合型的文化地产，比如万达广场，这是一种地产规模开发的模式，其中融入了文化消费，但不是一种纯粹的文化产业模式；第三种叫环境型的文化地产，主要是指把地产建在公园、景区等环境优美的文化场所附近；第四种叫商业包容型的文化地产，比如博鳌论坛、各类商业会展等，这些活动拉动了当地的文化消费。文化地产一定要以文化产业的发展为主要思考对象，不能再束缚于原有的房地产思维，而要考虑各种文化要素的市场价值，特别是不能以文化产业的名号进行房地产"圈地"，现在很多地方的文化产业园看起来很热闹，但实际上都是在"圈地"，因为这些园区里的文化企业根本没有竞争力，也缺乏有价值的文化主题或文化资源。所以，笔者认为，文化地产一定要把文化放在第一位，企业必须首先考虑今后是否拥有优质的文化资源，是否具有完善的文化产业规划，是否具有广阔的文化消费市场。房地产建设只是文化地产的基础，绝不是文化地产的核心。

四 传统文化产业革新带来的新型商业模式

新型商业模式的崛起是文化产业供给侧改革的一种表现，传统文化产业正在被一些新的文化产业形态所取代，因此，利用传统文化产业革新所带来的发展机遇是企业创新商业模式的重要领域，传统文化企业要生存也需要革新传统产业形态，基于当前的热门产业趋势，笔者总结了如下三种商业模式，分别涉及健康旅游、艺术品市场、足球产业等。

第一种商业模式是健康旅游的新思路。人们的生活方式在不断地变化，新的消费需求也在不断增加，因此，企业可以着眼于满足人们的新需求。比如现代人饱受亚健康状态的侵害，精神压力越来越大，增进身心健康的旅游活动将是人们的文化需求。健康旅游是一种以身体疗养、健康休闲为主要目的的旅游形式，主要针对人们的慢性疾病，让人们恢复到一定的健康状态。健康旅游既要有健康产品，又要有优质的旅游活动，健康旅游途中的所有环节和居住地点都要有利于保持或改善身心健康状态，音乐治疗、禅修体验治疗等方法使人们实现舒缓身心的效果。值得注意的是，健康旅游作为一种特殊服务的商业模式，针对消费者的特殊需求而进行产品服务的开发、销售，因此，文化产品和服务是定制化的，特定地指向消费者的特殊需求，企业需要开发完善的会员制度，为会员提供一系列定制服务。健康旅游既可以针对大众消费群体，也可以针对高端客户。事实上，国内很多房地产商推出了海边房、景观房，目的是为老年人养老，但这不是一种健康旅游，虽然有健康旅游的口号，但这实质上仍然是一种房地产的投资现象。健康旅游具有广阔的发展前景，不过仍然需要注意很多具体的要求。比如，健康旅游的选址一定要保证环境质量，除了优质的自然环境外，选址同时也要有完善的现代配套设施，但这样的选址目前在中国比较稀少，这就导致现在的健康旅游一般都是出国的形式。因此，发展我国的健康旅游一方面需要保护生态环境，另一方面需要建设配套措施，而且从业者的服务态度和意识也需要提高。

第二种商业模式是艺术家、收藏人、投资者三合一的艺术组合模式。中国艺术品市场建设仍亟待完善，笔者认为主要存在两方面的问题。第一，中国艺术品交易企业的商业模式比较落后，艺术品市场机制建设也亟待加强。我国每年的艺术品交易额巨大，但是很多交易者都没有正常纳税，主要原因还是大部分艺术品投资公司都没有找到成熟的赢利模式，也无法形成艺术品产业链开发，赢利主要是依靠一般性的交易差价，属于低端赢利途径。第二，传统艺术品的开发水平需要提升，传统艺术品应充分与现代技术、市场品牌、市场营销等手段相结合。此外,当前艺术品收藏也面临一些问题,如赝品充斥市场,艺术品的市场流通缓慢,艺术品展览活动的影响力十分有限,艺术家的影响力大多局限在艺术圈范围内,难以形成公众影响力。面对上述问题,笔者认为,我们可以尝试艺术家、收藏者、投资者三合一的艺术品组合营销模式,把艺术品的创造与销售纳入专业的艺术品企业发展战略中,以企业化的产业运作方式统筹艺术品的创造、估价、宣传、销售等环节,着眼于提升艺术家的市场价值,利用互联网等大众媒介扩大艺术品的市场影响范围,为艺术家及其作品打造有针对性的营销策略,扩展艺术家的生存空间,同时要用收藏家的眼光和投资者的角度做组合投资,提高艺术品市场的透明度与流动性,打造专业的艺术品交易平台,完善艺术品交易的行业规范与市场秩序,从而推动艺术市场的整体价值提升。

第三种商业模式是以足球产业为代表的全产业链发展。在体育产业发达的北美的国家、西欧的国家和日本,体育产业的年产值已经进入国内十大支柱产业之列,但在中国,体育产业规模虽达 2000 亿元,但其中 1000 亿元为彩票,800 亿元为体育相关鞋服,运动、活动、比赛方面的消费微乎其微。[①] 因此,为了促进体育产业的可持续发展,我们需要挖掘我国体育产业在比赛、活动、培训等衍生产业中的潜力,延伸体育产业的产业链,扩大赢利空间,特别是要研究开发体育文化中的商业价值,或者以新的创意文化概念包装体育产业,通过各种方式提升体育市场与体育产业的盈利率。当下,足球产业正成为中国体育产业的新宠,中央全面深化改革领导小组第十次会议通过了《中国足球改革总体方案》,方案提出要克服阻碍足球发展振兴的体制机制弊端,为发展足球事业与足球产业创造良好的环境。可以说,中国的足球产业迎来了一个发展机遇期。但值得注意的是,对于一般文化体育产业的从业者而言,参与足球产业并不等同于购买足球俱乐部,足球产业是一个包括教育、管理、传媒、衍生品等诸多环节的全产业链,其中蕴含了多样的市场机会与广阔的市场空间,因此企业必须以全产业链的思维理解足球产业。在足球产业链中,产业收入主要包括赛事门票销售、转播权销售、俱乐部衍生品销售、俱乐部商业赞助和足球

---

① 余加新:《从恒大足球上市看谁享 5 万亿元体育产业盛宴》,《杭州日报》2015 年 7 月 15 日。

博彩等几个方面,几乎在每个环节都有文化产业的发展空间,特别是在足球衍生品、广告赞助、电视转播等方面文化企业可以大有作为。

五 商业模式的实践保障是新型创业、投资、辅导的"9+1"模式

无论是创新商业模式的资源与路径,还是各种具体的商业模式类型,对于文化企业而言,这些理念都需要落实在商业实践中并取得成功才是最终目标。在现实情况中,很多创业者或文化产业从业者都有很好的商业规划,但往往在实践过程中遭遇各种实施阻力,最终遭遇失败。结合大众创业号召,笔者认为,商业模式的实践主要面临两个主要困难:其一是缺乏足够的资金来支持文化企业实践这些商业模式;其二是企业在实施过程中缺乏正确、及时的指导而选择了错误的实施方案。鉴于此,各级政府可以通过建设创业、投资、辅导的三合一的"三创基地"为文化企业提供有效的实践保障。

笔者所讲的三创基地不是传统的孵化基地,也不是简单的双创空间。现在大学生不知道如何创业或创业成功率低主要是因为没有人给他们做指导。创业需要很多资源和条件,比如,需要找到合适的商业模式,需要具有商业知识,需要有社会资源和合作团队,具备这些条件才能成功。所以,笔者建议创业服务基地要具有创业、创业投资和创业辅导这三方面的服务,即三创基地。模式的核心是"投资+服务",具体包含多个环节的创业投资与企业成长的服务,即"9+1"模式。其中,"9"个方面的常规服务是:①提供创业孵化的物理空间;②提供股权投资的资金(含再投资);③协助融资,包括不同层次的贷款、融资和风险投资等;④提供商业模式的引导和辅导;⑤提供企业发展所需要的资质获取和资源整合;⑥指导经营团队建设;⑦帮助实现企业开展并购;⑧提供平台(如大型设备)支持服务;⑨协助争取各级政府的补助、奖励和各类荣誉。"1"指的是企业发展所需要的其他个案咨询服务。创业基地不仅仅对文化企业有所帮助,同时基地自身也能够实现自我赢利,最终建成具有较强资源整合能力的投资基地。创业基地的收益主要包括两个方面:其一是园区日常管理费用,包括地租、房租、物业费等;其二是创业基地对创业企业的投

资收益,包括股权投资、业绩分红等,这方面的收益是最主要的。① 具体谈一下投资收益,我们可以以政府资金为基础资金成立以创业企业为主要对象的辅导型投资公司,采取"常规性的创业投资管理+基金委托股权投资"的混合模式,前者为主,后者为辅。在该模式中,创业团队在前期只要专注于业务发展和商业模式的完善,这样就可以大大提高企业经营的成功率。在必要的情况下,为了筹集资金,可以成立一家私募基金来满足投资规模扩大的要求,或者采取其他合作方式组建新的投资管理公司。这种辅导型投资公司一方面可以通过投资担保形式撬动更大资金链,另一方面又可以将咨询服务与担保服务相融合,为企业提供商业模式辅导等咨询服务,保证投资的成功率。辅导型投资公司不同于传统的投资担保公司,其可以充当企业与银行等金融机构的信用中介,不仅为小微企业提供发展资金,而且将融资服务与文化企业培育相融合,通过商业模式辅导和企业咨询等业务模块全面提高刚刚创业的小微文化企业的经营发展能力,从而使其步入良性发展道路。

中国文化产业正处于推进供给侧改革的关键时期,一方面,传统文化企业在"文化+"的潮流中正努力摸索全新的供给空间,另一方面,许多互联网企业、房地产企业、制造企业等非文化企业也通过涉足文化产业领域,创造了多样的供给渠道。虽然市场形势瞬息万变,但商业模式始终是企业的立足之本,文化产业企业需要在理解产业新变动的基础上思考发展战略,培育并坚持正确的商业模式,这些具有实践可能性的商业模式构成了文化产业供给侧改革的微观基础。

---

① 陈少峰、李源:《文化产业的十种商业模式创新》,《中国国情国力》2016年12月7日。

B.23
自贸区3.0版背景下对外文化贸易新优势培育

——兼谈福建扩大对外文化贸易的重点举措

花　建*

摘　要： 中国自贸区战略是立足国家战略需要，适应全球经贸发展的新趋势，以开放促改革的重大举措。自贸区积极推动文化产业资源要素的双向流通和最优配置，为培育中国对外文化贸易的新优势创造了重要条件。在自贸区3.0版的背景下，发展对外文化贸易的关键是优化对外文化贸易结构，大力发展技术密集型、创意密集型、资本密集型的文化服务和文化产品贸易；同时要积极培育中国的外向型文化企业和文化跨国公司，推动文化企业在资源、理念、技术和制度等方面的创新。

关键词： 自贸区3.0版　对外文化贸易　福建

一　中国自贸区战略：推动全球化的积极举措

中国自贸区战略是在新的历史条件下，立足国家战略需要，适应全球经贸发展的新趋势，更加积极主动地以开放促改革，建立融入全球新格局新规则的重大决策，也是中国体现负责任大国能力、推动全球化向积极方向发展的重要

---

* 花建，上海社会科学院文化产业研究中心主任、研究员，研究生导师，北京大学文化产业研究院研究员，长期从事文化产业、创意经济、城市文化的研究和决策服务工作。

举措。自由贸易园区（Free Trade Zone，FTZ）是各国推进投资便利化和贸易自由化的有效工具，也是各国分享全球经济利益和参与全球化竞争的重要机制和发展平台，是全球经济治理秩序的重要组成部分。根据1973年国际海关理事会《京都公约》的定义，自由贸易园区是"在一个国家的部分领土内，免于实施惯常的海关监管制度，对于运入其中的任何货物，就进口关税及其他各税来说，被认为在关境以外"。它所具有的"境内关外"与保税区的"境内关内"具有根本的区别。它意味着，法律赋予了自由贸易园区特殊的关税政策，根据一国的贸易情况和经济发展需求，可以适时调节园区内的税收、贸易、产业、金融和物流等方面的政策，具有很大的政策灵活性和贸易自由度。1228年，法国南部的马赛港率先建立了自由贸易港区；1367年，德国北部的多个自由市联合设立了自由贸易联盟；18世纪以后，北美等地区也兴起了诸多自由贸易园区；目前，全球135个国家和地区，已经有近4000个自由贸易园区。

而中国建立自由贸易园区，体现了中国反对贸易保护主义、推动全球治理新秩序、树立对外开放新优势的正能量，也为我国文化产业提供了以开放倒逼改革、促进发展的强大动力。早在1990年代，上海就通过建立和运营保税区，进行了自贸园区的探索和实践。2013年，中国（上海）自由贸易试验区正式设立，为中国新一轮对外开放的先行先试提供了国际化的战略平台。随着2015年广东、福建、天津三地的三个自贸区建立，中国自贸区战略跨入2.0时代，在推动粤港澳联动、海西经济区建设、东北亚经贸合作等方面发挥了重要作用；2016年国家批准在四川、重庆、浙江、河南等地设立七个自贸区，标志着中国自贸区战略进入3.0版的新阶段。正如2015年11月25日李克强总理第三次考察上海自贸区时指出的，"自贸区要勇于承担先行先试的职责，当好推进改革的掘进机、扩大开放的破冰船，用更高水平的改革开放释放经济发展的潜力。要砍掉束缚发展的荆棘，继续努力跑出改革开放加速度"。①

从上海、广东、福建、天津等地自贸区的开放实践来看，自贸区已经在五个方面取得了先行先试的重要经验，形成了"一花引来万花开"的示范和引领作用。

---

① 金姬：《上海自贸区2.0：改革新高地，开放新标杆》，《新民周刊》2015年11月29日。

第一是基本形成了以负面清单管理为核心的投资管理制度。借鉴国际贸易规则，上海自贸区对外资实施准入前国民待遇加负面清单的管理模式，2013年版、2014年版、2015年版外商投资负面清单相继出台，而新一轮的市场准入负面清单试点也正在逐步展开。

第二是基本形成了以贸易便利化为重点的贸易监管制度。其中，国际贸易单一窗口已经率先建立。自贸区建立了贸易、运输、加工、仓储等业务的跨部门综合管理服务平台。货物状态分类监管试点率先实施，国际贸易便利化的监管制度不断优化。

第三是基本形成了着眼于服务实体经济发展的金融开放创新制度。比如，以自由贸易账户为核心的金融开放创新深入推进，面向国际的金融交易平台相继建立，包括"沪港通"顺利启动，上海黄金交易所"国际板"成功设立，逐步形成信息共享的金融综合监管模式。

第四是基本形成了与开放型市场经济相适应的政府管理制度。浦东新区在全国率先启动"证照分离"改革试点，企业准入门槛进一步降低，与之相适应的事中事后监管制度也初步建立。又如全国首张"一照一码"营业执照从福建自贸区发出，这项商事登记制度改革，让企业注册手续从过去跑七八个部门，简化为填一张表，立等可取。福建自贸区的出境加工、货物分类监管等4项举措，也被复制推广到全国。自贸区商事制度改革继续推向深入。

第五是基本形成了自贸试验区改革创新的法治保障制度。在上海自贸区，立法引领改革的局面基本形成，同时司法保障和争议解决机制基本建立，自贸区法庭、知识产权法庭等相继成立，自贸区仲裁院投入运行，多元化的争议解决机制已经在自贸试验区初步形成，特别是在建立征信制度、保护知识产权方面，取得了良好的进展。上述这些成果为培育中国对外文化贸易的新优势创造了重要条件。

二 打造对外文化开放新优势的机遇

在自贸区先行先试的体制创新推动下，自贸区积极推动文化产业资源要素的双向流通和最优配置，吸引国际上的资本、技术、人才、项目等优质资源，同时推动更多的中国文化企业进入国际市场，投资、承包或运营海外文化项目，建立横跨境内外的文化服务链、文化价值链、文化产业链。这些举措又是在逐步对接国际贸易规则、保障国家文化安全的前提下稳步推进的。

自2014年4月以来，上海市和天津市政府先后公布了自贸区文化市场开放项目实施细则，发布了允许外资企业从事游戏游艺设备的生产和销售，通过文化主管部门内容审查的游戏游艺设备可面向国内市场销售；取消外资演出经纪机构的股比限制，允许设立外商独资演出经纪机构，为本地提供服务；允许在自贸区内设立外资经营的娱乐场所；允许在自贸区内设立外资经营的演出场所经营单位，举办经营性演出等四项扩大文化开放的措施。

2015年12月19日，国务院批复《上海市开展"证照分离"改革试点总体方案》，其中涉及文化产业的共计32项，包括出版、影视、演艺、拍卖、广告及旅游等行业，自贸区再次成为对外文化开放的排头兵和试验田。2016年7月，国务院下发《关于在自由贸易实验区内暂时调整有关行政法规、国务院文件和经国务院批准的部门规章规定的决定》，允许在全国所有的自贸实验区内设立从事其他印刷品印刷经营活动的外资企业，并且把允许外国投资者、台湾地区的投资者设立独资演出经纪机构和允许设立外资独资经营的娱乐场所等政策扩展到广东、天津、福建等地的自贸区以及上海自贸区的扩展区域。这些稳步推进的对外文化开放举措，有利于推动外资进入我国文化服务业，吸引国际上与文化产业有关的资本、技术、人才等中高端资源，实际上也在逐步测试我国文化产业对于国际贸易自由化的压力承受能力，把握我国文化产业对国际市场规则的适应能力，以便在保证国家文化安全的同时，在国际文化贸易中争取更大的主动权。

令人瞩目的是，中国第一批和第二批自贸区主要分布在沿海地区，充分利用了国际航运发达、国际化程度高、国际联系密切的优势；而第三批自贸区主要设立在浙江、河南、四川、陕西、重庆、辽宁、湖北等，既有沿海地区，也有内陆省份，具有引领东中西部的全方位开放意义。相比较而言，上海自贸区突出了依托四个中心的金融创新和综合改革，处于对外开放的龙头位置，广东自贸区突出了粤港澳合作与辐射东南亚，福建自贸区突出了海峡两岸合作和对东南亚的辐射，天津自贸区突出了京津冀联动。而在自贸区3.0版时代，浙江、河南、四川、陕西、重庆、辽宁、湖北等地自贸区的设立，将突出沿海和内陆开放型经济高地的使命和特色，适应我国推动"一带一路"倡议的大格局，把更多的东中西省份进一步推向对外开放的最前沿，不但是传统经贸合作的向东开放，而且是向南、向西和向北全方位的开放，集聚和配置全球范围内创意型、科技型、智慧型的文化资源，为我国文化产业打造对外开放的新优势、大力发展文化贸易提供了重要的机遇和动力。

在这个自贸区大格局中，福建拥有"特中有特"的海峡西岸特殊区位，拥有中国大陆第一个对台综合实验区，和产业、人文、侨乡等诸多优势。福建在继承历史上海上丝绸之路的基础上，正在大力抓好"一个枢纽"——建设互联互通的重要枢纽，加快海上通道建设；"一个平台"——构筑经贸合作的重要平台，拓展东盟和印度洋沿岸国家的市场；"一个纽带"——建设人文交流的重要纽带，推动文化教育等领域的合作。① 福建在更高层次上扩大开放的新格局，不但有助于打造成为与海上丝绸之路沿线国家和地区文化贸易的重要枢纽，而且可以畅通连接丝绸之路经济带的陆上通道，推动中国文化进出口辐射东南亚和印度洋沿岸国家和地区，形成服务内陆地区对外文化贸易的出海大通道。

三 把优化对外文化贸易结构作为重点

在中国自贸区3.0版的背景下，培育对外文化贸易新优势的关键，是优化对外文化贸易结构，大力发展技术、创意、资本密集型的中高端文化服务和文化产品贸易。

目前全球的文化创意产业的整体规模高达2.25万亿美元，文化创意产业的从业人员已达到2950万人，其中数字文化内容产业为增长最快的领域，亚洲和太平洋地区（包括澳大利亚）为增长最快的区域。在世界经济下行压力增大的背景下，国际文化贸易的作用日益重要。② 而国际文化贸易又包括文化产品贸易（Cultural Goods Trade）和文化服务贸易（Cultural Services Trade）。根据联合国贸发会议等提供的数据，2003~2014年，中国在全球文化贸易中

---

① 《福建要在更高层次上扩大开放——访全国人大代表、福建省首长于伟国》，中国福建网站，http://www.fujian.gov.cn，2016年3月12日。
② EY: Cultural Times—First Global Map of Cultural and Creative Industry, Dec 2015.

的地位不断提升,而且文化贸易的结构也在不断调整。近年来,在文化产品对外出口额方面,中国、美国、英国名列前三位,而且保持了长期的优势,其中中国的增长引人注目。

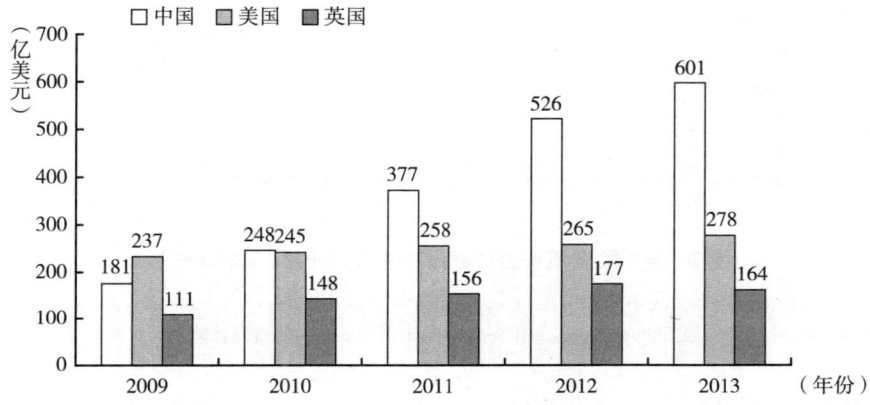

图1 全世界文化产品出口额最高的三个国家(2009~2013年)

资料来源:根据 UNESCO, The Globalization of Cultural Trade: A Shift in Consumption: International Flows of Cultural Goods and Services, 2016 March 的资料设计绘制。

但是,美国在知识产权授权使用、音乐服务、视听外包服务、工程与建筑及技术服务、、电脑服务、离岸设计等这类国际文化服务出口领域的增长率和总量仍然保持全球第一位。而这些领域恰恰是技术密集型、创意密集型、资本密集型的产业重点。在全球文化服务出口额排名前15的国家名单中,中国却没有入榜,然而一批经济总量和人口远低于中国的发达国家却榜上有名。"一带一路"上的大部分新兴经济体和发展中国家,也不在全球文化服务出口排行榜的前列。

面对国际贸易规则的变化和数字化技术带来的文化产业新模式,中国文化产业应当依托国家实施科技创新战略优势,利用巨大的互联网人口,快速发展的通信、互联网和软件产业,数量众多的文化企业,争取"弯道超车"而追赶发达国家,形成文化产业竞争力和文化服务出口的优势。这给福建发挥自身优势,推动对外文化贸易提供了历史性的机遇。

近年来,福建对外文化贸易的品种相对集中在图书、工艺品、文化用品等方面,在提升产业结构方面还有巨大的空间。实践证明:福建树立对外文化贸

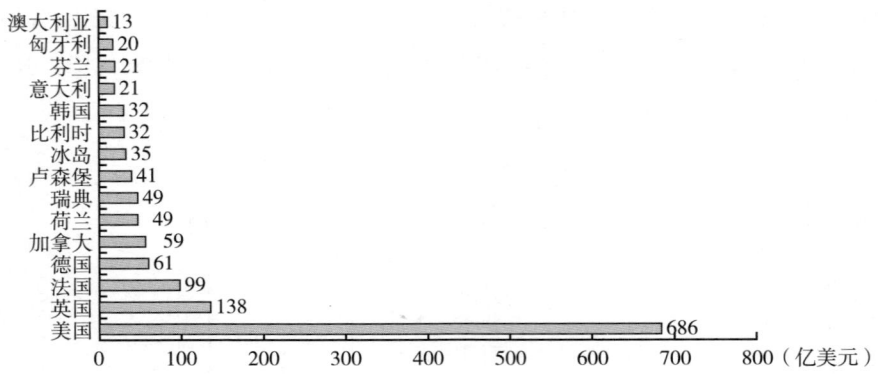

图 2　全球文化服务出口额最高的 15 个国家（2013 年）

资料来源：根据 UNESCO, The Globalization of Cultural Trade: A Shift in Consumption: International Flows of Cultural Goods and Services, 2016 March 的资料设计绘制。

易的优势，可以采用混业经营模式等多种方式，与一二三产业实行跨业联动，特别是与福建具有优势的装备制造、工程承包、先进物流、电子产品等结合，服务实体经济，形成跨业融合、产城融合、产品融合等多种优势，加强对外文化投资能力，使福建的对外文化贸易逐步向全球价值链的中高端提升。被列入 2015～2016 年度国家对外文化出口重点企业的一批福建企业，如福建省出版对外贸易有限责任公司、福建闽台图书有限公司、闽侯闽兴编织品有限公司、福建泉州顺美集团有限责任公司、福建省佳美集团公司、福建省泉州龙鹏集团有限公司等，依托福建在发展先进制造业和现代服务业方面的优势，结合福建拥有的侨乡文化网络，在图书、版权、创意设计、工艺品、文化用品、动漫游戏等方面的优质产能向国际市场输送，取得了良好的效果。

而福建省出版对外贸易有限责任公司主办的中国（福建）图书展销会，大龙树（厦门）文化传媒有限公司开展的青少年图书简改繁海外发行，福建福昕软件开发股份有限公司收购西班牙 Dataintro 软件公司等，均被列入 2015～2016 年度国家对外文化出口重点项目。

四　培育中国外向型文化企业和文化跨国公司

在中国自贸区 3.0 版的背景下，打造对外文化开放的新优势，必须培育强大的外向型文化企业和文化跨国公司。文化跨国公司是全球文化生产和文化贸易的主体，拥有文化跨国公司的竞争优势是一个国家迈向全球文化强国的重要标志。

中国培育外向型文化企业和文化跨国公司的战略目标，重点是利用跨国经营的网络，扩大对外文化投资，进入全球文化价值链的中高端。近年来，随着全球经济格局的调整，中国吸收外资和对外投资的规模相对上升，中国在2016年一共对全球164个国家和地区的7961家境外企业进行了非金融类直接投资，累计实现投资1701.1亿美元，同比增长44.1%。①这意味着，中国实际上已经成为全球的资本净输出国，进入国内资金相对充裕、有条件大规模开展对外投资、在全球范围内进行资源配置的新时代。中国发展文化跨国公司，要充分把握这一历史性机遇，拓展对外文化投资的路径：①通过对外投资，把中国一部分发展较为成熟，但是国内生产成本不断提高的文化装备制造业和文化服务业转移到东道国，利用当地的各种优惠政策，让中国文化产业的低成本优势通过转移生产再次焕发生命力；②通过对外承包文化建设工程或者对外直接投资，发挥中国文化工程建设在技术、专利、劳动力方面的优势，向产业链两端的技术密集型环节发展；③通过跨国并购等方式获取技术、品牌、院线、营销网络等海外优质文化资产，进入全球文化价值链的中高端，提升中国文化企业的核心竞争力；④通过对外文化投资，以委托境外加工、建立海外中国产业园等方式，有效地应对来自贸易保护主义的挑战，规避东道国对进口中国文化产品的限制；⑤通过国内文化上市公司的对外投资，实现资产配置和投入项目的多样化，为国内投资者提供投资和增值机会，规避风险，增加我国的国民总收入。

近年来，中国外向型文化企业和文化跨国公司不断成长，而且出现了微型文化跨国公司等一批新的业态。而自贸区恰恰以负面清单管理模式、同等国民待遇等先行先试的制度创新，为培育中国外向型文化企业和文化跨国公司创造了优良的空间载体和成长条件。比如，在中国第一个自贸区建立的国家对外文化贸易基地（上海），截至2016年末，聚集了420多家从事国际文化贸易的企

---

① 《2016年我国对外投资增长超四成》，新浪财经，2017年1月16日，http：//news. sina. com. cn/o/2017 - 01 - 16/doc - ifxzqnva3750767. shtml。

业，新增企业注册资本14.39亿元，累计入驻企业注册资本超过100亿元；该基地自2014年以来连续举办三届国际文化授权交易会CCLF，成为全国推动文化授权国际交易的领先平台；2013年国内第一家艺术品保税展览服务机构——上海国际艺术品交易中心在基地开始运行；该基地以文化科技与投资的早期融合为重点，引进以互联网早期内容开发为重点的"微鲸"投资项目；吸引国内出版业的龙头企业，国内第一家把编辑业务和出版业务整体上市的出版企业——北方联合出版传媒集团在基地设立子公司等，对于培育外向型文化企业发挥了重要作用。

他山之石，可以攻玉。福建既要看到自己的文化产业优势，也要清醒地看到自身的差距，依托"对台综合实验区+自贸区"的政策叠加优势，在培育外向型文化企业和文化跨国公司、壮大对外文化贸易的市场主体、拓展市场新空间方面有更大的作为。2015~2016年，国家文化出口重点企业共有353家，相比较北京（70家）、上海（35家）、广东（24家）、江苏（23家）、浙江（18家）、山东（6家）、福建（22家）有一定的优势，① 但是领先度还不明显。2015~2016年，国家文化出口重点项目共有140项，相比较北京（38项）、上海（15项）、广东（5项）、江苏（5项）、浙江（7项）、福建（3项）、山东（42项）有一定的数量优势，但是领先度也不明显，特别是在福建集聚的全国文化产业龙头企业和领军企业之数量，包括在各个细分领域的文化上市公司第一股，以及它们的规模优势和综合实力方面，明显比不上北京、上海、广东、浙江等省市，而且面临着"标兵越来越远，追兵越来越近"的激烈竞争。又比如，中国自2013年以来成为全球艺术品市场三强之一。在这一大背景下，福建省民营经济发达，社会财富日益增多，居民渴望有更为多样的投资和保值产品，但是在全国艺术品交易市场中，福建艺术品拍卖份额占比很小，以2013年为例，成交额为5亿元，成交量仅占全国的1.46%，成交额仅贡献了全国的0.78%，② 这也影响到福建的艺术品进出口额明显低于京津冀、长三角、珠三角三大城市群，在开展艺术品保税交易等方面亟待有更大的作为。

---

① 这里所指的福建的国家文化出口重点企业和重点项目数量包括福建省和厦门市。
② 资料来源参看雅昌艺术网。

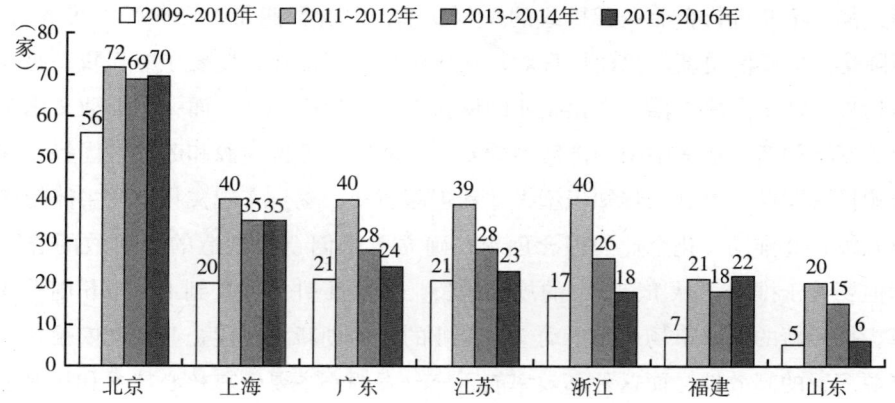

图3 有关省市的国家文化出口重点企业数量

资料来源：根据商务部的数据绘制。

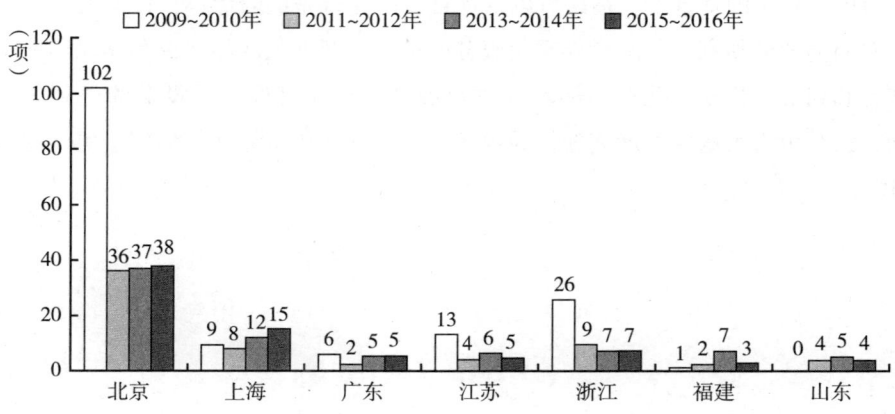

图4 有关省市的国家文化出口重点项目数量

有鉴于此，福建可以发挥自贸区的优势，集聚和培育更多的外向型文化企业和文化跨国公司，增强福建省对外文化贸易的竞争力，在创造良好成长环境的同时，推动文化企业的经营和管理创新。海尔集团的创始人张瑞敏曾经分析了柯达破产等的教训，强调企业文化的基因和价值观应该是应时而变，海尔商业模式变革的目标是"三化"——企业平台化、员工创客化、用户个性化。同样，在国际文化贸易舞台上呼风唤雨的强势企业，如美国的亚马逊、迪士尼、Netflix，中国的腾讯、华策影视、万达、聚力传媒、华人文化产业投资

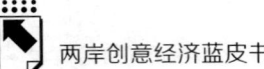

等，都在不断进行企业经营模式的深刻变革，向着智能化、轻资产、网络化、国际化方向不断更新。福建培育对外文化贸易的新优势，就要顺应互联互通的大趋势，把重点放在推动文化企业的创新方面，包括如下方面：①推动文化企业的资源创新，适应中国经济转型的要求，从依赖廉价资源和劳动力优势，到依赖投资驱动，再到依赖知识型人才和创新驱动，逐步实现文化生产主体的产业升级；②推动文化企业的理念创新，确立勇于创新和创造的"勇敢的心"，不但要善于推动"从1到2"的规模增长，更要推动"从0到1"的开创性变革，打开新的蓝海市场；③推动文化企业的技术创新，现代企业制度依赖企业资源配置的高效性，而这种高效率能否充分发挥，主要依靠核心技术和技术创新，开发新的市场，带动企业跨上一个新台阶；④推动文化企业的制度创新。正如新制度经济学代表人物道格拉斯·诺斯所指出的，对经济增长起决定作用的是制度因素而不是技术因素，制度在社会中起着更为根本性的作用。在中国自贸区3.0版的背景下，福建可以发挥自贸区先行先试的优势，在扩大文化资源双向流通的便利、鼓励对外文化服务的出口、开展艺术品保税和非保税展示交易和租赁、推动文化产品的境外文化展销、扩大对外文化投资的便利等方面，进行更大力度的制度创新，为福建树立对外文化贸易新优势创造更好的条件。

B.24 "互联网+"电影融资创新热点研究

董泽平 廖志峰*

摘 要: 在"互联网+"浪潮下,影视众筹成为影视制作公司筹资的另一个渠道。本文通过两岸影视众筹相关数据分析得出如下结论,两岸影视众筹虽然增长快速,但融资规模与成功率的抵换关系,导致影视众筹适用于特定网络电影或小成本制作影片。此外,电影产业高风险与众筹的群众特性结合,容易导致道德风险问题发生。因此,本文亦梳理两岸众筹相关法规,以期有助于未来两岸影视众筹融资创新渠道健全发展。

关键词: 影视众筹 道德风险 众筹绩效 融资创新

近年来,中国电影产业快速发展,已处于全球领先地位。但电影产业融资依然是影视公司面临的重要问题。目前,影视公司的常见投融资方式主要有多方投资合作拍摄、PE/VC 投资、银行贷款、广告融资、版权预售与上市融资等。但现有影视投融资渠道,因影视产业的无形资产、回收期限长与票房收入不确定的特性,故无法充分满足影视产业的资金需求。众筹平台的兴起,为有创意构想但缺乏资金的影视公司提供了另一个筹资渠道。换言之,众筹是一种有别于传统影视投融资的筹资方式。就全球最大的众筹平台 Kickstarter 而言,每年成功募资案件数和募资金额皆逐年增加,2014 年总计成功募资案件高达 22252 件,募资总额为 5.29 亿美元,连续四年的年复合增长率为 110%。同样的,亚洲众筹最活跃的中国大陆市场,其 2014 年募资总额为 6.77 亿美元,且

---

* 董泽平,台湾师范大学管理学院特聘教授兼全球创新创业研究中心主任;廖志峰,台湾实践大学财务金融学系副教授。

两年的年复合成长率为160%。而全球的众筹市场，2014年募资总额也达162亿美元，连续四年的年复合成长率为109%。因此，众筹市场高成长的现象，已经吸引很多学者、投资者和创业者的关注。

电影产业与众筹两者的快速成长，自然交会催生影视文化众筹的产生，尤其是2015年中国大陆电影《西游记之大圣归来》引发了讨论，影视文化众筹被越来越多的投资者认识，一股影视众筹的热潮被掀起。

一 两岸影视众筹融资创新发展

（一）中国大陆的情况

近年来，受两岸电影产业欣欣向荣与创新创业风潮之影响，筹资渠道与工具也有了多元化的创新发展。根据盈灿咨询的统计，截至2016年8月底，中国大陆正常运营的影视文化众筹平台数共有62家，其中包含37家综合类影视文化众筹平台与25家垂直型影视文化众筹平台；影视文化类众筹项目共有991个，其中成功项目数为655个，总体众筹成功率约为66%，成功筹资总金额为4.06亿元，成功投资人次达到14.3万。在全国影视文化众筹平台成功筹资金额地区分布上，广东、江苏和上海位列前三，成功筹资金额分别达10886.45万元、9253.1万元和7501.21万元。

2016年前8个月，中国大陆影视众筹平台成功筹资金额前30名资料如表1所示。其中，苏宁众筹的影视众筹项目成功筹资额排名第1，达人民币9253万元，成功投资10263人次。其次是聚米众筹，影视众筹成功筹资3939万元，成功项目数为40个。出品人网排第三，影视众筹成功筹资3375万元，713人次。

表1　排名前30的影视文化众筹平台介绍

平台	平台类型	成功项目数（个）	成功筹资金额（万元）	成功投资人次（人次）
苏宁众筹	垂直类	28	9253	10263
聚米众筹	垂直类	40	3939	1019
出品人网	综合类	6	3375	713

续表

平台	平台类型	成功项目数(个)	成功筹资金额(万元)	成功投资人次(人次)
大家投	综合类	6	3234	423
海派筹	综合类	2	2000	2222
平安众+	综合类	5	1300	239
云筹	综合类	4	1276	227
众筹网	综合类	226	1260	65070
原始会	综合类	2	980	未公布
众创聚投	综合类	8	880	514
同筹荟	综合类	1	850	23
恒星计划	垂直类	5	849	未公布
幕客	垂直类	3	809	3832
星筹	垂直类	30	728	880
甜菜金融	垂直类	2	720	418
快电影	垂直类	28	673	未公布
影大人	垂直类	20	572	927
看看钱包	垂直类	54	540	208
投投乐	综合类	1	500	103
合盈众筹	综合类	3	450	129
乐开拍	垂直类	2	440	未公布
融e邦众筹	综合类	2	400	25
小镇青年	垂直类	4	386	332
青春梦众筹	垂直类	4	352	175
点名时间	综合类	19	333	9990
合伙中国	综合类	2	330	未公布
观众筹	垂直类	11	323	8909
京东众筹	综合类	33	258	19691
影视宝	垂直类	5	245	未公布
AOM众筹	垂直类	9	188	97

资料来源：盈灿咨询。

进一步分析影视众筹投资方向，截至2016年8月底，中国大陆影视众筹的投资方向以网络大电影、网络微电影和戏剧为主，成功项目分别为198个、149个与90个，成功率平均为60%~80%，其他项目统计如图1所示。

若以累计成功筹资额观察，截至2016年8月底，中国大陆影视众筹整体

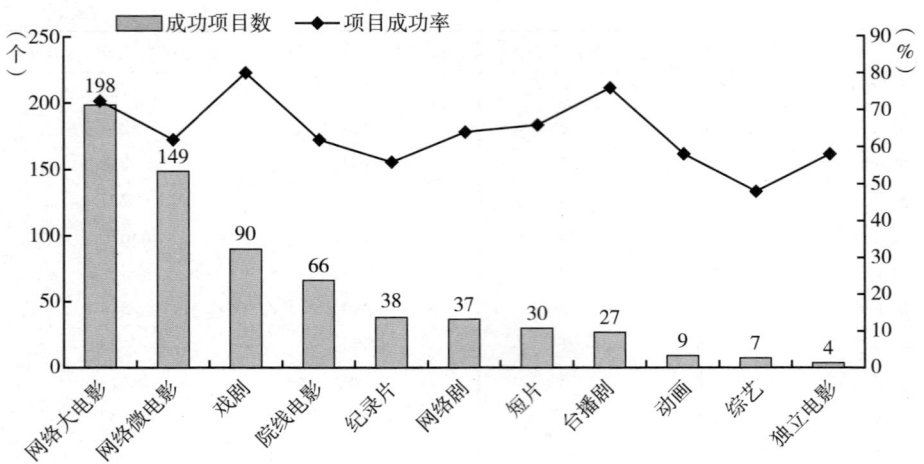

图1 影视文化众筹成功项目数及项目成功率

资料来源：盈灿咨询。

成功筹资金额达 4.06 亿元，其中，院线电影、台播剧与网络大电影排名前 3（见图 2）。对照前述成功项目数分析，网络微电影与戏剧的成功项目数虽较多，但成功筹资额因相对较低制作成本的特性，相对较低。

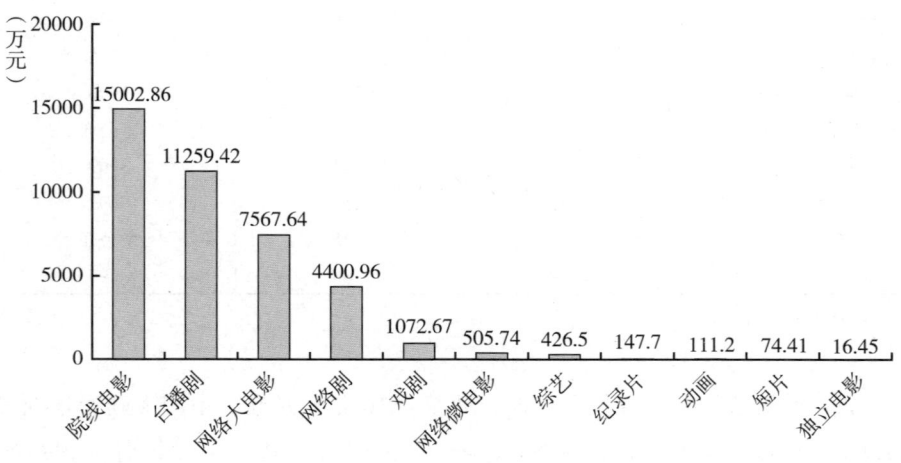

图2 各类投资方向成功筹资额

资料来源：盈灿咨询。

此外，数据也显示，中国大陆影视众筹成功项目的筹资金额以人民币100万元以下为主，累计达560个，占2016年前8个月影视众筹成功项目总数的85.5%，其中10万~100万元的项目成功数最多（见图3）。

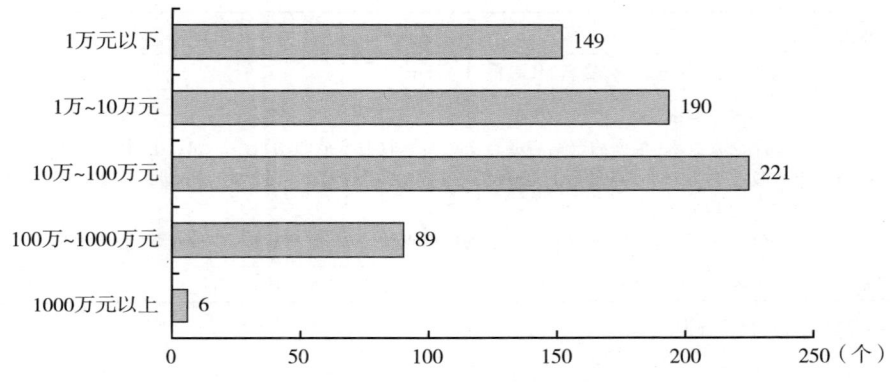

图3　影视众筹成功项目筹资金额区间分布

资料来源：盈灿咨询。

中国大陆影视众筹回报方式的多元化融资创新发展是另一项特点。影视文化众筹回报方式大致可分为收益权、实物、娱乐权益与组合式回报（项目含两种以上回报方式）四类（见表2）。首先，收益权回报主要包括固定收益率、浮动收益率、票房分红收益及股权收益等形式，收益来源多为网络点播分成、票房收入、版权出售以及其他收入（如广告植入、贴片广告收入等），其中股权收益多以出让出品方部分股权方式为回报，最终以收益权或分红权的形式呈现。其次，实物回报则属于奖励众筹的回报形式之一，主要是指影视剧周边产品，如电影票、明星签名照等回报。最后，娱乐权益回报主要包括到剧组探班、客串角色、推荐演员、广告植入、与明星见面合影、参加庆功宴等附加权益。

根据盈灿咨询截至2016年8月底的统计，中国大陆影视文化众筹项目的回报方式以实物回报、实物搭配娱乐权益或收益回报为主。在统计的991个影视文化众筹项目中，975个项目公布了其具体回报方式，其中实物回报的项目数最多，达265个。其次是以实物搭配娱乐权益为回报方式的项目数，达250个。以收益权为回报方式的项目数排名第三，有212个。仅以娱乐权益为回报方式的项目数为109个，该类项目的预期筹资额一般较小，且多为小成本微电影项目。

表2 中国大陆影视众筹回报方式

回报方式	呈现形式
实物	周边产品，如电影票、签名照、海报、T – shirt
收益权	①固定收益率 ②浮动收益率（根据约定票房或点击量实际收益率成浮动状态。如点击量为0～1500万次收益率为10%，点击量为1500万~2000万次收益率为12%，点击量大于2000万次收益率为14%） ③分红权或收益权（收益来源一般为网络点播分成、票房分成、广告收入、版权出售等）
娱乐权益	剧组探班、客串角色、广告植入、与明星见面合影、参加庆功宴等权益

资料来源：盈灿咨询。

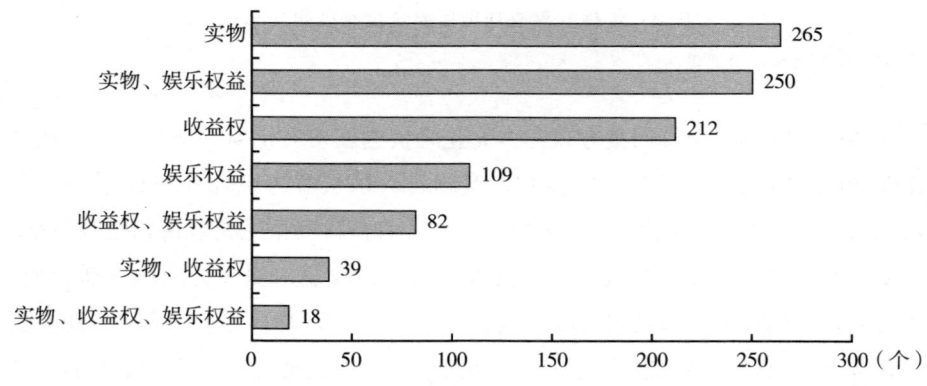

图4 中国大陆影视众筹各回报方式项目数

资料来源：盈灿咨询。

（二）台湾地区

群募在台湾被称为群众募资，同样是募资者借由网络，向资助者募集目标资金。依募资者与资助者之权利与责任归属，群募可区分为财务报偿型与非财务报偿型两大类。

自2011年起，捐赠与回馈型的群募平台陆续于台湾成立，然而相对于中国大陆影视群募成长，台湾影视群募成长速度较慢，准确而言，台湾并无垂直型影视群募平台，仅有综合型群募平台。台湾除了最大综合型群众募资平台 flyingV 外，还有注重新闻报道之群众募资平台 weReport，专注文创商品之群众募资平台啧啧 zeczec、Opusgogo，以及与 flyingV 类似之综合型平台群募贝果、HereO 与创梦市集等。

从案件数、募资金额等角度观察，影视群募并非台湾群募的主要项目，以截至 2015 年累计数为例，台湾回馈型群众募资案件达 978 件。募资金额部分，2015 年集资金额则突破新台币 5 亿元，但成功案件累计募资金额则以社会文化类最高，设计商品类次之。再以图 5 平均赞助金额分析，科技、设计类项目高于历年回馈型群众募资项目赞助额平均值，其中，科技类群众募资项目平均募资金额达 4792 元新台币，设计产品平均募资金额亦有 2973 元新台币的水平，而艺文展演类则是 1788 元新台币。

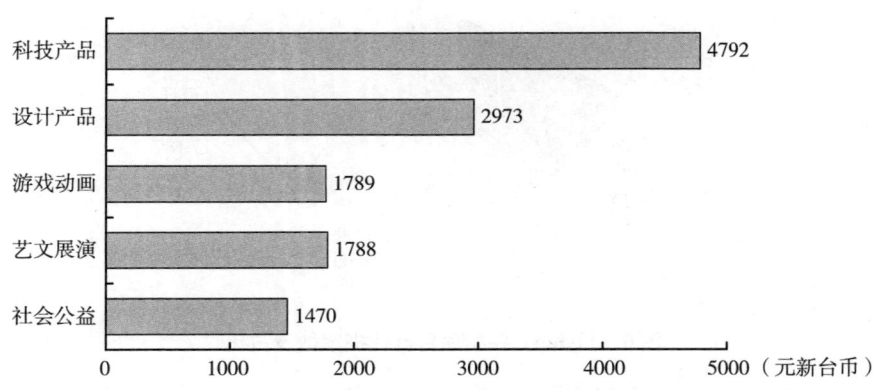

图 5　台湾回馈型群众募资各业别平均赞助金额

资料来源：群众观点。

进一步观察台湾两家知名群众募资平台数据，首先是 FlyingV，FlyingV 为台湾相当知名的群众募资平台，自 2012 年 4 月 23 日开始上线营运，其募资类型包含设计商品、音乐影视、舞台演出、休闲娱乐、创作出版、社会文化、科技应用、美食飨宴、主题旅行及 Freebird 等十类，从上线至 2016 年 12 月底为止，FlyingV 群众募资平台已累计有 1921 件提案，其中 913 个案件为成功募资项目，整体成功率为 47.52%，募资总额超过 3.7 亿元新台币，平均每两天就有一个项目成功募得所需资金,平均成功率约为45%。

以图6 FlyingV累计至2016年12月各项目提案数分析,以公共类提案数最多,达460件,占整体提案的23.95%。设计商品类330件居次;艺术类第三,达193件;科技类亦有184件。本文关心的影视群募排名第5,为140件,占FlyingV累计提案数的7.29%。

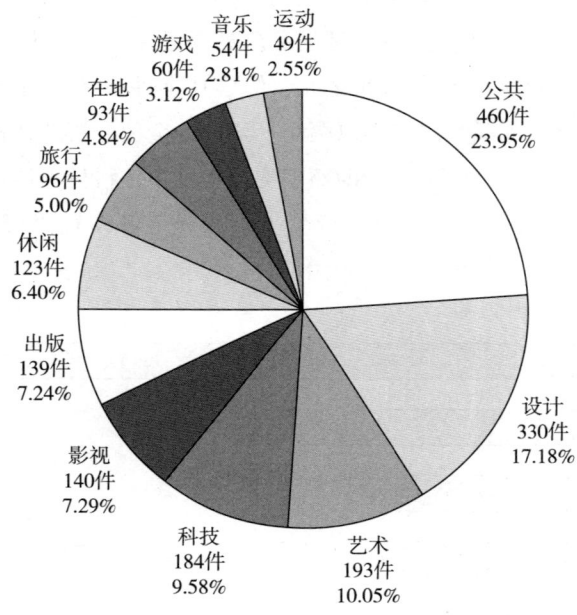

图6 FlyingV各类项目累计提案数及占比

资料来源:FlyingV网站,台经院整理。

在成功募资金额部分,累积金额前三名类别分别是公共类、设计类与科技类。截至2016年12月,公共类已募得超过1亿元新台币,占整体成功募资金额的29%。设计类9066万元新台币居次,科技类第三。类似的,台湾影视群募排名第4,共计募得新台币2757万元,仅占FlyingV整体成功募资金额的7%(见图7)。

再以图8累计平均成功募资金额分析,科技类最高,平均新台币79.8万元。运动类79.6万元新台币次之,设计类第三。影视类仅排名第6,平均募资金额为37.3万元新台币。

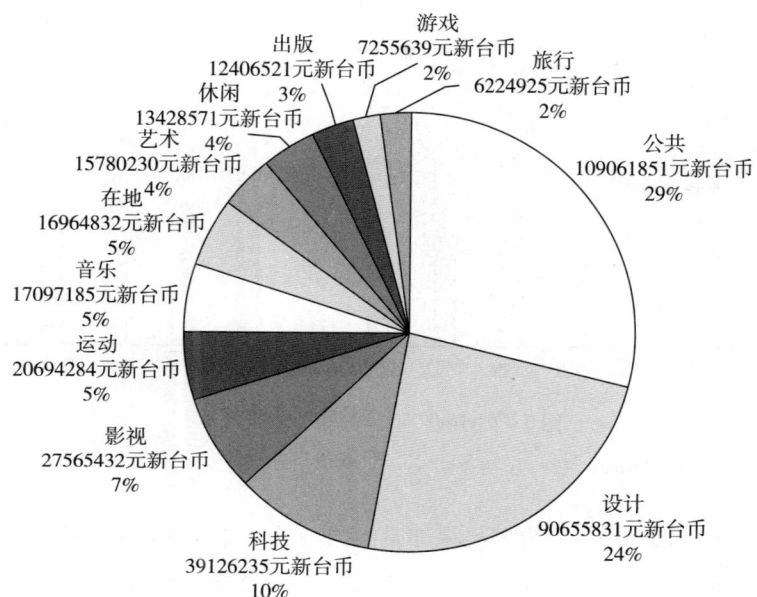

图 7　FlyingV 各类项目累计成功募资金额

资料来源：FlyingV 网站，台经院整理。

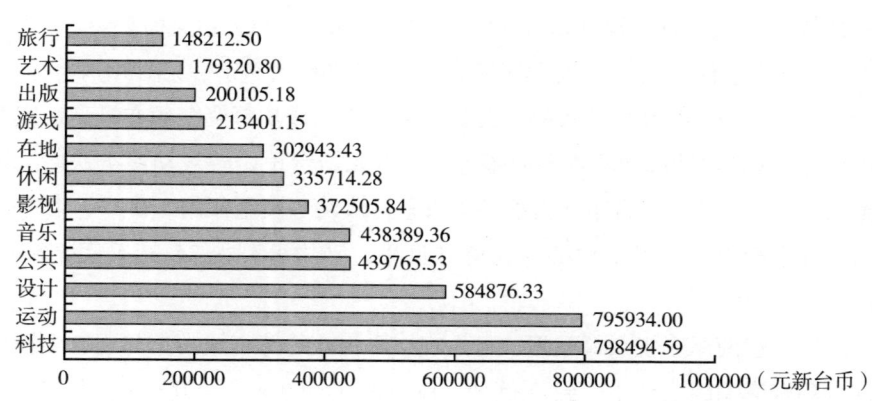

图 8　FlyingV 平台各类项目平均成功募资金额统计

资料来源：FlyingV 网站，台经院整理。

以图 9 群募成功率分析，则音乐类成功率最高，达 72% 以上。在地类与游戏类分居第 2 位、第 3 位。台湾影视群募在 FlyingV 的成功率则为 52.86%。

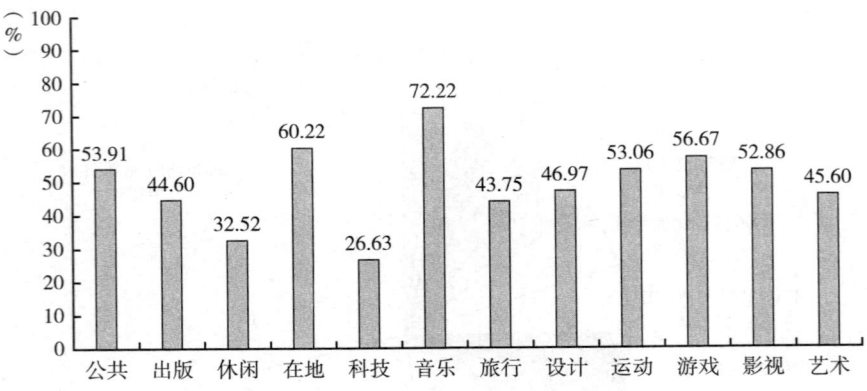

图9 FlyingV 平台各类群募成功率

资料来源：FlyingV 网站，台经院整理。

台湾影视群募绩效在群募贝果亦是大同小异。群募贝果是台湾另一个群募平台，其为游戏橘子之子企业，目前平台所提供之群众募资项目类别为艺术、出版、音乐、影视、设计、科技、游戏动漫、惊喜、公益与运动休闲十类。在募资绩效部分，自2014年9月23日至2016年12月，群募贝果已累计148个项目，成功募集超过1700万元新台币。

自2014年9月23日至2016年12月，群募贝果平台以公益类提案最多，设计类次之，科技类第三。影视群募仅8件提案，占整体的5.84%（见图10）。

类似的，公益类在群募贝果中的提案数最多，成功募资金额亦最高，截至2016年12月，累计成功募资金额超过632万元新台币，游戏动漫类次之。影视类则为137.4万元新台币，占群募贝果整体成功募资金额的8.04%。在平均成功募资金额方面，影视类群募在群募贝果，平均可募得34.3万元新台币，成功率约达50%。

整理上述两岸影视众筹数据，可发现，影视众筹募资成功率与现有多篇探讨众筹募资影响因素结果一致（例如，Belleflamme et al., 2015），[①] 尤其是众筹类型与募资规模等两项因素。首先，众筹按照产品的性质划分可以划分为很多类型，以中国大陆为例，影视众筹可根据投资方向，区分为院线电影、台播

---

① Belleflamme, P., Omrani, N., Peitz, M., "The Economics of Crowdfunding Platforms," *Information Economics and Policy*, 2015, 33: 11–28.

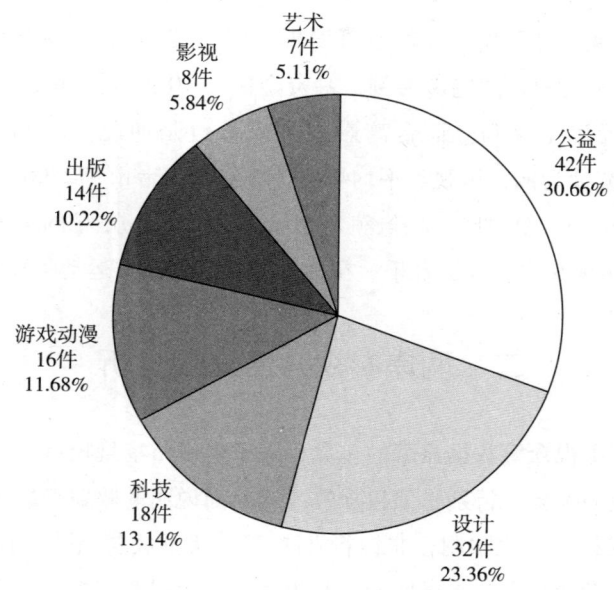

图 10　群募贝果平台各类项目提案数

资料来源：群募贝果，台经院整理。

剧、网络大电影与网络微电影等项目。而台湾的群募平台因属综合型群募，故未再细分影视众筹项目，但每家平台几乎都有设计商品、音乐、影视、创作出版与科技应用等多类项目。数据显示，不同的众筹项目有不同的成功率，台湾影视众筹成功率约为50%，低于运动、公共与音乐等项目。

其次是融资规模，Rubinton（2011）透过动态博弈模型，说明并验证融资规模与时间对众筹绩效的影响。[①] Mollick（2014）对 Kickstarter 内 48500 个众筹项目进行分析，发现融资规模较小的项目较容易成功，而较大的项目成功率相对较低。[②] Belleflamme 等（2014）发现，融资金额相对较小的项目，发起人

---

① Rubinton, B. J., Crowdfunding: Disintermediated Investment Banking, Munich Personal RePEc Archive, 2011, NO. 31649.
② Mollick, E., "The Dynamics of Crowdfunding: An Exploratory Study," *Journal of Business Venturing*, 2014, 29 (1): 1–16.

较愿意使用商品众筹募资；反之，则股权众筹对发起人较有利。① 类似的，透过上述两岸影视众筹数据，我们也可发现中国大陆影视众筹符合文献研究发现，以院线电影与网络微电影为例，筹资金额在10万元以下之众筹项目成功率高于10万元以上项目。而台湾影视类众筹也是如此，以FlyingV累积至2016年12月统计为例，影视类平均募资金额约为新台币372506元，以金额多寡排序居第6位，亦即募资金额不算低，故影视众筹的累计成功率为52.86%，也居第6位，次于音乐、在地、游戏、公共与运动等项目。

二 两岸影视众筹法规分析

上述两岸影视众筹数据显著的差异，除了电影市场规模所导致外，还有一个原因是法规的差异，特别是债权众筹，或前面说明的收益型影视众筹。目前台湾受到"银行法"之限制，非银行业者不得从事放贷行为。而收益型影视众筹，是透过众筹平台、媒合发起人与投资者，由投资者参与，发起人事后返还本金，再根据票房收益计算利息，此模式很接近银行放贷行为，故在台湾存在法律争议，迄今未有类似模式影视众筹出现。

两岸对于股权众筹也有显著差异。台湾从2013年起即陆续推动股权型群众募资，从一开始柜买中心的创意集资信息揭露专区，为开放股权型群众募资暖身。2014年1月，台湾金融监督管理委员会核准设立创柜板，提供资本额新台币5000万元以下之新创公司一个新募资管道，也是股权众筹的雏形。加入创柜板之公司，可享有免办理公开发行、免费辅导、低成本之筹资管道、扩大营运规模且提升知名度等优势。且为降低风险，对于投资者与参与者亦设有管制，例如，企业透过创柜板募资金额一年不得逾新台币1500万元。另外，非专业投资人一年内于创柜板投资累计金额不得逾15万元新台币。

2015年台湾正式开放股权型群众募资，元富证券是台湾第一家经营股权型群众募资业务之公司。中介机构对柜买中心有申报义务，且受到柜买中心管理审核，若为仅经营该项业务之证券经纪商最低实收资本额为5000万元新台

---

① Belleflamme, P., Lambert, T., Schwienbacher, A., "Crowdfunding: Tapping the Right Crowd," *Journal of Business Venturing*, 2014, 29 (5): 610 – 611.

币,并应提存1000万元新台币之筹设保证金。募资公司必须为依台湾"公司法"成立之股份有限公司,且实收资本额为3000万元新台币以下之未公开发行公司,募资公司一年内于所有募资平台筹资总金额不超过1500万元新台币,且每次募资仅限单一平台办理。至于投资者则分为专业投资者与非专业投资者,专业投资者为专业投资人、募资公司董事、监察人及持股10%以上之股东,此类投资者并无投资限额。但若为非专业投资者,则对单一募资案之投资限额为5万元新台币,且每年于单一平台投资总金额不得超过10万元新台币。

至于中国大陆股权众筹及平台监理,基本上是根据2015年7月18日央行等十部委联合公布的《关于促进互联网金融健康发展的指导意见》。该指导意见对互联网金融业态确立了"依法监管、适度监管、分类监管、协同监管、创新监管"的原则。而目前中国大陆股权众筹是采取分级管理的监管思路,根据股权众筹所面向的人群、是否公开、合格投资者的标准、是否豁免注册等方面做出不同的分层监管。目前常见的分类可分为股权众筹、互联网非公开股权融资与股权融资三个不同的监管层级,相关说明分述如下。

(一)股权众筹

根据前述《关于促进互联网金融健康发展的指导意见》,2015年8月7日证监会发布《关于对通过互联网开展股权融资活动的机构进行专项检查的通知》。该通知明确指出,股权众筹融资主要是指通过互联网形式进行公开小额股权融资的活动,并规定"股权众筹"特指"公募股权众筹",而原先"私募股权众筹"将用"私募股权融资"代替。由于股权众筹具有公开、小额、大众的特征,涉及社会公众利益和国家金融安全,故未经证监会批准,任何单位和个人不得开展股权众筹融资活动。截至目前,证监会还没有批准一家股权众筹平台允许进行股权众筹融资活动,亦尚未发布监管细则。

(二)互联网非公开股权融资

目前中国大陆股权融资平台都属于此类。前述《关于对通过互联网开展股权融资活动的机构进行专项检查的通知》发布后,原先"私募股权众筹"以"私募股权融资"代替。基于风险管理,中国证券业协会在2015年8月10

日发布《关于调整场外证券业务备案管理办法》，再将"私募股权众筹"修改为"互联网非公开股权融资"，并提出下列3项基本规定。

①个人投资者门槛，金融资产不低于300万元人民币或最近三年个人年均收入不低于50万元人民币。

②单个股权众筹项目不能超过200人。

③不能进行公开宣传。

（三）股权融资

此类是目前中国大陆存在数量最多的广益众筹平台，基于前述法规，多数股权融资的平台都无股权众筹、私募股权众筹或互联网非公开股权融资等文字和表述。但开展此类股权融资业务的平台，仍需要严格遵循不能演变成非法发行证券、不能非法集资等两条监管红线。

两岸对商品众筹（例如，影视众筹的实物、娱乐权益回馈）的法律见解较一致。中国大陆商品众筹平台是根据消法和《网络交易管理办法》承担网络交易平台的法定义务，接受工商局监管。众筹平台违反《网络交易管理办法》，工商部门可根据办法予以行政处罚。而网络交易平台同时也与消费者之间形成了关于互联网信息服务的经营者与消费者之关系，需要按照法律规定和行业惯例，就其信息服务向消费者承担经营者的法定义务。

在台湾，捐赠模式众筹因出资者完全赞助，无任何回报，故此模式在法律上应定义为"赠与"，适用"民法"中赠与的规定。其次，预购模式如同网络购物，在法律上应定义为"买卖"，适用"民法"中买卖的规定，也有"消保法"七日鉴赏解约期的适用。至于回馈模式众筹，例如，出资者赞助游戏开发，可获得游戏海报、公仔等，出资者付出的和获得的是不等价的。此模式兼有"赠与"与"买卖"之特性，必须依实际个案情况决定适用"民法"的"赠与"或"买卖"之规定。

三 影视众筹的道德风险

收益型影视众筹对中国大陆电影票房与影视众筹募资有很大的帮助。中国大陆多数收益型影视众筹之规则为1000元起投，按8%的预期年化率获得固定收益，如果票房超过 5 亿元即有浮动收益，突破 10 亿元年化预期收益率直接升级至 11%。换言之，票房越高，投资者能获得越高的收益，众筹平台也能提高信誉，进而更顺利地进行下一次募资。此一模式确实有助于中国大陆电影产业发展，但衍生出后续道德风险等问题。

最知名的事件是 2016 年 3 月发生的《叶问 3》快鹿门事件，此事件是由影视投资公司担任融资方，私募基金公司、信托、资产交易等理财平台为中介，投资管理公司为债权方，吸引进大量的散户投资者参与，最后却因票房作假争议引发一连串违约与挤兑等社会事件。

快鹿集团用《叶问 3》单个电影项目重复募集资金，出现将电影票房收入多次重复抵押筹集资金等违规问题，又为了偿还募集资金，进而发生票房作假事件。《叶问 3》的发行公司是大银幕（北京）发行控股有限公司，其为上海快鹿集团旗下之公司，快鹿旗下多只 P2P 与基金公司在影片发行前通过 P2P、众筹平台等投融资渠道，向社会大众募集资金，包括趣逗理财、当天投资、菜苗网络（均为上海快鹿实际控制公司）与苏宁众筹等，而仅在苏宁众筹平台募资即超过 4000 万元。

《叶问 3》透过苏宁众筹的募资项目，是由合禾影视和上海毓点资产管理有限公司联合发起，再由易联天下平台归集消费权益。这些产品融资用途是上海某资管公司债权转让项目，借款人是上海某知名影视投资公司，借款项目用途是投资《叶问 3》。

而为上述融资提供全额现金代偿保证担保的为上海东虹桥融资担保股份有限公司，但是东虹桥却是合禾影视 2014 年 11 月的股东之一，而合禾影视一直是为《叶问 3》进行融资与众筹的发起人。

所以，真正介入影视制作与发行的众筹项目很少，多数是影视连接的理财投资型金融商品，故未来如何区分影视众筹，以及影视连接的结构型金融商品是很重要的。特别是院线商业电影属于高风险高报酬投资项目，且电影从筹拍、制作到发行的期限长，不确定性高。因此，影视连接的结构型金融商品并不全然适合所有民众参与投资。

网络科技与文创产业双浪潮不仅促进近年中国大陆电影票房持续成长，更进一步创造出"'互联网+'电影+金融"的互补加成效果，特别是各式影视众筹平台等多元融资创新渠道与工具之大量出现，引发电影产业另一股创新创

业之浪潮。值此历史关键时刻，本文回顾并梳理两岸影视众筹发展现况与趋势，期能温故而知新，进而健全两岸影视众筹产业业务发展。两岸影视众筹业务相关研究与统计数据显示，中国大陆电影众筹发展较快，融资金额也较高，投资风险也随之加大。相对的，台湾影视众筹发展缓慢，影视众筹也不是台湾众筹项目主流，显见两岸影视众筹仍有巨大差异性。

本文认为，两岸电影制作公司的"互联网＋"策略须有所调整。首先，不能过度乐观期待影视众筹平台能够完全解决融资问题，特别是拍摄成本高的商业院线电影。根据中国大陆影视众筹相关数据，筹资金额人民币100万元以下的成功项目最多，而台湾 FlyingV 影视众筹项目平均成功募资金额为新台币372505元，这并无法完全满足商业电影筹划、拍摄至上映的整体资金需求，故影视产业仍须完善金融筹资渠道，此一议题请见董泽平、林伦豪与廖志峰（2016），① 董泽平与廖志峰（2017）。②

其次，影视众筹按照产品的性质可以划分为很多类型，以中国大陆为例，影视众筹可根据投资方向，区分为院线电影、台播剧、网络大电影与网络微电影等项目。而台湾的群募平台因属综合型群募，故未再细分影视众筹项目，但每家平台几乎有设计商品、音乐、影视、创作出版与科技应用等多类项目。根据中国大陆数据，不同类型的影视众筹项目有不同的成功率，网络大电影、网络微电影与戏剧相对较高，也显示因影视众筹平台建立于互联网使用的特性，进而较有利于此三种类型影视众筹的募集。

此外，针对众筹平台业务的快速成长，两岸电影主管机关陆续制定相关规范，以维护参与者权益与建全产业发展，尤其是股权众筹与收益型相关的影视众筹。为避免2016年《叶问3》所引起的"快鹿系挤兑事件"重演，对于股权众筹与收益型影视众筹相关的理财商品，势必需要审慎监理以降低道德风险。影视产业高风险的特性再加上金融杠杆的操作，使收益型影视众筹的风险明显高于其他类别与类型的众筹，也较容易引发社会问题。除完善现行法规外，亦可透过产业分类或垂直型众筹平台监管降低收益型影视众筹相关的道德风险。

---

① 董泽平、林伦豪、廖志峰：《两岸电影投融资管道创新之探讨》，《中国文化产业评论》2016年第23期。
② 董泽平、廖志峰：《电影资本市场失灵与匡正机制之探讨》，《中山管理评论》2017年第1期。

B.25
海峡两岸服务业民间合作机制的个案研究

——以厦门市海峡两岸龙山文化创意产业园为例*

颜莉虹**

摘　要： "海峡两岸服务业民间合作机制"指的是在既有两岸公权力部门宏观层面的相关"制度安排"下，中观层面的两岸服务行业间"民间交流平台"和微观层面的"企业间合作模式"。龙山文创园的成功发展得益于两岸服务业民间合作宏观、中观、微观三层面机制的协同作用，它为两岸服务业民间合作机制研究提供了典型个案。龙山文创园在投资上采用股权合作，在技术上采用两岸共同研发，在生产经营上与大陆企业进行产业链配合，不断尝试两岸微观企业间的新合作模式。

关键词： 两岸服务业　民间合作机制　龙山文创园

在经济新常态下，中国经济朝向形态更高级、分工更细致、结构更合理的阶段演化，自2013年起中国大陆服务业产值占GDP比重开始超过第二产业，中国逐渐由工业化社会步入服务业社会。台湾服务业发展质量比大陆高，但面临内部市场狭小、外部市场拓展不足等发展瓶颈，两岸服务业正呈现新的互补发展态势，合作潜力巨大，将成为推动两岸经济关系发展的新动能。[①] 然而，

---

* 本文是教育部人文社会科学重点研究基地重大项目"新形势下两岸经济融合发展的动力机制研究"（编号为16JJD790036）、厦门理工学院高层次人才项目"新常态下两岸服务业合作相关问题研究"（编号为YSK16002R）的成果。
** 颜莉虹，厦门理工学院文化产业与旅游学院副教授，经济学博士，研究方向为两岸服务业合作。
① 张冠华：《台湾政党再轮替后两岸经济关系走向探析》，《台湾研究》2016年第5期。

2016年民进党在台湾执政,其不承认"九二共识"及其核心意涵,导致两岸经济合作再现官方协商停摆、民间互动为主的单轮驱动状态。① 两岸服务业合作制度安排暂时停摆,《海峡两岸服务贸易协议》仍在岛内被束之高阁,民间交流合作成为当前两岸服务业融合发展的主要途径。在两岸政经新变局下,研究两岸服务业民间合作机制及其个案显得非常重要。目前,以"两岸政经新变局"为背景,多层面、系统地探讨"两岸服务业民间合作机制"的个案极其缺乏,既有的研究主要体现为涉及性案例而非针对性研究,如王嘉纬、黄馨仪②在研究企业跨地区结盟时,剖析了共同参股、共同创立品牌等两岸企业合作模式。本研究以厦门市海峡两岸龙山文化创意产业园(以下简称"龙山文创园")为两岸服务业民间合作机制的研究案例,通过对龙山文创园的管理层进行深度访谈,并对园区内几家具有代表性的两岸企业进行调研,分别从宏观、中观、微观层面考察两岸公权力部门既有的制度安排、行业协会等民间交流平台及两岸企业间的合作模式对龙山文创园发展所发挥的作用,丰富学界对两岸服务业民间合作机制的个案研究,以期抛砖引玉。

一 关于"海峡两岸服务业民间合作机制"

"合作机制"是指以某种相对稳定的运行方式把合作行为体联系起来的,并在其运行过程中发挥联动、协调、约束和促进作用的制度安排、平台和模式,使之朝向预期合作目标发展。在两岸政经新变局下,由于两岸公权力部门间的政策协商中断,两岸服务业民间合作"制度安排"暂时停摆。"海峡两岸服务业民间合作机制"指的是在既有两岸公权力部门宏观层面的相关"制度安排"下,中观层面的两岸服务行业间"民间交流平台"和微观层面的"企业间合作模式"。"制度安排"是指决策层有意识设计或制定的规则。"平台"原是一个工程学的名词,意为一种支撑物体,这里指的是行为体运行所需的条件或环境。"模式"指的是可供效仿的范式,是对重复出现的行为体运行现象的规律性总结。

---

① 朱磊:《马英九与蔡英文执政时期两岸经济关系比较》,《台湾研究》2016年第5期。
② 王嘉纬、黄馨仪:《政府推动服务业跨国结盟可扮演之角色》,(台)《台湾经济论衡》2013年第3期。

根据合作主体的不同，海峡两岸服务业民间合作机制可从宏观、中观和微观三个层面进一步细分，即两岸服务业民间合作宏观机制、两岸服务业民间合作中观机制及两岸服务业民间合作微观机制。两岸服务业民间合作宏观机制主要以两岸服务业相关公权力部门为主体，体现为两岸服务业民间合作宏观层面的"制度安排"，当前两岸服务业民间合作宏观机制指的是宏观层面既有的"制度安排"；两岸服务业民间合作中观机制主要以各服务行业为主体，体现为行业民间组织所搭建的中观行业"合作平台"；两岸服务业民间合作微观机制主要以两岸服务业企业为主体，体现为两岸企业间的"合作模式"。两岸服务业民间合作宏观机制、中观机制和微观机制相互关联、相互协调、相互约束，协同促进两岸服务业民间合作机制这一系统的发展（见图1）。

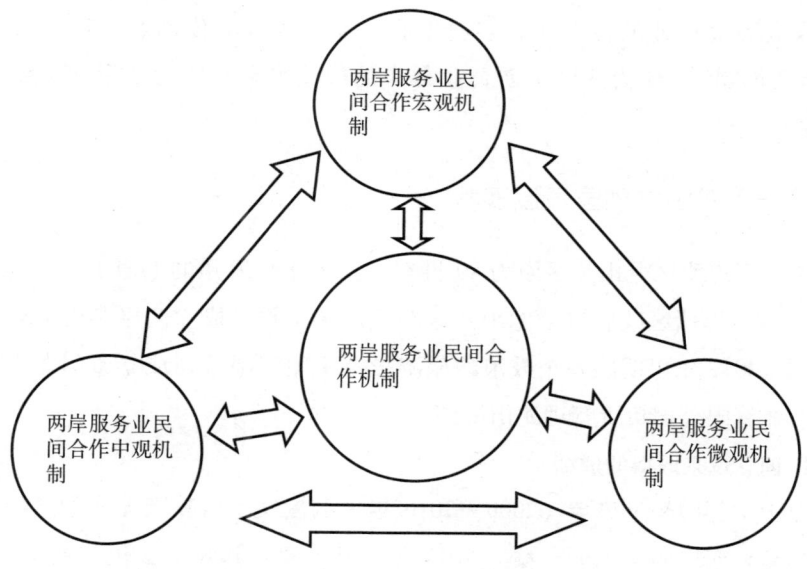

图1　两岸服务业民间合作机制

资料来源：本研究整理，2016年2月。

二　海峡两岸服务业民间合作机制在龙山文创园发展中的运用

前文主要探讨了"海峡两岸服务业民间合作机制"的相关概念，下文将探讨该机制在厦门市海峡两岸龙山文化创意产业园个案中的运用。本研究所举案例均为龙山文创园内企业。

联合国教科文组织将文化产业定义为"按照工业标准生产、再生产、储存以及分配文化产品和服务的一系列文化活动"。① 创意产业是指具有原创性、具备明显知识经济特征和高度文化含量的一种产业。在我国大陆和港澳台地区,"文化产业"经常与"创意产业"连用,合称"文化创意产业"。② 2012 年,国家统计局重新界定文化及相关产业的分类标准,共计 10 大类,其中"文化创意和设计服务"首次被提出,具体包括广告业,多媒体、动漫游戏软件开发,数字动漫、游戏设计制作,房屋建筑工程设计服务,室内装饰设计服务,风景园林工程专项设计服务,专业化设计服务。③ 可见文化创意产业的各类业态多属于服务业。两岸文化创意产业园(简称"两岸文创园")作为两岸文创企业合作的载体平台,成为两岸文创企业的集聚点。

(一)龙山文创园发展现状

厦门市思明区龙山片区原为 20 世纪八九十年代所建的老旧工业厂房。自 2009 年起,思明区政府启动龙山片区转型改造工作,成立两岸龙山文化创意产业园,2012 年思明区国企鼓浪屿旅游投资集团有限公司成立厦门龙山文化创意产业有限公司负责管理龙山文创园。

1. 创立以来取得的成绩

龙山文创园经过 7 年(2009~2016 年)的发展,由默默无闻的老旧厂房成长为驰名两岸的文创园。截至 2017 年 3 月,园区共吸引文化创意企业 570 家,其中台资企业 35 家。园区内现有台胞及创业青年人数近 100 人,涵盖雕塑作品、创意陶瓷、影视制作、台湾特色音乐教育等文化创意领域。为促进台湾青年到大陆创业发展,园区于 2016 年 4 月正式成立了"启达台湾创业青年

---

① 熊俊莉:《初析两岸文化创意产业的发展与合作》,《台湾研究》2013 年第 6 期。
② 金元浦:《文化创意产业概论》,高等教育出版社,2010,第 119~120 页。
③ 陈劼:《厦台发展文化创意产业的政策支持比较研究》,《台湾研究集刊》2015 年第 3 期。

对接中心",该中心成为两岸青年创新创业基地。园区曾先后获得"福建省十大重点文化产业园区""中国创意产业最佳园区奖"等荣誉称号,成为福建省唯一获"龙腾奖"殊荣的文化创意产业园,同时入选国家级闽台文化产业试验基地。

2. 业态

龙山文创园引进和发展的文化创意产业业态包括以下几项,如以工业设计、服装设计、产品包装设计、建筑装修设计为主要内容的创意设计,新闻出版、广播影视制作、动漫制作、数字内容与新媒体、文化贸易、电子商务、文创教育培训等。其中,重点扶持"创意设计""数字内容与新媒体"两类业态。

(二)海峡两岸服务业民间合作宏观、中观、微观机制在龙山文创园发展中的运用

1. 宏观层面:两岸公权力部门相关制度安排对龙山文创园发展的促进作用

海峡两岸服务业民间合作宏观机制指的是以海峡两岸服务业相关公权力部门为主体的顶层设计,主要体现为"制度安排"。这里的"制度安排"指决策层有意识设计或制定的规则。在两岸政经新变局下,服务业合作既有的"制度安排"主要包括双方相关市场开放等一系列政策的出台,如大陆于2001年加入WTO之后,不断开放服务业市场,越来越多的台商赴大陆投资服务业。从2009年开始,台当局亦对大陆逐渐开放了一些服务业市场。在本案例中,为了招商引资、促进园区内文创产业集聚,大陆地方政府亦针对入驻企业制定了相关优惠政策。大陆各级政府对园区台资企业及陆资企业的优惠政策主要体现在如下方面。

(1)国家层面惠台政策

①税收优惠政策,台商登陆初期给予税收优惠,如实施"两免三减半"税收优惠政策,即第一、第二年免企业所得税,第三、第四、第五年企业所得税减半。但从2006年开始,中央提倡"国民待遇",各地都取消了"两免三减半"税收优惠政策。因此,2006年之前登陆的台资企业均能享受税收优惠政策。龙山文创园内的有些台资企业很早就在大陆发展,后因园区优惠政策入驻园区,如台湾陆宝陶瓷有限公司1993年进入大陆,2015年入驻园区,其在

大陆发展初期便享受了大陆的税收优惠政策。

②土地优惠政策，由于两岸特殊的政治关系，大陆政府为吸引台商到大陆投资创业、促进两岸关系发展，给予台商各种土地优惠政策，大陆各级政府对台资企业的土地取得、地段、地价都给予优先照顾。

③ECFA及《海峡两岸服务贸易协议》，2010年6月，两岸"两会"（海协会与海基会）签署了《海峡两岸经济合作框架协议》（ECFA）。ECFA明确提出了"逐步减少或消除彼此间的贸易和投资障碍，创造公平的贸易与投资环境"。ECFA的签署及生效被视为两岸经济合作的里程碑，不仅通过早期收获清单的落实开启两岸服务业投资合作以及货物贸易零关税进程，而且通过后续协商的循序推进为两岸经济深化合作营造相应的制度环境。2011年1月1日，ECFA服务贸易早期收获计划正式启动，台商进军大陆服务业步伐加快。大陆和台湾双方均陆续开放一些服务业市场。大陆对台湾开放了保险、金融、证券、会计审计服务、电脑服务、会议服务、医疗服务等市场。

2013年，两岸"两会"签署的《海峡两岸服务贸易协议》（以下简称"协议"）是迄今为止关于两岸服务业合作最新、最完整的制度安排。协议对两岸服务业（包括文创业）市场的开放、合作做出了有利于双方互利共赢的制度安排。但协议由于民进党的阻挠等因素在台湾岛内受阻，导致上述优惠政策无法实现。

（2）地方政府层面对入驻园区企业的优惠政策

为进一步推动思明区文化创意产业发展壮大，推进龙山文创园项目转型改造，促进产业集聚发展，加强龙头项目、高端人才的引进，将龙山打造成海峡两岸青年创意梦工厂等，2015年，厦门市思明区政府出台《思明区鼓励扶持海峡两岸龙山文化创意产业园发展若干规定》，其优惠政策如表1所示。

综上，无论是国家层面还是地方政府层面的优惠政策，均为台资企业进入大陆及其园区发展的主要动力之一。龙山文创园的两岸企业在很大程度上受到上述优惠政策、双方市场相互开放等制度安排的吸引而入驻园区发展。

表1 厦门市思明区政府鼓励扶持龙山文创园政策

鼓励扶持政策	具体内容
①给予改造旧厂房补助	自我转型的业主或运营商对一幢以上园区老旧工业厂房进行基础性改造并通过核实验收后,按项目入驻并产生营业收入的文创企业实际经营面积(不含车库等附属设施),给予每平方米200元、总额最高不超过500万元的改造补助
②扶持两类重点业态	对园区内的"创意设计""数字内容与新媒体"企业,年营业额达到100万元及以上的,按营业额的1%给予补助,每年最高不超过100万元。同时,对新注册或思明区外新迁入园区的上述两类业态企业,租期两年以上的再给予每月每平方米不超过20元、每年不超过30万元、为期不超过3年的租金补贴
③给予创意人才免费办公场所和租金补贴	对文化创意领军人物或优秀团队入驻园区的,无偿提供不超过500平方米的办公场所,或给予相同面积每月每平方米不超过50元的租金补贴,最长不超过三年。同时,对由思明区主(承)办的或国内外有较大影响力的创业竞赛中获奖项目入驻园区的,也可无偿提供一定面积的办公场所或给予一定金额的租金补贴,最长不超过三年。此外,对文化创意领军人物或优秀团队主要负责人,还可按照《思明区引进和扶持总部经济和重点产业人才暂行办法》(厦思委办〔2014〕40号)给予补助
④给予活动补贴和获奖项目奖金	对在园区内举办有较大影响力的市场化文化创意活动(如节庆、赛事、论坛等)的主办方,给予20万~50万元一次性经费补贴。同时,对获得国际级、国家级奖项或称号的园区内文创企业或项目,分别给予100万元、50万元一次性奖励
⑤给予贷款利息补贴	对因发展文化创意产业项目(含项目改造)向金融机构融资的,每年按其实际支付贷款利息的50%给予补贴,最高不超过50万元

资料来源:根据《思明区鼓励扶持海峡两岸龙山文化创意产业园发展若干规定》整理而成,2017年4月。

2. 中观层面:两岸服务业民间交流平台对龙山文创园的促进作用

两岸服务业民间合作中观机制主要体现为两岸各服务行业民间组织为促进两岸服务业合作而搭建的民间交流平台。就文创业而言,这些民间交流平台可分为三大类,一是行业协会交流合作平台,二是活动类民间交流合作平台,三是行业电子商务合作平台。下面本研究将分析这三类平台对龙山文创园的促进作用。

(1)行业协会交流合作平台

行业协会是介于政府与企业之间、行政司法部门规范管理与企业自我调整约束之间的一种中间协调组织,发挥着桥梁和纽带的作用,为两岸行业合作发展搭建了良好的平台。行业协会主要发挥政令宣达、下情上传,向业界输送人才以及协调两岸行业、企业间合作发展等作用。这些协会协助政府主管部门完善行业或两岸行业合作发展规划，制定政策法规，规范市场竞争秩序，协调行业企业与行政管理部门、司法部门之间，行业与其他行业之间，企业与企业之间的关系，并开展行业领域研究，举办交流活动，提供信息咨询及各种行业培训，为行业的发展输送大量人才等，从而推动行业发展，促进行业、企业合作。① 例如，两岸文创协会、大陆文创协会、台湾文创协会这样的中观交流平台对整个文创业的促进作用较大，尤其对于亟须提升知名度的两岸中小微文创企业，其促进作用更大。这种平台促进了文创产业的发展，无形中也有助于文创企业的发展，因为只有文创产业发展了，身居其中的文创企业方能在更好的产业平台上大显身手，打造更加美好的未来。2015年，在第二届海峡论坛·高峰设计论坛现场，园区内厦门市工业设计学会与台湾工业设计学会、台湾中华文创学会，分别签订了合作协议。园区内大陆企业厦门斯玛特则通过与台湾云端协会合作，在云端开发两岸互联网远程培训课程，使两岸的沟通学习更加便利，获得了可观的效益。

（2）活动类民间交流合作平台

活动类民间交流合作平台有两岸某文创行业博览会、两岸某文创行业节庆活动、两岸文创业论坛等。业界、政界和学界通过举办研讨会、博览会、创意大赛等活动，为两岸文创业合作发展搭建了良好的平台。两岸业界人士聚在一起交流学习，交换经营心得，获取商业资讯，探讨今后企业合作、市场运作等可能共同面对的问题，相互协调，寻找解决方法，促进合作。例如，两岸文化产业博览会对加强两岸文化产业的交流与分享，增加双方在文化产业领域的互信与合作，共同提升两岸文化产业的国际竞争力，具有非常重大的意义，"两岸文化产业博览会"这一平台，将为两岸文化产业合作发展激荡出更多创新的火花。龙山文创园自2011~2017年连续多年组织园区内重点企业参加台湾文博会，与台湾的文化企业和文创园交流合作，学习台湾文化创意产业发展的原创经验和做法。园区内"中华两岸名家美博馆"馆长翟铸认为：对于从事文创的艺术家而言，举办个人展或两岸联展是艺术家向社会展现作品的重要机会，借助此类平台可扩大其知名度和美誉度。

---

① 张琰：《生产性服务业创新问题研究》，复旦大学出版社，2012，第232页。

（3）行业电子商务合作平台

随着网络技术的发展，电子商务的低成本运营吸引了不少商家和消费者的注意力。互联网和电子商务改变了人们的消费习惯，互联网和移动互联网成为主要的消费信息获取渠道。行业电子商务平台所创造的 B2B 模式（Business to Business）、B2C 模式（Business to Consumer）、O2O 模式（Online to Offline）对两岸文创业间的合作发挥了十分重要的作用。例如，厦门斯玛特工业设计有限公司运营的三维创客 3D 打印技术云平台生态圈，借力两岸行业电子商务平台实现了智能制造与两岸互联网的完美融合，云平台把核心 3D 打印技术融入"互联网＋"，同时整合大数据的商业运作模式，用"互联网＋"的 O2O 商业思维，线上做 3D 云平台采集大数据，线下打造消费圈、企业圈、创业圈、产品圈、采集圈，打造 3D 产业生态圈，开创产品设计生产营销新模式。

综上，在两岸文创业合作共赢上，行业协会、博览会、赛事、论坛、行业电子商务平台等两岸民间交流平台发挥着不可替代的积极作用，这些平台有力地促进了龙山文创园内外两岸行业企业的合作发展。

3. 微观层面：龙山文创园内两岸企业间的合作模式

企业是产业活动最基本的单元，也是两岸产业合作的微观基础。两岸服务业民间合作微观机制以两岸服务业企业为主体，更多地体现为企业间的"合作模式"。随着两岸经济交流的发展及两岸各自经济实力的变化，两岸服务业企业间的合作模式由以往的"飞地"模式①演进为股权合作、产业链的配合、连锁加盟、共同研发、共创品牌和共同开拓世界市场等更深层次的合作模式。在龙山文创园的发展历程中，园区内外两岸企业有着广泛的合作关系。其合作模式由浅入深主要有以下三种。

（1）产业链的配合

目前两岸企业间的合作模式之一是产业链中的"纵横向关联企业合作"，即产业链的配合。本研究调研的园区台资或合资企业均与大陆企业存在产业链的配合关系。产业链是产业经济学中的一个概念，是各个产业部门之间基于一定的技术经济关联，并依据特定的逻辑关系和时空布局关系客观形成的链条式

---

① "飞地"模式指和当地的经济体系几乎没有任何实质性接触，却跟母国或母区域各类经济体关系密切。

关联关系形态。刘刚（2005）认为，产业链是基于分工经济的一种产业组织形式，它强调相关产业或企业之间的分工合作关系，这种分工合作关系表现为企业间的供需关系。① 正是这种相互需求，使在大陆发展的台资及陆台合资企业在产业链的横向、纵向配合十分紧密。其原材料供应商部分或全部为大陆制造业企业，因为在大陆就地取材，时空上比较便利，成本也相应降低。而开辟大陆内需市场，以最近的市场为销售对象，更能降低运输、销售等各种运营成本。因而，与大陆企业进行产业链的配合，是降低台资企业运营成本的有效途径。这种合作模式还有助于台资企业扎根大陆，带动大陆经济发展。例如，台湾陆宝陶瓷有限公司在大陆有200多家直营店，不少大陆企业成为其代理商，其产品主要销往大陆市场。台湾万星文化传播有限公司在影视制作、演员和编剧培训、译制中心、影视观光展览、影视青创等影视产业上下游产业链中均不同程度地和大陆影视公司开展合作。大陆企业洛可可设计公司与台湾大同股份有限公司合作，负责台湾大同电饭锅在大陆的互联网营销。

（2）共同研发

两岸企业通过共同研发，可以获得互补性技术，增强技术优势，获取有形及无形资源，迅速缩短产品研发的周期，降低研发成本和风险，并快速地适应大陆市场。其实质是发挥两岸各自在技术创新中的比较优势，以谋求自身利益的最大化。在本研究所调研的园区内台资或陆资企业中，多数存在两岸共同研发产品的现象。例如，厦门大雅传奇文化传播有限公司与台湾工业设计师叶书宏共同研发设计的PLA电源一举夺得2015年德国红点设计大奖。厦门昌翰文化传媒有限公司组织两岸明星合作拍摄电影电视剧，已完成《爱在日月潭》《云水谣》等200多部两岸题材的影视作品。

（3）股权合作

"股权合作"，即合资，双方各持一定比例的股份，由持股比例高的一方掌握控股权。它属于比较深度的合作，双方各持一定的股份，需要共担风险，共负盈亏，除非合作效益差，否则合作不易中断。台资文创企业通过与大陆企业合资，以一定股权投资参与拓展大陆文化消费内需市场。具体而言，就是以较低的成本进入大陆市场，借助大陆实力较强企业广泛的客户基础和市场通

---

① 张琰：《生产性服务业创新问题研究》，复旦大学出版社，2012，第26页。

路，获取较高的投资回报，通过参股，还可以进一步掌握大陆相关行业经营管理的优劣势和商业秘密，特别是高端客户的信息，以便在开拓大陆市场时制定更有针对性的竞争对策。例如，台湾万星文化传播有限公司（以下简称"万星"）和与福建电影制片厂股份有限公司（以下简称"福影"）从早期互播剧、合拍片等初步合作走向如今资本和项目的深度合作。2016年，万星与福影共同合资创办海峡两岸影视制作基地，万星占51%股权，福影占49%股权，万星拥有控股权。

有效的合作机制，可以促进并深化两岸行业、企业间的合作。在两岸服务业民间合作宏观机制上，"制度安排"处于主导地位，对搭建合作平台、规范合作模式具有指导作用。两岸公权力部门既有的宏观层面"制度安排"对龙山文创园发挥了积极的促进作用，如一系列园区优惠政策降低了入驻企业的运营成本，对台开放大陆内需市场拓展了台资企业的发展空间等。而在中观合作机制中，行业协会、博览会、论坛、电子商务平台等中观层面的民间交流平台则对园区内外两岸行业企业合作发展起着桥梁和纽带的作用。在民间合作微观机制中，则以两岸服务业企业为主体，主要体现为两岸微观企业间的"合作模式"，其合作行为既受到宏观"制度安排"和中观合作"平台"的积极影响，也同时受到两者的约束。龙山文创园在两岸顶层设计的制度安排下，在两岸行业民间组织搭建的合作平台上，以及两岸企业间稳定的合作模式下，与大陆服务业宏、中、微观各层面行为体形成了稳定的合作机制，其发展壮大离不开两岸服务业民间合作宏观、中观、微观三个层面机制的协同影响。

B.26
台湾文创资本市场发展与价值创造

薛明贤　杨昌田*

摘　要： 本文旨在探讨台湾资本市场如何协助文创事业创造价值。通过会计与财务分析的角度分析台湾资本市场对于台湾文创事业之评价，了解文创事业如何创造其价值。当文创事业选择上市上柜后，其资产规模逐年增加，营收、获利能力亦逐年提升。从我们会计比率分析，更发现，随着企业资产规模扩大，其资产运用效率反而提升，获利能力提升。我们辅以市值账面值比来看市场如何评价文创事业。随着文创活动逐渐成为台湾发展软实力的重要活动，市场投资人对于文创事业的评价逐步上升。市值账面值比在文创事业上市上柜时间越长，其市值账面值比逐年增加。

关键词： 文创事业　资本市场　获利能力　价值创造

关于资本市场如何协助文创事业创造价值，以往的研究主要探讨企业上市之效益时，指出企业上市后可增加募集资金的管道（Ritter and Welch, 2002; Ritter, 2011）；① 让企业股票在市场中自由买卖，提升企业知名度（Ritter and

---

* 薛明贤，彰化师范大学会计学系助理教授；杨昌田，彰化师范大学会计学副教授兼荣誉所长。
① Ritter, J. R. and I. Welch, "A Review of IPO Activity, Pricing, and Allocations," *Journal of Finance*, 2002, 57, 1795–1818; Ritter, J. R., "Equilibrium in the Initial Public Offerings Market," *Annual Review of Financial Economics*, 2011, 3, 347–374.

Welch，2002；姜尧民、戴维芯，2016）；① 调整企业股权结构，降低负债过多所造成的破产风险；② 未上市企业可借由上市令其真实价值随着上市后的充分信息揭露而显现之。企业上市后亦可降低其融资成本。③ 综合上述文献，资本市场发展协助企业拓展融资管道、降低融资成本、充分反映其真实价值。

有别于资本支出（Capital Expenditure），文创事业商业模式多为创造、创意发展之无形资产（Intangible Assets）投资。相较于投资无形资产，企业选择投资资本支出时，已大幅降低未来现金流量之不确定性，故在评估资本支出所创造的价值时，较为明确。相反，无形资产的投资所带来的未来现金流量高度不确定，加剧投资人评估文创事业效益价值之困难度与外部人的信息不对称。据此，当投资人针对以无形资产投资为主的文创事业进行投资时，其要求的报酬率也相较其他以资本支出为主的产业来得高。Brown、Fessari 和 Petersen 亦指出，以债务融资进行无形资产投资较为困难，其主要因为该无形资产并无公允价值，不易使其作为担保品。相对于债务融资，权益融资较容易取得，因为权益投资人（股东）可以承受较大的下方风险。即使权益投资人承受较高之下方风险而要求较高的报酬，企业对于无形资产融资仍以权益融资为主。Brown、Fessari 和 Petersen 发现以投资为主的企业在 1990 ~ 2000 年 .com 泡沫化前易于取得权益资金，投资于研发活动。随之从 1990 年起，美国 GDP 逐步成长。2000 年 .com 泡沫化后，相关企业取得资金成本提高，对于无形资产投资亦随之下滑。2003 年后，GDP 开始衰退。由此可以发现企业从事研发、创新活动对经济成长影响所巨。④

据上所述，权益资本市场健全对于以发展无形资产之相关产业发展影响甚大。以创造、创意发展之无形资产投资为主的文创事业亦受权益资金影响。本

---

① Ritter, J. R. and I. Welch, "A Review of IPO Activity, Pricing, and Allocations," *Journal of Finance*, 2002, 57, 1795 – 1818；姜尧民、戴维芯：《台湾股票初次上市柜相关研究文献回顾》，《经济论文丛》2016 年第 44 期。

② Chemmanur, T. J. and P. Fulghieri, "A Theory of the Going-public Decision," *The Review of Financial Studies*, 1999, 12: 249 – 279.

③ Pagano, M., F. Panetta, and L. Zingales, "Why do Companies Go Public? an Empirical Analysis," *The Journal of Finance* 1998, 53: 27 – 64.

④ Brown, J., S. M. Fazzari, and B. C. Petersen, "Financing Innovation and Growth Cash Flow, External Equity, and the 1990s R&D Boom," *The Journal of Finance*, 2009, 64: 151 – 185.

研究试图检视目前台湾资本市场对文创产业发展之影响。借由会计、财务评价模型,了解台湾资本市场如何提升文创产业之价值创造活动,使其发展更具规模经济。

一 台湾文创产业资本市场发展

目前台湾文创事业发展之资金来源主要有三:①政府优惠贷款;②政府资金奖补助;③权益资本市场。依据"文化创意产业发展法"第19条,建立融资与信用保证机制,并提供优惠措施引导民间资金投入,以协助各经营阶段之文化创意事业取得所需资金。依据2017年3月24日公告之文化创意产业优惠贷款要点,贷款之资金总额度为新台币250亿元。贷款范围及内容如下。①有形资产:指从事投资或创业活动必要取得之营业场所(包含土地、厂房、办公室、展演场)、机器设备、场地布景、计算机软硬件设备(包含办理信息化之软硬件设备);②无形资产:指从事投资或创业活动必要取得之知识产权(包含专利权、商标权、著作财产权等);③营运周转金:指从事投资或创业活动时必要之营运资金;④新产品或新技术之开发或制造;⑤从事研究发展、培训人才之计划。文化创意产业优惠贷款要点的贷款申请类别及额度可以分为如下几类:第一类:核贷额度最高不得超过新台币1亿元;第二类:核贷额度最高不得超过新台币3000万元;第三类:取得政府机关各类计划补助之申请者,核贷额度最高不得超过新台币500万元;第四类:已自行向金融机构取得贷款,仅为申请利息差额补贴者,申请人通过审查后,获文化主管部门核准函,贷款利息由文化主管部门按年利率补贴最高2%,其利息补贴最高额度计算基础,以核定融资总额度新台币3000万元为上限。

在"政府资金奖补助"方面,台湾2017年度有"文化创意产业补助计划""文创产业创业圆梦计划奖补助""辅导艺文产业创新育成补助计划""文创之星创意加值竞赛"。以"文化创意产业补助计划"为例,文化主管部门依据"文化创意产业发展法"第12条及"文化主管部门协助奖励或补助文化创意事业办法"办理此计划。该计划依申请类别分为研发生产组、品牌营销与市场拓展组、跨界应用组。申请研发生产组最高可获补助新台币300万元;申请品牌营销与市场拓展组、跨界应用组最高可获补助新台币500万元。受补助者可研提3年以内之计划，若获文化主管部门审核通过，于年度结束前由文化主管部门评核其执行成效，作为核定下一年度补助额度或停止经费补助之依据。上述三项政府资金奖补助计划，申请"文化创意产业发展法"可获得较高金额之补助。然从计划撰写、申请、考核等流程来看，对于新兴文创事业主来说，获得补助与持续获得补助是个具挑战性的工作。且新台币500万元是否能于三年内支持新兴文创事业主发展其事业，对事业主来说甚是挑战。

依据Brown and Petersen研究，无形资产投资（特别是研究发展活动投资）需要靠持续不断的投入才能将研究发展活动转化为专利权资产。[①] 故确保资金的永续性对以无形资产投资为主的文创事业来说，是重要的成功要素。Brown、Fessari和Petersen指出，权益资金将会是确保企业能够获得稳定资金的来源。[②]

二 台湾上市上柜文创事业公司现状

在"权益资本市场"方面，本文利用"台湾经济新报数据库"下载文创事业上市上柜财务会计资料来了解台湾资本市场对文创事业的影响。如表1资料所示，台湾于1992年之上市上柜文创事业公司为1家，至2016年底，上市上柜文创事业公司增至25家。

以诚品生活（2926）为例，其成立于2005年，2011年股票公开发行，2012年兴柜登录挂牌，2013年正式上柜挂牌。[③] 诚品生活2016年股东会年报指出："诚品生活作为'文化创意产业'的通路平台品牌，横跨零售服务产业与观光休闲产业，在景气严峻的时机，不以持续大幅加码之贩促活动争取营收，坚持深化'创意经济的全平台'策略定位，聚焦场所精神、活动体验、精致选品与优质服务为经营主轴，致力于两岸三地深耕发展。"根据其2016

---

① Brown, J. and B. C. Petersen, "Cash Holdings and R&D Smoothing", *Journal of Corporate Finance*, 2011, 17: 694 - 709.
② Brown, J., S. M. Fazzari, and B. C. Petersen, "Financing Innovation and Growth Cash Flow, External Equity, and the 1990s R&D Boom", *The Journal of Finance*, 2009, 64: 151 - 185.
③ 由于企业在台上市上柜必须揭露其上市上柜前会计信息，以致"台湾经济新报数据库"亦收录企业上市上柜前会计信息。表1显示"诚品生活"于2008年已有会计资料，但该公司于2013年才正式上柜。

年股东会年报资料，2005~2011年，诚品于台北、台东、台中分别设立分店。其中，于2012年时，公司除了于兴柜登录挂牌外，同年获得台湾《天下杂志》金牌服务大赏"百货/购物中心类别"第一名；同年亦于香港开立首间分店。2013年，公司除了正式挂牌上柜外，当年度推出两大自有品牌：以台湾新锐设计师服饰为主的品牌"AXES"和以生活创意商品为主的品牌"expo"。2014~2016年，诚品生活亦于台南、高雄、苏州、香港陆续开立分店。2016年与2017年，分别被CNN Travel评选为"World's coolest department stores；世界最酷百货"之一、台湾Cheers杂志调查"新世代最向往企业"第一名。

以诚品生活（2926）为例，我们可以发现，资本市场对于文创事业发展有重要的裨益。2012年兴柜、2013年上柜后，诚品生活在知名度上有所提升，成为台湾"新世代最向往企业"第一名。同时，上柜后的诚品生活在经营规模上，也跨足大陆、香港。诚品生活也成立以台湾新锐设计师服饰为主的"AXES"、以生活创意商品为主的品牌"expo"。这两个品牌的成立，显示诚品生活不仅作为文创产品的通路，亦挖掘与培养台湾微型文创产业人才。透过其企业资源与品牌，协助文创产业人才发展其创意工作，同时透过诚品品牌营销宣传资源与商品辅导、销售服务、经营管理等丰富教育训练，让整个文创产业发展更为多元与成熟。这也是凸显资本市场对于企业规模的扩展、引进专业经理人、协助企业发展、开发新兴市场有其显著的效益。

表1 上市上柜文创事业家数

单位：家

年度	公司名称（股票代码）	家数
1992	时报（8923）	1
1993	时报（8923）	1
1994	智冠（5478）、昱泉（6169）、时报（8923）	3
1995	智冠（5478）、得利影（6144）、昱泉（6169）、橘子（6180）、时报（8923）、琉园（9949）	6
1996	智冠（5478）、得利影（6144）、昱泉（6169）、橘子（6180）、时报（8923）、琉园（9949）	6
1997	华义（3086）、智冠（5478）、得利影（6144）、昱泉（6169）、橘子（6180）、时报（8923）、琉园（9949）	7

续表

年度	公司名称(股票代码)	家数
1998	华义(3086)、鈊象(3293)、智冠(5478)、大宇资(6111)、得利影(6144)、昱泉(6169)、橘子(6180)、时报(8923)、琉园(9949)	9
1999	华义(3086)、鈊象(3293)、智冠(5478)、大宇资(6111)、得利影(6144)、昱泉(6169)、橘子(6180)、时报(8923)、琉园(9949)	9
2000	泰伟(3064)、网龙(3083)、华义(3086)、鈊象(3293)、智冠(5478)、大宇资(6111)、得利影(6144)、昱泉(6169)、橘子(6180)、时报(8923)、琉园(9949)	11
2001	泰伟(3064)、网龙(3083)、华义(3086)、鈊象(3293)、宇峻(3546)、智冠(5478)、大宇资(6111)、得利影(6144)、昱泉(6169)、橘子(6180)、时报(8923)、琉园(9949)	12
2002	泰伟(3064)、网龙(3083)、华义(3086)、鈊象(3293)、宇峻(3546)、智冠(5478)、大宇资(6111)、得利影(6144)、昱泉(6169)、橘子(6180)、时报(8923)、琉园(9949)	12
2003	泰伟(3064)、网龙(3083)、华义(3086)、鈊象(3293)、宇峻(3546)、乐升(3662)、智冠(5478)、大宇资(6111)、得利影(6144)、昱泉(6169)、橘子(6180)、时报(8923)、琉园(9949)	13
2004	泰伟(3064)、网龙(3083)、华义(3086)、鈊象(3293)、宇峻(3546)、乐升(3662)、欧买尬(3687)、智冠(5478)、大宇资(6111)、得利影(6144)、昱泉(6169)、橘子(6180)、时报(8923)、琉园(9949)	14
2005	泰伟(3064)、网龙(3083)、华义(3086)、鈊象(3293)、宇峻(3546)、乐升(3662)、欧买尬(3687)、智冠(5478)、大宇资(6111)、得利影(6144)、昱泉(6169)、橘子(6180)、时报(8923)、琉园(9949)	14
2006	泰伟(3064)、网龙(3083)、华义(3086)、鈊象(3293)、宇峻(3546)、乐升(3662)、欧买尬(3687)、辣椒(4946)、智崴(5263)、智冠(5478)、大宇资(6111)、得利影(6144)、昱泉(6169)、橘子(6180)、时报(8923)、琉园(9949)	16
2007	泰伟(3064)、网龙(3083)、华义(3086)、鈊象(3293)、宇峻(3546)、乐升(3662)、欧买尬(3687)、辣椒(4946)、智崴(5263)、尚凡(5278)、智冠(5478)、大宇资(6111)、得利影(6144)、昱泉(6169)、橘子(6180)、华研(8446)、时报(8923)、琉园(9949)	18
2008	诚品生活(2926)、泰伟(3064)、网龙(3083)、华义(3086)、鈊象(3293)、宇峻(3546)、乐升(3662)、欧买尬(3687)、辣椒(4946)、智崴(5263)、尚凡(5278)、智冠(5478)、大宇资(6111)、得利影(6144)、昱泉(6169)、橘子(6180)、华研(8446)、时报(8923)、琉园(9949)	19
2009	诚品生活(2926)、泰伟(3064)、网龙(3083)、华义(3086)、鈊象(3293)、宇峻(3546)、乐升(3662)、欧买尬(3687)、辣椒(4946)、智崴(5263)、尚凡(5278)、智冠(5478)、大宇资(6111)、得利影(6144)、昱泉(6169)、橘子(6180)、华研(8446)、时报(8923)、琉园(9949)	19

续表

年度	公司名称(股票代码)	家数
2010	诚品生活(2926)、泰伟(3064)、网龙(3083)、华义(3086)、钰象(3293)、宇峻(3546)、乐升(3662)、欧买尬(3687)、辣椒(4946)、智崴(5263)、尚凡(5278)、智冠(5478)、大宇资(6111)、得利影(6144)、昱泉(6169)、橘子(6180)、华研(8446)、霹雳(8450)、时报(8923)、琉园(9949)	20
2011	诚品生活(2926)、泰伟(3064)、网龙(3083)、华义(3086)、钰象(3293)、宇峻(3546)、乐升(3662)、欧买尬(3687)、辣椒(4946)、智崴(5263)、尚凡(5278)、智冠(5478)、大宇资(6111)、得利影(6144)、昱泉(6169)、橘子(6180)、弘煜科(6482)、华研(8446)、霹雳(8450)、时报(8923)、琉园(9949)	21
2012	诚品生活(2926)、泰伟(3064)、网龙(3083)、华义(3086)、钰象(3293)、宇峻(3546)、乐升(3662)、欧买尬(3687)、VHQ-KY(4803)、升华(4806)、辣椒(4946)、智崴(5263)、尚凡(5278)、智冠(5478)、大宇资(6111)、得利影(6144)、昱泉(6169)、橘子(6180)、弘煜科(6482)、隆中(6542)、华研(8446)、霹雳(8450)、三贝德(8489)、时报(8923)、琉园(9949)	25
2013	诚品生活(2926)、泰伟(3064)、网龙(3083)、华义(3086)、钰象(3293)、宇峻(3546)、乐升(3662)、欧买尬(3687)、VHQ-KY(4803)、升华(4806)、辣椒(4946)、智崴(5263)、尚凡(5278)、智冠(5478)、大宇资(6111)、得利影(6144)、昱泉(6169)、橘子(6180)、弘煜科(6482)、隆中(6542)、华研(8446)、霹雳(8450)、三贝德(8489)、时报(8923)、琉园(9949)	25
2014	诚品生活(2926)、泰伟(3064)、网龙(3083)、华义(3086)、钰象(3293)、宇峻(3546)、乐升(3662)、欧买尬(3687)、VHQ-KY(4803)、升华(4806)、辣椒(4946)、智崴(5263)、尚凡(5278)、智冠(5478)、大宇资(6111)、得利影(6144)、昱泉(6169)、橘子(6180)、弘煜科(6482)、隆中(6542)、华研(8446)、霹雳(8450)、三贝德(8489)、时报(8923)、琉园(9949)	25
2015	诚品生活(2926)、泰伟(3064)、网龙(3083)、华义(3086)、钰象(3293)、宇峻(3546)、乐升(3662)、欧买尬(3687)、VHQ-KY(4803)、升华(4806)、辣椒(4946)、智崴(5263)、尚凡(5278)、智冠(5478)、大宇资(6111)、得利影(6144)、昱泉(6169)、橘子(6180)、弘煜科(6482)、隆中(6542)、华研(8446)、霹雳(8450)、三贝德(8489)、时报(8923)、琉园(9949)	25
2016	诚品生活(2926)、泰伟(3064)、网龙(3083)、华义(3086)、钰象(3293)、宇峻(3546)、乐升(3662)、欧买尬(3687)、VHQ-KY(4803)、升华(4806)、辣椒(4946)、智崴(5263)、尚凡(5278)、智冠(5478)、大宇资(6111)、得利影(6144)、昱泉(6169)、橘子(6180)、弘煜科(6482)、隆中(6542)、华研(8446)、霹雳(8450)、三贝德(8489)、时报(8923)、琉园(9949)	25

资料来源：台湾经济新报数据库，本文整理。

表 2 为上市上柜文创事业市值与资产总值。依市值来看，1992 年时所有上市上柜文创事业市值加总为新台币 102 亿元；至 2016 年底为止，所有上市上柜文创事业市值加总增至新台币 1471 亿元。若以公司总资产来看，1992 年时所有上市上柜文创事业总资产加总为新台币 73 亿元；至 2016 年底为止，所有上市上柜文创事业总资产加总增至新台币 503 亿元。根据台湾证券交易所之数据，台湾至 2016 年底为止，上市家数共为 892 家。文创事业上市上柜企业仅为 25 家，占总上市家数的 2.8%。根据本文资料，台湾文创事业上市上柜家数逐步增加，代表文创事业企业逐步增加利用资本市场进行募资。然目前文创事业上市上柜家数仅占总上市家数 2.8%，且总上市上柜家数自 2012 年后并未有所增加，代表目前文创事业占整个资本市场比重不大，如何协助文创事业企业顺利上市上柜，增加其资金管道、提高其市场知名度将会是台湾产官学界应思考的方向。

表 2 上市上柜文创事业总市值与资产总值

单位：千元新台币

年度	平均市值	加总市值	平均总资产	加总总资产	家数
1992	10163705	10163705	7257204	7257204	1
1993	12558816	12558816	6844439	6844439	1
1994	12225105	36675315	3765070	11295209	3
1995	3803285	19016423	2255752	13534513	6
1996	4866356	24331782	2574336	15446016	6
1997	6962589	41775534	3324727	23273091	7
1998	6148888	49191102	2740520	24664681	9
1999	3577899	25045296	1312360	11811243	9
2000	5680089	51120797	1885972	20745692	11
2001	4820058	43380519	1365037	15015405	12
2002	4821440	43392956	1543193	18518321	12
2003	5617068	61787752	1662861	21617194	13
2004	5084909	61018904	1687538	23625533	14
2005	4863690	63227973	1774535	24843486	14
2006	5680656	85209841	1754610	28073753	16
2007	5347521	85560330	1524125	27434258	18
2008	4657491	79177354	1486232	28238410	19

续表

年度	平均市值	加总市值	平均总资产	加总总资产	家数
2009	4887826	83093048	1516841	28819973	19
2010	5375048	96750858	1721529	34430588	20
2011	4124549	78366438	1521392	31949232	21
2012	4214667	84293349	1675167	41879183	25
2013	5258784	99916904	1712435	42810873	25
2014	7503346	142561479	1662875	41571883	25
2015	7122980	142459603	1572739	39318472	25
2016	6685355	147077811	2010885	50272117	25

资料来源：台湾经济新报数据库，本文整理。

三 文创事业价值创造分析

若我们从会计的角度来评估文创事业上市后之财务状况，我们可以从投资策略与融资策略相关会计金额来衡量之。本文以无形资产占总资产的比重、负债占总资产的比重、营收金额、税后净利来检视之。表3为分析结果。从所有上市上柜文创事业企业之无形资产的金额来看，至2016年底平均无形资产的金额为新台币2.2亿元，占总资产比例大约为8.02%。从表2的资料来看，2012年后的上市上柜文创事业企业家数皆为25家。若我们从2012年后观察该25家的平均无形资产的金额，我们发现2012年的平均无形资产的金额为新台币2.4亿元，到了2016年为新台币2.2亿元。若我们从2012年起观察该25家的平均总资产的金额，我们发现2012年的平均总资产的金额约为新台币17亿元，到2016年为新台币20亿元。这个结果显示随着企业上市上柜期间越久，企业规模越大。但是在发展无形资产方面，却无法在上市上柜后5年内有明显增长。这也代表企业利用权益资金发展事业时，在企业总资产的版图上的确是有所扩大，但在无形资产的投入上无法在5年内有显著的综效。

从总负债的金额来看权益资本市场是否影响企业融资策略，我们可以发现1992年时平均总负债占总资产的比重为26.24%；至2016年底平均总负债金额为新台币6.5亿元，占总资产比重大约为30%。若我们从2012年起观察该

25家的文创企业，其平均负债总额在2012年为新台币5亿元，占总资产比重大约为27%，而在2016年底为新台币6.5亿元，说明随着上市上柜的文创事业越多，债权机构对于文创事业金之负债融资也越趋开放。相对而言，文创事业透过上市上柜提升其知名度并扩大企业规模，对其举债的能力亦趋增加。

若从营收金额的角度来分析，1992年平均营收为新台币15亿元，随后即使上市上柜家数逐增，但平均营收递减的。若我们从2012年起观察该25家的文创企业，其平均营收为新台币9.3亿元，随后逐年增加。至2016年底，该25家文创企业之平均营收已达新台币11亿元。若从平均净利的角度来分析，1992年平均税后净利为新台币3亿元，平均净利率为26.47%，但是也是随着上市柜家数增加，平均税后净利与平均净利率却是递减的。若我们从2012年起观察该25家的文创企业，其平均税后净利为新台币8000万元、平均净利率为-57.01%，但是至2016年底，平均税后净利已达新台币1.7亿元，平均净利率为10.23%。综合其营收与净利的表现，我们可以看到随着上市上柜时间越久，企业知名度提升，企业规模越大，其营收与税后净利也趋增加。这个发现也支持过去文献提到的企业上市可提升其知名度；[1] 亦可借由上市令其真实价值随着上市后的充分信息揭露而显现之。[2] 随着营收与税后净利增加，文创事业才能立足以支撑现有的经营状况，并投入有助于未来成长的投资。这也支持表2中呈现之文创事业上市后其总资产逐年增加。由此可知，台湾资本市场对于文创事业的发展有着正面影响。

若我们从会计比率分析与市场评价的角度来分析资本市场对文创事业价值的影响，结果如表4所示。我们从权益报酬率（ROE）来分析，1992~2016年间稳定的平均权益报酬基本上介于20%~40%。若我们从2012年起观察该25家新上市上柜的文创企业，其权益报酬率自2012年起的19.27%，成长至2016年的32.59%，说明此25家新上市上柜的文创企业在创造股东价值上有着显著的成长力道。

---

[1] Ritter, J. R. and I. Welch, "A Review of IPO Activity, Pricing, and Allocations", *Journal of Finance*, 2002, 57, 1795–1818；姜尧民、戴维芯：《台湾股票初次上市柜相关研究文献回顾》，《经济论文丛》2016年第44期。

[2] 姜尧民、戴维芯：《台湾股票初次上市柜相关研究文献回顾》，《经济论文丛》2016年第44期。

表3 上市上柜文创事业资产、负债、营收与获利能力分析

单位：千元新台币，%

年度	平均无形资产	平均总资产	无形资产占总资产比重	平均总负债	总负债占总资产比重	平均总营收	平均税后净利	平均净利率
1992	2737742	7257204	37.72	1904340	26.24	1524152	297421	26.47
1993	2742043	6844439	40.06	1742008	25.45	537938	184507	38.27
1994	942322	3765070	16.74	895790	24.46	394625	85855	15.20
1995	406751	2255752	11.82	686096	24.73	1027674	-698346	-36.62
1996	436161	2574336	12.94	1180245	30.06	757558	-715620	-44.62
1997	872069	3324727	12.89	912384	21.15	384690	24325	2.49
1998	748449	2740520	12.42	698292	22.96	499242	59932	-15.06
1999	120605	1312360	7.73	273885	23.86	518911	45207	-13.33
2000	91602	1885972	5.74	738074	39.71	975764	86957	-10.88
2001	106195	1365037	7.81	287778	26.59	311792	69236	7.12
2002	80882	1543193	5.86	448910	27.13	782851	89618	-6.85
2003	83506	1662861	5.79	497482	29.81	657313	75445	-6.17
2004	94838	1687538	7.25	477033	27.49	747933	96009	-24.19
2005	65130	1774535	5.15	504990	26.27	533314	85611	-23.20
2006	56965	1754610	4.77	581784	29.32	710827	114211	-7.76
2007	55416	1524125	5.66	399029	26.30	601444	61296	-14.47
2008	81778	1486232	9.06	417525	25.76	737798	127272	5.68
2009	77258	1516841	8.74	456899	27.55	563827	92737	2.85
2010	91224	1721529	8.93	618464	31.38	886097	110527	-0.31
2011	98998	1521392	9.98	427786	28.68	579036	57178	4.08
2012	239508	1675167	10.92	503961	27.32	932428	84324	-57.01
2013	239719	1712435	9.95	494621	29.13	773530	72425	-10.03
2014	83212	1662875	8.94	524375	31.75	931082	145286	-3.20
2015	84439	1572739	9.43	470833	31.57	1022707	123100	-3.34
2016	216274	2010885	8.02	647186	30.00	1082120	168675	10.23

资料来源：台湾经济新报数据库，本文整理。

表4 财务比率分析

年度	权益报酬率(%)	资产报酬率(%)	资产周转率(%)	市价账面值价比
1992	24.93	4.10	21.00	2.05
1993	21.33	2.70	7.86	2.64
1994	12.12	2.04	14.31	3.80
1995	-21.18	-11.69	55.95	2.01
1996	-28.03	-10.15	43.46	2.91
1997	7.40	0.84	24.86	3.56
1998	10.20	1.64	25.81	4.23
1999	13.76	-3.55	50.45	2.95
2000	20.08	-3.57	54.71	4.10
2001	28.89	8.88	34.90	3.86
2002	26.43	6.54	50.33	3.37
2003	75.22	3.47	45.27	4.11
2004	21.30	2.74	44.72	3.40
2005	19.97	3.93	35.44	3.31
2006	42.25	5.92	35.57	4.00
2007	35.39	4.94	50.23	3.51
2008	23.27	5.53	48.72	3.75
2009	20.14	4.09	40.95	4.30
2010	19.87	4.97	46.40	4.75
2011	7.39	1.47	36.63	3.63
2012	19.27	3.75	49.19	2.91
2013	15.52	0.17	50.48	3.73
2014	29.94	4.25	65.30	4.95
2015	24.15	1.14	64.29	4.59
2016	32.59	6.87	57.41	4.16

资料来源：台湾经济新报数据库，本文整理。

若我们透过资产报酬率（ROA）来分析，1992~2016年稳定的平均资产报酬基本上介于2%~8%。若我们从2012年起观察该25家新上市上柜的文创企业，其资产报酬率自2012年起的3.75%，成长至2016年的6.87%，说明此25家新上市上柜的文创企业在利用资产之报酬之能力逐步成长。若我们以资产周转率来看分析上市上柜的文创企业在使用资产的效率，1992~2016年稳定的平均资产周转率基本上介于30%~60%。若我们从2012年起观察该25家新上市上柜的文创企业，其资产周转率自2012年起的49.19%，成长至2016

年的57.41%，说明此25家新上市上柜的文创企业在利用资产的效率上的确有其能力。根据表2中的总资产资料，其25家新上市上柜的平均总资产逐年增加，理应在使用资产的效率上会随企业扩大，而有所下降。然从资产周转率来分析其资产运用的效率，反而是逐年逐步上升，说明上市上柜的知名度加速企业在营收成长的力道，增加企业运用资产的效率。

最后我们以市价账面值价比来看资本市场如何评估上市上柜文创企业之价值。1992~2016年稳定的平均市价账面值价比基本上介于2~4倍之间。若我们从2012年起观察该25家新上市上柜的文创企业，其平均市价账面值价比自2012年起的2.91倍，逐步成长至2016年的4.16倍。由于市价账面值价比是显示市场投资人对于企业未来发展之期望，高市价账面值价比代表市场对于企业未来发展有着较高的期待，该25家上市上柜文创企业之市价账面值价比从2.91倍，逐步成长至4.16倍，代表台湾资本市场对于文创产业的发展有着正面的看法。而从25家企业的获利状况与投资策略，可以看出资本市场对于企业扩展其企业有其正面的影响，亦正面影响其获利状况。

对于资本市场如何协助文创事业发展，本文提出如下建议。

（一）吸引创投事业对文创事业的投资

由于文创事业靠的是创意，然对于创意活动之鉴价实为困难，若政府无法从中加以协助，文创事业难以利用债权资本市场资金进行发展。因此，权益资本市场将会是非常重要的资金来源，特别是创投资金。创投资金投资人较愿承担下方风险，对于以发展无形资产为主的文创产业将成为重要的管理者。再者，创投事业可以协助文创事业创业家引进专业人士从事组织管理、经营活动，对于文创事业创业家而言，可较于专注于其文化创意发展。随着经营规模逐渐扩大，创投事业可协助文创事业进行上市上柜，以获得更稳定的资金来源。

（二）更开放的资本市场

从本文数据可以发现，自2012年至2016年，文创事业上市上柜企业家数仅有25家。若台湾要发展其软实力，文创产业的发展实为重要。如何辅导文创事业企业扩大其经营规模，增加上市上柜的机会，将会是未来产、官、学界可以思考的方向。

B.27 两岸故宫博物院文化创意产业开发模式研究

吴 静*

摘　要： 作为拥有丰富文物典藏的宝库，博物馆在文化创意产品开发中的重要性在当下被不断强化。北京故宫博物院与台北"故宫博物院"作为两岸博物馆翘楚，近年来在文创产品开发上成绩卓著，积累了大量宝贵经验，并形成了一套有效的开发、生产与营销模式。本文通过数据整理、流程描述、经验概括等方式，勾勒出故宫博物院文创取得成功的开发模式，为当前文创品开发提供思路与范本。

关键词： 故宫　文创开发　产业模式

博物馆因其丰富的历史文物典藏，具备了精神传承、文化教育、价值观引导等多重公共功能，在社会生活中的重要性日益提高。近年来，博物馆行业的发展模式也悄然改变，更贴近普罗大众日常生活，满足多元化社会需求，与其他文化产业结合发展，已成为普遍共识。我国2015年新颁布的《博物馆条例》指出，要鼓励博物馆挖掘藏品内涵，与文化创意、旅游等产业结合，开发衍生产品，增强博物馆发展能力。这既是对此前博物馆文创所取得成果的肯定，更在国家层面对博物馆文化创意产业的发展指明了方向。如何更好地与业界合作，实现传统博物馆经营向文化创意产业方向延伸，也成为当下博物馆界的热点议题。

---

* 吴静，博士，厦门理工学院文化产业与旅游学院文化产业管理系讲师，主要研究方向为艺术博物馆、艺术公共服务等。

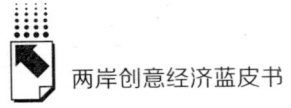
两岸创意经济蓝皮书

一 两岸故宫博物院文创现状概述

（一）两岸故宫文创数据统计

作为两岸博物馆翘楚的台北"故宫博物院"与北京故宫博物院，近年来在文创产品开发上成绩卓著。台北"故宫博物院"从20世纪60年代始就致力于思考如何将文创开发作为博物馆工作重心。其基本创意理念大致经过了几次转型：从2000年倡导仿真思维转向寻求创意的理念到2008年的"博物馆产业化、年轻化、现代化"以及"创设文化创意产业育成中心"，一直到如今秉持的"形塑典藏新活力，创造故宫新价值""OLD IS NEW"的宗旨，台北"故宫"始终没有停止紧跟时代需求和社会变迁特点转变思路的模式，同时台北"故宫"密切配合"打造为世界级观光景点"的营运方针，将博物馆文创平台打造成为交流与创新的文化产业。①

数据显示，近年来台北"故宫"文创产业所占收益比重已经成为其支柱收入来源。2010～2016年，台北"故宫"开发文创产品增至3000多种，礼品部收入从新台币6.47亿元增至近10亿元，成为继门票收入后一大稳定的利润来源。②

和大部分国内博物馆类似，北京故宫现代意义的文化创意产品开发起步晚，并长期以复仿制品和纪念品生产为主，缺乏创意和实用性。2010～2012年，北京故宫团队开始考察世界各大博物馆文创理念，从2013年开始，北京故宫文创在吸收了先进文创理念后促成了观念转型，新开发文化衍生品品种由2013年的195种逐年增加到2015年底的8683种，文创产品销售额则从2013年的6亿元人民币增长到2016年的近10亿元人民币。

（二）两岸故宫文创开发新理念

两岸故宫文创开发形成的新思路，主要以四个方向为支撑点。

---

① 台北"故宫博物院"官网，http://ccp.pm.gov.tw/content/plans/plans_01.aspx，2014年10月26日。
② 黄美贤：《台湾地区博物馆发展文化创意产业的理念与实践》，《东南文化》2011年第5期。

1. 人性化

以往高冷的文物复制纪念品缺乏与民众生活的实际关联，和现代审美与情感习惯脱节。重新审查当代生活、思想、审美习惯，开发出既能引起民众亲切感，满足审美需求又具有一定使用价值的产品成为博物馆文创开发的主要目标之一。

2. 细分化

针对消费人群的类型和需求多样化现状，在产品的造型、功能、价格、包装、营销等方面有更细致的考量和更准确的定位是博物馆文创所遵循的另一个原则。

3. 高精化

消费群体审美能力的提升和对产品品质的要求促使博物馆在文化产品开发中从工艺质量到包装宣传高精化。

4. 功能化

将文化融入生活是真正发挥博物馆文创使公众感知文物内涵，实现知识传播、文化传承、价值认同等目的的有效方式。增强博物馆文创产品的实用功能几乎成为当代博物馆文创所普遍采取的基本策略。这些认知推动了两岸故宫对文创理念的重新定位。在新观念主导下，两岸故宫文创也相应呈现出崭新的面貌。

（三）两岸故宫文创产品的时代特征

两岸故宫文创目前所呈现的基本时代特点可概括如下。

1. 妙趣横生

故宫博物院藏品多为历代宫廷珍品，在物品种类、形态方面都与普通民众日常生活相距甚远，长期以来形成了宫廷之器高高在上且遥不可及的民间认知。为突破这一印象，两岸故宫相继开启了"齐卖萌"模式。如台北"故宫"著名的"朕知道了"纸胶带，北京故宫的"故宫猫"系列以及"容嬷嬷针线盒""朝珠耳机"，都将原有文物形象或语言等要素通过卡通化或趣味化处理，使之呈现可爱、幽默等特征，从而激起观众的亲近感与喜爱之情。

2. 新颖时尚

创造与时代气息同步甚或引领新风尚的文化产品是两岸故宫文创所展现出

的另一个特征。对这一需求的改造，多体现在从文物中提取纹样符号，使之与现代服饰及周边物品结合的方式进行。如台北"故宫"来自宋代汝窑纹饰灵感的"冰山一角"长袜，北京故宫的补服手表、江崖海水手包系列等。

3. 注重艺术性

创意产品中凸显典雅气质和艺术感，是另一类产品的主要追求。通过对形态、色彩、文化符号的借用，将文物之美渗透进文创产品，加上对工艺与品质的强化，创造出故宫极具观赏性的文创系列。如两岸故宫根据古代花鸟画与书法设计的餐具、文房雅玩系列等，都具有极高的艺术收藏价值。

4. 强化实用性

实用性和功能化的追求是目前全球博物馆文创的基本出发点。将文物创意与生活常用物品结合能够使博物馆文化渗透进日常，潜移默化地影响公众的古典认知和审美。两岸故宫当前推出的具备实用性功能的文创产品几乎覆盖了日常生活的方方面面，这些集结日常实用性与文物元素的博物馆文化产品改变了以往纪念品给人们造成的刻板和冗余印象，激起并满足了更多参观博物馆观众"将博物馆带回家"的愿望。

二 两岸故宫博物院文创开发与生产机制

（一）台北"故宫"文创开发经验与生产机制

1. 广泛推介"故宫"文化，动员社会力量深度参与

博物馆自身人才资源从数量到专业广度通常具有局限性，台北"故宫"的经验显示，最大限度地动员社会力量共同参与是高效提升文创产业产出与质量的关键。

台北"故宫"通过举办各类公共活动，广泛向社会公众征集创意，尤其是以文创商品及衍生品设计竞赛为代表的活动平台，陆续呈现了"翠玉白菜伞""'朕知道了'纸胶带""冰山一角袜"等如今广为人知的产品。除了直接的产品公共开发平台，台北"故宫"还开展诸如"文化创意产业发展研习营"之类的活动，旨在更深层次地推介故宫文化，让社会了解故宫文物内涵，为深入激发大众创意潜力提供了前期保障。这类竞赛与宣传活动一方面让社会公众亲近故宫文化，愿意深入了解博物馆，另一方面有效地调动了社会资源参与公共博物馆文化创意，使文创元素更加多元化。

另一点值得注意的是，台北"故宫"没有在内部设置部门或保留常设的文创团队，而是将外聘设计师以项目为单位集合后开展工作，① 人员随着项目的开始和结束而流动。这种项目管理形式下，开发团队的工作并没有因其临时性而失序：台北"故宫"要求合作团队与其进行时长半年左右的沟通磨合，通过团队成员共同接受培训，互相交流心得，以提升外部设计师对院藏文物的认识，特别是对藏品背后的历史文化底蕴的深入了解，确保之后的产品开发得以事半功倍。② 这一模式的主要优势体现在，经由专业设计师与文博专家的知识互补和思维碰撞带来的"1＋1＞2"合作的效果，容易设计出具有时代冲击力又不失文化底蕴的文创产品。

2. 基于核心价值，重视跨界结盟与资源整合

台北"故宫"较早认识到博物馆文创是一个"产业链"概念，与上下游参与者的合作与资源整合，不断碰撞、更新，是文创产品得以长盛不衰的关键。台北"故宫"这一上下游产业结合的思路，使故宫文化创意开发不再倚赖灵光乍现、单兵作战，而是立足于专业化、产业化的运作。这种由"传统博物馆＋文化创意"结合形成的产业链，基于对院藏文物和文化内涵的深度挖掘，实现了传统博物馆同设计界、产业界专业人士的合作，让博物馆文创衍生品所能接触和影响的范畴逐渐扩大，最终促成博物馆与文创产业的融合。③

此外，跨界结盟也是台北"故宫"解决文创产品从信息收集、开发到销售等产出流程过于庞杂问题的重要方式。与台北"故宫"合作的最重要两位结盟者为艺奇文创集团（Art Key）和台湾创意设计中心。艺奇文创集团的主要职责是为台北"故宫"提供艺术授权行业的基本规范和国际通行惯例，并协助台北"故宫"制定出适用于本土并有助于走向国际市场的艺术授权模式。台湾创意设

---

① 中南财经政法大学文化改革发展研究基地：《台北故宫：凭借创意深挖文创资源宝库》，《中国文物报》2015 年第 2 版。
② 中南财经政法大学文化改革发展研究基地：《台北故宫：凭借创意深挖文创资源宝库》，《中国文物报》2015 年第 2 版。
③ 石雪梅、程平：《民间文学艺术的知识产权保护》，《福州大学学报》（哲学社会科学版）2011 年第 6 期。

计中心偏向于提供技术支持，为台北故宫搭建平台，包括作为第三方介入市场调研，制订发展规划等，并在产品设计、拟定授权产生遴选标准、文创产品的市场营销等方面提供专业与有力的技术和信息支持。在与这两大结盟者的合作过程中，台北"故宫"文创开发走上了规范化、制度化、市场化的道路。①

3. 完善的艺术授权模式与知识产权保护

台北"故宫"在文创授权开发方面有着比较成熟的运作机制，各类授权经营，极大地推动了台北"故宫"的世界影响力，同时创造了相当可观的产业收益。这些授权的主要类型如下。

（1）图像授权

图像授权基本模式是文创相关企业或组织向博物馆申请使用博物馆图像，博物馆通过系列审核后将有关馆藏品的影像材料使用权授予对方。特别说明的是，台北"故宫"为了保证博物馆图像使用的品质以及更好地为社会服务，在图像授权时实施分层定价，即根据图像需求者拟开发产品的主要用途、类型及预期生产数量等信息，差异化定价，从而实现博物馆文化资源在公益性与商业化之间的尽可能平衡。

（2）出版品授权

通常指将博物馆中文献与图像直接以出版物的方式复制呈现，如古籍善本、经典书画，以扩大博物馆文化资源的传播面。出版品授权基本模式与图像授权相似，但其授权对象和最后产品则具有一定限定性。台北"故宫"的出版品授权，是将博物馆资源授予相关出版企业，同时以出版品单价、发行数量为依据核算出合理的权利金作为授权使用的报酬。通过这一方式，台北"故宫"完成了多元化出版项目，促进博物馆文化的推广与宣传。

（3）合作开发

合作开发指的是台北"故宫"与由台北"故宫"公开择优选择的对象共同合作，这种合作模式通常做法是故宫通过公开向社会征集结合博物馆常规展与临展所进行的文创衍生品大赛，观察其中信誉良好、表现出色的潜在合作对象，最终由被选择者在与台北"故宫"深度协商后完成后续相应开发，实现

---

① 中南财经政法大学文化改革发展研究基地：《台北故宫：凭借创意深挖文创资源宝库》，《中国文物报》2015年第2版。

合作共赢。合作开发在台北"故宫"文创衍生品产生过程中占比最大。

（4）品牌授权

品牌授权是目前世界各大博物馆所广泛采取的一种授权方式。台北"故宫"制定并审查拟授权产商的入围标准，考察其是否具有自有品牌经营权、是否已具备成熟生产线、是否在国内外拥有通畅销售渠道等。全球每年仅有20家左右的厂家符合遴选要求，成为台北故宫合作运营商在全球范围内营销，台北故宫文创商品或品牌。在这一严格的审查制度下，台北"故宫"文化品牌保证了其应有的品质与价值。[1]

艺术授权在博物馆文创产业中已较为普遍，而争议也始终存在。目前台北故宫已经就艺术授权形成了一套成熟的作业机制，其流程一般为：台北"故宫"定期或就特殊目的向优秀文创企业发出邀请，由文创企业制作相应方案并提出申请，台北"故宫"对申请者的方案、产品以及授权保证金等进行审核，如果审核未通过则将相应的产品、保证金退还；如果审核通过，则双方签约、生产、销售。

4. 开放的营销渠道与产业价值实现

在完成创意设计以及产品生产之后，所有经审核的产品即进入营销环节。台北"故宫"文创产品的营销在本土主要依靠委托承销渠道，包括员工消费合作社、台湾手工业推广中心、台北"故宫"馆内的专卖店等类型。而通过品牌授权商渠道，台北"故宫"则实现了营销范围的大幅扩张：首先与代理商建立合作与代理关系，再通过代理商的专业营销渠道销售"故宫"文创产品。[2] 例如，通过与法蓝瓷公司（Franz）的合作，台北"故宫"的大量文创产品得以在遍布全球的数千家法蓝瓷经营网店中销售。

（二）北京故宫文创开发经验与生产机制

1. 依托强大的文博专家队伍，打造稳定设计团队

与台北"故宫"文创开发的内外互渗不同，北京故宫将更多的文创生产

---

[1] 李乘：《博物馆艺术授权模式剖析——以台北故宫博物院为例》，《美术研究》2014年第4期。

[2] 李乘：《博物馆艺术授权模式剖析——以台北故宫博物院为例》，《美术研究》2014年第4期。

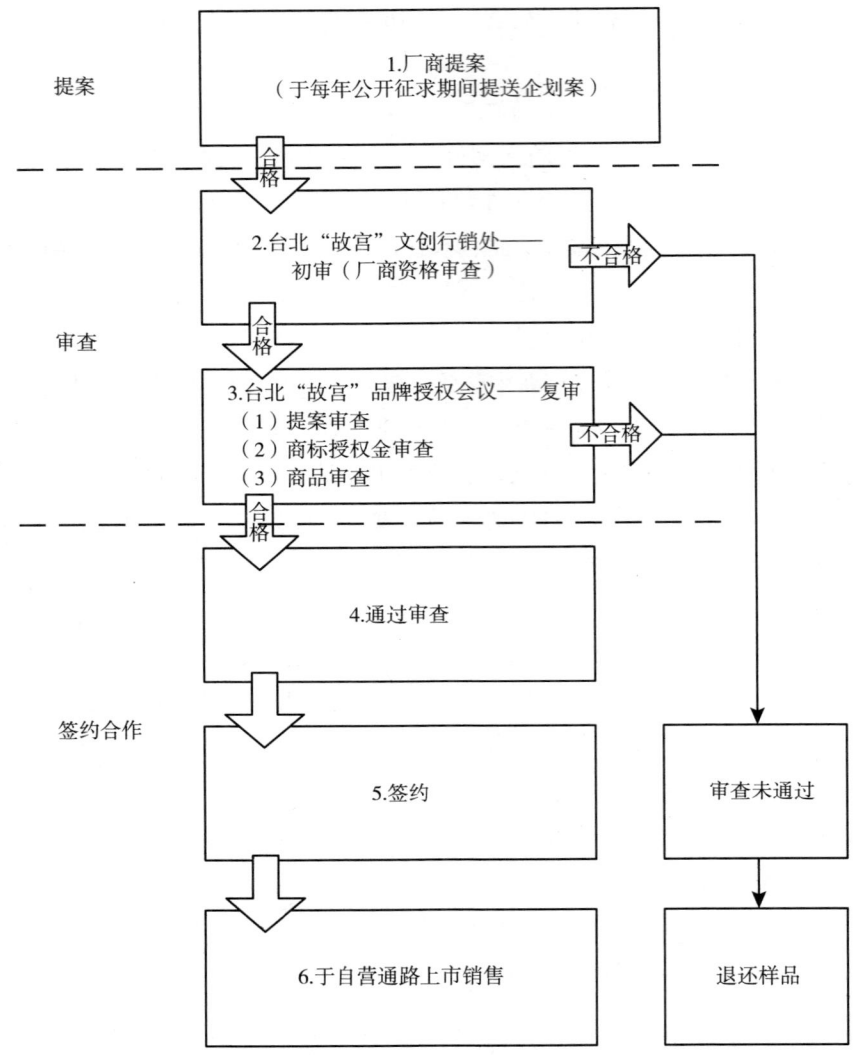

图1 台北"故宫"授权流程

资料来源：台北"故宫博物院"网站。

环节置于外部——故宫博物院相关部门主要承担创意概念的提出，再由外部合作单位主导完成产品的设计与生产。将设计与生产外部化的优势在于节省文创产品的研发与制造成本，但相应也存在问题，外部合作单位往往对由故宫博物院发起的创意概念的文化内涵理解不足，进而无法准确表达故宫的文创特色，

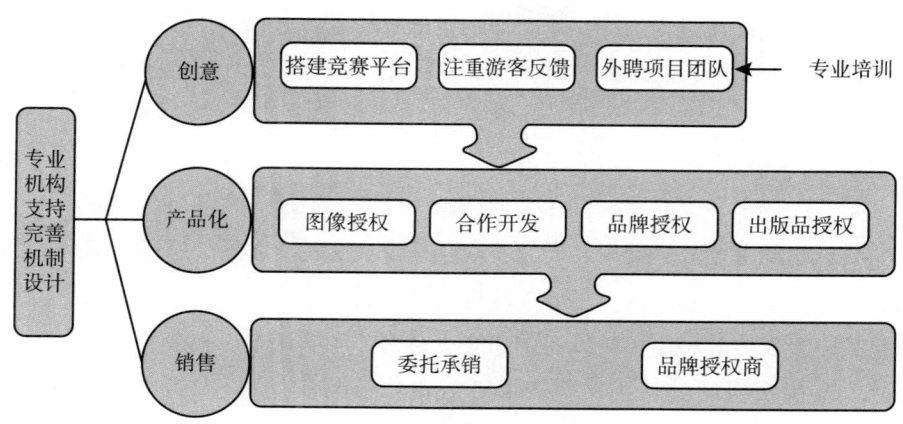

图 2　台北"故宫"文创产业简要流程

资料来源：作者编绘。

有的产品甚至偏离了原有的创意初衷，对故宫形象产生了负面影响。实际上，北京故宫拥有一批在各个文物领域的资深专家，北京故宫博物院藏品更是促成优质文创产品开发的巨大资源，为故宫文化创意产品研发奠定了良好的基础。基于此，如何将特有的资源禀赋有效整合是北京故宫文创近年来思考的主要问题之一。通过一系列制度改良，北京故宫调整了原有的外部工作程序，并推出了可量化的评估机制，对外部合作单位进行打分和筛选，作为择优选择合作对象的重要依据。这样一来调动促进了外包单位深入挖掘文物内涵并主动与院内专家协作的积极性。此外，北京故宫加大了独立研发投入，成立了两个单独的研究性机构——故宫研究院和故宫学院，为文创开发提供了更为专注、强大的智库支持。

2. 传承与创新共举，文化与生活并重

博物馆文创的价值根基是馆藏文物，而社会公众的普遍需求则是决定相关文创产品成功的重要标准。通过故宫博物院官方的概括，可以发现，近几年来北京故宫文创取得夺目成绩的关键如下：一是立足于观察人们的生活，始终以公众需求为导向，创造具有实用性的产品；二是注重从现有的研究成果中提取特有文化元素，体现博物馆文创的独特内涵；三是以创新研发为支撑，探索兼具文化传承与现代表达的文创模式。经过数年的思考与积累，故宫博物院提出了"以文化产品质量为前提,带着博物馆的尊严进入市场""以科学技术手段为引领""以营销环境改善为保障"等一系列文创开发策略,这些让北京故宫文创焕发活力的关键要素,也成为国内其他博物馆发展现代文创产业的重要参考。

基于上述理念,北京故宫在文创产品、媒介、活动、环境等各个方面做了大量尝试。如基于故宫元素,研发了电脑外设、文具、餐具、服饰、家居产品等,并不断更新样式;为学生、社区提供更多亲身体验故宫文创产品制作过程的机会;开发更具中国传统特色的布老虎系列、陀螺系列、拨浪鼓系列、风车系列、沙包系列玩具等集文化内涵、审美价值与实用性于一体的文化创意产品。

3. 加大数字化产品开发力度

加大对数字化产品的开发和推广力度是北京故宫文创产业开发的另一个亮点。北京故宫从 2013 年开始,尝试研发各类基于故宫馆藏特色的软件应用程序,相继推出了《胤禛美人图》《韩熙载夜宴图》《每日故宫》《皇帝的一天》《清代皇帝服饰》等多款 APP。故宫数字产品开发团队在完成初步程序后会与应用平台技术团队进行交流,以解决程序流畅度、互动形式等方面存在的问题。这些数字化产品无疑超越了传统平面展示的功能,打开了一片崭新的文创空间。

北京故宫还积极与腾讯等著名社交软件平台合作,以游戏创意比赛等形式,在公共产品平台上开展故宫文化产品创意设计征集活动,由故宫博物院与合作方共同评选出赛事优胜者,获奖作品将被应用到社交平台上。通过此类合作,北京故宫将原有大量处在沉睡中的馆藏文物资源转化为文创产品,为经典赋予了时代生命力。

4. 多方位营销策略,线上线下共同发力

在营销渠道上,北京故宫也逐渐做到线下实体店与线上商城的结合。从 2008 年开始,"故宫淘宝店"、故宫淘宝新浪微博和腾讯微博、故宫淘宝的微信公众号陆续开通,2015 年 1 月,北京故宫实现与阿里巴巴的密切合作,"故宫商城"成功上线。在这些媒体上,故宫均以更加时尚、符合年轻人审美与习惯的方式与消费者进行沟通,并围绕特定的主题,以营销"故事"的方式促进文创产品销售。

线下方面，北京故宫曾经销售旅游纪念品的商店与其他旅游景点的纪念品商店并无太大差别。为配合文创产品的开发与销售，故宫将原有以传统纪念品销售为主的商店，用"博物馆最后一个展厅""把博物馆带回家"等理念重新设计、规划成各类文化创意产品商店。

通过更新组织架构、与互联网结合、加强品牌宣传等方式，北京故宫的世界影响力和经济效益、社会效益均在文创产业的推动下，实现了突飞猛进的发展。

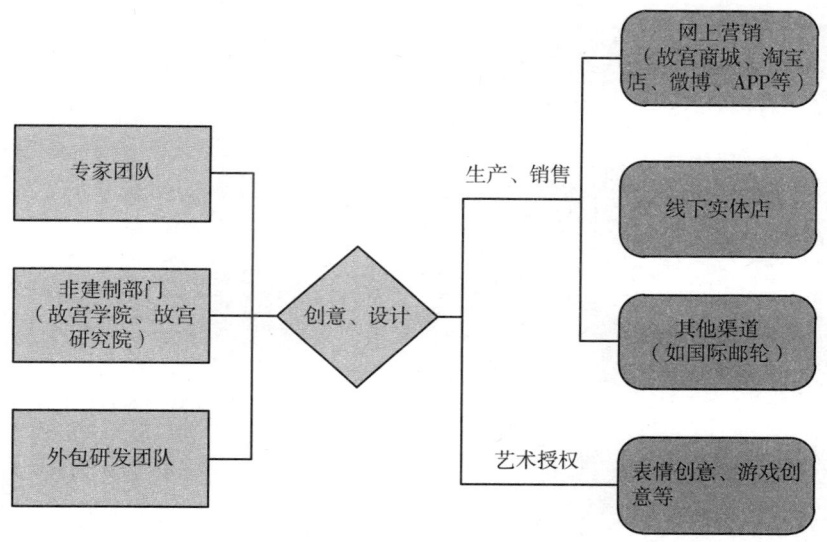

图3　北京故宫文创产业简要流程

资料来源：作者编绘。

两岸故宫近些年来文创开发模式有着极其相似之处，一是愈加贴近生活、贴近普通民众的审美与现实需求，二是高度依托外部开发资源和营销渠道，加速文创产业化，拓宽产品市场覆盖面。同时，北京故宫与台北"故宫"在文创开发产业化方面也各有侧重，如台北"故宫"在文创产品研发方面更高程度地倚赖外部力量，通过制定行之有效的配套机制，确保文创产品符合"故宫"藏品应有的精神特制；而北京故宫则更多依托内部文物专家提供专业支持，以协助外包单位完成产品设计。同时北京故宫注重数字化产品的大力开发以符合数字时代的观看与互动等需求，在营销方面通过与国内主要的互联网企业开展合作,取得了良好的市场推广效果。

博物馆文创的基本特征是"传统精神+现代表达",两岸故宫在挖掘自身藏品历史、文化、社会等价值本源以及现代化表达传承方面,都做到了"不负辉煌、不枉期待"。无论是艺术授权机制、数字化应用、"互联网+"还是其他现代的产业模式,都在与历史、艺术的交融与对话中,让彼此迸发出新的生命。

B.28
2016年中国艺术品拍卖市场行情

林朝霞 陈乐磊*

摘　要： 2016年是中国艺术品拍卖市场的复苏年，虽然拍卖总成交额未见明显上浮，但全年过亿元拍品数量大幅增加，提振了市场信心指数。中国艺术品拍卖市场经历数年深度调整之后出现精品至上、文物艺术品走俏、价格两极分化、政府加强监管、行业快速洗牌等诸多现象。全年艺术品拍卖业低开高走，书画板块市场份额最大，其中古代书画成为救市黑马，近现代书画较为平稳，当代书画持续"去泡沫"，西画雕塑板块成交率最高，瓷杂板块略显平淡。

关键词： 资本大鳄　市场信心　去泡沫　高净值

一　2016年：中国艺术品拍卖市场的复苏年

（一）整体趋势变化

2016年中国艺术品拍卖市场呈现复苏迹象，市场信心指数略有上浮。雅昌艺术市场监测中心称，2016年第三季度中国艺术市场信心指数为21点，环比下降1%，同比上升50%。[1]但是，全年艺术品拍卖总成交额未显示与市场

---

* 林朝霞，厦门理工学院文化产业与旅游学院教授；陈乐磊，厦门古美术文化传播有限公司董事长。

[1]《2016上半年中国艺术拍卖成交额再居全球之首》，2016年8月22日，http://blog.sina.com.cn/s/blog_151a387500102we7x.html。

信心指数相匹配的乐观局面。国内艺术品拍卖市场总成交额为509亿元，同比仅上浮0.6%。其中，文物艺术品拍卖有明显增长。全年全国共举行文物艺术品拍卖1857场，成交额317.33亿元，较2015年增长13.33%。[1]

首先，大型拍卖公司2016年表现较为活跃。其中，中国嘉德、北京保利、北京匡时等11家内地大型拍卖企业2016年总成交额为220.83亿元，而2015年的成交总额为193.33亿元，2016年比2015年增长了14.22%。[2]另外，香港苏富比拍卖春秋两季成交额分别为31亿港元和22亿港元，共折合人民币44.5亿元；香港佳士得春秋两季成交额分别为28亿港元和24.4亿港元，共折合人民币44亿元。

表1 中国内地11家大型拍卖行2015年和2016年拍卖总成交额对比

拍卖行	年份	总成交额(亿元)	增长率(%)
中国嘉德	2015	37.03	21.00
	2016	44.81	
北京保利	2015	61.82	-8.12
	2016	56.8	
北京匡时	2015	20.8	131.15
	2016	48.08	
北京东正	2015	5.81	75.50
	2016	10.2	
中贸圣佳	2015	6.32	20.25
	2016	7.6	
北京瀚海	2015	12.64	-31.96
	2016	8.6	
西泠印社	2015	19.4	-2.16
	2016	18.98	
上海朵云轩	2015	3.38	-19.54
	2016	2.72	
上海嘉禾	2015	10.23	-44.19
	2016	5.72	

[1]《2016年拍卖业蓝皮书及十大事件发布》，2017年3月31日，http://www.rmzxb.com.cn/c/2017-03-31/1454116.shtml。

[2]《2016年艺术品拍卖市场缓慢回升2017或继续涨伸》，2017年1月18日，http://mt.sohu.com/20170118/n479074285.shtml。

续表

拍卖行	年份	总成交额(亿元)	增长率(%)
广东华艺	2015	9.56	10.40
	2016	10.65	
广东崇正	2015	6.34	5.20
	2016	6.67	

其次，2016年过亿拍品数量创下自2012年艺术品市场调整期以来的最高纪录。2013年共有9件过亿拍品，多产生于香港和澳门，仅有2件产生于内地拍场；2014年共有7件过亿拍品，内地仅有1件；2015年共有10件过亿拍品，内地有6件。2016年过亿拍品总数增至15件，内地有9件，足见内地艺术品市场活跃度明显提高，呈现回春气息。另外，1000万元以上拍品，也由2015年的184件套增至265件套，增幅为44.02%。①

表2　2016年中国艺术品过亿拍品一览

时间	拍品	价格(亿元)	拍卖地
中国嘉德秋拍	名家精品集粹(198件套)	3.565	北京
北京保利秋拍	任仁发的《五王醉归图卷》	3.036	北京
保利香港春拍	崔如琢《飞雪伴春》	2.574	香港
北京保利春拍	傅抱石《云中君和大司命》	2.3	北京
香港苏富比春拍	张大千《桃源图》	2.27	香港
中国嘉德春拍	曾巩《局事帖》	2.07	北京
保利香港春拍	吴冠中《周庄》	1.98	香港
北京保利秋拍	齐白石《咫尺天涯——山水册》(十二开)	1.955	北京
北京匡时春拍	蒋廷锡《百种牡丹谱》	1.7365	北京
北京匡时秋拍	吴镇《山窗听雨图》	1.725	北京
北京保利秋拍	张大千《瑞士雪山》	1.6445	北京
巴黎德鲁奥秋拍	"乾隆御笔之宝"玺	1.64	巴黎
香港佳士得春拍	明宣德青花五爪云龙纹大罐	1.32	香港
保利香港秋拍	崔如琢《秋风摇翠》	1.21	香港
中国嘉德秋拍	张大千《巨然晴峰图》	1.035	北京

---

① 张漫子：《2016年文物艺术品拍卖"减量提质"》，2017年2月9日，http：//www.wenming.cn/wmzh_pd/fw/xtzg/201702/t20170209_4048858.shtml。

（二）国际地位微调

2016年，中国在全球艺术品交易市场上的地位有所下滑。文化经济学博士克莱尔·麦克安德鲁于2017年3月发布《巴塞尔艺术展与瑞银集团环球艺术市场报告》，宣称2016年全球艺术市场销售额总计约566亿美元，比2015年下降了11%。美国、英国与中国列入世界艺术市场销售额前三，总销售额约占全球的81%。其中，美国市场约占全球市场的40%，英国占21%，中国紧随其后，占20%。①

同年，中国艺术品最高价在国际市场的表现力高于2015年，但不及五年前的黄金期。莫奈《干草堆》斩获8144.75亿美元的拍卖价，约合人民币5.42亿元，位居世界艺术品拍卖成交单价榜首，与之相比，中国艺术品单价尚有发展空间。同时，中国艺术品国际认知度和认同度尚待提高，过亿中国艺术品的买家大多为中国人，外国买家较少问津中国艺术品。

二 艺术品拍卖市场的基本特点

（一）艺术品拍卖仍走精品路线

艺术品市场仍未摆脱深度调整期，各大拍卖行眼光挑剔，以精品竞争赢得市场主动权。据雅昌艺术市场监测中心（AMMA）不完全统计，2016年春拍有80家拍卖公司共计举办500余个专场，超过5万件拍品成交，总成交额达179亿元，比2015年增长了11.6%，但拍品数量却只有2015年一半左右②；同年秋拍，中国艺术品拍卖市场共上拍235293件拍品，成交90074件，同比分别下滑8.87%和13.25%。③ 这意味着，2016年艺术品拍卖市场量减价增，各大拍卖行以精品路线为引导各显神通。

---

① 《2016年艺术品拍卖市场青睐战后及当代艺术》，2017年3月26日，http://news.163.com/17/0326/02/CGE1K11200018AOP.html。
② 《从2016年大事件看艺术品发展趋势》，2016年11月23日，http://money.china.com/fin/lc/201607/18/6240773.html。
③ 《2016年秋拍中国艺术品拍卖市场调查报告正式上线》，2017年2月17日，http://www.chundaozihua.com/article-5267.html。

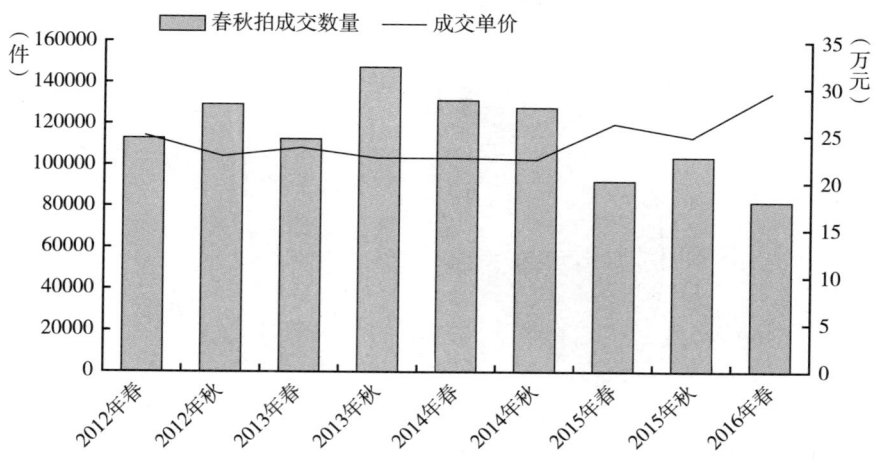

图 1　2016 年春拍成交量和单价曲线示意

资料来源：《2017 年中国艺术品拍卖行业发展趋势及市场规模预测》，2017 年 3 月 10 日，http://www.chyxx.com/industry/201703/502648.html。

（二）艺术品价格呈现"美人腰"形态

艺术品价格分布区间不均衡，高端和低端艺术品受青睐，而中端艺术品上拍量和成交率相对较低。中国拍卖行业协会副秘书长欧阳树英认为，目前的市场结构是"美人腰"，低端价位和高端价位的拍品成交相对较好，中间价位，尤其是 500 万元左右的拍品成交相对较少。[1] 以 2016 年秋拍为例，50 万元以下拍品占总量超 9 成，但总成交额仅占 24%。

原因在于，艺术品市场调整期，卖家观望惜售，高端艺术品市场流通量小，一旦进入艺术品市场反而能吸引众多实力资深买家关注和竞相角逐，造成市场低迷期艺术精品价格依然坚挺的现象。

（三）资本大鳄引领高端艺术品消费

资本大鳄和大牌企业纷纷跻身艺术品市场，对高端艺术品市场的影响力

---

[1] 宗泳杉、邓杏子：《专家把脉 2017 艺术品市场新趋势》，2017 年 1 月 20 日，http://collection.sina.com.cn/plfx/2017-01-20/doc-ifxzuswq2848186.shtml。

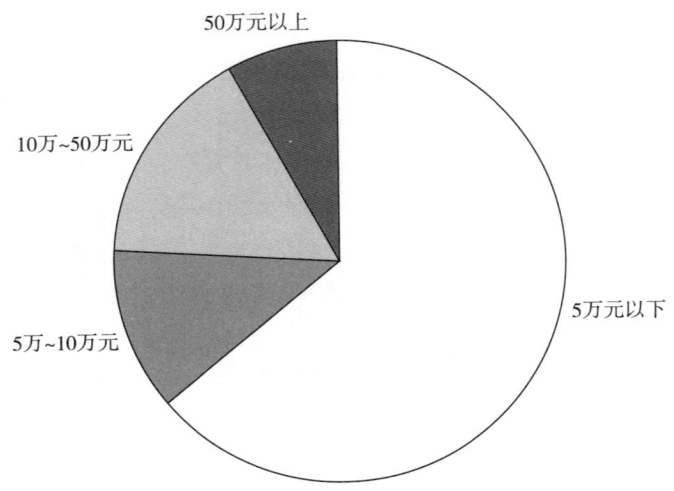

图 2　2016 年秋季拍品价格区间数量分布

资料来源：《2016 年秋拍中国艺术品拍卖市场调查报告正式上线》，2017 年 2 月 17 日，http://www.chundaozihua.com/article-5267.html。

持续升温，甚而影响全球艺术品市场。新理益集团有限公司董事长刘益谦、万达集团董事长王健林、华谊兄弟传媒股份有限公司董事长王中军等人成为中国过亿艺术品的主要买家。自 2010 年以来，黄庭坚《砥柱铭》、王羲之《平安帖》、吴彬《十八应真图卷》、乾隆粉彩吉庆有余转心瓶、明成化斗彩鸡缸杯、南宋官窑青釉八方旋纹盘口瓶、大明永乐年御制刺绣红夜摩唐卡、毕加索作品《两个小孩》、梵高《雏菊与罂粟花》《盘发髻女子坐像》、莫迪利安尼《侧卧的裸女》、莫奈《睡莲池与玫瑰》等享誉国内外的明星拍品均被他们收入囊中。2016 年资本大鳄对艺术品市场的角逐势头不减反增，几乎囊括了所有的过亿拍品。王中军以 2.07 亿元人民币买走了《局事帖》用于装点私人美术馆；刘益谦分别以 1.73 亿元人民币从内地购得《百种牡丹谱》和以 2.25 亿元人民币从香港苏富比购得张大千《桃源图》，为龙美术馆再添新品；苏宁集团以 3.036 亿元人民币购得《五王醉归图卷》，为苏宁博物馆添得镇馆之宝；新疆广汇以 2.3 亿元人民币购得《云中君与大司命》，具体如表 3 所示。

表3　2016年各大企业或机构购买艺术品情况

拍品名称	成交价（亿元）	拍卖行	拍卖日期	收藏机构
任仁发　五王醉归图卷　手卷	3.04	北京保利	2016/12/4	苏宁博物馆
傅抱石　1945年风光好　立轴	0.66	中国嘉德	2016/11/12	苏宁博物馆
铜鎏金哲布尊丹巴像·扎那巴扎尔	0.73	中国嘉德	2016/11/12	苏宁博物馆
齐白石　咫尺天涯—山水册（十二开）	1.96	北京保利	2016/12/2	宝龙集团
张大千　巨然晴峰图　立轴　设色纸本	1.04	中国嘉德	2016/11/12	宝龙集团
吴镇1338年　山窗听雨图　手卷	1.73	北京匡时	2016/12/6	三胞集团
曾巩　局事帖　镜心　水墨纸本	2.07	中国嘉德	2016/5/15	华谊兄弟
宋克　临急就章并诸家题跋	0.92	中国嘉德	2016/5/15	晋商张小军
潘天寿　鹰石山花图　镜心	2.79	中国嘉德	2016/5/17	新疆广汇
李可染　1976年井冈山镜心	1.27	中国嘉德	2016/5/17	新疆广汇

资料来源：《2017年中国艺术品拍卖行业发展趋势及市场规模预测》，2017年3月10日，http://www.chyxx.com/industry/201703/502648.html。

（四）政府监管、放权双管齐下

2016年，国家对艺术品拍卖市场加大监管力度。文化部于2016年2月2日颁布了新修订的《艺术品经营管理办法》，并于2016年3月15日起施行，针对艺术品交易领域制假售假、虚假鉴定、虚高评估、交易不透明等问题加以约束，重点表现如下。

首先，简化程序，强调艺术品公开透明交易。国家为了促进艺术品市场的繁荣，下放艺术品经营审批权至省级文化行政部分，且大幅压缩审批限定时间；同时，明确规定要建立专家委员会、明示担保、尽职调查、鉴定评估、信用监管等一系列新的制度，通过建章立制保障消费者合法权益。

其次，对艺术金融化加大管理力度。办法明确规定，未经批准，不得将艺术品权益拆分为均等份额公开发行，以集中竞价、做市商等集中交易方式进行交易；杜绝艺术品金融化导致市场炒作、价格虚高和坑害普通消费者的问题。

最后，将艺术品线上经营和网拍纳入监管范围。办法明确规定，利用信息网络从事艺术品经营活动的适用本办法，加大对艺术品电商和网拍的监管力度。

2016年10月，国家文物局颁布并实施了《文物拍卖管理办法》，以"简政放权、放管结合、优化服务"为原则，不再区分第一、二、三类文物拍卖经营范围，也不再对互联网文物拍卖资质进行专门审批，体现了国家对文物线上和线下拍卖的简政放权。同年11月《网络拍卖规程》国家标准正式实施，为规范网络拍卖提供依据。

三 艺术品市场的春秋变化

2016年中国实现了国民生产总值比2000年翻两番，预计2017年实现人均国民生产总值比2000年翻两番的目标，国民人均可支配收入也有长足进步，近20年来中国经济整体实力和增长速度令世界刮目相看。2016年中国经济缓中趋稳，形成"L"型发展格局，制造业投资减弱，股票市场低迷，基础建设和房地产投资持续增长，房地产和新业态消费快速发展。上半年，利好政策拉动部分城市房地产投资热潮，尤其是北京、上海、广州、深圳、厦门、合肥、南京等一、二线城市房价出现脱缰式上涨，越贵越现投资热潮，而三、四线城市仍然面临去库存压力。下半年，国内政策调控之下房地产投资热度下降，国际上出现德意志银行天价罚款、印度废钞令、英国修宪脱欧、美国大选、意大利公投、美联储加息等系列事件，为外汇、黄金、期权等投资带来机遇。总之，2016年上半年的房产投资热潮减少了艺术品投资领域的热钱涌入，下半年房产投资热度下降，艺术品投资领域略有抬头，其他类型投资项目此消彼长，未对艺术品投资带有大的影响。

2016年中国艺术品拍卖行业低开高走，复苏端倪现于秋拍。雅昌艺术市场监测《中国艺术品拍卖市场调查报告2016春》和《中国艺术品拍卖市场调查报告2016秋》数据显示，2016年中国艺术品拍卖市场春拍和秋拍总成交额分别为244亿元和265亿元人民币，秋拍比春拍增长8.6%，同时春拍比上年同期下滑2.3%，秋拍比上年同期上涨2.97%。[①] 总体而言，2016年中国艺术

---

① 《2016年春拍报告：中国艺术品市场何时走出调整期？》，http：//www.jiemian.com/article/1115859.html；《2016年秋拍中国艺术品拍卖市场调查报告正式上线》，http：//www.jiemian.com/article/754977.html。

品拍卖业稳中有升，秋拍行情鼓舞了未来的市场行情。

以北京地区为例，2016年，北京保利、中国嘉德、匡时、东正、瀚海、中贸圣佳、荣宝斋、诚轩、华辰等9家著名拍卖企业春拍总成交额为93.15亿元，秋拍总成交额为94.34亿元，上浮幅度仅为1.3%。[①] 另外，春秋两季过亿拍品数量创五年来新高，春拍7件，秋拍8件，也稳步上升。

四 艺术品市场的区域分布

随着中国艺术品市场的崛起和繁荣，中国艺术品拍卖业发展迅猛，出现区域集聚效应。

从全球来看，北京、香港跻身国际艺术品交易三大中心之列，且越来越具有国际范，在拍卖专场数量、拍卖规格、拍品层次、总成交额等方面具有绝对优势。

从国内来看，北京作为政治文化中心，其艺术品交易市场地位进一步凸显。近五年来，北京大致占据内地艺术品市场份额的六成以上，2016年市场份额比2015年又上升了5.82个百分点，其核心地位毋庸置疑。全年拍卖额超过20亿元的拍卖行有5家，北京就有3家，另外两家在香港。

港澳台区域表现稳定。2016年该地区成交量同比下降16.22%，但成交额却上升16.67%，表现相对稳定。[②] 2016年春拍超过5000万元的拍品共计26件，其中13件出自香港地区，12件出自京津地区，珠三角地区1件。另外，澳门中信在春拍表现不俗，总成交额达11.54亿元。[③]

另外，上海、广州、杭州等地也逐步凸显行业地位。上海嘉禾和朵云轩、广东崇正和华艺、杭州西泠印社等成为这些城市艺术品拍卖业的领头羊。图3显示了中国艺术品拍卖业各大城市的发展格局。

---

① 《2016年北京艺术品秋拍市场的状况与特点》，2016年12月12日，http://collection.sina.com.cn/auction/hqgc/2016-12-12/doc-ifxypipu7787263.shtml。
② 《2016全球艺术市场年度报告深度剖析》，2017年3月8日，http://www.wenwuchina.com/article/201710/286153.html。
③ 《数据呈现：2016春拍卖行大排名》，2016年6月27日，http://amma.artron.net/observation_shownews.php?newid=847644。

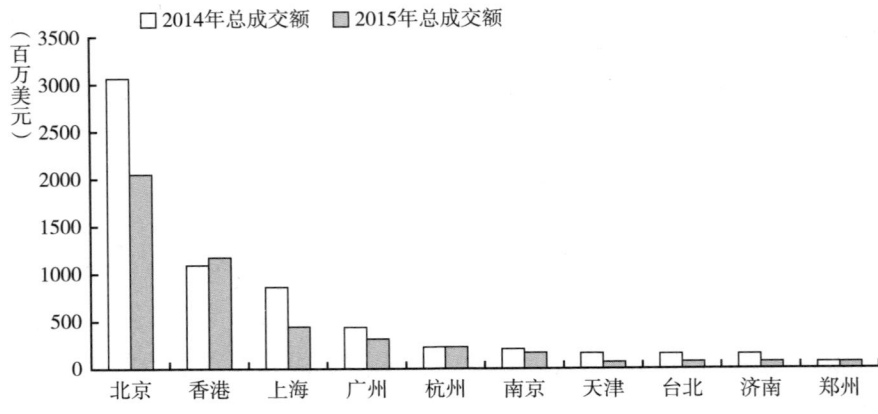

图 3　2014 年和 2015 年全国各大城市艺术品拍卖成交额对比[*]

资料来源:《2016 年中国艺术品拍卖行业现状分析及发展趋势预测》,2016 年 7 月 5 日,http://www.chyxx.com/industry/201607/428401.html。

五　艺术品拍卖的板块变化

2016 年,各大艺术板块竞相角逐,市场份额最大的仍属书画板块,成交率最高的是西画雕塑板块。其中,书画上拍 207753 件,成交 79254 件,成交率为 38.15%,成交额为 254.65 亿元,同比增长 4.76%,所占整体市场的比重为 48%,同比增长 2 个百分点;西画雕塑上拍 12251 件,成交 6690 件,成交率为 54.61%,成交额为 58.24 亿元,同比增长 4.86%,占整体市场的比重为 11%,同比增长 1 个百分点;瓷器杂项上拍 227599 件,成交 94563 件,成交率为 41.55%,成交额为 217.68 亿元,同比下降 7.11%,占整体市场的比重为 41%,同比下降了 3 个百分点。[②]

(一)书画板块

2016 年书画板块总成交额几乎占据艺术品拍卖市场的半壁江山,全年 15

---

② 《从大数据看 2016 年艺术品拍卖市场》,2017 年 3 月 4 日,http://news.chushan.com/index/article/id/109531。

件过亿拍品中书画占据 13 件,当年春拍超过 5000 万元的拍品共计 26 件,其中书画 14 件、瓷杂 8 件、油画及现当代艺术 2 件、奢侈品 2 件,足见书画作为纯艺术的地位未曾撼动。① 其中,古代书画成为救市黑马,近现代书画稳中微升,当代书画因价格透支而遇冷。

古代书画持续走俏,价格普遍升温,逐渐回归其理论价格,撑起书画拍卖局面,成为拯救市场颓势的重要因素。2016 年春拍古代书画总成交额为 32.38 亿元,同比上涨了 221%,其中保利春拍的"百代标程"专场斩获白手套佳绩,恽寿平《仿古山水册》以 8165 万元成交;② 中国嘉德春拍总成交额为 6.67 亿元,曾巩《局事帖》以 2.07 亿元成交,宋克临《急就章》以 9200 万元成交,《唐贤写经遗墨并近代诸家诗画》以 5750 万元成交;北京匡时春拍蒋廷锡《百种牡丹谱》和吴镇《山窗听雨图》分别以 1.725 亿元和 1.7365 亿元成交,带动古代书画夜场的拍卖热潮。秋拍古代书画依旧续写辉煌。北京保利秋拍拍出 3.036 亿元的任仁发《五王醉归图》、9430 万元的明代仇英《唐人诗意册》、6325 万元的张即之《严华经》;中国嘉德秋拍"大观之夜"总成交额 9.29 亿元,千万级别古代书画拍品频现,如唐寅书法《行书七古诗卷》以 5957 万元成交,八大山人《花鸟》四屏以 4370 万元成交,曾纡《过访帖》以 4025 万元成交,夏昶《巘谷清风图》以 2875 万元成交;北京匡时秋拍"澄道"夜场亦斩获白手套,总成交额为 4.42 亿元,其中,陈洪绶十二帧绢本《花卉草虫册》以 4600 万元成交,元代画家孙君泽的《阁楼山水》以 4715 万元成交,远超预期价格。

近现代书画因整体数量不多、艺术精湛、与当下受众审美相近、市场口碑较好,历来是拍卖场上的角逐重心。保利春拍近现代书画总成交额达 10.1 亿元,其中夜场成交额达 8 亿元,成交率达 85%,市场回暖气息明显。2016 年全年近现代书画板块共涌现了 7 幅过亿拍品。另外,千万级别的近现代名家画作层出不穷,显示了该板块的市场号召力,国画大师张大千、傅抱石、齐白石、黄宾虹、李可染等的作品备受推崇,仅傅抱石一人千万元书画拍品就有

---

① 《数据呈现:2016 春拍卖行大排名》,2016 年 6 月 27 日,http://amma.artron.net/observation_shownews.php?newid=847644。
② 《2017 年书画市场走势 2017 年中国书画市场行情展望》,2017 年 1 月 14 日,http://www.shangc.net/licai/a/201701/4895638.html。

27件。油画方面则属吴冠中、常玉、赵无极、朱德群、林风眠等人的中西合璧之作市场呼应度高。

表4 2016年近现代书画千万元以上亿元以下拍品举偶

时间	拍品	价格	拍卖行
春拍	张大千《阿里山晓色》	4444万港元	香港苏富比
春拍	张大千《味江》	3548万港元	香港苏富比
春拍	徐悲鸿《梦中的维纳斯》	3916万元	香港苏富比
春拍	赵无极《阳光穿越林间》	2976万元	香港苏富比
春拍	黄宾虹《高阁清话》	5635万元	中国嘉德
春拍	傅抱石《山鬼》	5175万元	中国嘉德
春拍	张大千《敦煌莫高窟初唐画大力像》	5052万港元	香港佳士得
春拍	赵无极《翠绿森林》	5922万元	香港佳士得
春拍	朱德群《第312号》	3388万元	香港佳士得
春拍	赵无极《淹没的城市》	2919万元	香港佳士得
春拍	常玉《碎花地毯上的红裸女》	5074万元	保利香港
时间	拍品	价格	拍卖行
春拍	张大千《空行母像》	6382.5万元	北京保利
春拍	吴冠中《玉龙雪山》	3450万元	北京保利
春拍	李可染《革命圣地韶山》	8395万元	北京匡时
春拍	张大千《关仝太乙观泉图》	4025万元	北京匡时
秋拍	吴冠中《荷塘》	9133.2万元	保利香港
秋拍	常玉《瓶菊》	9052.8万元	香港佳士得
秋拍	朱德群《雪霏霏》	8025万元	香港佳士得
秋拍	林风眠《渔村丰收》	3473.2万元	香港佳士得
秋拍	赵无极《水之音》	4256.3万元	香港佳士得
秋拍	《月光漫步》	4014.4万元	香港苏富比
秋拍	吴冠中《竹海》	4370万元	北京保利
秋拍	常玉《蓝色背景的盆花》	3933万元	北京保利
秋拍	傅抱石《风光好》	6612.5万元	中国嘉德
秋拍	齐白石《莲池书院》	5290万元	中国嘉德
秋拍	齐白石《三绝合璧》	5175万元	中国嘉德
秋拍	吴湖帆《锦绣奇峰》	4082.5万元	中国嘉德
秋拍	傅抱石《宝研楼图》	5060万元	北京匡时
秋拍	齐白石《芭蕉书屋》	2242万元	北京匡时
秋拍	黄胄《幸福一代》	2012万元	北京匡时

当代绘画艺术仍处于"去泡沫"阶段，总成交额和单价均有所下滑，市场热度明显下降。除崔如琢两幅作品过亿元，当代艺术略显萧条。岳敏君、曾梵志、张晓刚、周春芽等人作品热度不及数年前。2016年油画及现当代艺术总成交额同比下降9.77%，连一向以油画收藏为主的王中军也转而投资古代艺术品，于中国嘉德春拍上以2.07亿元竟得曾巩的传世孤本《局事帖》。①

（二）瓷器板块

与书画板块风生水起的局面相比，2016年瓷器板块略显平淡，鲜见重器，全年仅有1件过亿拍品。

2016年瓷器拍卖呈现三大特点。一是明代永宣、成化和清三代瓷器成为瓷器板块中的翘楚，千万元级别的拍品集中于明清上述时期官窑。二是青花瓷成为撬动瓷器高价板块的核心力量，2016年堪称青花瓷年。香港苏富比春拍"琶金顿"专场共推出97件海外拍品，成交90件，总成交额5.0171亿港元，成交率为92.78%，排名前十的拍品中有8件青花重器。明宣德青花五爪云龙纹大罐在香港佳士得春拍上斩获1.5804亿港元的佳绩，该大罐被誉为"20年拍场出现的最好瓷器"；明永乐青花花卉锦纹如意耳肩壶在香港苏富比春拍上以1.1052亿港元成交；其余明清青花官窑均有不俗表现。② 三是民窑瓷器价格行情上升，突破千万关口，刷新了世人对民窑瓷器的价格认识。其中，"龙泉梅子青摩羯耳盘口瓶"釉色丰盈，色泽如玉，在北京保利秋拍上以1265万元的高价成交，"磁州窑白地黑花菊纹带盖梅瓶"在同场拍卖中以1024万元成交，创磁州窑瓷器2010年以来最高成交价。

（三）杂项板块

2016年杂项表现平稳，其中佛像、古琴、玉玺、印章等品类市场关注度高，天价频出。

首先，佛像艺术品受市场热捧，各大拍卖行纷纷推出佛像专场，竞争激

---

① 《数据呈现：2016春拍卖行大排名》，2016年6月27日，http://amma.artron.net/observation_ shownews.php? newid = 847644。
② 《明清官窑春拍精品迭出　瓷器板块或现"V"形反转?》，2016年5月8日，http://news.ifeng.com/a/20160508/48717991_ 0.shtml。

烈，高价拍品频出。2015年佛像艺术品在市场上快速走俏，2016年仍然保持较高市场热度，带动中国佛像从海外向国内回流。香港苏富比2016年秋拍推出"艺海观涛：坂本五郎珍藏早期佛教铜像"专场，22尊鎏金及青铜佛教造像最终斩获5041港元，远远超出拍前预估的777万港元最低总估价。[①]

其中，明清铜鎏金佛像备受市场关注。明铜镀金道教水将像在北京东正春拍以8970万元人民币成交；17世纪铜鎏金哲布尊丹巴像·扎那巴扎尔在中国嘉德秋拍以7302.5万元成交；清铜鎏金绿度母在北京瀚海秋拍以3795万元成交。

其次，清代玉玺、皇族印章行情走俏。2016年最引人注目的过亿杂项莫过于"乾隆御笔之宝"玺，这方棕红色寿山石九龙纹方玺材质一般，但个头大、料厚重、雕镂繁复、制式古雅，曾为乾隆所有，为其一生1800余方玉玺中规制较大的一方，在巴黎小拍上以1.64亿元人民币成交。另外，清康熙御宝檀香木异兽钮方玺在香港苏富比春拍上以9260万港元成交；清乾隆白玉交龙钮宝玺"八征耄念之宝"在北京保利春拍上以4197.5万元成交；清乾隆御宝青玉交龙钮方玺在香港苏富比秋拍上以9148万港元成交；董沧门刻恭亲王龙凤田黄对章在香港佳士得春拍上以8524万港元成交，单克20.6万港元，再度刷新了田黄单克的最高纪录。

最后，古琴持续升温，尤其是御制琴、高古琴可遇不可求。清乾隆御制"湘江秋碧"琴在香港苏富比秋拍以5564万港元成交；宋赵孟頫制仲尼式古琴"钧天雅奏"匡时十周年"百雅之首——重要古琴夜场"上以1564万元成交。

六 艺术品拍卖业未来发展趋势

2016年艺术品拍卖业市场信心指数有所上升，整体呈现复苏面貌。

首先，中国艺术品拍卖业未来市场利好因素将由隐性指标向显性指标过度。第一，2016年全球艺术品市场回暖，未来中国艺术品市场也会水涨船高。

---

① 《2016秋拍：买的是艺术品还是名气》，2016年10月24日，http://art.people.com.cn/n1/2016/1024/c206244-28802290.html。

第二，2016年过亿拍品比2015年大幅增加，对恢复艺术品市场人气指数和信心指数有帮助。第三，2016年艺术品拍卖行情低开高走，秋拍成交额和成交率有所回升，是艺术品市场释放的回暖信号。

房地产、金融投资的饱和和转移有利于艺术品投资的增长。《中国家庭财富调查报告（2016）发布》显示，2015年我国家庭人均财富为144197元，其中城镇家庭和农村家庭的人均财富分别为208317元和64780元，城市家庭是农村家庭的3.22倍。其中，房产净值是家庭财富最重要的组成部分，房产净值占家庭财富的比重为65.61%。金融资产在全国、城镇和农村家庭的人均财富中，分别占到16.49%、15.96%和18.61%。① 可见，中国多数家庭以房产、金融产品为财富投资的主要品类，但是房产投资会有需求上限，并受国家未来调控政策影响，增长空间有限；股票、基金等金融产品风险大，且上年未见明显起色，对未来投资起抑制作用。房地产和金融投资的走低，会对艺术品市场起到提振作用。

另外，中国高净值人群和规模逐年增长，而财富增长会导致各类投资的溢出效应，最后带动艺术品投资的增长，具体如图4所示。截至2016年5月，中国大陆地区千万高净值人群数量约134万人，比上年增加13万人，增长率达到10.7%；亿万高净值人群人数约8.9万人，比上年增加1.1万人，增长率高达14.1%。② 中国庞大的净值规模势必会在房产、股票、金融产品、保险、艺术品投资等领域寻找投放出口，艺术品投资无疑是其中一项很重要的选择，尤其是房产泡沫过大、股票暴跌之后的艺术品市场将有较大的调整机遇。

其次，传统文化全面复兴，将推动文物艺术品拍卖的飞速发展。随着社会财富和文化修养的积累，当下越来越多的人追求闲适、雅致、古典的生活情调。琴艺、茶道、香道的流行推动了古琴、紫砂壶、名贵木料的消费；国学复兴带动了古籍善本、篆刻碑帖的收藏；文人雅趣助长了文房四宝的风靡，古典情韵捧热了古典家具、生活器物的投资；还有信仰自由、佛教复兴之下佛像、唐卡投资节节攀高。总之，传统文化带动了古典艺术品板块的飞速发展。

---

① 《中国家庭财富调查报告（2016）发布》，2016年4月29日，http://www.chinareform.org.cn/society/income/News/201604/t20160429_247910.htm。
② 《2016中国高净值人群数量增长迅猛 八成计划未来增加海外投资》，2016年8月17日，http://news.letfind.com.cn/news/2016-8/402607.html。

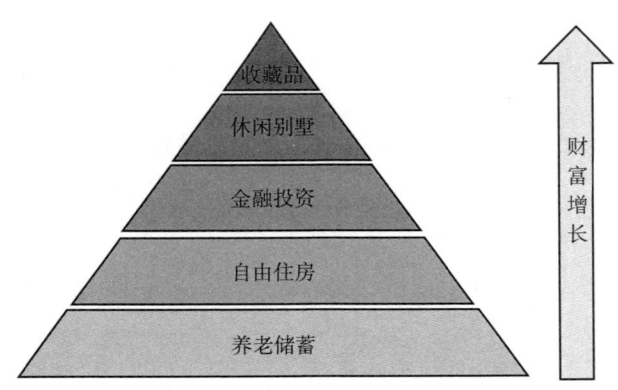

图4　财富增长投资金字塔结构

再次，拍卖行业内部洗牌加速，小拍卖公司面临冰点生存困境。

2016年，拍卖行业依然笼罩在高压竞争氛围下。大型拍卖行依靠品牌和信誉赢得市场地位，如北京保利、中国嘉德、北京匡时、西泠印社、上海嘉禾、北京瀚海已跻身全球十大艺术品拍卖行之列，它们的市场份额由2013年的55.89%上升为2015年的64.25%。但是，小型拍卖行则面临被排挤、整合、淘汰的局面。艺术品拍卖行的赢利企业占比由2013年的43.46%下降为2015年的27.4%，40名以外的艺术品拍卖行普遍遭遇亏损。①

最后，艺术品线上交易持续快速发展，网拍日渐壮大。

"互联网+"迅速渗透艺术品交易领域，艺术品在线交易势不可挡，今后会持续发挥长尾效应。从全球范围来看，主营10000美元以下艺术品的在线交易平台销售总额不受艺术品市场低迷的影响，达30.27亿美元，同比增长24%。② 国内艺术品电商发展也十分迅猛，目前电商总数超过2000家，如在线翰墨春秋、艺典中国、文化藏品在线等，艺术品线上消费成为新动向。互联网技术对艺术品交易领域的渗透，未来会拉动艺术品小众消费向大众消费的转变，并相应带动艺术创意产品的消费热潮。

---

① 《2017年中国艺术品拍卖行业发展趋势及市场规模预测》，2017年3月10日，http：//www.chyxx.com/industry/201703/502648.html。

② 《2016年在线艺术品交易报告》，2017年1月27日，http：//sanwen.net/a/ctzgkqo.html。

B.29
2016中国广告传播新形态

胡 丹*

摘　要： 2016年，广告行业在广告创意与传播层面，创意内容与形式推陈出新，体现出和传统广告截然不同的面貌，折射出广告内涵向品牌传播演进的趋向，成为该年度广告行业最大的看点。技术层面上，AR、VR、网络直播等新型传播形式得以广泛运用；内容层面上，代言人、悬念式广告、神曲内容都是过去一年广告传播的新形态。

关键词： VR/AR技术　创造性头衔　直播　悬念式广告

2016年，中国广告业年度总营业额达6489亿元，同比增长8.63%。[①] 在体量增大的同时，中国广告行业的内涵、外延也在发生变化。各大4A广告公司为提升工作效率，均对作业模式进行调整，其中"一个奥美"业务整合策略尤为瞩目，凸显出广告企业和从业者的创新主体地位；广告创意与传播层面，创意内容与形式也推陈出新，体现出和传统广告截然不同的面貌，折射出广告内涵向品牌传播扩容的趋向，成了2016年广告行业最大的热点。

从2016年初到年底，受互联网行业的冲击，广告主开始逐渐学会拥抱互联网，借新媒体技术挖掘出许多广告创意全新玩法。新媒体层面，AR、直播的运用频频涌现；传统媒体层面，代言人跳脱以往常规角色，开始与品牌有了更深层次的互动；同时，悬念式广告历经多年沉浮后再次兴起，线上线下整合传播，将广告以效益最大化形式呈现；另外，广告主开始注重内容产

---

* 胡丹，厦门理工学院文化产业与旅游学院教师，主要研究方向为广告创意。
① 《6489亿：2016年中国广告经营额增长8.63%》，《现代广告》2017年第7期。

出，创作属于品牌自身的音乐作品，以洗脑神曲的形式在品牌传播环节焕发出不一样的光彩。

一 AR/VR新技术助力产品推广

相较于过去两年，AR（增强现实）/VR（虚拟现实）技术日渐成熟，从2014年、2015年仅仅作为一个技术流行词到2016年成为老少皆知、众品牌纷纷运用的热门技术，AR/VR被许多品牌以新型技术的形式采用至营销的各个环节，通过与品牌、产品结合，强化消费者互动体验，更好地帮助品牌俘获消费者，并最终促成购买。

（一）可口可乐奥运勋章AR互动游戏

2016年8月，正值里约奥运会举办期间，可口可乐紧随热点，在天猫品牌日当天，向消费者推出基于AR技术的投掷奥运勋章的互动小游戏。活动期间，消费者只须打开天猫APP输入口令或在天猫粉丝趴游戏活动区，便可直接进入游戏界面。进入界面后，消费者通过扫描可口可乐或冰露纯悦的商标，就会发现AR动画，依据画面的提示拨弄瓶盖，搜寻宝箱，瞄准弹射瓶盖，只要瓶盖命中宝箱就有机会获得奥运纪念品等多种奖励。

在本次传播战役中，可口可乐一方面为消费者提供了良好的互动体验；另一方面为品牌自身带来高密度流量，并最终将其转化成实际的销售。游戏上线首日，可口可乐天猫店上平台访问量环比增长1500%，转化率环比提升13倍。[①] 作为国内首个试水"AR+电商"促销的品牌，效果可观，可谓AR与广告创意相结合的榜样。

传统认知下的广告创意流程为：消费者洞察、创意生产、第三方媒介投放（传统媒体、新媒体）。常年来各品牌都千篇一律地以同样的方式向消费者传递不同的品牌信息，消费者早已习以为常，感到麻木，因而，广告投放效益日渐下降。而可口可乐在此次传播战役中迅速将消费者的目光聚集在自家品牌及产品上，对AR技术的运用无疑是走出了一条全新的道路。众所周知，AR技

---

① 秦先普：《可口可乐 AR技术与电商促销的第一次合体》，《中国广告》2016年第11期。

术的实现有一个极具特色的限制条件，即必须拥有第三方介质参与。这个看似更复杂的信息接受流程，在可口可乐传播战役中却巧妙地成了闪光点，以扫描产品上品牌 logo 的形式，既赋予消费者手中产品一个全新的角色，使之成为独一无二的媒介，最低成本、最大限度地进行了产品推广，又极大地激起了消费者参与兴趣。

（二）肯德基 VR 虚拟艺术体验馆

2016 年 9 月 21 日，肯德基推出"爱在身边，随手公益"H5，该 H5 结合最新 VR Story Builder 技术，将 VR 内容嵌入 H5 页面中，消费者可以使用 VR 眼镜或裸眼 360 度全境体验的方式参与其中。在这个 VR H5 中，肯德基设置了一个线上虚拟艺术馆，馆内展出自闭症艺术家的画作。这一款 VR H5 低成本、高加载速度，为消费者带来全新的 VR 体验。同时 VR H5 通过社交媒体的互动，提升消费者的沉浸度，使其与品牌所阐述的故事产生共鸣。在这个 VR H5 中，肯德基还别出心裁地设计了"捐一元"慈善拍卖限量单品展示墙，为公益献一份力。

"爱在身边，随手公益"H5 无疑为 VR 应用提供了新的可能性，它使消费者摆脱了 VR 眼镜，裸眼也能体验 VR 效果，同时首次将新技术与公益事业结合，以新颖的形式提高了用户的参与度和体验度。该 H5 很好地展示了 VR 营销的核心要旨：通过社交媒体大数据整合为用户带来个性化体验，并通过精彩的内容引起消费者的共鸣。这实为创新之举。

（三）世界首条 VR 购物片淘宝 BUY + 系统

2016 年 11 月 1 日，手机淘宝全新推出 BUY + 系统，该系统以 VR 技术为内核，只要消费者戴上 VR 眼镜，即可在虚拟中逛尽全球各地知名商城。此外，通过互动机制，消费者还可以进行可视化实景购物，完成从进店到付款的全部过程。①

戴上 VR 眼镜后，消费者通过视线聚焦的方式进入商店或详细了解商品信息。当消费者进行结算时，界面将转至支付宝 VR Play 平台，消费者同样通过

---

① 许丽萍：《VR 购物"Buy +"颠覆商业格局?》，《上海信息化》2016 年第 6 期。

图 1　BUY + 系统中的 VR 购物界面

视线聚焦的方式进行支付操作。这种 VR + 购物的全新形式为消费者带来的不仅仅是购物距离的缩短，更是购物体验的全新升级。VR 技术的加入，使消费者足不出户即可在线试穿衣服，海淘好物，从根本上改变了过去线上购物的方式，为消费者带来了全新的体验。

然而，BUY + 系统上线之后充分体现出了 VR 技术在市场上运用的利与弊，画质不清晰、购物体验感下降使原先备受期待的 VR 购物一夜之间一落千丈，消费者评价欠佳。就目前而言，广告主在运用 VR 技术进行品牌推广时最大的阻碍便是当下技术的壁垒。对于 BUY +，我们不能说它是最好的 VR 购物系统，但同时也不能否认它为技术在市场应用上再次前进所做出的贡献。正是 BUY + 系统所暴露出的问题，才让广告主、代理商、开发者重视，才使技术进一步提升，进而在未来 5～10 年内带来更好的虚拟现实消费体验。

二　创造性头衔为品牌代言人"封官"

2016 年，内容传播成为品牌传播的核心，取代了原先赞助强档 IP、天价签约代言人、广告片全媒体曝光的重金投入模式。在内容为王的导向下，广告主、代言人、消费者之间的关系也悄然发生着变化。

明星的角色从以往单纯的拍摄广告片、活动站台的形象代言人升级为品牌传播的参与者。为明星封官，最早始于2015年9月，长虹集团任命邓超为其产品经理，此后各家品牌纷纷效仿，邀请不同明星担任各品牌的不同职位（见表1）。

表1 2016年娱乐圈一线明星担任的创造性头衔汇总

姓名	职位	广告主
邓超	产品经理	长虹
周杰伦	首席惊喜官	唯品会
	首席体验官	百雀羚
	首席旅游策划师	途牛
宋仲基	首席漂亮官	统一橙PLUS柠、冰沙ICE
马天宇	首席颜值官	古装IP《幻城》
张继科	首席产品官	花椒直播APP
杨洋	首席柔顺官	飘柔
黄晓明	首席品控官	青岛纯生

2016年3月，唯品会率先宣布任命周杰伦为首席惊喜官（CJO），J为英文Joy，意为惊喜、愉悦，同时也是周杰伦Jay的英文名首字母。唯品会通过为代言人周杰伦设置这个全新的岗位，制造噱头，吸引消费者注意力。相似的，宋仲基因相貌出众而被封首席漂亮官；杨洋因头发、性格、外貌样样柔顺而被封为首席柔顺官。赋予明星创造性头衔的背后，并非真正邀请明星参与品牌工作，本质上是一种借明星炒作的市场推广手段，正因为消费者乐意为这种形式买单，因此，品牌在2016年屡试不爽。综合看来，为明星"封官"有以下几个特点。

第一，本质是明星代言。为明星"封官"乍一看形式新颖，但深究下去会发现，其实质就是明星代言的另一种形式，差别在于明星在现有的"封官"形式下多了一重角色。明星与商业合流，一个得名，一个得利，最终双赢。

第二，加速粉丝经济发酵。不管名称是代言人还是"官职"，只要明星有粉丝基础，明星效应就能引起关注，从而提高产品与消费者之间的黏度。为明星封官的举动是成功的，它以全新的形式，再次加速了粉丝经济的发酵，为明星代言带来了更多的可能。

第三，创造性头衔与品牌调性、明星个性相契合。与2015年邓超"产品经理"的头衔相比，2016年涌现出的各类官职更是多了一份创造性、娱乐性。唯品会首席惊喜官的命名，巧妙地照顾了艺人与品牌双方的利益，明星形象与广告主品牌内涵一致，一方面，为品牌传递"与周杰伦一起为消费者带去更多惊喜"的主张，另一方面，选择代言人的标志性字母J作为官职命名中的一部分。美妆品牌授予宋仲基首席漂亮官则紧扣消费者使用产品后肤质会得到提升的利益点，另外与代言人的高颜值相挂钩。创造性头衔有趣的背后，也拉近品牌与消费者间的距离。

三 网络直播成为全新传播方式

网络直播并不能算是2016年中所诞生的新形式，早在前几年，YY、优酷、虎牙直播等平台就推出，但一直不温不火。正如2015年爆红的H5一样，网络直播在2016年突然蜂拥而至，成为2016年大众传播的爆款。

网络直播不同于录播，它时刻充满随机性、突发性。也正是它的这两个特点，成了最大的卖点。2016年，随着AR/VR技术的迅猛发展，直播满足了人们对真实的天然需求，还可以实时与直播对象互动，满足了消费者对人性的窥探欲，在很大程度上提升了消费者在互动中的参与感和代入感。

细数诸多案例，最具代表性的莫过于Angelababy的美宝莲直播，该传播战役在短短两小时内便收获1万支口红的超级销量，是快消行业直播活动中教科书级别的案例。

2016年4月14日，美宝莲代言人Angelababy在堵车路上，通过淘宝直播的形式与消费者来了一次特别的"见面"。通过直播，美宝莲向消费者透露了Angelababy作为新代言人的消息，同时，通过事先安排，在直播页面的下方拥有一个直接下单产品的通道，消费者可以边看直播边实时下单，配合Angelababy的明星效应，短短两个小时直播观看人数逾500万人次，产品"唇露"销量破万支，实际销售额约142万元。

作为快消行业首个将直播APP与品牌传播相捆绑的传播战役，美宝莲善用粉丝经济的强大影响力及淘宝的大平台优势，将代言人、品牌主张与产品销售很好地捆绑在一起，利用全新的互动形式，缩短了从消费者认知到产品购买的漫长的消费者决策过程。作为女士化妆品，大部分观看直播的消费者都是女

图 2　Angelababy 美宝莲直播页面

性。研究表明，相较于男性，女性更容易产生冲动性消费行为，美宝莲的直播以 Angelababy 亲自试用产品的形式，直接对女性消费者产生刺激，配合直播页面中显著的电商平台外链按钮，便很容易引导消费者直接转至电商平台购买产品，带动销量。消费者从了解产品到实际购买，只需不到 5 分钟的时间。

之所以美宝莲的本次传播战役如此成功，活动的形式功不可没，全平台直播＋最大电商平台配合的全新形式自带话题性、关注度，相比微博超级话题、互动 H5 等缺乏即时互动的新媒体传播形式，消费者自然而然会更关注直播；与美宝莲旗下 BB 霜举办的吴亦凡 H5 直播活动的 80 万观看量相比，本次活动传播量更大，传播速度更快，销售转化更高。另外，代言人发挥了重要作用。在这场直播中，美宝莲将代言人很好地与消费者联系在一起，以代言人为桥梁，拉动消费者了解产品，试用产品。

除了收效最好的美宝莲"唇露"直播发布传播战役外，还有其他几个备受关注的品牌"直播"活动,例如,Blibili 小米 Max 有奖直播,小红书 6.6 生日直播 Party,《我是歌手》决赛夜后台直播等。

2016年5月,小米为宣传超长待机的新品小米 Max,在 B 站上举办了一场名为"我们也不知道这场直播什么时候结束"的直播。本场直播主题与产品利益点相契合,即"超长待机":待机多久,就直播多久。为配合 B 站用户人群特征,直播过程中邀请人气二次元大人串场做客、聊天。其间还会不间断地进行抽奖活动。每隔1小时解锁手机屏幕,如果有电,则开始进行手机抽奖,直到手机没电关机为止,抽奖结束,直播结束。这场直播进行过程中,平均每天吸引200多万用户参与,峰值可达10万人同时在线,值得一提的是,就算在深夜一两点,也有1万多人在线。截至直播第10天,累计观看人次1800万,抽奖送出手机约700台。小米玩透了直播,在活动期间,不仅收获了大量关注度,更通过10天持续不断直播的纪录,为产品超长待机的卖点做了权威背书,用低成本神奇地完成了品牌推广任务。

在众品牌通过使用直播带动销量的同时,各综艺节目也巧借直播平台为自己的节目品牌打造声量;其中,典型例子应属《我是歌手》的幕后直播。明星真人秀《我是歌手》于决赛期间在映客 APP 上进行了《我是歌手——冠军之夜》《猜歌王赢映票》等系列主题直播活动。观众可以通过直播观看自己喜欢的歌手在后台备战的状况,也能通过有偿投票为自己喜爱的歌手增加人气,借此间接决定各歌手之间的出场顺序。除此之外,明星还会在直播过程中与粉丝实时互动,粉丝也可在直播平台上为明星赠送虚拟礼品。通过这几场直播,《我是歌手》极大地提升了最终几场节目的收视率。湖南卫视与映客 APP 的联手可谓双赢,湖南卫视提升了节目知名度、收视率,映客 APP 也因为与《我是歌手》合作,人气大增,进一步推进品牌在线直播的进程。

回望过去一年,网络直播内容已全面升级,从原先的游戏直播转变为现在的大众化品牌直播,人人做直播,人人看直播。而广告主在网上直播时需要注意以下几个事项。

第一,缔造真实感。与以往的传播方式相比,直播是一种即时性的传播活动,直播内容在很大程度上受现场环境影响,突发状况、现场演示都成了直播过程中的固有套路。习惯了品牌有备而来的消费者,内心往往更追求的是随机性、不确定性的东西，因为他们认为，这才是看点，这才稀奇。

第二，内容、平台、销售三位一体直播，对广告主而言只是一种形式、一个平台。如何将品牌的内涵通过短短 1 小时传递给消费者成了品牌在组织直播时需要考虑的重点。一方面，巧妙设计直播内容，注重内容与品牌利益点间的有机结合，如小米 Max 超长待机与不知何时结束的直播、Angelababy 直播中现场使用美宝莲新品"唇露"等。另一方面，广告主在直播的同时还需要考虑销量、收入的问题。除了最基本的平台打赏外，广告主还可以通过外链的方式，迅速链接至电商平台，配合与产品利益点相关的内容，通过直播能更好地说服消费者产生购买行为。

四　反抗传统媒体的悬念式广告

近年来，在新媒体、新技术的冲击下，AR、直播、H5 异军突起，传统媒体的日子显得不那么好过，但以《南方都市报》《新京报》为首的一批纸媒，在 2016 年让悬念式报纸广告再次成为热点。

悬念式广告是一种利用文字或画面刺激来引发消费者好奇心从而达到引人注目效果的广告形式。自 2016 年 5 月 30 日起，方太连续 3 天在《京华时报》上打出了字典中查不到的自创生僻字的广告。这 3 张广告配合品牌的新品传播活动，三个字对应三款新品，通过报纸广告为其新品发布会造势。

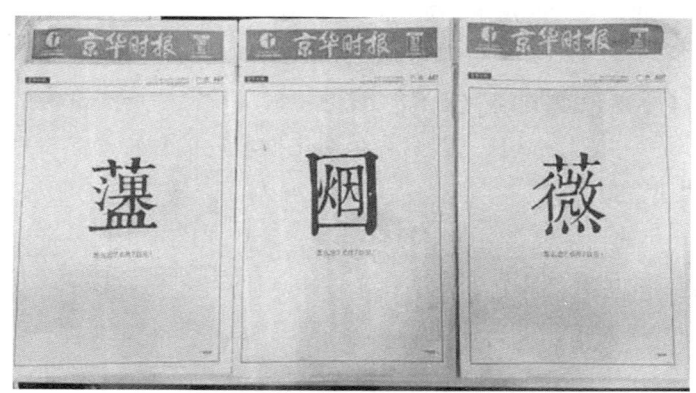

图 3　方太"猜字谜"报纸广告

相比其他想尽花样的广告主，UC浏览器的方式则更直接。2016年8月23日，UC在9家不同的大型纸媒上投放头版整版广告，每个广告1个字，通过拼凑，可串联成"资讯看UC，6亿人选择"的信息。这种直截了当的创意方式先前出现过，早已不是新鲜事，但放在花样倍出的2016年，反倒吸引了消费者的注意力，并成就了又一大热点。在丰富多样的创意广告中，抛弃套路，回归简单，未尝不是一件好事。

与其他悬念式纸媒广告不同，北京现代的悬念广告并非仅停留在"画面内容悬念"上，通过与二维码、AR等新媒体技术结合，打造了一张会唱歌的海报。2016年10月13日于《南方周末》上刊登的整版海报看似与普通的整版广告并无差别，但只要消费者扫描画面中的二维码，即可观看有声视频。这样的举动打破了以往二维码直接链接品牌自媒体平台的操作手段，以"扫描二维码后会出现什么"为悬念，吸引消费者关注品牌信息，带动二次传播。

在众多悬念广告中，不得不说的是一点资讯的悬念广告传播战役。2016年10月，一点资讯在北上广深铺天盖地式地进行了一波媒体投放。投放的广告画面中，一条信息的重要部分被一点资讯的logo所遮挡。一点资讯用自家logo打码的做法，看似简单粗暴却恰合时宜，保留了悬念的同时还让看的人明确知道这是一点资讯的套路，从而撩动人们最原始的好奇心，将传播从单向转为用户的主动获取。此外，在报纸上的悬念广告更是引人猜想，简单的一个logo出现在不同位置，赚足了消费者的注意力。

最终的答案公布时，消费者才恍然大悟，看似简单的三个位置实则是三幅名画的黄金分割点。通过本次悬念广告的传播战役，一点资讯将"有趣有料有用有品"的品牌理念以及"搜索+个性化推荐"的独特产品特性向消费者做了深刻传递，最大限度地实现了品牌记忆度与用户转化率上的传播目标。

从2016年的几个经典案例中可以看到，悬念式广告相比从前的差异点在于从形式创新向内容创新转变，结合二维码、H5等新媒体技术，从单一的线下平面广告升级为线上线下双程互动的新型广告，也正是这个原因，才使纸媒广告在过去一年中频频刷爆线上社交媒体平台，产生轰动。

传统广告面临的最大问题是：在新媒体面前，传统媒体广告效率及传播面、传播速度远低于新媒体广告。报纸上的悬念式广告以"简单内容+版面

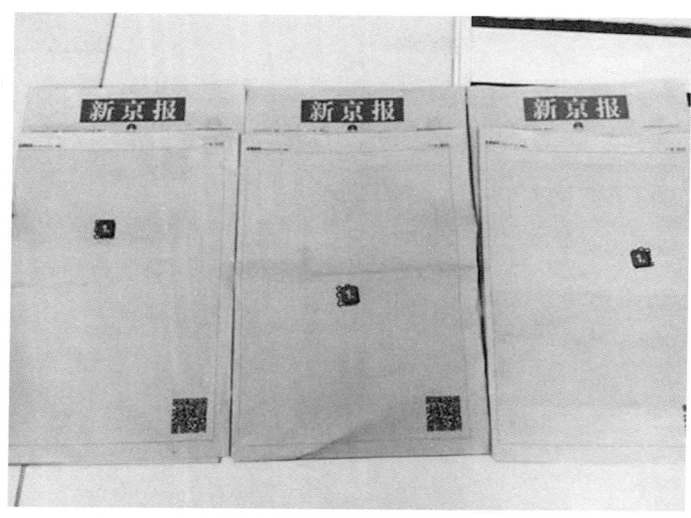

图 4　一点资讯悬念式报纸广告谜面

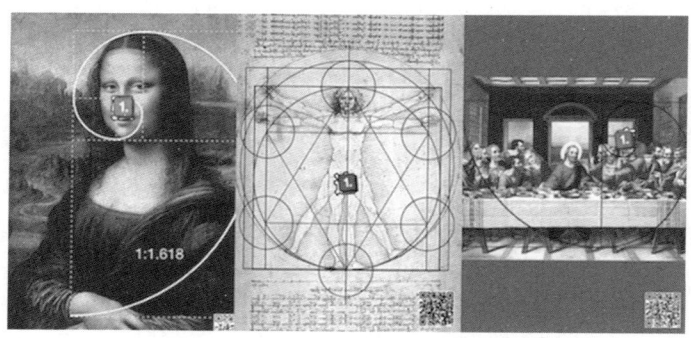

图 5　一点资讯悬念式报纸广告谜底

留白/二维码延展 + 强烈视觉冲击"为表现形式,旨在创造后继的二次传播,通过人为创造的二次传播使传播效果呈指数倍增长。

五　"现象级"的神曲营销

2016 年,广告界出现了一波不按套路出牌的非常规内容营销品牌。它们所推广的自创内容搞笑、有魔性,且发布伊始便在社交平台上获得了广泛传

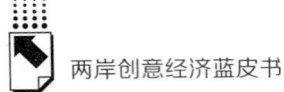

播，一度成为"现象级"神曲。

2016年中，网易云音乐发布了一则招聘启事，这则启事是一首由"浙江温州江南皮革厂大甩卖"改编的歌曲，这首名为"浙江杭州网易互联网招聘了"的歌曲中"原本都要985、211一本类的院校，统统免筛选"洗脑级的魔性作词一时间为网易云音乐带来了极大关注，歌曲上线首日便收获了超4000条的精品网友评论。值得一提的是，该歌曲尽管在网易云音乐自有平台中上线，网易不花费一分钱，却以精品内容俘获万千网友义务为其免费二次传播，收效显著。

随后，网易严选、网易考拉海购还纷纷上线了新神曲"网易严选打折了"及"黑猪"，还是同样的套路，但内容有所创新。当所有消费者都以为会跟第一支神曲有着一样编曲的时候，新神曲采用了全新编曲，为消费者带去了不一样的魔性体验。网易云音乐的评论区，大有消费者评论"过瘾"及"意料之外"。

回归品牌层面，随着网易的三支神曲"浙江杭州网易互联网招聘了""黑猪""网易严选打折了"的相继问世，配合网易创始人丁磊出镜自黑，网易的品牌文化中悄然注入了"魔性"这一新鲜血液。通过一系列饱含噱头的营销活动，老版互联网公司网易成功地更新了品牌的自我形象，成了消费者心中年轻、有趣的品牌。

2016年6月中旬，方太上线了首支品牌MV视频。视频中方太深情歌颂包菜，将"炒包菜"这三个字贯穿视频始末。看似无厘头、无关联的视频其实暗藏着与广告主方太的产品之间千丝万缕的关系。因为懒得洗菜洗碗，所以只吃最好洗的包菜，而方太水槽洗碗机，能洗碗也能洗蔬菜。方太紧抓这一消费者洞察，以洗脑式作词作曲的形式创作神曲，将产品利益点反复、精准地传递给消费者。

除了上述两个典型案例外，还有许多广告主也已采用这种新鲜的营销方式进行品牌传播，如新华社洗脑神曲"四个全面"。神曲营销对新华社已不是新鲜事，早在2015年10月，新华社就已在推特上发布了第一支红色神曲"十三五之歌"。时隔半年，新华社再次推出神曲"四个全面"，而这次，新华社有了更多动作。2016年新推出的神曲"四个全面"融合了说唱、合唱、舞曲等多种音乐表现形式，以通俗易懂的形式解读"四个全面"政策，并新加入了GIF图、弹幕等新形式进行营销传播，紧贴年轻消费群体的口味兴趣，在年轻消费者心中树立了良好且稳固的品牌形象。

B.30
2016音乐与演艺产业年度热点

郑荔鲤*

摘　要： 截至2016年末，全国文化系统共有艺术表演团体2046个，文化馆3338个；① 中国演出市场总体经济规模近470亿元；全国商业演出市场票房收入达121亿元，演出场次达18.2万场，观众人数达10761万人次；网络音乐用户规模达到5.03亿，其中手机网络音乐用户规模达到4.68亿；音乐节演出票房达4.83亿元，演出场次达202场，总观众数约为327万人次；全国话剧演出票房收入8.19亿元，演出场次达11744场，演出观众达580万人次；全国音乐会演出票房达6.56亿元，演出场次达7203场，观众达480万人次；全国传统戏曲演出票房收入达1.49亿元，全年演出场次达5594场，演出观众达245万人次。

关键词： 音乐产业　演艺产业　文化系统

音乐产业是文化软实力的重要组成部分，数字音乐是音乐产业的发展核心。经历多年转型期，数字音乐产业链发展趋向稳定，产业新秩序和数字音乐用户消费习惯逐渐形成，行业不断出现跨界融合和资源整合的产业现象，演艺设备传统行业发展崛起，音乐产业发展步入新阶段。旅游演艺产业成为经济增长新动力，旅游演艺新趋势日益显现，拓展海外市场被列入新的发展计划。

---

* 郑荔鲤，厦门理工学院文化产业与旅游学院教师，主要从事音乐与演艺产业教学与研究。
① 《2016文化事业发展》，《光明日报》2017年3月4日。

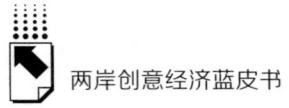

一 音乐与演艺产业发展环境分析

（一）音乐产业发展环境分析

国际唱片业协会 IFPI 发布的 2016 年、2017 年《全球音乐报告》显示，2015 年全球音乐市场增长 3.2%，2016 年全球音乐市场增长 5.9%，产业持续两年增长。2016 年是 20 年来涨幅最高的一年，这一年数字音乐收入占全球收入的 50%，全球数字音乐收入增长 17.7%，流媒体收入上涨 60.4%。实体收入下滑 7.6%，下载收入下滑 20.5%。中国互联网络信息中心（CNNIC）2017 年发布的第 39 次《中国互联网络发展状况统计报告》显示，截至 2016 年 12 月，中国网民规模达 7.31 亿，手机网民占比达 95.1%，线下手机支付习惯已经形成；我国手机网民规模达 6.95 亿，增长率连续三年超过 10%；网络音乐用户规模达到 5.03 亿，较 2015 年底增加 176 万，占网民总体的 68.8%。其中手机网络音乐用户规模达到 4.68 亿，较 2015 年底增加 5152 万，占手机网民的 67.3%。在未来互联网体系越发壮大的日子里，流媒体依然是音乐产业收入的主要来源。

相比于其他行业，音乐产业行业整体规模较小，但市场规模较大。音乐行业具有广泛的受众基础，能够与其他产业高度融合。2015 年"互联网+"上升为国家战略，"音乐+互联网""音乐+VR""音乐+游戏动漫"跨界融合层出不穷。音乐市场秩序逐步建立，各大音乐平台巨头也积极打造音乐新生态，探索多元化的盈利模式。在"互联网+"的大力发展下，音乐产业将与其他行业跨界融合，呈现产业多元化发展。

（二）演艺产业发展环境分析

2016 年 6 月，文化部和财政部联合印发《引导城乡居民扩大文化消费试点工作实施方案》，该方案提出"建立完善的文化产品和服务供给体系"，鼓励"各类文艺团体、文博单位、创意设计机构和人员积极创作生产适应市场需要、满足现代消费要求的优秀文艺作品、文化创意产品和服务"。文化部将纳入试点工作的城市确定为"国家文化消费试点城市"。中央财政将通过中央补助地方公共文化服务体系建设专项资金,按照有关规定,对扩大文化消费试点工作统筹予以资金支持。2017年1月,文化部出炉的《"一带一路"文化发展行动计划(2016~2020年)》,把"围绕演艺、电影、电视、广播、音乐、动漫、游戏、游艺、数字文化、创意设计、文化科技装备、艺术品及授权产品等领域,开拓完善国际合作渠道。推广民族文化品牌,鼓励文化企业在'一带一路'沿线国家和地区投资"列为"丝绸之路文化产业带"建设计划的重点任务之一。国家相关政策的大力支持为演艺产业提供了良好的发展环境。

2017年5月,文化部印发《"十三五"时期繁荣群众文艺发展规划》(以下简称《规划》),《规划》提出"到2020年,群众文艺工作网络进一步完善,创作生产机制更加健全,影响力进一步增强,广大人民群众参与的主动性和积极性明显提高,审美能力和艺术素养显著提升,基本形成群众创造活力迸发、优秀作品不断涌现、人才队伍日益壮大、文艺活动蓬勃开展的群众文艺繁荣发展新格局"的发展目标。重点任务包含"推出优秀群众文艺作品""广泛开展群众文艺活动""完善群众文艺工作机制""培育和壮大群众文艺力量""加强群众文艺阵地建设管理"五个内容。这是我国关于群众文艺工作的第一个五年规划,对繁荣群众文艺工作具有重要意义。

2017年5月,文化部《2016年文化发展统计公报》数据显示,截至2016年末,全国文化系统所属及管理的文化单位共有31.06万个,从业人员234.81万人;2016年全国文化事业费770.69亿元,比上年增加87.72亿元,占财政总支出的比重为0.41%,比上年提高0.02个百分点。文化事业的繁荣发展促进演艺产业良性发展。

二 音乐产业年度热点分析

2016年是中国数字音乐行业变化最大的一年,行业市场秩序发展进入最佳时期。"版权生产""原创音乐""股权融资""付费习惯""声音营销""音乐AR""融合创新"是音乐产业2016年的主旋律。整体行业在有序发展中仍然保持良性竞争,2016年我国音乐产业发展呈现以下主要特点。

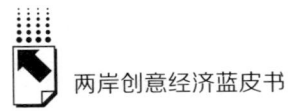

（一）行业格局发生巨变，版权之争转为版权生产

内容是数字音乐服务商的核心，粉丝经济是各大音乐平台版权争霸的重要推动力。2016年7月，腾讯旗下的QQ音乐与海洋音乐集团合并，音乐行业格局由阿里、腾讯、网易三足鼎立之势变成腾讯新音乐集团和阿里音乐之间的竞争。通过整合海洋音乐和腾讯的独家授权歌曲，合并后腾讯音乐娱乐集团的独家音乐版权占比超过60%，活跃用户占整个市场比例超过80%，形成了真正的巨无霸。①

2016年12月，阿里星球在苹果商店发布停止"收藏歌单、本地音乐服务"等的信息动态。阿里星球将停止APP音乐服务，离开音乐产业领域，定位社区粉丝，打造粉丝经济。

如今，音乐用户付费习惯形成，行业内容生产加速，音乐行业整体回暖，市场恢复活力。各大音乐平台的版权之争转为版权生产，以新的内容生产为核心，形成新的产业生态链。

（二）独立音乐人和原创音乐迎来发展春天

2016年11月，网易云音乐启动名为"石头计划"的独立音乐人扶持计划；2017年4月，百度推出服务于独立音乐人的"伴星计划"。各大音乐平台重金为独立音乐人提供孵化平台，全方位支持独立音乐人的内容生产，增加数字音乐内容储备，扩大版权资源。

百度音乐于2017年推出"伴星计划"战略，阿比路录音纪行正式启动。"伴星计划"对用户提供的内容制定专业的筛选机制，征集和筛选优秀原创音乐作品，为独立音乐人的内容生产提供演出经纪、海外录音、宣传推广、全球发行等一系列平台服务，实现原创音乐人的音乐梦，打造粉丝经济。高姗原创音乐作品《遇见你的时候所有星星都落到我头上》播放量高达273.6万次，吸引两万余组原创音乐人入驻，其中包括李志、好妹妹乐队、陈粒、马頔、小

---

① 《数字音乐步入后版权时代》，http://www.cnipr.com/ynzx/201701/t20170124_200924.htm。

老虎等。①

网易云音乐于2016年推出投资专辑的"石头计划",为音乐人提供了一个完善的成长体系,包括音乐培训、专辑投资、演出机会、推广资源等,为原创音乐人创造了良好的收入环境。截至目前,网易云音乐入驻的原创音乐人已经超过4万人,上传原创音乐作品超过80万首,其中2016年入驻音乐人和上传原创作品同比翻番。②

(三)资本力量助推行业良性发展

2015年资本开始涌入音乐产业。2016年资本注入更加丰厚,音乐产业成为热门投资产业。

2016年4月,华人文化(CMC)宣布10亿元投资丝芭传媒并占股20%,超越2015年音乐行业最高融资案例唱吧D轮的8.74亿元,丝芭传媒估值50亿元。2016年1月,光线传媒控股公司香港影业投资启维公司echo 3000万美元。2016年6月考拉FM获得由君联资本等投资的1.7亿元,考拉FM将音频广告平台建设作为未来发展的主要发力方向。2016年1月,Fiil耳机完成由梅花创投、壮丽峰景、浩方资本等投资方参与的2000万美元A轮融资,估值达10亿元。2016年1月,主打KTV垂直行业O2O的福建凯米公司获A轮融资7500万元。2016年1月,多米音乐再度获光线传媒6800万元增资,光线传媒将占股13.63%。2016年5月,君联资本、bilibili和华熙集团以6300万元入股米漫传媒。未来,米漫的发展重心是品牌推广及以音乐为载体的IP孵化。2016年2月,蜻蜓FM完成由中国文化产业投资基金领投的D轮融资,估值为25亿元。2016年4月,Finger获元璟资本500万美元A轮投资。2016年2月,爱听卓乐获得中科招商集团旗下中科乐创领投的2500万元A轮融资,估值近1亿美元(见表1)。

---

① 《对于原创音乐人来说,这可能是最好的时代》,新音乐观察,http://mt.sohu.com/it/d20170411/133369216_172553.shtml。
② 《网易云音乐启动原创歌曲征集"石头计划"陆续落地》,环球网,http://fashion.huanqiu.com/zxtg/2017-03/10235915.html。

表1　2016年音乐行业10大融资事件

序号	融资方	投资方	金额	进度
1	丝芭传媒	华人文化产业投资基金	10亿元	—
2	echo回声	光线传媒	3000万美元	C2-轮
3	考拉FM	君联资本	1.7亿元	—
4	Fill耳机	元璟资本、梅花创投、壮丽峰景、浩方资本	2000万美元	A轮
5	K米	—	7500万元	A轮
6	多米音乐	光线传媒	6800万元	D轮
7	米漫传媒	君联资本、bilibili和华熙集团	6300万元	—
8	蜻蜓FM	中国文化产业投资基金	—	D轮
9	Finger	元璟资本	500万美元	A轮
10	爱听卓乐	中科乐创	2500万元	A轮

资料来源：道略音乐产业研究中心。

（四）互联网音乐用户消费习惯逐渐形成

2015年网络音乐用户付费习惯正在建立。随着版权保护意识的增强，付费音乐渐渐走进人们的视线。2016年音乐消费习惯逐渐形成，未来愿意付费的用户和近一年已付费的用户总比重达70.7%。其中，未来愿意付费的用户比重达13%。近一年已付过费的用户比重超过一半，达57.7%（见图1）。在音乐网站付费各模块的人数比例中，"收听高品质内容"和"收听/下载独家内容"的用户比重均超50%，成为在线音乐用户付费的两大最主要模块，用户对于音乐品质的追求逐渐提高（见图2）。

（五）音乐电影成为行业营销新方式

音乐电影与影视里的音乐不同，它并不是将音乐和影视作品简单地拼凑，而是音乐经纪公司延伸的新产品。如天后Beyonce发布的新专辑"LEMONADE"运用音乐电影的模式，即用完整的故事与音乐内容相结合。这种模式让听众更加关注完整的专辑内容，提高专辑销量与巡回演出时粉丝听众的参与度，打造粉丝经济。音乐电影将音乐人的个人IP价值和音乐内容的IP价值结合，让音乐内容摆脱音频媒介的单向被动输出，音乐电影成为行业营销新方式。

2016音乐与演艺产业年度热点

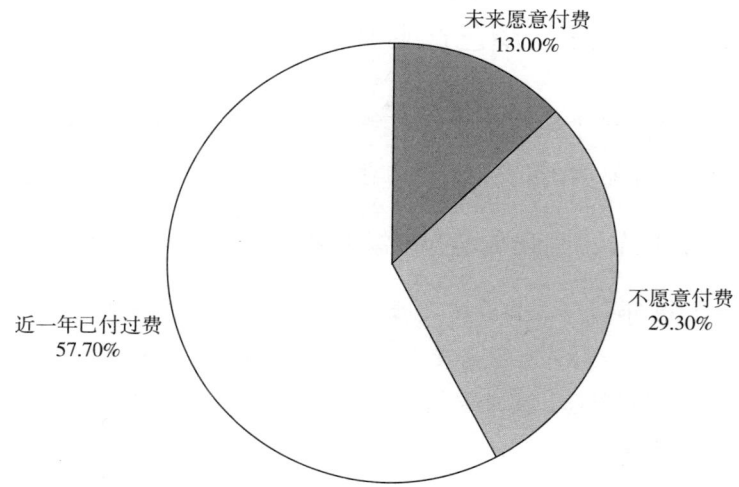

图1　2016中国在线音乐用户付费意愿人数比例分布

资料来源：艾瑞咨询研究。

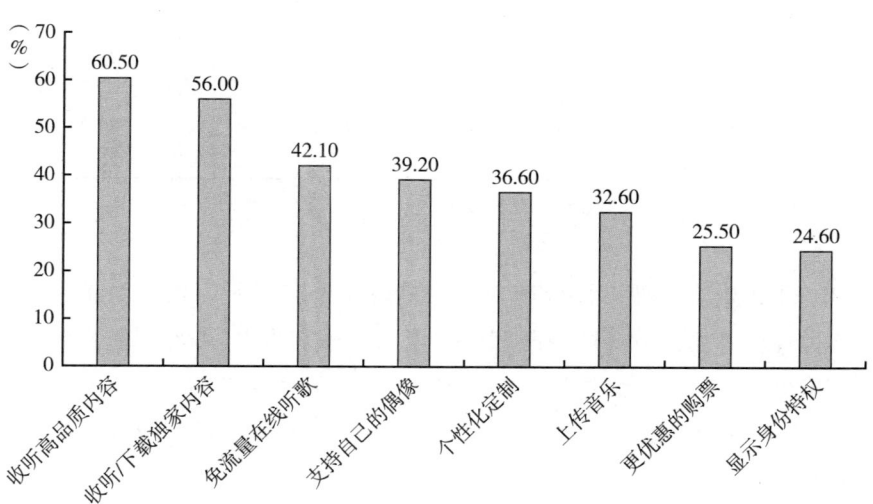

图2　2016音乐网站付费模块的主要人数比例

资料来源：艾瑞咨询研究。

365

三 演艺产业年度热点分析

2016年,演艺行业依托互联网发展平台,通过各类模式进行资源整合,刺激市场消费,丰富演艺市场,演艺产业整体呈现活跃态势。

(一)音乐节:回归市场迎来爆发式增长

2012~2014年,音乐节市场发展态势良好,年度票房收入、观众人次、场次逐年提升。受上海外滩踩踏事件影响,2015年音乐节整体发展陷入低潮,2016年音乐节回归市场,迎来爆发式增长。2016年全国音乐节共计演出场次202场,较2015年增长59.1%。观众人数达326.7万人次,较2015年增长44.2%。票房收入达4.83亿元,较2015年增长42.5%(见表2)。

表2 2012~2016年全国音乐节演出市场统计

年份	场次(场)	票房(亿元)	观众(万人次)
2012	89	2.08	174.7
2013	121	3.01	269.4
2014	148	3.79	307.5
2015	127	3.39	226.5
2016	202	4.83	326.7

资料来源:整理自道略音乐数据库。

2016年音乐节类型以综合性为主。道略音乐产业研究数据显示,2016年综合类音乐节演出146场,占72%。电子音乐节演出24场,占12%。民谣类音乐节占3%,动漫类音乐节占4%,摇滚类音乐节占7%,爵士类音乐节占2%。综合类音乐节成为2016年主办方和市场最青睐的音乐节类型(见图3)。

(二)舞蹈:市场回暖,票房收入创历史新高

继2013年票房大幅度下滑后,舞蹈演出市场逐渐回暖,票房收入逐年提升。2016年全国舞蹈市场票房达3.24亿元,较2015年增长10.2%。这是继

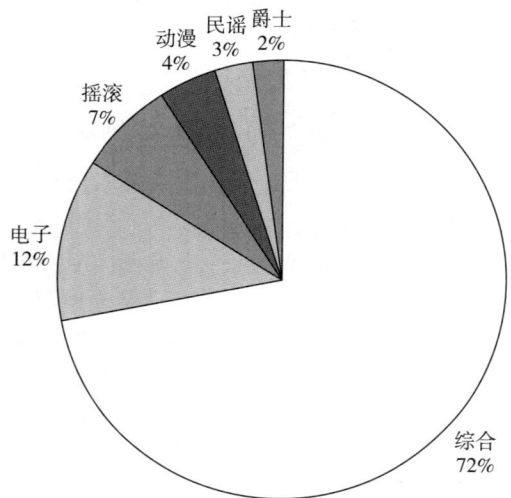

图3　2016年音乐节演出类型占比情况

资料来源：道略音乐数据库。

2012年后再一次突破3亿元的票房纪录，创5年来历史新高。2016年全国舞蹈共计演出场次达2049场，较2015年的1955场次增长4.8%。全国舞蹈观众人数达180万人次，较2015年的174万人次增长3.4%（见表3）。

表3　2012~2016年全国舞蹈演出市场统计

年份	场次（场）	票房（亿元）	观众（万人次）
2012	2094	3.04	160
2013	1703	2.30	145
2014	1652	2.61	152
2015	1955	2.94	174
2016	2049	3.24	180

资料来源：整理自道略音乐数据库。

根据道略音乐产业研究数据，2016年中国大剧场舞蹈剧目票房收入排名前10的舞剧作品中，杨丽萍文化传播有限公司囊括3部作品，成为2016年舞蹈剧目票房收入最高的舞蹈机构（见表4）。

表4 2016大剧场舞蹈票房10强

排名	舞剧作品	机构
1	《天鹅湖》	爱乐汇文化
2	《大河之舞》	北京九维文化
3	《云南映象》	杨丽萍文化传播有限公司
4	《舞之魂》	北京保利剧院
5	《十面埋伏》	杨丽萍文化传播有限公司
6	《天鹅湖》	北京保利剧院
7	《云南的响声》	杨丽萍文化传播有限公司
8	《森吉德玛》	鄂尔多斯歌舞剧团
9	《红色娘子军》	中央芭蕾舞团
10	《朱鹮》	上海歌舞团

资料来源：整理自道略音乐数据库。

（三）音乐剧：市场状态不容乐观，观众培育仍待加强

2016年全国音乐剧演出市场票房达1.74亿元，较2015年下降23%。演出场次达2113场，与2015年持平。全国观众人数达101.6万人次，较2015年下降17.9%（见表5）。音乐剧市场培育和发展仍待加强，核心观众群体较少。

表5 2012~2016年全国音乐剧演出市场统计

年份	场次（场）	票房（亿元）	观众（万人次）
2012	882	1.92	73.6
2013	1351	2.34	103.3
2014	1518	1.57	87.5
2015	2112	2.26	123.8
2016	2113	1.74	101.6

资料来源：道略音乐数据库。

（四）话剧：市场升温，票房收入突破8亿元

道略音乐产业研究数据显示，2016年全国话剧演出市场票房达8.19亿

元,较2015年增长6.8%。开心麻花、赖声川表演工作坊等知名话剧机构增速尤为明显,场次增速均在30%以上,票房收入共增加7300多万元。① 2016年全国话剧演出场次达11744场,较2015年下降3.8%。近几年全国话剧演出场次一直处于11000~12000场,原创话剧作品数缺口较大。全国观众人数达580万人次,较2015年增长8.2%,大剧场话剧带动整体市场发展(见表6)。北京开心麻花娱乐文化传媒股份有限公司、赖声川表演工作坊、孟京辉戏剧工作室成为2016年国内话剧票房收入排名前三的机构。

表6 2012~2016年全国话剧演出市场统计

年份	场次(场)	票房(亿元)	观众(万人次)
2012	11121	6.96	426
2013	12451	7.41	493
2014	11854	7.61	506
2015	12204	7.67	536
2016	11744	8.19	580

资料来源:道略音乐数据库。

(五)儿童剧:观众人数反超话剧,成为最受欢迎的戏剧市场

2016年儿童剧的演出场次、观众人数及票房收入均保持稳定增长,创历年新高。2016年全国共演出儿童剧12928场,较2015年增长12.8%。演出票房达3.85亿元,较2015年增长6.6%。观众人次达568万人次,较2015年增长6.4%(见表7)。在国家二孩政策的影响下,儿童剧市场将继续保持增长态势,亲子文化成为儿童剧市场的主导方向。

北京、上海和广东三地是2016年全国儿童剧演出的主要聚集地。道略音乐产业研究数据显示,北京演出儿童剧场次占比为29.3%,吸引22.2%的观众,占据全国24.4%的票房,位列第一。

---

① 《话剧年报:票房突破8亿元,小剧场话剧急速下滑23%》,http://www.135995.com/wd/371295.html。

表7 2012~2016年儿童剧演出市场统计

年份	场次(场)	票房(亿元)	观众(万人次)
2012	6789	2.48	334
2013	7576	2.62	384
2014	10377	3.26	480
2015	11459	3.61	534
2016	12928	3.85	568

资料来源：道略音乐数据库。

四 音乐与演艺产业发展趋势

（一）"音乐节+旅游"成为音乐节发展新模式

音乐是情感体验的载体，是音乐节发展的重要元素。近年来，旅游景区的发展政策成为新音乐节发展的主要推动力。2016年长隆引进台湾音乐节第一品牌"春浪音乐节"和2017年峨眉山"佛光花海音乐节"，通过音乐节带动旅游、演艺等产业融合发展，通过打造音乐产业延伸产业链，带动区域生态、文化、经济、产业发展，充分发挥音乐产业的社会效应与经济效应。

（二）VR为演艺产业打开新的消费市场

2016年12月，王菲举办全球首场VR直播演唱会"幻乐一场"。VR与演唱会相结合为观众带来了全新的直播视觉体验，增强在线观众与现场的情感体验与互动。王菲本场演唱会VR直播总观看人数达2149万人，共收获2813.8万网络虚拟礼物，折合人民币约为281.3万元。[①] 此类音乐节、演唱会与VR直播相结合的音乐大餐将成为演艺行业趋势之一。

（三）在线音乐平台的产业链与生态之争

在线音乐平台行业竞争不再局限于版权、用户之争，产业链与生态圈之争

---

① 《情怀与槽点同在 王菲跨年演唱会算不算崩盘?》, http://money.163.com/16/1231/12/C9K62FA9002580S6.html。

成为新的主题。网易云音乐的 A 轮融资带来 SMG 和芒果文创两家新的合作伙伴，网易云音乐生态布局基本完成。腾讯音乐娱乐集团囊括 QQ 音乐、酷狗音乐和酷我音乐三大音乐应用产品，完成基本的生态布局。太合音乐"花园式"生态布局，新的业务领域层出不穷。阿里音乐巨资收购大麦网，生态领域再添一筹。各音乐平台未来竞争的核心和目的是打通音乐产业链上下游，取得更多元的行业盈利模式。

B.31
2016电影产业发展现状及未来走势

宋西顺*

摘　要： 在经历"井喷式"发展后，中国电影市场开始呈现增速放缓之势，面临着发展的机遇与挑战。2016年，国内电影总票房达到492亿元，增速下滑；影片的质量有所提升，数量增加，纪录电影异军突起，动画电影逆势上扬；技术进步与影院建设呈现加速态势，中国银幕数量已超过美国，位居世界第一。依托科技尤其是互联网的发展，回归理性，回归故事，在挖掘深厚内涵中呈现文化底蕴与特点，主动对接"一带一路"倡议，延伸电影产业链，中国电影产业在持续发展上会有更多的可能性。

关键词： 电影产业　在线票务　网络剧

伴随经济发展进入新常态，年票房连续5年超过30%增速的中国电影在2016年迎来拐点，电影票房没能完成预期，增幅仅11.64%。但从统计票房、大片数量、统计观影人次、银幕数等数据看，2016年的中国电影又不乏亮点。据电影局统计核实，2016年国内电影总票房达到492亿元，其中9部影片单片突破10亿元。① 国产故事片772部，再创新高，国产电影票房占比超过68%的市场份额；城市主流院线银幕数41179块，超过美国跃居世界第一，活跃的电影拍摄主体达千余家。影院达7857家，观影人次达13.74亿，同比增长

---

* 宋西顺，硕士，副教授，厦门理工学院文化产业与旅游学院，研究方向为文化产业。
① http://www.cankaoxiaoxi.com/ent/ylgd/20170419/1905836.shtml.

8.89%。国产影片 2016 年度海外销售收入 38.25 亿元,影视产品和服务出口超过 6 亿美元。

一 电影产业发展概述

(一)电影票房总体上升,总量位居世界第二

从 2011 年度到 2016 年度,中国年度票房收入统计分别为 131 亿元、171 亿元、212 亿元、296 亿元、441 亿元和 492 亿元,总体保持上升势头,但较 2012 年以来的增速,2016 年的票房增速大幅放缓。

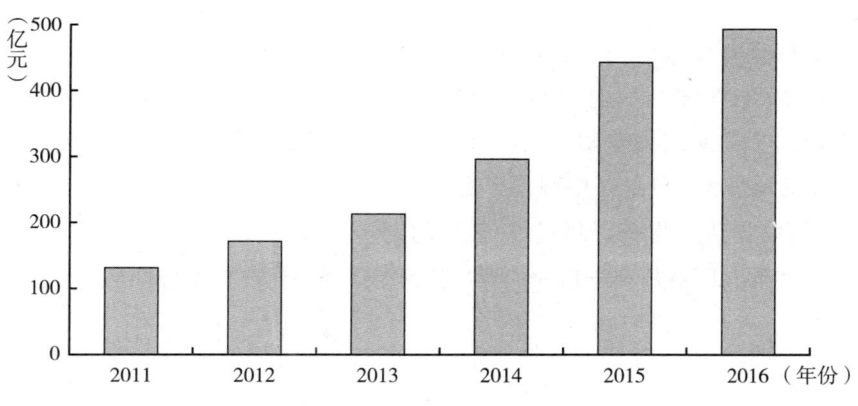

图 1　2011~2016 年票房

根据美国电影协会(MPAA)《2016 年电影市场统计报告》,2016 年全球电影票房销售较上年增长 0.5%,达到 386 亿美元;2016 年北美票房创历史新高,达到 114 亿美元;2016 年中国内地票房约 66 亿美元,总量稳居世界第二。对比全球电影市场,中国电影发展空间巨大。①

(二)国产片数量增加,质量有所提升

2016 年度国产故事影片 772 部,影片数量比 2015 年增长 12.54%。

---

① http://media.people.com.cn/n1/2017/0405/c14677-29190461.htm.

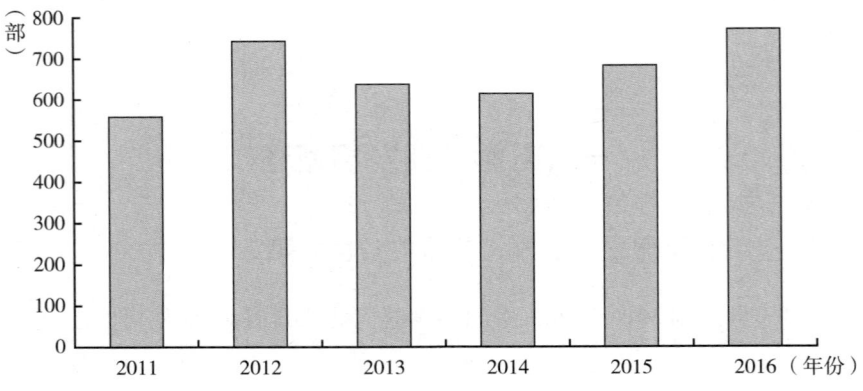

图2　2011~2016年中国国产故事片产量统计

随着国产影视剧在题材上的不断拓展，质量提升较快，国产电影不仅获得了国内观众的青睐，在国际市场上也产生了一定的影响力。电影《美人鱼》赢得超过33亿元国内票房，同时在美国、澳大利亚等国家和地区暂获了近2000万美元票房，创造了中国电影史上的多项纪录。《澳门风云3》和《西游记之三打白骨精》均获得超过10亿元的票房。2016年度国产故事片772部，进口片92部，国产片和进口片的票房比例是7∶5。国产片海外票房收入38.25亿元。①

（三）大片大收益，票房集中度较高

2016年全年大片大票房现象突出，共有84部电影票房过亿元，超2015年3部；有9部电影票房突破10亿元，其中国产电影（含合拍片）有6部。国产片有41部过亿元，电影《美人鱼》《疯狂动物城》《魔兽》分别以33.8亿元、15.3亿元、14.7亿元的成绩成为电影票房前三。《美人鱼》、《西游记之三打白骨精》、《湄公河行动》、《澳门风云3》和《盗墓笔记》五部国产片跻身10亿元俱乐部，领衔2016年华语片票房排行榜。

2016年，统计观影13.74亿人次，银幕数41179块，年平均票价33元。进口片数量达到92部之多，总票房190.49亿元，年度票房占比为38.61%。

---

① http://www.ce.cn/culture/gd/201612/26/t20161226_19109507.shtml.

国产片年度票房 301.51 亿元，年度票房占比为 61.39%。进口片票房前 10 的总票房为 94.54 亿元；国产片票房前 10 的票房之和为 113.61 亿元，两者之和占年度总票房 492 亿元的 42.3%。2016 年度国产片 944 部，进口片 92 部，总计 1036 部，20 部电影票房占据 1036 部电影票房的 42.3%，集中度达到相当高的水平。① 33.4 亿元的《美人鱼》获得国产片票房冠军，15.3 亿元的《疯狂动物城》夺得进口片票房冠军，同时，《美人鱼》打破国产电影单片票房纪录，《疯狂动物城》打破中国电影市场动画片的票房纪录。

（四）类型多样，动画片、纪录片表现抢眼

2016 年，国产电影、进口片、合拍片三足鼎立，故事影片、动画片、科教电影、纪录电影和特种电影异彩纷呈，国产片从悬疑、喜剧、爱情、玄幻等商业片到纪录片、动画电影……更加丰富多元，警匪、偶像、喜剧、爱情、现实、魔幻等类型成为影视作品的新主流。现实主义电影《百鸟朝凤》《一句顶一万句》形成了社会话题和舆论热点；商业片《湄公河行动》《七月与安生》更加注重艺术表达的创新；《我们诞生在中国》《我在故宫修文物》等纪录电影异军突起：中国电影呈现多品种、多类型、多样化的特点。

纪录片表现亮眼。创作的数量不断增加，品质实现整体提升，根据《中国纪录片发展研究报告 2017》统计，2016 年中国纪录片年总产值超过 52 亿元，同比增长 12%。纪录片《我在故宫修文物》以 630 万元票房收官，《我们诞生在中国》票房超过 6600 万元，打破纪录电影票房纪录。②

动画电影逆势上扬。国产动画电影《大鱼海棠》获得 5.65 亿元票房，《新大头儿子和小头爸爸》票房超过 9000 万元。《摇滚藏獒》、《小门神》和《年兽大作战》等作品初步实现国产动画全龄化观影，为国产动画电影发展打开了希望之门。喜剧、奇幻、动画等不同类型标志性影片的出现，促使电影市场新秩序构建，尽量满足了不同层次观众的观影需求。

（五）影院建设继续发力

根据国家新闻出版广电总局官方统计，2016 年，影院和银幕双增加的态

---

① http://www.ce.cn/culture/gd/201612/26/t20161226_19109507.shtml.
② http://www.ce.cn/culture/gd/201704/28/t20170428_22421082.shtml.

势继续，新增影院 1612 家，新增银幕 9552 块，全国银幕总数已达到 41179 块，较 2015 年的统计数量增长了 30%。2016 年，新建影院多集中在三线、四线城市，在 2016 春节档首日，三线、四线及以下城市观影人次同比分别增长 11%、12%，这与三线、四线城市成为 2016 年"春节档"票房主要来源成正比，印证影院建设对票房的拉动作用。①

二 电影产业发展的新特点

2016 年的中国电影市场规模持续扩大，产业发展的行业化、技术化特色鲜明。

（一）在线票务平台转型参与电影全产业链

随着电影市场整体增速的放缓，在线票务平台利用互联网思维、技术平台流量优势渗透传统电影行业，靠产业链拓展提升行业整体运营效率。猫眼电影以"互联网+电影"综合平台为发展方向，全程参与从上游的投资制作到中间的宣发再到下游的院线、售票、用户、服务、结算的过程，做长电影全产业链条。微影时代进军电影投资、电影制作、剧集制作、IP 开发等业务，进一步巩固了泛娱乐平台的定位。百度糯米以影院和商圈为核心构建生态，提供观影、就餐、购物等行为的一体化解决方案。②

（二）影坛新力量集群式崛起

2016 年影坛呈现兼收并蓄、海纳百川的新气象，一批拥有互联网思维的跨界人员涌入电影创作领域，新导演、新编剧、新演员、新制片人等青年电影人才脱颖而出，契合创新主题的类型化、年轻化、互联网化的电影作品推动电影发展进入新阶段。在 2016 年 47 部票房过亿元的国产影片中，60 后导演作品达到 10 部，70 后、80 后导演作品分别有 19 部和 9 部，70 后、80 后导演作品已经成为电影票房的主要来源，三分天下有其二。中国电影新力量拥有独立的

---

① http://ent.cnr.cn/stars/20170420/t20170420_523716369.shtml.
② http://www.ce.cn/culture/gd/201703/29/t20170329_21551084.shtml.

思维方式与开放的艺术视野，用新的作品形态、电影类型、话语方式营造全新的影像世界，呼应年轻观众群体的观影需求，为电影产业发展提供更加广阔的空间。

（三）国产电影的国际竞争力增强

2016年，我国观影人次突破13.7亿，首次超过北美地区，这表明中国人观影的市场需求保持增长。2016年，世界电影票房约为380亿美元，其中北美地区约为110亿美元，中国票房为66亿美元，保持第二的地位。2016年，进口片92部的总票房为190.49亿元，年度票房占总票房的38.61%；国产片年度票房为301.51亿元，占总票房的61.39%，国产电影稳定了国内市场的半壁江山。同时，国产电影海外收入38.25亿元，比2015年度增长38.08%。

2016年，进口电影包含北美排行前25位的电影，大多数真正具有竞争力的美国电影进入中国市场，说明中国电影在本土具备直接与外国最主流的电影产品竞争的能力。[1]

（四）电影档期效应更加明显

节假日等档期观影人数相对较多，有利于形成集中消费，是开发电影市场的有效窗口，帮助影片获得更高的票房成绩。比如，近年来春节档的票房规模就呈现持续增加的态势，2014年、2015年、2016年春节档的票房分别为14.12亿元、18亿元和36亿元，2016年春节档票房规模较上年增长1倍。《美人鱼》成为2016年春节档爆款，斩获33.89亿元的票房，创造历史纪录，登顶票房冠军。《澳门风云3》《西游记之三打白骨精》都在春节档创下过10亿元的票房。2016年元旦档票房8.6亿元。[2] 国庆档档期以15.8亿元的票房收官。[3]

---

[1] http://finance.sina.com.cn/roll/2017-04-19/doc-ifyeifqx6387311.shtml.
[2] http：//ent.163.com/16/1224/08/C91NCSNK00038FO9.html.
[3] http：//www.ce.cn/culture/gd/201701/24/t20170124_19843158.shtml.

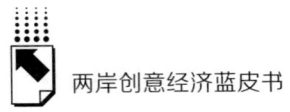
两岸创意经济蓝皮书

三 电影产业发展的突出问题

(一)IP电影过度消费成为市场陷阱

2015年是中国电影的"IP元年",全年总票房中有36%是来自IP电影。但2016年国产IP改编的电影却虚火过旺,无数热门IP被改编,大量的同质化作品使观众严重审美疲劳,IP电影市场逐渐显现票房下降和口碑差的恶果。① 艺恩智库的数据显示,IP电影《致青春2》的票房仅有3.35亿元,评分是4分;《封神传奇》票房1.5亿元,评分也只有4.4分。②

(二)电影产业主业收益下滑

万达院线掌握着院线和终端放映双重渠道优势,其2016年国内票房、观影人次、市场份额分别达到62亿元、1.64亿人次和13.6%,三项指标均连续8年居全国首位,但万达院线2016年国内票房收入同比增幅却仅有3.16%。万达院线非票房收入,即广告、商品、餐饮等板块,同比增长却达101%。万达院线来自电影放映的收入在总营收里的比重却从79.8%降至67.1%。万达院线2016年放映电影与"卖爆米花"的利润率分别为21%和61%。③ 2016年华谊兄弟营业总收入为35.03亿元,净利润为8.08亿元,相比2015年,总收入下降9.55%,净利润下降17.21%。阿里影业在2016年实现营收9.046亿元,同比增幅高达243%,但净亏损达9.586亿元。④

(三)网络剧成为竞争对手

2016年中国电影票房遭遇近十年最低增速,互联网电影市场规模却呈现爆发性增长,网络电影影片数量远超院线电影,平均每天有近7部新片上线,

---

① http://culture.gmw.cn/2016-12/27/content_23344998.htm.
② http://ent.people.com.cn/n1/2016/0731/c1012-28598489.html.
③ http://lancet.baijia.baidu.com/article/830797.
④ http://www.ce.cn/culture/gd/201704/10/t20170410_21828651.shtml.

378

单片最高播放量高达 2.6 亿次。① "截至 2016 年 6 月，我国网络视频用户规模达到 5.14 亿，占网民总数的 72.4%。"② 在视频网站迅猛发展的同时，视频网站的会员数量几乎都有翻倍的增长。移动互联、移动终端成为消费的主要平台和新的消费模式，网络剧成为新的观看方式和对象，这对传统观影思维与方式造成极大冲击。艺恩网《2017 年 Q1 网络剧市场报告》显示，经历 2014~2015 年的快速发展，至 2016 年中国网络剧市场开始趋于稳定，网络剧的流量、热度及影响力进一步提升。③

（四）电影投资风险增加

2012~2015 年，中国电影票房 30% 以上的增速，引爆电影产业，电影成为商业资本追逐的热点，电影行业因"急功近利"而浮躁。因此，随着电影新市场、新观众和新类型的出现和新势力的加入，中国电影产业在发展投资、资本市场、产品质量和电影市场等方面累积的风险也呈增加之势。

（五）影院建设喜中有忧

影院建设势头迅猛，一是总量规模上升，银幕总数位居世界第一；二是影院紧贴消费潮流，新建影院平均有 5.6 个厅，多厅化已成为影院建设的主流；三是科技含量提高，3D 银幕在全国银幕中占比达 85%，3D 银幕成为影院建设的"标配"。④ 但同时需要注意的是，中国电影银幕单屏产出由 2015 年的 138 万元下降至 2016 年的 108 万元，五成院线处于亏损状态。美国电影市场发达，院线集中度达到 60%，而我国目前仅为 37%，电影院线的赢利能力堪忧。

四 电影产业发展的未来走势

中国电影市场在 2016 年终结了近三年来野蛮生长的态势，方方面面的问

---

① http://www.ce.cn/culture/gd/201704/07/t20170407_21781097.shtml.
② http://www.ce.cn/culture/gd/201701/09/t20170109_19469772.shtml.
③ http://www.ce.cn/culture/gd/201704/17/t20170417_22018846.shtml.
④ http://culture.gmw.cn/2016-12/21/content_23304731.htm.

题不断凸显，虚假交易、虚报销售收入等行业乱象尚未被有效遏制，但随着产业化改革的深化推进，随着《电影产业促进法》的出台实施，高质量的、贴近生活的本土电影正在蓬勃发展，中国电影产业在未来的潜力依然很大，电影产业的产品质量、生产数量、院线或播出平台建设与票房表现等的前途依然光明。

（一）回归故事本身是电影繁荣的源泉

不迷信大IP、大导演、大明星、大公司，把中国的历史文化与流行文化的多样性结合，丰富想象力和创造力，回归电影的本源来打造剧本、讲好故事，才能更好地拉动电影观众的回归。好莱坞正是凭借形象深刻的角色和打动人心的故事吸引全球观众。故事驱动与技术推动是好莱坞的制胜法宝，也是中国电影可以借鉴与发扬的制胜之道。

（二）加大技术运用是中国电影大的方向

紧随消费能力的提升和科技的进步，科技型文化产品与服务将引导市场潮流，科技娱乐、文化装备、网络游戏与网络节目等成为年轻群体消费的热点，影视产业也将运用高科技提高电影质量和观赏性，培育面向未来文化市场的强大竞争力。VR、AR等的成熟与普及为影视行业提供了强大的技术支撑，在电影创作生产中，现实与虚拟世界的结合会彻底改变信息传递的方式和效率，并日益成为影视行业实现跨越式发展的关键点和突破口。同时，利用现代网络与多媒体技术，全方面拓展中国电影的营销渠道，扩大赢利空间，也是中国电影产业与时俱进的必要手段。

（三）建设泛娱乐的生态体系是中国电影的新策略

在产业变革日新月异的当下，影视产业呈现精品化、年轻化、多元化的发展态势，以内容产业为核心向泛娱乐生态迈进，是影视产业必须面对的战略课题。影视内容产业正加速以IP为核心，一源多用，多维联动，打造文学、动漫、游戏、电影、电视、主题公园、衍生品、酒店、旅游和艺术品开发等相关产业共同发展的泛娱乐生态，形成从单一集中到多屏联动和多渠道交叉共生的自循环系统。

(四)"一带一路"带动电影合作迈向新台阶

随着中国对"一带一路"沿线国家投资、贸易的增长,"一带一路"沿线国家对与中国开展文化贸易的需求也会呈现爆发式增长,中国的电影、动漫、网络游戏等文化产品和服务的对外贸易迎来升级和提质增效的新机遇,为中国电影提供了一个进入海外市场的好机会。中外电影合作将借力"一带一路"沿线国家的市场力量,发挥其独特优势,建立各方共同建设、共担风险、共享收益的利益共同体,从以欧美为主到全面开花,大力促进电影产业生产要素双向流动、文化资源共同开发和电影市场的相互渗透。

(五)网络电影成为影视行业的新蓝海

网络电影在2014年兴起,因为周期短、成本低、回款快和低风险的特点,成为资本竞逐的新热点,即将成为引爆影视行业的新战场。爱奇艺的数据显示,网络电影在2014年全网上线450部,2015年达到约700部,2016年该数量猛增至约2500部,网络电影整体流量呈现不断上升的趋势。爱奇艺2016年收视最高的20部网络电影票房分账达1.98亿元,同时,其78部自主营销的网络电影共获得3000万元的广告收入。腾讯视频2016年网络电影总流量达到87亿次之多。网络电影的市场规模2016年达10亿元,据行业预测,2017年将达30亿元。①

(六)互联网引领手机小屏与传统电影大屏互动新变革

互联网为影视业革新和拓展提供了新思维,收费电视、在线付费观影等观影习惯正在逐渐养成,在线看电影将成为未来电影消费的大趋势。影视生产企业势必跟随移动互联网时代受众观影方式的变化,进入观影方式的多屏时代,牢牢抓好内容生产,同时满足院线电影、电视剧、网络剧三方面的内容需求。②

2016年是电影市场的调整年,但电影市场的资本热度不减。适应科学技术的提升和消费习惯的改变,有价值、高规格、高标准的影片和重体验的院线建设依然是电影市场未来的发展趋势和发展重点。2017年的中国电影产业发展任重道远。

---

① http://www.ce.cn/culture/gd/201704/07/t20170407_ 21781097. shtml.
② http://www.ce.cn/culture/gd/201612/27/t20161227_ 19152014. shtml.

B.32 迪士尼经验与文化创意产业的工匠精神

杨晓华*

摘　要: 以迪士尼为例,通过阐述迪士尼对知名 IP 打造及运营过程,分析迪士尼公司在电影剧本创作的同时进行衍生品的开发,电影上映后对电影内容、角色及观众进行持续管理,以及创新精神和工匠精神相结合等经验,强调工匠精神对我国文化创意产业发展的重要性。

关键词: 文化创意产业　迪士尼　工匠精神

根据联合国教科文组织、国际作家与作曲家联合会和安永会计师事务所共同发布的文化与创意产业最新报告的数据,2016 年全球文化创意产业产值为 2.25 万亿美元,其中美国一家独大,占据 43%,英国紧随其后,日本是全球第三大文创产业国,占全球文化创意产业产值的 10%,韩国占 5%,而中国占比不足 4%。2016 年我国经济总量是日本的 2.5 倍、韩国的 7 倍,但是日本的文化创意产业产值是我国的 2.5 倍,韩国也是我国的 1.3 倍,中国文化创意产业产值在全球中占比显然与其全球第二大经济体的地位不相符。[①] 这充分说明我国文化创意产业的发展还处于粗放型发展阶段,具有集约化和规模化的特点,产品多而不精。从根源上看,必须以工匠精神打造精品并实现产业化运营,从而驱动文化创意产业的整体发展。

---

* 杨晓华,厦门理工学院文化产业与旅游学院教师,主要研究方向为创意产业。
① 根据《2017 年最新全球文化创意产业分布格局解析》整理,http://www.jiemian.com/article/1050897.html,2017 年 1 月 4 日。

一 迪士尼如何赚钱？

迪士尼是全球最大的娱乐传媒公司，当前市值约 1800 亿美元，全球第二大娱乐传媒公司时代华纳的市值仅有迪士尼的 1/3，我国市值最大的娱乐传媒公司万达院线当前约有 100 亿美元的市值。

迪士尼业务主要有影视娱乐、媒体网络、主题乐园与度假村、消费品、互动媒体等五大板块，以迪士尼 2016 年财务年报数据为基础，可以计算出前三大板块业务收入分别占据总收入的 17%、43%、30%，后两个板块占 10%。从中可以看出迪士尼最赚钱的业务板块是媒体网络，包括 ESPN 电视网、ABC 电视网和迪士尼自己的频道。ESPN 是全球最大的娱乐与体育电视频道，是迪士尼的子公司；迪士尼是美国 ABC 电视网最大的股东，ABC 曾经制作热门美剧《绝望的主妇》《迷失》《摩登家庭》等；迪士尼也拥有自己的电视频道，作为一家以内容为核心竞争力的公司，拥有自己的传播渠道等于拥有话语权和直达消费者的高速公路。所以，媒体网络成为迪士尼最赚钱的业务板块，这容易理解，但是复制或是学习均有较大难度，投入大而且政策风险大。下面我们着重分析迪士尼其他四个板块：影视娱乐、主题乐园与度假村、消费品、互动媒体。这四个部分也是我们对于迪士尼最熟悉的部分：电影和动画、迪士尼乐园以及迪士尼各种衍生产品。其实，当一个企业说学习迪士尼的时候，基本上也是指这四个部分，因为这里蕴含了迪士尼最核心的商业模式：内容、渠道及衍生产品的全产业链模式。内容是核心，渠道是桥梁和放大器，衍生品是核心内容的表现形式，将内容产生的价值最大限度地释放出来。下面以《冰雪奇缘》为例分析迪士尼全产业链运营模式，希望能从中总结出一些规律和做法，为我国文化创意产业的发展提供参考。

《冰雪奇缘》是迪士尼 2013 年发行的电影，刚一上映就让观众感觉耳目一新，不仅是大家熟悉的迪士尼公主类故事，制作精良，而且特别有新意，最后也没有落入公主和王子从此过上幸福生活的俗套，而是讲述两位公主感人至深的姐妹情谊。《冰雪奇缘》在美国本土获得 3 亿美元票房，全球票房 12.7 亿美元，是有史以来最卖座的动画电影，现在依然每年能为迪士尼带来 10 亿美元的收入。下面我们具体分析一下迪士尼是如何以《冰雪奇缘》电影内容为

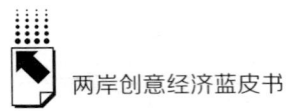

核心打造全产业链的盈利模式的。

首先是电影票房。《冰雪奇缘》全球票房收入12.7亿美元，迪士尼分成比例约为1/3，是3亿~4亿美元，《冰雪奇缘》电影制作成本和发行成本总计是两亿多美元，仅从票房分成收入中，迪士尼已经收回成本并且赚钱了。

其次是《冰雪奇缘》衍生品。《冰雪奇缘》上映四个月后，迪士尼开始发行电影DVD，虽然迪士尼并没有公布具体销售数字，但据保守估计至少卖了1000万张。另外，电影中畅销单曲"Let it go"和电影原声专辑各销售500万张以上。当《冰雪奇缘》玩偶上市后，不管是在迪士尼主题公园的商店里还是在亚马逊、沃尔玛等超市里，都是旺销产品，电影主人公安娜和艾莎公主的裙子在电影上映的第一年仅在美国就卖出了300万条，以每条149.95美元计算，卖了4.5亿美元。迪士尼还在《冰雪奇缘》上映后和索尼合作推出《冰雪奇缘》版PS4主机，各种休闲小游戏，《冰雪奇缘》卡拉OK的APP等。

再次，为了延续《冰雪奇缘》热，迪士尼和百老汇合作推出了《冰雪奇缘》歌舞剧，并在全世界各地的迪士尼乐园里推出《冰雪奇缘》主题游乐项目，以提高《冰雪奇缘》场景及人物的曝光度，维持电影热度，吸引更多的游客前去消费。

最后也是让《冰雪奇缘》IP价值得以持续的招数是推出《冰雪奇缘》电影的续集，让这些角色永远活下去，《冰雪奇缘2》已经定档2019年11月27日上映。

通过上面对《冰雪奇缘》的分析，可以看出，迪士尼打造全产业链的模式是以内容为核心，首先制作出好的内容，好的内容才有可能成长为知名IP；其次需要有包括影院、电视、网络等在内的各种渠道进行宣传以扩大影响，传播并放大好内容的价值；最后提供各种衍生品，无论是游戏、玩具、食品，还是影音、书籍等，从满足消费者的不同需求方面挖掘并充分释放好内容的价值。①

二 迪士尼如何打造热门IP？

迪士尼打造爆款IP的过程听起来似乎不难，其旗下既有八九十岁的《米

---

① 根据《冰雪奇缘立体创意营销》等文进行整理。http：//www.183read.com/magazine/article_424107.html，2015年4月。

老鼠与唐老鸭》《白雪公主》等，也有仅几岁的《冰雪奇缘》《疯狂动物城》等，为什么迪士尼打造出的形象能经久不衰，我们与迪士尼的差距到底在哪儿。

1937年，迪士尼将格林童话《白雪公主》拍摄成世界上第一部彩色动画片《白雪公主和七个小矮人》，白雪公主以其积极乐观的性格得到大家的喜爱。在接下来的80年里，迪士尼不停地通过现代技术让"老"白雪公主焕发新的魅力。2009年，迪士尼发行了《白雪公主和七个小矮人》的高清蓝光碟，采用数字影院系统和环绕立体声效等技术，对原画面进行了最新的数位修复，并融入互动性的家庭游戏，以满足新时代观众对影片真实性和个性化的需求。据调查，18岁以上成年人在动画题材电影观众中占比由几年前19%已增至40%以上，为了迎合市场的需要，迪士尼正在筹划拍摄真人版《白雪公主》音乐电影，可以预期，到时候又将引发一波消费热潮。迪士尼打造的白雪公主80岁了，但其非但没有过时，反而愈发活跃且与时俱进，影响着一代又一代的孩子，为大家所喜爱。《白雪公主》强大IP的形成归根结底是迪士尼在打造IP（内容）时的工匠精神和态度，《冰雪奇缘》《疯狂动物城》《海洋奇缘》等制作周期均在五年以上，迪士尼从不急功近利，相信好故事是迭代出来的，好内容必须经过打磨。

虽然几乎所有的迪士尼的动画电影中都有动物出现，但是故事要么发生在人类生活的社会，要么是远离人类的自然环境，而《疯狂动物城》却另辟蹊径，打造出一个动物乌托邦城市，让50多种动物穿上衣服，开口说话，出门工作，维持城市的运转等。为了让观众感觉真实可信，《疯狂动物城》的编剧们先后采访了人类学家、心理学家、城市规划师、建筑师、动物专家等，走访了大量的动物园，并远赴非洲肯尼亚近距离观察动物的个性与行为，仅这一阶段就耗时一年半。在构建故事阶段，刚开始故事主角是处于食物链顶端的食肉动物狐狸，"女"主角是处于食物链底端的食草动物兔子，但最后我们在电影院看到的绝对主角却是菜鸟警官兔子。《疯狂动物城》最终呈现在荧幕上的故事与最初的剧本几乎没有任何相似之处，但正是迪士尼工作人员对故事细节的打磨和精益求精的态度让《疯狂动物城》显得如此的真实却又与众不同，成为迪士尼又一知名IP，而这个IP是绝对的原创，既不是续集，也不是对任何故事的改编。

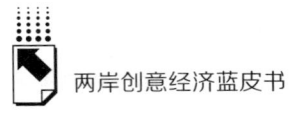

三 向迪士尼学习什么？

迪士尼在其将近一个世纪的发展中经历过低谷，也面临过破产，但是无论环境如何变化，迪士尼都坚信人类需要美好的故事，美好的故事需要时间沉淀，所以迪士尼愿意花费大量的时间和金钱去追求好的内容，也许终点和出发点早已经南辕北辙，但是没有出发就永远无法到达终点。

我国文化创意产业的从业人员也早已认识到打造知名IP的重要性，也有许多企业提出要做中国的迪士尼，但由于观念和管理，无论是电影、书籍还是主题公园、衍生品等，一直无法形成全产业链无缝对接，无法把好内容的价值充分释放出来。本土票房最高的动画电影《西游记之大圣归来》耗时8年完成，2015年上映时在国内取得9.5亿元票房。电影主创团队在8年时间里经历过无数次挣扎甚至崩溃，但为了做出让自己接受、让观众信服的故事和内容，8年磨一剑，精益求精，最终成就了一部现象级动画电影，但电影制作方几乎全部收入都来自票房，不懂也不知道如何进行商业化运作。对比《西游记之大圣归来》和《冰雪奇缘》两部经典动画电影的盈利模式，可以看出，在娱乐产业链条打造乃至文化创意产业管理方面，我们还有很长的路要走。

1. 好的创意并不是天马行空，也是可以规划和引导的

迪士尼通常会提前4~5年公布未来几年电影拍摄计划，有的会具体到上映日期。这样做最大的好处是提前宣传，保持热度，尤其是续集电影，能引发观众持续关注。

2. 电影剧本创作的同时，就开始进行衍生品的开发

衍生品不只限于玩偶或印着电影角色的T恤等，可全方位地从衣、食、住、用、行、玩等方面进行开发，以攫取内容的最大价值。电影上映前完成衍生品的铺货，随着电影热映完成第一轮衍生品销售。

3. 电影上映后对电影内容、角色及观众的持续管理

电影内容和角色往往具有时代特征，随着时间的推移需要对其进行优化和完善，复活角色，让其出现在主题乐园或是客串某部电影都是不错的选择。

4. 创新精神和工匠精神一个都不能少

慢工出细活，优秀的影视作品都是打磨出来的，影视作品中宏大逼真的场面不是借用高科技就可以轻易实现的,《冰雪奇缘》中单是呈现艾莎公主冰雪宫殿的镜头就花费了数十名技术人员一个多月的时间。

综上所述,我国文化创意产业的发展必须从各种文化形式的产业化转换为文化内容的产业化,提高文化产品的附加值,文化创意产业须由粗放型发展向精细化、内核化方向发展,重视有时代精神和思想性内容的打磨,重视全产业链运营模式的打造,而实现这一切都离不开工匠精神。2017 年 3 月 9 日,吴晓波频道发布了"百匠大集"匠人养成营招募活动,招募发出当天就收到了超过 300 份作品。报名的匠人年纪最小的 21 岁,最大的 89 岁,产品涉及衣、食、住、行等多个领域,有 90 后织布匠人和陶艺匠人,有 80 后复古嫁衣匠人和丝绸画缋匠人等。① 这些年轻的 80 后和 90 后,基本上都接受过良好的教育和专业的训练,有的曾经在全球一流学府学习深造过,或基于对所学专业的热爱或基于历史使命,他们愿意花费毕生的精力,成为某个领域的匠人,与自己对话,与自然对话,保持对文化价值、精神和尊严的坚守和敬畏,通过设计发掘器物之美,创造出具有"工匠精神"的真正文化精品,让使用者感受到产品的温度和厚度。

---

① 根据《吴晓波频道"百匠大集"匠人养成营开营》进行整理,http://www.sh.xinhuanet.com/2017-04/09/c_136194558.htm,2017 年 4 月 9 日。

权威报告·热点资讯·特色资源

皮书数据库
ANNUAL REPORT(YEARBOOK) DATABASE

当代中国与世界发展高端智库平台

所获荣誉

- 2016年，入选"国家'十三五'电子出版物出版规划骨干工程"
- 2015年，荣获"搜索中国正能量 点赞2015""创新中国科技创新奖"
- 2013年，荣获"中国出版政府奖·网络出版物奖"提名奖
- 连续多年荣获中国数字出版博览会"数字出版·优秀品牌"奖

成为会员

通过网址www.pishu.com.cn或使用手机扫描二维码进入皮书数据库网站，进行手机号码验证或邮箱验证即可成为皮书数据库会员（建议通过手机号码快速验证注册）。

会员福利

- 使用手机号码首次注册会员可直接获得100元体验金，不需充值即可购买和查看数据库内容（仅限使用手机号码快速注册）。
- 已注册用户购书后可免费获赠100元皮书数据库充值卡。刮开充值卡涂层获取充值密码，登录并进入"会员中心"—"在线充值"—"充值卡充值"，充值成功后即可购买和查看数据库内容。

卡号：479576927325
密码：

数据库服务热线：400-008-6695
数据库服务QQ：2475522410
数据库服务邮箱：database@ssap.cn
图书销售热线：010-59367070/7028
图书服务QQ：1265056568
图书服务邮箱：duzhe@ssap.cn

子库介绍
Sub-Database Introduction

中国经济发展数据库

涵盖宏观经济、农业经济、工业经济、产业经济、财政金融、交通旅游、商业贸易、劳动经济、企业经济、房地产经济、城市经济、区域经济等领域，为用户实时了解经济运行态势、把握经济发展规律、洞察经济形势、做出经济决策提供参考和依据。

中国社会发展数据库

全面整合国内外有关中国社会发展的统计数据、深度分析报告、专家解读和热点资讯构建而成的专业学术数据库。涉及宗教、社会、人口、政治、外交、法律、文化、教育、体育、文学艺术、医药卫生、资源环境等多个领域。

中国行业发展数据库

以中国国民经济行业分类为依据，跟踪分析国民经济各行业市场运行状况和政策导向，提供行业发展最前沿的资讯，为用户投资、从业及各种经济决策提供理论基础和实践指导。内容涵盖农业，能源与矿产业，交通运输业，制造业，金融业，房地产业，租赁与商务服务业，科学研究，环境和公共设施管理，居民服务业，教育，卫生和社会保障，文化、体育和娱乐业等100余个行业。

中国区域发展数据库

对特定区域内的经济、社会、文化、法治、资源环境等领域的现状与发展情况进行分析和预测。涵盖中部、西部、东北、西北等地区，长三角、珠三角、黄三角、京津冀、环渤海、合肥经济圈、长株潭城市群、关中—天水经济区、海峡经济区等区域经济体和城市圈，北京、上海、浙江、河南、陕西等34个省份及中国台湾地区。

中国文化传媒数据库

包括文化事业、文化产业、宗教、群众文化、图书馆事业、博物馆事业、档案事业、语言文字、文学、历史地理、新闻传播、广播电视、出版事业、艺术、电影、娱乐等多个子库。

世界经济与国际关系数据库

以皮书系列中涉及世界经济与国际关系的研究成果为基础，全面整合国内外有关世界经济与国际关系的统计数据、深度分析报告、专家解读和热点资讯构建而成的专业学术数据库。包括世界经济、国际政治、世界文化与科技、全球性问题、国际组织与国际法、区域研究等多个子库。

法律声明

"皮书系列"(含蓝皮书、绿皮书、黄皮书)之品牌由社会科学文献出版社最早使用并持续至今,现已被中国图书市场所熟知。"皮书系列"的LOGO( )与"经济蓝皮书""社会蓝皮书"均已在中华人民共和国国家工商行政管理总局商标局登记注册。"皮书系列"图书的注册商标专用权及封面设计、版式设计的著作权均为社会科学文献出版社所有。未经社会科学文献出版社书面授权许可,任何使用与"皮书系列"图书注册商标、封面设计、版式设计相同或者近似的文字、图形或其组合的行为均系侵权行为。

经作者授权,本书的专有出版权及信息网络传播权为社会科学文献出版社享有。未经社会科学文献出版社书面授权许可,任何就本书内容的复制、发行或以数字形式进行网络传播的行为均系侵权行为。

社会科学文献出版社将通过法律途径追究上述侵权行为的法律责任,维护自身合法权益。

欢迎社会各界人士对侵犯社会科学文献出版社上述权利的侵权行为进行举报。电话:010-59367121,电子邮箱:fawubu@ssap.cn。

社会科学文献出版社